创新思维法学教材
Legal Textbooks of Creative Thinking

国际贸易法新编
International Trade Law

主　编：漆　彤
副主编：李凤宁　向明华
撰稿人：（以姓氏笔画为序）
　　　　李凤宁　向明华　肖　军
　　　　张海燕　谢　翀　漆　彤

WUHAN UNIVERSITY PRESS
武汉大学出版社

图书在版编目(CIP)数据

国际贸易法新编/漆彤主编 . —武汉:武汉大学出版社,2009.8
创新思维法学教材
　ISBN 978-7-307-07195-7

　Ⅰ.国…　　Ⅱ.漆…　　Ⅲ.国际贸易—贸易法—高等学校—教材
Ⅳ.D996.1

中国版本图书馆 CIP 数据核字(2009)第 123051 号

责任编辑:柴　艺　　责任校对:黄添生　　版式设计:马　佳

出版发行:**武汉大学出版社**　　(430072　武昌　珞珈山)
　　　　　(电子邮件:cbs22@whu.edu.cn　网址:www.wdp.com.cn)
印刷:武汉中远印务有限公司
开本:720×1000　1/16　印张:25.25　字数:449 千字　插页:1
版次:2009 年 8 月第 1 版　　2009 年 8 月第 1 次印刷
ISBN 978-7-307-07195-7/D·921　　定价:35.00 元

编 写 说 明

本教材共分为十一章，分别阐述了国际贸易法的基本理论、国际贸易交易法的主要制度、国际贸易管理法的主要制度等内容。每章由要点提示、正文、条文导读、司法应用、复习题、思考题等六部分组成。

在当代经济全球化的背景下，各国对外贸易交往中的法律问题层出不穷，国际贸易法的发展日新月异，编写一部兼具时代性和一定前瞻性的国际贸易法教材，是当前我国高校法学教育的迫切之需。本教材以科学性、先进性、实用性为整体写作思路，在内容安排上，严格根据教育部关于本课程的学习要求展开写作，力争体现读者对象明确、内容深浅适度、题材取舍详简适中的特点；在写作方法上，力争做到语言生动简练、说理透彻清晰、层次结构合理的特点；在编写风格上，以传统的教材编写风格与方法为主，兼顾生动性、实用性，在通论的基础上，通过合理穿插"条文导读"、"司法应用"等阅读材料，展开适当的理论探讨与案例评析，在基础教学和司法实践之间建立有机的联系，尝试解决我国高校法学教育理论与实务脱节的"两张皮"现象。

本教材的体系和大纲由主编提出，各撰稿人按照优势分工撰写，具体分工如下：漆彤（武汉大学法学院副教授，法学博士）撰写第一章、第八章、第十一章，李凤宁（武汉理工大学文法学院副教授，法学博士）撰写第二章、第五章、第六章，向明华（广州大学法学院副教授，法学博士）撰写第三章、第四章，肖军（武汉大学法学院副教授，法学博士）撰写第七章，张海燕（中南大学法学院副教授，法学博士）撰写第九章，谢翀（华中农业大学文法学院讲师，博士研究生）撰写第十章。最后由主编统一修改定稿。

由于作者水平有限，加之编写时间仓促，疏漏错误定有不少，敬请读者批评指正。

目 录

第一编 导 论

第二编 国际贸易交易法

插 文 目 录

第一编

导　论

第一章　国际贸易法导论

【要点提示】

　　1. 主要的自由贸易理论

　　2. 主要的贸易保护理论

　　3. 国际贸易法的基本构成体系

　　4. 国际贸易法的历史发展

　　5. 国际贸易法的表现形式

　　6. 国际贸易法的主要基本原则

第一节　国际贸易与国际贸易理论

一、国际贸易的概念

　　国际贸易是指不同国家的当事人之间所进行的商品交换活动。它是世界各国之间劳动分工的一种表现形式，反映了各国在经济上的相互依存关系。

　　国际贸易是一个历史范畴，是人类历史发展到一定历史阶段的产物。生产力的发展、社会分工的扩大和国家的产生是国际贸易产生和发展的基础。原始社会初期，人类处于自然分工状态，生产力水平极其低下，共同劳动获得的生产资料除了供人们使用以外，没有多余的产品用来交换。私有制还未形成，没有阶级，没有国家，也就不存在跨越国界的国际贸易。人类社会在第一次社会大分工后，畜牧业从农业中分离出来，推动了原始社会生产力的发展，开始有了少量的剩余产品，于是在氏族公社、部落之间出现了原始的、偶然的物物交换。第二次社会大分工后，手工业从农业中分离出来，产生了以交换为目的的商品生产。但那时还没有货币，没有专门从事贸易的商人。直到原始社会末期，随着商品生产和商品交换的不断扩大，产生了货币，商品交换由物物交换过渡到以货币为媒介的商品流通。同时，随着私有制和阶级的产生以及商品流通的扩大，出现了商业和商人，形成了第三次社会大分工。这时国家产生了，

3

商品流通也扩展到更大范围，并超越了国界，从而产生了国际贸易。随着生产力的发展、科学技术的进步和交换方式的改进，国际贸易的内涵也在不断扩大。传统的国际贸易仅指有形货物的交换，而现代国际贸易还包括服务与技术等无形商品的国际交换，而且后者在国际贸易中的比重越来越大。

二、主要国际贸易理论

在了解国际贸易法的概念、渊源、体系和基本原则进而掌握国际贸易应遵循的主要法律制度和规则之前，先要初步了解一个基本理论问题：为什么各国要开展国际贸易？

伴随着国际贸易的发展，特别是在资本主义生产关系萌芽以后，一些经济学家先后提出不同的国际贸易理论和学说，试图从不同的角度解释进行国际贸易的目的与动机，论证采取各种不同贸易政策的必要性与可能性。因此，可以说，国际贸易理论与国际贸易政策乃至国际贸易法之间具有十分密切的联系。

自西方国际贸易理论产生以来，自由贸易理论与保护贸易理论就一直是国际贸易理论产生与发展过程中的两大主线，贯穿并体现于各国对外贸易政策立法的具体实践之中。

（一）自由贸易理论的三个发展阶段

1. 古典国际贸易理论

古典国际贸易理论产生于 18 世纪中叶，是在批判重商主义的基础上发展起来的，主要包括亚当·斯密（Adam Smith）的绝对优势理论和大卫·李嘉图（David Ricardo）的比较优势理论，古典国际贸易理论主要从劳动生产率的角度说明了国际贸易产生的原因、结构和利益分配。

绝对优势理论认为，国际贸易的基础，在于各国商品之间存在劳动生产率和生产成本的绝对差异，而这种差异来源于自然禀赋和后天的生产条件。绝对优势理论建立在国际分工的基础之上，在国际分工中，每个国家应该专门生产自己具有绝对优势的产品，并用其中一部分交换其具有绝对劣势的产品，这样就会使各国的资源得到最有效率的利用，更好地促进分工和交换，使每个国家都获得最大利益。

1776 年，亚当·斯密在其名著《国民财富的性质及原因的研究》（*Inquiry into the Nature and Causes of the Wealth of Nations*，又译《国富论》）一书中写道："如果一件东西在购买时所费的代价比家内生产时所费的小，就永远不会想要在家内生产，这是每一个精明的家长都知道的格言。裁缝不想制作他自己的鞋子，而向鞋匠购买。鞋匠不想制作他自己的衣服，而雇裁缝制作。农民不想缝衣，而宁愿雇用那些不同的工匠去做。……如果外国能以比我们自己制造还便宜的商品供应我们，我们最好就用我们有利地使用自己产业生产出来的一部分产品向他们购买。"①

　　鉴于绝对优势理论无法解释不具有绝对优势的国家为何也应当开展对外贸易，大卫·李嘉图在其著作《政治经济学及赋税原理》（*On the Principles of Political Economy and Taxation*）中继承和发展了亚当·斯密的理论。李嘉图认为国际贸易分工的基础不限于绝对成本差异，即使一国在所有产品的生产中劳动生产率都处于全面优势或全面劣势的地位，只要有利或不利的程度有所不同，该国就可以通过生产劳动生产率差异较小的产品参加国际贸易，从而获得比较利益。李嘉图在其著作《政治经济学及赋税原理》中对这一学说作了最简明的描述。他写道："如果两个人都能制造鞋帽，其中一人在两种职业上都比另一个强一些，不过制鞋时强 1/3，制帽时强 1/5，那么，较强的人专门制鞋，较差的人专门制帽，双方均可获利。"② 比较优势理论遵循"两优取其重，两劣取其轻"的原则，认为国家间技术水平的相对差异产生了比较成本的差异，构成国际贸易的原因，并决定着国际贸易的模式。

　　2. 现代国际贸易理论

　　19 世纪末 20 世纪初，新古典经济学逐渐形成，在新古典经济学框架下对国际贸易进行分析的新古典贸易理论也随之产生。其代表人物为赫克歇尔（Heckscher）、俄林（Ohlin）、保罗·萨缪尔森（Paul A. Samuelson），他们所创立并发展的生产要素禀赋理论（factor endowment theory），开启了现代国际贸易理论的新开端。赫克歇尔提出的要素禀赋理论认为，商品的生产不仅仅取决于劳动本身，而是由生产的诸要素（factors of production）——土地、劳动、资本等决定的。该理论解释了不同国家之间存在比较优势的原因，是由于各国之间存在生产要素禀赋的不同。赫克歇尔的学生俄林在其代表作《地区间贸易和国际贸易》一书中进一步发展了生产要素禀赋理论，因而这一理论又称为赫俄理论（H-O 理论）。20 世纪 40 年代，保罗·萨缪尔森用数学方式演绎了 H-O 理论，指出国际贸易对各国收入差距的影响，将必然使不同国家间生产要素相对价格和绝对价格均等化，这也称为生产要素价格均等化定理或 H-

────────────

　　① 亚当·斯密著，郭大力、王亚南译，《国民财富的性质和原因的研究》下卷，商务印书馆 1974 年版，第 28 页。

　　② 大卫·李嘉图著，郭大力、王亚南译，《政治经济学及赋税原理》，商务印书馆 1972 年版，第 114 页附注。

O-S 定理（赫克歇尔—俄林—萨缪尔森定理）。这一定理潜在地认为，在没有要素跨国流动的条件下，仅通过商品的自由贸易也能实现世界范围内资源的有效配置。

要素禀赋理论用生产要素的丰缺来解释国际贸易的产生和一国进出口贸易的类型。根据该理论，一国的比较优势产品是应出口的产品，是它需在生产上密集使用该国相对充裕而便宜的生产要素生产的产品，而进口的产品是它需在生产上密集使用该国相对稀缺而昂贵的生产要素生产的产品。简言之，劳动丰富的国家出口劳动密集型商品，而进口资本密集型商品；相反，资本丰富的国家出口资本密集型商品，进口劳动密集型商品。这样的贸易模式使参与国的福利都得到改善。例如，如果相对劳动和资本来说，小麦的生产需要更多的土地，那么具有广大土地的国家生产的小麦就可以相对便宜一些。这就是为什么澳大利亚、阿根廷、加拿大和乌克兰出口小麦；另一方面，如果相对资本和土地来说，生产棉布需要更多的劳动力，则拥有大量劳动力的日本、印度可生产棉布并在其出口方面享有比较利益。不同的生产要素禀赋加上商品生产的专业化分工产生了比较利益。①

3. 第二次世界大战后国际贸易理论

传统的国际贸易理论主要是针对国与国劳动生产率差别较大的不同产业之间的贸易，但第二次世界大战后，国际贸易的产品结构和地理结构出现了一系列新变化。同类产品之间以及发达工业国之间的贸易量大大增加，产业领先地位不断转移，跨国公司贸易内部化和对外直接投资兴起，这与传统比较优势理论认为的贸易只会发生在劳动生产率或资源禀赋不同的国家间的经典理论是相悖的。自 20 世纪 60 年代以来，要素禀赋相似的发达国家之间的相同或相似产品的贸易越来越多，甚至占据了它们之间贸易的绝大部分的比重，这是传统的贸易理论所不能解释的。古典国际贸易理论与新古典国际贸易理论都假定产品市场是完全竞争的，这与当代国际贸易的现实也不相吻合，在这样的国际环境下，以新要素禀赋理论、产业内贸易理论、偏好相似理论等为代表的新贸易理论应运而生。同时，以静态分析和短期分析为特征的传统国际贸易理论具有极大的片面性，难以准确地解释当今国际贸易发展中的诸多现象。因此第二次世界大战后以来，西方经济学家致力于贸易理论的动态化研究，提出了许多新的观点和新的研究力法，丰富和发展了传统国际贸易理论，主要包括技术差距理

---

① John H. Jackson, William J. Davey: *Legal Problems of International Economic Relations: Cases, Materials and Text* (2nd ed.), West Publishing, 1986, pp. 13-15.

论、产品生命周期理论和国家竞争优势理论等。

（1）里昂惕夫悖论（Leontief paradox）。按照 H-O 理论，美国是一个资本丰裕而劳动力相对稀缺的国家，其对外贸易结构应该是出口资本、技术密集型产品，进口劳动密集型产品。20 世纪 50 年代初，经济学家里昂惕夫（Leontief）根据 H-O 理论，用美国 1947 年 200 个行业的统计数据对其进出口贸易结构进行验证，结果却得出了与 H-O 理论完全相反的结论，这一难题被称为里昂惕夫悖论。里昂惕夫悖论虽没有形成系统的理论观点，但它对原有国际分工和贸易理论提出了严峻的挑战，引发了对国际贸易主流思想的反思，推动了第二次世界大战后新的国际贸易理论的诞生。

（2）新要素禀赋理论。针对里昂惕夫之谜，西方经济学界的一些经济学家提出了许多解释，如劳动力的非同质性、需求偏好论、市场不完全论等。部分学者仍用生产要素差异来解释国际贸易，但同时扩大了生产要素的范围，赋予生产要素新的含义，由此产生了新要素禀赋理论。新要素禀赋理论认为，生产要素不仅仅是要素禀赋理论所说的劳动、资本和土地，除此之外，技术、人力资本、研究与开发、信息以及管理等都是生产要素，这些无形的"软"要素越来越成为贸易的基础，它决定着一国的比较优势格局。新要素禀赋理论是对要素禀赋理论的发展，但就分析方法而言，新要素禀赋理论与传统要素禀赋理论并无本质的不同。

（3）产业内贸易理论（intra-industry trade theory）。产业内贸易指一个国家或地区在一段时间内，同一产业部门产品既进口又出口的现象，比如日本向美国出口轿车，同时又从美国进口轿车的现象；中国向韩国出口某种品牌的衬衣，同时又从韩国进口某种 T 恤衫的现象。产业内贸易还包括中间产品的贸易，即某项产品的半成品、零部件在两国间的贸易。在这样的背景下，经过对产业内贸易的系统研究，一种新的贸易理论——产业内贸易理论产生了。它认为，贸易不一定是比较优势的结果，可能是规模经济或收益递增的结果，在不完全竞争市场上，国家之间即使不存在资源禀赋、技术水平的差异或者差异很小，也完全可能因为需求偏好或者规模经济以及产品差异促使各国追求生产的专业化和从事国际贸易。这种理论以不完全竞争的市场结构和规模经济的存在为假设前提，更接近于贸易现实；同时也为国家进行干预提供了借口，在不完全竞争市场上，政府支持可以使本国的垄断厂商获得规模经济效益和垄断利润。这样，对于产业内贸易现象的研究又导致了后来发达国家普遍采用的战略性贸易政策，强调贸易保护。

（4）偏好相似理论（preference similarity theory）。1961 年瑞典经济学家林

德（Linder）在其论文《论贸易和转变》中提出了偏好相似理论，第一次从需求方面寻找贸易的原因，对于解释第二次世界大战以来迅速发展的发达国家之间的产业内贸易具有特别的意义。偏好相似理论的基本观点是：重叠需求是国际贸易产生的一个独立条件；产品出口的可能性决定于它的国内需求；两国的贸易流向、流量取决于两国需求偏好相似的程度，需求结构越相似，则贸易量越大；平均收入水平是影响需求结构的最主要因素。两国之间的需求结构若越接近，则两国之间进行贸易的基础就越雄厚。两国的人均收入水平越接近，则重叠需求的范围也就越大，两国重复需要的商品都有可能成为贸易品。随着各国的国民收入不断提高，新的重复需要的商品便不断地出现，贸易也相应地不断扩大，贸易中的新品种就会不断地出现。所以，收入水平越相似的国家，相互间的贸易关系就可能越密切；反之，如果收入水平相差悬殊，则两国之间重复需要的商品就可能很少，贸易的密切程度也就很小。偏好相似理论是对要素禀赋理论的重要发展和完善，二者各有其不同的适用范围。要素禀赋理论主要解释发生在发达国家与发展中国家之间的产业间贸易（inter-industry trade），即工业品与初级产品或资本密集型产品与劳动密集型产品之间的贸易；而偏好相似理论则适合解释发生在发达国家之间的产业内贸易（intra-industry trade），即制造业内部的一种水平式贸易。

（5）技术差距理论（technological gap theory）。技术差距理论是由美国经济学家波斯纳（Posner）于 20 世纪 60 年代提出的。这一理论将国际贸易发生的原因主要归为不同国家之间技术差距的存在。技术差距指一国以技术创新和控制技术外流而形成的一种动态贸易格局，会对各国要素禀赋的比率产生影响，从而影响贸易格局的变动。该理论认为，由于各国技术创新的进展不一致，已经完成技术创新的国家与尚未掌握该技术的国家之间就会形成国际的技术差距，由此会使创新国享有生产和出口该技术产品的比较优势。随着专利权的转让、技术合作、对外投资或国际贸易的发展，创新国的领先技术传到国外，模仿国开始利用自己的低劳动成本优势自行生产这种商品并减少进口。创新国逐渐失去该产品的出口市场，因技术差距而产生的国际贸易量逐渐缩小，技术最终被模仿国掌握，技术差距消失，以技术差距为基础的贸易也随之消失。所以，该理论又被称为创新与模仿理论。

（6）产品生命周期理论（product life-cycle theory）。产品生命周期理论是由美国哈佛大学教授雷蒙德·弗农（Raymond Vernon）1966 年在其《产品周期中的国际投资与国际贸易》一文中首次提出的。产品生命周期是指产品的市场寿命，即一种新产品从开始进入市场到被市场淘汰的整个过程。弗农认为：产品和人的生命一样，要经历形成、成长、成熟、衰退这样的周期。这个周期在不同技术水平的国家里，发生的时间和过程是不一样的，期间存在一个较大的差距和时差，正是这一时差，表现为不同国家在技术上的差距，它反映了同一产品在不同国家市场上竞争地位的差异，从而决定了国际贸易和国际投资的变化。在不同的产品生命周期，不同类型的国家具有各自不同的相对优势。产品生命周期理论将比较优势论与资源禀赋论动态化，很好地解释了第二次世界大战后一些国家从某些产品的出口国变为进口国的现象。

（7）国家竞争优势理论。1990 年美国哈佛大学商学院的迈克尔·波特教授（Michael Porter）在其《国家竞争优势》一书中提出了这一理论，从企业参与国际竞争这一微观角度解释国际贸易，弥补了比较优势理论在有关问题论述中的不足。与传统的比较优势理论强调比较利益、注重各国现有的要素禀赋不同，波特的国家竞争优势理论更强调动态的竞争优势。波特认为，一国的竞争优势就是企业与行业的竞争优势，一国兴衰的根本原因在于它能否在国际市场中取得竞争优势，而国家竞争优势形成的关键在于能否使主导产业具有优势，产业的竞争优势又源于企业是否具有创新机制。因此，波特的竞争优势理论是微观企业竞争优势、中观产业竞争优势和宏观国家竞争优势的有机整体。该理论对当今世界的经济和贸易格局进行了理论上的归纳总结，对于解释诸如美国、日本、德国和英国等发达国家的国际竞争力来源有很强的说服力。波特的国家竞争优势理论强调国家在决定企业竞争力方面的关键作用，认为加强国家对企业竞争优势的培育和促进，对企业竞争优势的发展有着积极的意义。

自由贸易理论的发展及体系见图 1.1。

（二）贸易保护理论的四个发展阶段

1. 重商主义

重商主义是资产阶级最初的经济学说，出现在西欧封建制度向资本主义制度过渡时期（资本原始积累时期），反映这个时期商业资本的利益和要求。它对资本主义生产方式进行了最初的理论考察，是 15—18 世纪初受到普遍推崇的一种经济哲学。历史上对国际贸易的研究和理论最早几乎都是出自重商学派的著作。重商主义又分为早期的重商主义和晚期的重商主义两种。早期重商主义产生于 15—16 世纪，以"货币差额论"为中心，认为财富的唯一形式即金银，金银的多少是衡量一国富裕程度的唯一尺度，而获得金银的主要渠道就是国际贸易。在对外贸易上强调少买，严禁货币输出国外，力求用行政手段控制货币运动，以储藏尽量多的货币，因而又被称为货币差额论（重金主义）。代表人物为英国的威廉·斯塔福（William Stafford）。晚期重商主义盛行于 17 世

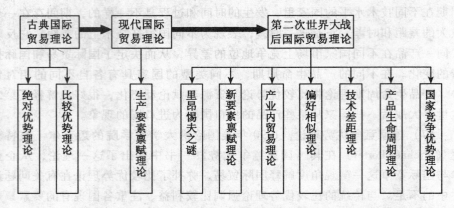

图 1.1　自由贸易理论体系简图

纪上半期，强调多卖，主张允许货币输出国外，通过奖出限入使金银流入，国家就会富裕。晚期重商主义为保证对外贸易中的出超，采取保护关税的政策。由于晚期重商主义力图控制或调节商品的运动并发展工场手工业，又被称为贸易差额论。代表人物为英国的托马斯·孟（Thomas Mun）。

2. 幼稚产业保护理论

幼稚产业保护理论最初于 18 世纪后半期由美国独立后的第一任财政部长汉密尔顿（Hamilton）提出，在 19 世纪中叶由德国的历史学派先驱弗里德里希·李斯特（Friedrich List）加以系统化，成为落后国家进行贸易保护的最重要理论依据。1791 年，汉密尔顿向美国国会提交了《关于制造业的报告》，阐述了在美国刚刚取得政治独立的背景下保护和发展制造业的必要性和有利条件。他认为，制造业对国民经济的发展至关重要；美国要想维护其经济与政治上的独立，应当运用关税等手段对幼稚工业提供保护，待其成长起来足以与外国竞争时再拆除壁垒。在 1841 年出版的《政治经济学的国民体系》一书中，李斯特指出保护制度要与国家工业的发展程度相适应，认为生产力是决定一国兴衰存亡的关键，而保护民族工业就是保护本国生产力的发展。所以国家和政府需要做民族工业发展强有力的后盾，而不是秉承古典学派的自由放任原则。与重商主义不同的是，幼稚产业保护理论从保护生产力的高度把贸易和国家经济发展结合起来，形成以国家主义为基调的贸易保护理论，在实施贸易保护政策方面也更加客观实际。不过，尽管对幼稚产业的保护已逐渐成为各个国家尤其是发展中国家通行的做法，尽管对幼稚产业进行一定的保护并不违背 WTO

的有关规则，但政府要有效实施对幼稚产业的保护，还需在幼稚产业选择、保护期限的确定、被保护产业无效率等问题上加以注意。

3. 超贸易保护主义理论

超贸易保护主义盛行于第一次世界大战与第二次世界大战之间。在这个阶段，资本主义经济具有显著的发展特点，如垄断代替了自由竞争、国际经济制度发生了巨大变化、1929—1933 年资本主义世界空前严重的经济危机等。凯恩斯与其追随者对古典自由贸易理论进行了批判。首先，20 世纪 30 年代，大量失业存在，自由贸易理论"充分就业"的前提条件已不存在；其次，古典自由贸易论者虽然以"国际收支自动调节说"说明贸易顺、逆差最终均衡的过程，但忽略了在调节过程中对一国国民收入和就业所产生的影响，因此应当仔细分析贸易顺差与逆差对国民收入和就业的作用。凯恩斯与其追随者提出的对外贸易乘数理论认为：总投资包括国内投资和国外投资；国内投资额由"资本边际效率"和"利息率"决定，对外投资量由贸易顺差大小决定；贸易顺差可为一国带来黄金，扩大支付手段，降低利息率，刺激物价上涨，扩大投资，有利于缓和国内危机和扩大就业量。通过对总供给、总需求及进出口对国民收入总量影响的分析，凯恩斯主义者得出结论，为了增加有效需求，实现充分就业，政府应采取鼓励出口、限制进口及保持顺差的保护贸易政策。由于这种对外贸易政策与重商主义政策相似，所以被称为新重商主义。又由于这种外贸政策代表了垄断资产阶级的利益，在保护的内容、范围、采用的保护手段等方面均大大超过了传统贸易保护政策，所以人们又将它称为超贸易保护政策。超贸易保护主义也存在明显的局限性。不可否认，对外贸易顺差在一定条件下可以增加国民收入、增加就业，但如果为了追求贸易顺差，不加节制地实行"奖出限入"政策，势必导致关税、非关税壁垒盛行，使贸易障碍增多，发生各种贸易战，从而阻碍整个国际贸易的发展。

4. 新贸易保护主义理论

吸取超贸易保护主义政策盛行所带来的深刻教训，第二次世界大战以后国际社会开始积极倡导自由贸易，并试图重建国际经济体系。以国际货币基金组织、世界银行和关贸总协定三大支柱为基础的新型世界经济体系，为第二次世界大战后贸易自由化的兴起和发展奠定了良好的基础，并极大地推动了国际贸易的发展。然而，20 世纪 70 年代以后情况又发生了转变。随着布雷顿森林体系的崩溃和石油危机的冲击，西方经济从高速增长走向滞胀，通货膨胀加剧，失业问题日益严重。各国纷纷采取保护贸易政策，出现了新贸易保护主义。与传统的贸易保护主义相比，新贸易保护主义具有受保护的商品范围不断增加、保护措施越来越多样化、奖出限入措施的重点从限制进口转向鼓励出口等一系列特征。新贸易保护主义理论主要有以下几种：

（1）管理贸易论（managed trade theory）。一国政府应对内制定各种对外经济贸易法规和条例，加强对本国进出口贸易有序发展的管理，对外签订各种经济贸易条约，约束贸易伙伴的行为，缓和贸易摩擦，以促进出口，限制或减少进口，协调与各国的经济贸易关系，促进对外贸易的发展。具体表现形式如商品综合方案、自动出口限制协定、有序的销售安排、国际商品协定、多种纤维协定、欧盟共同农业政策等。这一理论适应了发达国家既要遵循自由贸易原则，又要实行一定的贸易保护的现实需要。其实质是协调性保护，将贸易保护制度化、合法化，通过各种进口管理办法和合法的协议来实现保护，是一种有组织的自由贸易。

（2）保护就业论（employment protection theory）。保护就业论是广泛流行于发达国家的一种观点，认为大量流入的进口产品使发达国家产生了更多的失业，因此政府应当采取关税等贸易政策来限制进口，从而刺激国内生产，增加国内的就业和收入水平，但是此项效果须在其他国家不采取报复措施的情况下才能产生。而且，即使外国不采取贸易报复行为，本国限制进口导致的外国出口减少也会影响其国民收入，进而降低外国对本国出口商品的需求和支出，使本国出口行业的就业下降。因此，本国征收关税实施贸易保护的结果，往往是增加一个部门就业的同时，减少另一个部门的就业。

（3）改善国际收支论（improve the balance of payment theory）。改善国际收支论主张以关税、配额等贸易保护措施限制进口，减少外汇支出，以达到迅速有效改善国际收支的目的。这种观点类似重商主义只卖不买或多卖少买的观点。在一国贸易收支或国际收支逆差较大时，或在通货膨胀与金融危机时，此种保护理论最为流行。这种观点本身并没有错，是一种理想化的想法。但是，现实情况往往复杂得多，如果不能提高本国的劳动生产率和产品在国际市场上的竞争能力，仅减少进口往往并不能保证国际收支一定改善。况且，此项保护措施同样只有在其他国家不进行报复时才有效。

（4）公平贸易论（fair trade theory）。保护公平竞争是贸易保护的另一种理论依据，被发达国家广泛采用。一般被视为不公平竞争的情况包括补贴、倾销、囚犯或童工生产的产品的出口、对外国知识产权不加保护等。针对国际贸易中这类破坏公平贸易规则的做法，可以采取征收反倾销税、反补贴税或其他惩罚性关税、进口限制、贸易制裁等手段来抵制。基于公平竞争论的贸易保护主义做法，看上去是以一种受害者的姿态出现，是完全被动、迫不得已的，但在实施中却常常成为一国行贸易保护之实的手段，甚至被利用而进行实质上更不公平的贸易。在国际经济和贸易发展极不平衡的条件下，国际社会更应该追求国际贸易中的实质公平而非形式公平。

（5）战略贸易论（strategic trade theory）。该理论认为，在不完全竞争和规模经济条件下，一国政府可以凭借生产补贴、出口补贴或保护国内市场等政策手段，保护和扶持本国战略性产业的成长，以创造这些产业的比较优势，增强其在国际市场上的竞争能力，从而谋取规模经济之类的外部经济利益，为本国未来发展增强后劲。战略贸易理论建立在不完全竞争贸易理论的基础上，其核心是强调政府通过干预对外贸易而扶持战略性产业的发展，为国家进一步干预贸易活动提供了理论依据。尽管战略性贸易政策在实践中确实可以起到扶持相应产业发展的作用，但它毕竟是一种以邻为壑的政策，其实施是以他国利益的牺牲为前提的，因而势必会招致贸易对象国的强烈反应乃至报复，从而引发贸易保护主义的抬头，抵消战略性贸易政策的功效。

（6）环境优先论（environmental priority theory）。近年来全球工业化进程加速，致使生态平衡遭到破坏，人类的生存环境日趋恶化。国际社会对环境问题以及全球经济可持续发展问题的关注和重视导致诸多国际公约的产生。各国政府也相继制定了一系列法律、法规和政策措施，希望政府通过对自由贸易政策的干预，实现保护自然环境、改善生态环境的目的。在此背景下产生的环境优先论，主要表现为借保护环境为名来限制商品的进口。其主要论点是：由于生态系统面临巨大威胁，在国际贸易中应该优先考虑保护环境，减少污染产品的生产与销售；为了保护环境，任何国家都可以采取保护措施，限制对环境产生威胁的产品的进口；企业应将保护环境所耗费的成本计入产品价格之内，即所谓环境成本内在化。从形式上来看，进口国主要采用以技术壁垒和环境壁垒为核心的非关税措施，以保护环境、保护人类、动植物的生命健康安全为名，行贸易保护之实。

（7）国家安全论（national security theory）。国家安全论认为，自由贸易使各国在经济上相互依存，一旦战争发生，致使国外供给剧减或断绝时，就会陷入非常被动的境地，国家的安全就会受到威胁。因此，对于关系国计民生的产业（如农业）和有关军用国防需要的产业，国家应以关税、补贴等手段加以保护，使其达到自给自足的目标，以摆脱对国外的依赖，加强国防力量，维护国家安全。同时，政府也要控制对某些政治上不友好国家的出口，要对任何有可能加强敌方实力、威胁自身安全的商品出口严加控制。当年的"输出管制统筹委员会"① 正是这一观点的产物。

贸易保护理论的发展及体系见图1.2。

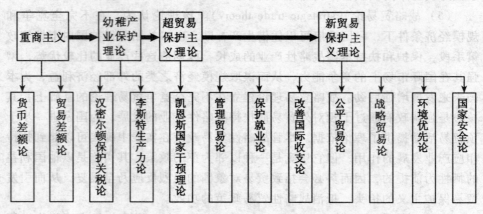

图 1.2　贸易保护理论体系简图

第二节　国际贸易法的概念与体系

一、国际贸易法的概念

通常，我们根据法所调整社会关系的不同来定义不同的部门法。国际贸易法的调整对象同样应当是一类特殊的社会关系，概言之即国际贸易关系。

如何理解国际贸易关系，是界定国际贸易法内涵的关键。从历史来看，国际贸易关系的内容会随着国际贸易活动的发展而不断发展变化。早期，国际贸易关系主要是存在于不同国家和地区私人之间的商事交易关系，依靠商人习惯加以自治，国家对私人经济不予过多干预。交易领域主要集中于货物贸易领域，开始建立的简单的国际贸易关系只需要传统的国内民商法即可调整。随着

---

① 输出管制统筹委员会（Co-ordinating Committee for Export Control）即巴黎统筹委员会，简称"巴统"，成立于1949年11月。它是冷战的产物，是第二次世界大战后在美国的提议下西方发达工业国家在国际贸易领域纠集起来的一个非官方的国际机构，其宗旨是限制成员国向社会主义国家出口战略物资和高技术。冷战结束后，世界格局发生重大变化，巴统已于1994年4月1日正式宣告解散。

国际贸易的复杂化和多样化，以及国家对经济的干预加强和国家间经济矛盾的加剧，国际贸易关系必须动用国内法和国际法的双重手段来共同调节。

传统的国际贸易法以调整国际货物贸易关系为核心，包括调整与货物贸易有关的运输、保险和支付的法律与制度。这是一种狭义上的国际贸易法，即仅指规范不同国家间具有私法性质的商业关系的规范总体。① 从国际贸易法的当代发展来看，随着科学技术的发展和国际贸易范围的扩大，国际贸易法的调整范围也逐步扩大到技术贸易、服务贸易等更为广泛的领域；同时，以商人为主体，以"意思自治"为基础，以"契约自由"、"契约必须遵守"为核心的传统商法也逐步受到国家强制性法律的约束和限制。因此，广义的国际贸易法概念更符合客观实际。本书采用广义说之定义，即国际贸易法是调整跨越国界的贸易关系的法律规范总体，其中，既包括任意性的私法规范，又包括强制性的公法规范；既包括国内法规范，又包括国际法规范。国际贸易关系中的"国际"，并不侧重于"国家与国家之间"，而更加侧重于"跨越国界"的意思。

国际贸易法所调整的国际贸易关系，是国际贸易法的主体（即国家、国际组织、营业地处于不同国家的法人、自然人）在从事货物、技术、服务等交易活动以及对这些活动进行管理、调节过程中形成的社会关系。这些关系具体包括以下内容：

（1）营业地分处不同国家的私人之间所从事的商事交易关系，如国际货物买卖关系、国际贸易支付关系等，这类关系主要通过跨国贸易当事人选择法律或惯例加以调整。

（2）一国政府对本国对外贸易活动的管理、调节关系，如关税征收管理关系、商品进出口管理关系，等等，即有关国家通过国内立法，如对外贸易法、海关法、商品检验法等加以调整。

（3）国家与国家之间的贸易关系。主要通过国家与国家之间签订双边或多边贸易条约、建立国际贸易组织加以调整，如 1947 年《关税与贸易总协定》、1979 年《中美贸易关系协定》、1995 年世界贸易组织，等等。

国际贸易法的调整对象，即国际贸易关系的组成见图 1.3。

---

① 有"国际贸易法之父"之称的英国学者施米托夫（Clive M. Schmitthoff）认为："与国际商事关系有关的国际贸易法不是在国际公法方面调整此项关系，而是在私法方面，如国际货物买卖，陆上、海上和航空运输，保险、国际银行业务等方面，实现对国际商事关系的调整。"引自施米托夫著，赵秀文译：《国际贸易法文选》，中国大百科全书出版社1993 年版，第 32 页。

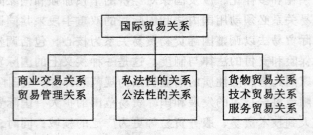

图1.3　国际贸易法调整对象——国际贸易关系的组成

二、国际贸易法的体系

　　根据其调整对象国际贸易关系的组成，国际贸易法的体系构成既包括调整商业交易关系的任意性的私法规范，又包括调整贸易管理关系的强制性的公法规范；① 既包括调整商业交易关系和涉外贸易管理关系的国内法规范，又包括调整不同国家当事人和不同国家之间贸易关系的国际法规范；既包括调整国际货物贸易以及与之相关的运输、保险和支付方面的法律规范，又包括调整国际服务贸易和国际技术贸易的法律规范；既包括调整国际贸易的实体法规范，又包括处理国际贸易争议的程序法规范。

　　国际贸易法的体系主要由以下五个方面的法律所构成：

　　（一）国际货物贸易交易法

　　国际贸易是国际经济交往的最早形式之一，国际货物贸易也是最早的国际贸易形式。早期，国际贸易被认为仅仅是指国际货物贸易；至今，国际货物贸易在国际贸易中仍居于主导地位。根据交易环节的不同，国际货物贸易法可划分为国际货物买卖法、国际货物运输及保险法、国际贸易支付法几个方面。

　　1.国际货物买卖法

　　国际货物买卖法是规范国际贸易中买方和卖方买卖行为的法律，它在整个国际贸易法中占有十分重要的地位，是传统国际贸易法的核心。在这一领域，法律的统一工作取得了很大的进展，既有为大多数国家商人所普遍适用的关于

---

　　① 应指出的是，西方的法学教育倾向于将与国际贸易有关的法律内容分为两门课程——国际贸易法和国际商法，比如美国、加拿大、澳大利亚均如此，此处的国际贸易法应作狭义理解，即仅指国家干预商业贸易活动的全部法律的总称。而我国学者则多倾向于将传统的商法视为国际贸易法的一个组成部分。

贸易术语的国际惯例，如国际商会《国际贸易术语解释通则》；也有被视为国际贸易法统一化运动重要成果的国际货物买卖法统一公约，如《联合国国际货物买卖合同公约》。

国际货物买卖主要依靠合同来确定当事人的权利义务关系，因此，国际货物买卖合同在不违反国内法的强制性规定或社会公共利益的情况下，具有法律的效力，规范国际货物买卖合同的法律也成为国际货物买卖法的核心。由于跨国有形货物买卖有着悠久的历史，有关国际货物买卖合同的国内民商法规范和国际统一法规则都十分丰富。在国际货物买卖领域，也发展出相当成熟的成文化惯例。同时，统一的国际货物买卖合同法公约和成文化惯例尚不能完全规范国际货物买卖关系，因而各国民商法中的合同法、买卖法，通过冲突法的指引，仍然发挥着重要的作用。国际货物买卖法大多属于任意性规范，如果买卖合同条款的规定与法律、公约的规定相左，合同条款优先，法律、公约的规定往往只起着补充合同的作用。

2. 国际货物运输及保险法

国际货物买卖必然伴随国际货物运输，国际货物运输是国际服务贸易的一种，随着国际贸易的发展，国际货物运输也日益重要。为防范和补救国际货物运输中自然灾害或意外事故或其他原因给货物造成的损失，作为国际服务贸易形态之一的国际货物运输保险也日益发达。国际货物运输法是调整货物跨越国界运输的法律规范的总称，包括国际海上货物运输法、国际航空货物运输法、国际铁路货物运输法和国际货物多式联运法等。国际货物运输保险法包括有关国际海上、陆上、航空货物运输及多式联运保险的法律。其中国际海上货物运输及保险法最为发达，也最为重要，不仅各国海商法对此有详尽的规定，而且关于提单运输，国际上已经有了三个重要的公约，即《海牙规则》、《维斯比规则》和《汉堡规则》；此外2008年12月联合国大会又通过了关于海上国际货物运输合同的《鹿特丹规则》。在提单和航次租船合同不违反合同所适用的海商法的强制性规定时，提单、保险单和航次租船合同的条款也具有法律效力，实际规定着承运人和托运人、保险人和被保险人的权利与义务。关于航空、铁路货物运输，国际都有相应的一些公约，多式联运也存在具有普遍意义的国际惯例。至于航空、铁路货物运输及多式联运保险则受保险合同、各国保险法的规范。

3. 国际贸易支付法

在国际贸易中，不论是国际货物买卖、技术转让、对销贸易、来料加工装配业务，还是与贸易有关的投资活动，都要涉及两国或多国间的支付活动。调整国际支付活动中当事人之间关系的法律规范即为国际贸易支付法，主要包含规范国际支付工具以及国际支付方式的法律，形式上表现为具体规定国际贸易支付有关问题的各国国内法、国际条约以及惯例。

规范支付工具的法律主要是票据法。由于各国票据法的立法技术和立法体例不同，自19世纪至20世纪初，在欧美各国逐渐形成了三大票据法的立法体系，即法国法系、德国法系和英美法系。各国票据立法的不同，对票据的国际交流带来了极大不便。为了避免法律冲突，充分实现票据的汇兑功能、支付功能、信用功能，促进、方便国际贸易中的支付、结算，从19世纪开始各国就发起了票据法的国际化运动。国际社会先后制定了《1930年关于统一汇票和本票的日内瓦公约》、《1930年关于解决汇票和本票的若干法律冲突的公约》和《1931年关于统一支票法的日内瓦公约》、《1931年关于解决支票的若干法律冲突的公约》等四个关于汇票、本票、支票的公约，解决了法、德两大法系的冲突。但因英国、美国等英美法系国家并未接受上述公约，在国际上形成了关于票据法的两大法系，即日内瓦统一法系和英美法系。20世纪70年代以后，联合国国际贸易法委员会为促进各国票据法的协调和统一，着手制定一项国际汇票与本票的统一法草案，并于1988年12月经联合国第43次大会通过了《国际汇票本票公约》，但至今尚未生效。因此，各国票据法在冲突法的指引下仍发挥着重要作用。

在国际支付方式方面，国际统一法运动主要借助于对惯例的整理。国际商会先后出版了《托收统一规则》、《跟单信用证统一惯例》等重要的成文化惯例规则，被国际社会广泛接受，为各国银行所普遍遵行。该商会还制定了《合同担保统一规则》，在国际上也有一定影响。随着国际保付代理业务的兴起，一些国际组织诸如国际统一私法协会、国际保理联合会等开始制定一些专门规定国际保理的规则。为适应电子数据交换（Electric Data Interchange，EDI）在国际贸易支付领域中的广泛应用，一些国际组织和某些发达国家也积极开展了EDI国际标准的立法。

（二）国际货物贸易管理法

一项国际货物贸易活动，除需遵循当事人之间的合同以及各种交易性法律、惯例之外，还要受到相关管制性贸易立法的约束。国际货物贸易管理是国家干预经济的一种重要形式，对维护国际贸易秩序、保护公平竞争、维护国家经济利益具有重要意义。国际货物贸易管理法属于贸易公法的范畴，可分为国内对外贸易管制法和国际贸易统一公约。前者以各国贸易法、海关法、进出口商品检验法、反倾销法、反补贴法等法律法规为主体内容。后者在1995年1

月 1 日以前，主要有 1947 年《关税与贸易总协定》，此后则由世界贸易组织《货物贸易多边协定》这一庞大的协议群所组成。此外，第二次世界大战后尤其是 20 世纪 90 年代以来，区域性国际贸易统一公约获得了迅猛发展，对推动区域贸易自由化、确立区域内缔约国之间高水平的自由贸易规则起到了很重要的作用。

（三）国际技术贸易法

近现代以来，随着科学技术的迅猛发展，国际的技术交流得到了前所未有的发展。各国经济的竞争集中反映为科学技术的竞争，技术逐渐商品化并成为国际贸易的重要交易标的物。国际技术贸易与国际一般有形货物贸易存在显著区别，因此逐渐形成了调整国际技术贸易的一系列法律制度。在内容上，国际技术贸易法的调整范围包含两个部分：其一是交易对象，即知识产权的国际保护；其二是对知识产权交易行为的法律调整。这两个部分的内容既相互独立又相互联系。保护知识产权的国际公约主要有《保护工业产权巴黎公约》、《专利合作条约》、《商标国际注册马德里协定》、《伯尔尼公约》、《世界版权公约》以及《与贸易有关的知识产权协议》等。这些国际公约在一定程度上协调了各国保护知识产权的国内立法，为国际技术贸易活动在知识产权保护方面创造了良好的法律条件，有助于国际技术贸易活动的开展。鉴于技术的重要性，各国均十分重视对于国际技术贸易活动的国内法管理与控制。目前，调整国际技术贸易行为的法律仍以各国国内法为主，例如我国制定有 2001 年《技术进出口管理条例》。在国际层面上，主要有 1985 年 6 月由联合国贸发会议拟订的《联合国国际技术转让行为守则》（草案）。

（四）国际服务贸易法

随着经济和科技的发展，服务在国民经济中的地位发生了巨大的变化，在国民经济中扮演着越来越重要的角色。第二次世界大战后，尤其是 20 世纪六七十年代以来，在全球产业结构加快调整和经济全球化空前发展的有力推动下，国际服务贸易步入快速发展的轨道。从历史上来看，国际服务贸易是伴随着国际货物贸易的发展而发展起来的，但由于服务本身存在的一些特点，如无形性、同步性、不可储存和运输性等，国际服务贸易也呈现出与国际货物贸易不同的特点。总体来看，国际服务贸易法仍处于发展的起步阶段，目前国际服务贸易主要依靠各国国内法加以管制。在国际性规范方面，主要有发达国家推动下所制定的世界贸易组织《服务贸易总协定》及其各项附件。

（五）国际贸易争议解决法

规范国际贸易争议解决的法律，有国际民事诉讼法、国际商事仲裁法和世界贸易组织争端解决法。国际民事诉讼法是一国民事诉讼法的一部分，国际商事仲裁法包括国内仲裁法和国际性的仲裁规则。民事诉讼法、仲裁法、国际仲裁规则所确立的国际民事诉讼制度和仲裁制度是解决私人间的国际贸易争议，包括国际货物买卖、货物运输及保险、支付的争议的法律途径。世界贸易组织《关于争端解决规则和程序的谅解》所确立的争端解决机制，则用于解决成员国间因实施《世界贸易组织协议》所发生的国际贸易争端。

国际贸易法的体系见图1.4。

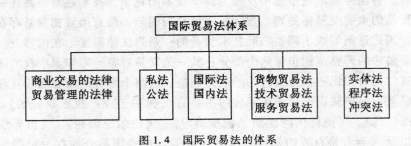

图1.4 国际贸易法的体系

第三节 国际贸易法的渊源

法律渊源有法律的历史渊源和法律形式两个含义。前者是指一定法律制度的历史源流，即它是如何产生的，或者从什么样的法律演变而来。后者是指法律所采取的形式，到底是以国际法还是国内法，以成文法还是习惯法，以制定法还是判例法等方式而存在。

一、历史渊源

国际贸易法的发展可大致分为五个阶段：早期的罗德法与罗马法时期、中世纪商人自治法时期、国内商法的兴起与国际商务条约的出现、国际贸易私法的统一化时期、国际贸易公法的统一化时期。

（一）早期的罗德法（Rhodian Sea-law）与罗马法时期

如前所述，人们之间的产品交换和商业交往历史悠久，原始社会既已存在的种种经济交往，往往受各种部落习惯和宗教习俗的调节。由于国家尚未出现，也就无所谓国际贸易，这些习惯和习俗也难以称为国际贸易法，自国家产生以后，才产生了一些国际商业惯例以及调整商务关系的国内法规范。

早期的国际贸易惯例可以追溯到古希腊时期。早在公元前9世纪，罗德人的海上贸易足迹就遍布欧亚非三大洲，在公元前7世纪左右，古希腊的罗德习惯规则经过几个世纪的汇集和编纂，形成了第一部航海习惯法——"罗德海法"，又称"罗德法"。虽然该法没有保存下来，但是从罗马法学家关于共同海损、海上保险的论述中依然可以证明它的存在。① 荣格也指出，在当时的古希腊，船舶抵押、抛弃制度等得到了广泛的承认。②

在罗马共和国后期，随着商品经济的发展和外来人口的增多，逐渐形成了适用于罗马市民与外来人以及外来人与外来人之间关系的万民法，相当于现代意义上的"涉外民事法"。万民法的大部分内容是用于调整经济关系或财产关系的规范，如所有权和债权方面的规定。虽然万民法并未宣称以调整国际贸易为目的，但其中事实上已包含了一些早期的国际贸易法规范，被视为国际贸易法产生、萌芽时期的重要标志。

（二）中世纪商人自治法（law merchant）时期

随着罗马帝国的分崩离析，万民法不复存在，但国际贸易活动并不因此而停止。中世纪中、后期，随着商品经济的日益发展，经济交往的日益增多，从地中海沿岸自治城市到西欧大陆各国，商法逐渐发展起来。中世纪出现了对后世极具影响的三部海事法典，即巴塞罗那海法、奥内隆法典和维斯比海法。同时，从11世纪开始，各种商业惯例或商人习惯法也开始在其相互贸易往来的过程中逐步形成和确立。商人法最早出现于威尼斯，后来随着航海贸易的发展逐步扩及西班牙、法国、英国、德意志等其他国家和地区。其内容主要包括货物买卖合同的标准条款、两合公司、合伙、代理、海上运输与保险、汇票以及破产程序等。中世纪商人法具有以下几个重要特征：

（1）普遍性，即这些商事习惯规则普遍适用于欧洲各国和东西方贸易，是一种真正的国际统一规则；

（2）自发性，商人习惯法是在商人之间自发形成的规范商事交易的习惯规则，这些规则从一开始就独立于封建王朝的地方性法律之外；

（3）专业性，当时各商业领域存在各自的商业习惯规则，通常不能跨领域适用；

（4）自治性，商人们在交易中发生纠纷，可以由商人自己组织的法庭来

① 吴焕宁主编：《海商法学》，法律出版社1996年版，第5页。

② Friedrich. K. Juenger: *Selected Essays on the Conflict of Laws*, Transnational Publisher, Inc., 2001, p. 4.

进行审理，由商人自己选出的法官来解释和适用法律，而非由一般法院的法官来进行，这种商人自治法庭近似于现代意义上的国际商事仲裁和调解机构；

（5）简便性，即商人自治法强调合同自由和财产转让自由，取消法律上的繁琐形式，按照公平合理的原则审理案件，而不是抽象地死抠罗马法条文。

由于上述特征，具有国际普通适用性的商人自治法，对于促进国际贸易的发展、解决商人之间的纠纷，起到了很重要的作用。商人自治法既是现代国际商法的起源，也构成国际贸易法的重要历史发展阶段。商人习惯法自中世纪形成以后存在了较长时期，直至 17 世纪之后在欧洲大陆逐渐被纳入各国的国内法之中。

（三）国内商法的兴起与国际商务条约的出现

中世纪封建割据的经济关系、商人自治法的不成文性易引起当事人的争议，以及不同地区的商人对于商业习惯在理解和适用上的差异等，均在一定程度上阻碍了国际贸易的发展。在 15 世纪末 16 世纪初的地理大发现和工业化革命的推动下，17 世纪以后世界各国逐步进入资本主义社会，商品经济快速发展，世界范围的贸易往来也日益频繁。为了调整其商务关系，西欧各国在接受罗马法和整理习惯法的基础上先后开始了国内立法的编撰活动。法国在路易十四时期分别于 1673 年和 1681 年率先制定了两部商事法典，即《商事条例》和《海事条例》，后来又于 1804 年和 1807 年分别颁布了《法国民法典》和《法国商法典》，形成欧洲大陆国家民、商分立的法律制度。也有少数国家采取民、商合一的做法，将商法纳入民法典中。英国则通过王室法院的判例将商人习惯法吸收到普通法中去，使其成为普通法的一部分。这样，商人法被吸收到国内民商法之中，并逐渐失去其作用，而各国民商法同时适用于本国商人的涉外商务活动，成为调整涉外商务活动的行为规范。在 18 和 19 世纪，随着各国采取不同的方式将商人自治法纳入国内法，国际贸易开始由国内商法和国际私法结合调整，商事活动的实体权利义务关系依照国内商法规则，而贸易纠纷的解决则依照冲突法规则的指引。

在商法进入国内编撰高潮的同时，以调整两国间商务关系为主要内容的国际商务条约也逐渐发展起来。早先的法律调整形态是在双边条约中规定某些有关商务的条款，如 1417 年 8 月 17 日英王亨利五世与布尔格尼公爵和弗兰韶伯爵缔结的条约中规定有最惠国条款。后来逐步发展到专门的商务条约，如 1496 年英国与荷兰订立的商务条约中规定了互惠待遇及税则等。17 世纪以后，国际商务条约在数量上不断增多，内容也逐渐丰富和定型化，其中以双边"友好通商航海条约"最为典型，其内容广泛涉及缔约国经贸关系的各个方面，包括关税的征收、海关手续、船舶的航行与港口的使用、外国人待遇、知识产权的保护、进口商品征收国内捐税、铁路运输与过境、仲裁等。有的还含有移民的规定。① 至此，国际贸易开始同时受到来自国内法和国际法的双重调节，虽然此时调节国际贸易关系的国际公法规范比较零星而且仅局限于双边形态。

（四）国际贸易私法的统一化时期

各国虽然进行了国内商法的成文化编撰活动，但不同国家的立法仍存在较大的差异甚至是对立，不同地区的人们所使用的商业惯例也不尽相同，给从事国际贸易的当事人带来了极大的不便，如选择和适用法律上的困难、从事国际贸易活动法律后果的不确定性等，阻碍了国际贸易的进一步发展。因此，国际贸易的发展，在客观上需要统一的国际贸易规则和惯例，需要统一的冲突法规范。19 世纪末 20 世纪初以来，许多国家通过外交会议缔结了大量的国际贸易统一私法条约。与此同时，一些国际组织或商业团体开始编纂整理国际贸易中长期实践形成的习惯做法或先例，使它们成文化并逐步成为大多数国家及从事国际贸易活动的当事人一致认可的统一惯例，以便减少和消除对贸易惯例的不同理解而产生的纠纷。此外，国际社会也开始了统一各国冲突法规则的努力。其主要成果包括：

在国际货物买卖方面，有罗马国际统一私法协会起草、1964 年海牙会议上通过的《国际货物买卖统一法公约》和《国际货物买卖合同成立统一法公约》，联合国国际贸易法委员会主持制定并通过的 1974 年《国际货物买卖时效期限公约》、《联合国国际货物买卖合同公约》，国际商会主持修订的《国际贸易术语解释通则》，国际统一私法协会 1983 年通过的《国际货物销售代理公约》、《1932 年华沙—牛津规则》等。

在国际货物运输方面，有 1924 年关于国际海运的《统一提单若干法律规则的国际公约》（又称《海牙规则》）、1929 年关于国际空运的《统一国际航空运输某些规则的公约》（又称《华沙公约》）等。

在国际流通票据与支付方面，有 1930 年《关于统一汇票和本票法的日内瓦公约》及《解决汇票和本票法律冲突公约》、1931 年《关于统一支票法的日内瓦公约》及《解决支票法律冲突公约》、1930 年《跟单信用证统一惯例》、1958 年《托收统一规则》等。

在与贸易有关的知识产权方面，有 1893 年《保护工业产权的巴黎公约》、

---

① 余劲松主编：《国际经济法学》，高等教育出版社 1994 年版，第 13 页。

1891年《商标国际注册马德里协定》、1891年《制止商品产地虚假或欺骗性标记马德里协定》、1886年《保护文学艺术作品伯尔尼公约》等。

（五）国际贸易公法的统一化时期

自资本主义进入垄断阶段后，社会矛盾日益突出，原来以"意思自治"原则为基础的民商法体系，已经不能用来作为调整经济的唯一手段了，需要寻求外部干预和国家调节，由此产生了国家通过强制性手段来直接管理经济的经济法规范。① 这些经济立法对在一国境内从事投资、贸易的外国人和企业也适用，有的则专门调节涉外经济关系。第一次世界大战后，随着金本位的崩溃和世界性经济危机的爆发，各国加强通过经济法干预经济的力度，采取严格的外贸管制、外汇管制和高关税壁垒等措施，调整国际贸易的国内公法规则呈现过度发展的态势，资本主义国家之间的矛盾日益激化。在贸易的国际公法方面，以往的通商航海条约已经不能达到解决这些矛盾的目的，因而各国间不得不缔结短期贸易协定、关税特惠协定等。各国垄断同盟的国际竞争形成了各种国际垄断同盟，各主要资本主义国家的国家政权也纷纷和本国垄断资本结合，协助民间国际卡特尔的实施，对政府所有的商品或企业则可能由政府亲自参加国际卡特尔，从而出现多边国际卡特尔专项协定。为调整某些商品的生产限额及出口配额等问题，商品生产国之间或生产国与消费国之间又签订了一系列多边专项商品协定，如1931年及1937年的《国际砂糖协定》、1931年的《国际锡协定》、1933年的《国际小麦协定》、1934年的《国际橡胶协定》等。此间，国际联盟也为改善通商条件、放宽及废止进出口限制、降低关税等作出了重大努力。②

上述情况表明，国家间经贸关系发展到一定的程度，国家间经贸矛盾尖锐到一定的程度，就必须借助规范国家间权利义务关系的国际公法形态的法律来协调矛盾、解决纠纷、促进合作，而不能仅仅依靠国内私法或国内公法来解决问题。规范国际贸易关系的国际公法，由双边条约中的商务条款发展到专门的商务条约（如《友好通商航海条约》）直至多边的关税特惠协定，由民间的国际卡特尔协定演变成政府间多边国际卡特尔专项商品协定，显示出调整国际贸易关系的国际法规范渐次复杂化、多样化和成熟化的发展轨迹。

但是，直至第二次世界大战结束，国际贸易关系一直欠缺一个平衡和维护

---

① 漆彤：《市场调节机制的三元化与国际经济法性质的思考》，载《国际经济法学刊》第12卷第2期，北京大学出版社2005年版，第1~17页。

② 余劲松主编：《国际经济法学》，高等教育出版社1994年版，第17页。

各国利益的统一的全球性多边贸易法制。每隔一段时间，每当各主要资本主义国家经济发展不平衡达到一定程度，每当经济危机爆发，由于全球性多边贸易机制的缺乏，国际贸易领域各国没有必须遵循的多边国际义务存在，各国就纷纷高筑贸易壁垒、转嫁经济危机、推行极端贸易保护主义，其结果只会引发国家间更加激烈的贸易战，自由贸易的环境荡然无存，国际贸易严重受阻甚至停滞不前，最终甚至诉诸武力以解决纠纷。鉴于两次世界大战给各国政府及各国人民所带来的严重灾难和深刻教训，就国际贸易而言，各国逐渐认识到战后建立一个世界性的多边贸易体制至为重要。1947 年 10 月 30 日，由 23 个国家签署的《关税与贸易总协定》（General Agreement on Trade and Tariff, GATT）掀开了国际贸易法发展的新篇章。该协定为国际贸易自由化确立了最惠国待遇、国民待遇、关税减让、禁止数量限制等一系列基本原则与规则，为战后多边国际贸易体制的确立奠定了基础。此后，关贸总协定时期所进行的八轮多边贸易谈判，进一步推动了国际贸易公法的持续性发展。尤其是第八轮的乌拉圭回合谈判，持续 8 年，涉及领域众多，取得了丰硕的成果。该回合达成了一系列一揽子生效的多边贸易协定，将多边贸易体制的调整领域拓宽到服务贸易、与贸易有关的知识产权、与贸易有关的投资措施，并开始在多边贸易体制下探讨贸易与劳工、贸易与环境的关系等一系列新问题。该回合大大加强了对非关税壁垒的约束，增强了关贸总协定的运作功能，规范了农产品、纺织品与服装的多边贸易规则，解决了灰色区域措施等老大难问题，改革了贸易争端解决机制，创建了永久性的世界贸易组织（World Trade Organization，WTO）。

世界贸易组织的成立，同时也带动了整个国际贸易法的大发展。在世界贸易组织的引导下，全球性多边贸易规则呈现出内容越来越丰富和完善、调整领域越来越宽广的景象；受 WTO 多边纪律的约束，各国管理对外贸易的国内贸易公法在 WTO 多边贸易规则的影响下不断完善和趋同化；全球性多边贸易体制下的区域性多边贸易自由化，形成一大批重要的区域性国际贸易条约，丰富和完善了国际贸易统一公法的内容；WTO 所带动的全球贸易公法趋同化也间接地促进了各国国际贸易私法的协调和融合，一些政府间国际组织和民间国际组织将加快国际贸易统一私法的制定工作，为尽快和国际通行做法接轨，各国也会自觉地进行国内贸易私法和贸易管制公法的改革与完善工作。

二、形式渊源

国际贸易法的形式渊源主要有国际贸易条约、国际贸易惯例、国内立法，此外，司法判例和法律学说构成辅助性的渊源。

（一）国际贸易条约

国际贸易条约，是国家间缔结的、规定缔约国在国际贸易关系中权利义务的书面协议。国际贸易条约对缔约国具有拘束力，是国际贸易法最主要的渊源。按条约内容的性质划分，国际贸易条约可分为公法性贸易条约和私法性贸易条约；按条约的缔约方数目划分，可分为双边、区域性和普遍性国际条约。其中，对国际贸易最具影响的当属普遍性的统一私法或公法公约，即由多数国家参加的，旨在统一与国际贸易有关的国内私法和公法的条约。

国际贸易条约是在 19 世纪后期以后才陆续出现的。由于国际贸易与国际贸易法统一化运动的迅猛和持续发展，目前国际贸易诸领域都有了一项或数项国际统一公约，为消除因各国民商法、外贸法相互间的歧异而给国际贸易发展造成消极影响发挥了重要的作用。例如，在有关国际货物买卖领域，已有《国际货物买卖统一法公约》（海牙，1964 年 7 月 1 日）、《国际货物买卖合同成立统一法公约》（海牙，1964 年 7 月 1 日）、《联合国国际货物买卖合同公约》（维也纳，1980 年 4 月 1 日）、《联合国国际货物买卖时效期限公约》（纽约，1974 年 6 月 14 日）、《国际货物买卖合同法律适用公约》（海牙，1986 年 12 月 22 日）、《产品责任法律适用公约》（海牙，1973 年 10 月 2 日）等；在国际货物运输方面，已有《统一提单的若干法律规则的国际公约》（简称海牙规则，布鲁塞尔，1924 年 8 月 25 日）、《有关修改统一提单若干法律规则的国际公约的议定书》（简称维斯比规则，布鲁塞尔，1968 年 2 月 23 日）、《联合国海上货物运输公约》（简称汉堡规则，汉堡，1978 年 3 月 31 日）、《统一国际航空运输某些规则的公约》（简称华沙公约，华沙，1929 年 10 月 12 日）、《修改华沙公约的议定书》，（简称海牙议定书，海牙，1955 年 9 月 28 日）、《统一非缔约承运人所办国际航空运输某些规则以补充华沙公约的公约》（简称瓜达拉哈拉公约，瓜达拉哈拉，1961 年 9 月 18 日）、《国际铁路货物联运协定》（简称国际货协，华沙，1951 年）、《关于铁路货物运输的国际公约》（简称国际货约，伯尔尼，1961 年）、《联合国国际货物多式联运公约》（日内瓦，1980 年 5 月 24 日，尚未生效）等；在国际支付方面，已有《汇票、本票统一法公约》（日内瓦，1930 年 5 月 7 日）、《解决汇票、本票法律冲突公约》（日内瓦，1930 年 6 月 7 日）、《统一支票法公约》（日内瓦，1931 年 3 月 19 日）、《解决支票法律冲突公约》（日内瓦，1931 年 3 月 19 日）、《联合国国际汇票与国际本票公约》（纽约，1988 年 12 月 9 日，尚未生效）等；在贸易管理方面，已有《世界贸易组织协议》（玛拉喀什，1994 年 4 月 15 日）；在贸易争端解决方面，已有《关于承认和执行外国仲裁裁决的公约》（纽约，1958 年 6 月

10 日）、《关于争端解决规则和程序的谅解》（玛拉喀什，1994 年 4 月 15 日）等。

此外，近年来区域性多边贸易公约和双边贸易协定的发展也十分迅猛，极大地丰富了国际贸易法的渊源。值得注意的是，由于历史的原因，多年来，针对特定的产品领域，主要是一些初级产品如小麦、可可、橄榄油、砂糖、锡等，在主要进口国和出口国之间签订了不少的国际商品协定（international commodity agreement）。这些协定就有关市场、生产、交易、税收、补贴和政府管理等方面规定了一些基本原则、规则和应采取的措施。它们对维护这些特殊商品的正常贸易也起到了一定的规范作用。

（二）国际贸易惯例

国际贸易惯例，指从事国际贸易的商人们在商业实践中所逐渐形成的为交易当事人所普遍认可并遵守的贸易规则。从性质上说，国际贸易惯例既不是国内习惯法，也不是国际习惯法，而仅仅是一种习惯，或者说是商人间的自治性规则（或称商人自治法）。其本身并不当然具有法律效力，但这并不妨碍这些习惯的规范效果。由于国际贸易惯例是长期贸易经验的总结，是商人们的"共同语言"，反映了国际贸易的一般规律，体现了商人们的合理期待，具备了法律规则的可预见性和科学性，所以能广泛用于指导国际贸易实践。不少国际贸易惯例还具有简化交易程序、节省交易费用和时间、方便确定当事人之间的权利义务关系、方便法院判案、填补法律漏洞等多项功能，因而成为国际贸易法的一种重要渊源。与其他国际经济法的分支学科不同，国际贸易法有着十分悠久的历史，因而产生与发展了许多惯例规则，从而使国际贸易惯例在国际贸易法渊源中占据了相当重要的地位。

【条文导读 1.1】

国际贸易惯例的规范作用

国际贸易惯例的规范作用主要通过两种途径来实现：一种是当事人在交易中明示或默示同意采用国际贸易惯例，或者说在商事合同中引入了国际贸易惯例，使国际贸易惯例成为合同的一部分。这样，由于各国民商法普遍承认商事合同的法律效力，那么国际贸易惯例也就起到了规范商事活动、约束当事人的作用。这种办法也为国际贸易公约所认可，比如，《联合国国际货物买卖合同公约》第 9 条第 1 款就规定，"双方当事人业已同意的任何惯例和他们确立的任何习惯做法，对双方当事人均有约束力"。

另一种是当事人没有明示或默示同意采用惯例，但法院或仲裁庭在审理案件时认可惯例的法律效力并自动适用。比如，一些国家的法律规定，法院在判案时，如果法律无规定者，依习惯。我国《民法通则》第142条第3款也规定，中华人民共和国法律和中华人民共和国缔结或者参加的国际条约没有规定的，可以适用国际惯例。此外，按照《联合国国际货物买卖合同公约》第9条第2款的规定，还存在着一种自动发生效力的惯例，"除非另有协议，双方当事人应视为已默示地同意对他们的合同或合同的订立适用双方当事人已知道或理应知道的惯例，而这种惯例，在国际贸易上，已为有关特定贸易所涉同类合同的当事人广泛知道并为他们所经常遵守"。惯例之所以能由法院或仲裁庭主动适用或自动对当事人发生效力，是因为它有两个特点：这类惯例所规定的内容是国内法所没有涉及的；惯例具有公平合理性，反映了贸易的一般规律，体现了商人的合理期待。因此，选择适用惯例不仅可以填补法律漏洞，还可以获得公正的判决结果。

　　国际贸易惯例按被当事人采用的程度，可分为特定的双方当事人采用的惯例、具有广泛意义的惯例（如被一个或一些地区、国家或区域的商人所采用的惯例）和具有普通意义的惯例（即被大多数国家的商人采用的惯例）。惯例按其表现的方式，又可分为不成文惯例和成文惯例。特定的双方当事人之间的惯例主要为不成文惯例。广泛意义和普遍意义的惯例许多都已由一些民间国际组织编纂成文。普遍意义的成文惯例主要就是国际商会制定的有关贸易术语、多式联运单证、托收、信用证的四个文件以及国际贸易法委员会制定的关于仲裁的规则。广泛意义的成文惯例表现为国际组织、贸易协会或进出口公司制定的标准合同或标准合同条款，如联合国欧洲经济委员会制定的关于成套设备、谷物、柑橘、煤炭与钢铁产品交易的格式合同；油脂油籽协会、谷物与饲料协会制定的格式合同；伦敦保险业协会以及中国人民保险公司制定的货物运输保险条款；波罗的海国际航运公会制定的"金康"航程租船格式合同等。兹列举重要的成文惯例如下：在国际货物买卖方面，有《国际贸易术语解释通则》等；在国际货物运输及保险方面，有《统一杂货租船合同》、《多式联运单证规则》、《伦敦保险协会货物条款》等；在国际支付方面，有《托收统一规则》、《跟单信用证统一惯例》等；在国际贸易争端解决方面，有《国际贸易法委员会仲裁规则》等。

（三）国内立法

对于国内立法能否作为国际贸易法的渊源，学术界仍存在不同见解。① 然而，就处理与国际贸易有关的法律问题而言，仍需要适用各国国内法中的专门规定。国际贸易法统一化运动迄今已取得丰硕成果，国际统一条约和普遍意义上的国际贸易惯例在规范国际贸易方面发挥着重要的作用。但是，这些国际贸易统一法和国际贸易惯例并不能包括国际贸易各领域中的一切问题，现有的国际贸易统一法和国际贸易惯例亦尚未被所有国家普遍承认和采用，因此，现今仍需要通过冲突规则的指引，来确定一国民商法的适用。只有实现国内法与国际贸易统一法和惯例的结合与相互补充，才能完全解决国际贸易纠纷所涉及的所有法律问题。

与国际贸易有关的国内法范围很广，包括规范国际货物买卖、国际货物运输及保险、国际支付的民商法，解决这些民商法律适用问题的冲突法，外贸管理法和民事诉讼法、仲裁法等。具体而言，包括：

（1）关于国际货物买卖的立法。在实行民商分立的大陆法系国家，如德国、法国、日本，国际货物买卖所涉及的法律包括民法典中的债法、买卖法以及商法典中有关商品买卖的规定。在实行民商合一的大陆法系国家，如泰国、意大利等，则适用民法典中有关债、买卖的规定。在英美法系国家，除了以法院判例形成的普通法以外，还有单行的货物买卖法或商法典，如英国的《1893 年货物买卖法》、美国的《统一商法典》。在我国，与国际货物买卖有关的民商法主要包括《中华人民共和国民法通则》（1986 年 4 月 12 日通过，以下简称《民法通则》）和《中华人民共和国合同法》（1999 年 3 月 15 日通过，同年 10 月 1 日起施行），这两部法律是一般法与特别法的关系。关于国际货物买卖合同的冲突规则，则包含在《民法通则》第八章以及最高人民法院的有关司法解释中。此外，各国的产品责任法对国际货物买卖也有一定影响。

（2）关于国际货物运输及保险的立法。这集中体现在各国的海商法中。《中华人民共和国海商法》（以下简称《海商法》）已于 1992 年 11 月 7 日通过，1993 年 7 月 1 日起施行。该法从我国的实际情况出发，以目前通行的关于提单的国际公约为基础，参照国际航运惯例和国际航运界广泛采用的标准合同格式而制定，是一部与国际海商法接轨的法律。《海商法》共 15 章、278 条，内容涉及总则、船舶、船员、海上货物运输合同、海上旅客运输合同、船

---

① 曹建明、陈治东主编：《国际经济法专论》（第 2 卷），法律出版社 1999 年版，第 9 页。

舶租用合同、海上拖航合同、船舶碰撞、海难救助、共同海损、海事赔偿责任限制、海上保险合同、时效、涉外关系的法律适用、附则等。其中海上货物运输合同、海上保险合同、涉外关系的法律适用三章即我国关于国际海上货物运输及保险的实体法和冲突法。

（3）关于国际支付的立法。关于国际支付的国内立法主要为各国的票据法以及有关的冲突法。《中华人民共和国票据法》（以下简称《票据法》）于1995年5月10日通过，1996年1月1日起施行。该法共7章、111条，内容涉及总则、汇票、本票、支票、涉外票据的法律适用、法律责任和附则等。《票据法》同时规范着国内和国际票据行为，其中有关汇票和涉外票据的法律适用的规定与国际贸易支付关系尤为密切。

（4）关于外贸管理的立法。外贸管理法所涉及的内容比较广泛，以我国为例，即关税法、对外贸易法和进出口商品检验法共同构成的一个体系。《中华人民共和国对外贸易法》于1994年5月12日制定，2004年修订，该法确立了我国外贸法的基本框架。我国还颁布有《中华人民共和国海关法》（1987年制定，2001年修订）和《中华人民共和国进出口商品检验法》（1989年制定，2002年修订）。

（5）关于国际贸易争议解决的立法。各国的民事诉讼法和仲裁法所确立的民事诉讼制度与仲裁制度，是解决商人间贸易争议的重要途径。《中华人民共和国民事诉讼法》（1991年制定，2007年修订），尤其是其第四编涉外民事诉讼的特别规定，《中华人民共和国仲裁法》（1994年8月31日通过，1995年9月1日起施行），特别是其第七章涉外仲裁的特别规定，以及《中国国际经济贸易仲裁委员会仲裁规则》是规范涉外民事诉讼和商事仲裁的重要法律。

（四）司法判例

司法判例作为国际贸易法的渊源，在学者间并无一致认同的看法，各国立法对判例作为法律的渊源的态度也不一致。国际贸易判例分为国际司法判例和国内司法判例。国际司法判例包括世界贸易组织争端解决机构通过的裁决和国际商事仲裁庭的仲裁裁决。这些裁决都只对个案和个案当事人有效，裁决中对法律所作的解释并不是真正的法律渊源。国内司法判例，在普通法系国家是一种重要的法律渊源，有关国际贸易的国内判例作为"先例"，在这些国家法院的判案中起着重要的指导作用。但是，在大陆法系国家，判例并不构成法律渊源。需要指出的是，由于国际贸易在不同法系的国家广泛展开，所以，即使是大陆法系国家也不得不重视判例法的研究。虽然国际司法判例和大陆法系以及我国的国内司法判例不是正式的法律渊源，但如果法官在判决时对法律所作的解释或发展合乎规律，被其他法官处理同类争议所采纳，则事实上起到了法律的作用。因此，一些重要的国际司法判例的影响力也是不容忽视的。

【条文导读 1.2】

有关司法判例地位与作用的解释性规范

关于国际司法判例的作用，可参考两项重要的解释性国际规则，其一：《关于争端解决规则与程序谅解》（DSU）第3条第2款规定，"WTO争端解决机构（DSB）的各项建议与裁决不得增加或减少各涵盖协议所规定的权利与义务"；其二：按照《国际法院规约》第38条第1款的规定，司法判例可以作为认定法律规则的辅助手段。

（五）法律学说

法学家的学说不是正式的法律渊源，但如果法律学说对法律的解释或发展合乎规律，澄清了法律规定的模糊内容或填补了法律的漏洞，并被法官采用，则也可起到法律的作用。有的国家在法律中还规定，法律无规定者，依习惯，无习惯者，依法理。

即使在联合国《国际法院规约》中，法学家的学说作为法律渊源也得到了一定的肯定，该规约第38条第1款规定，"在第59条规定下，司法判例及各国权威最高的公法学家的学说，作为确立法律原则之补充资料者"。在国际贸易法领域，法学家的学说也可被认为是确立法律原则之补充资料。如果法律学说对法律的解释或发展合乎规律，被立法机关采纳或司法机关采用，则事实上成为一种法律渊源，不过这种渊源仅是一种辅助性质的渊源形态。

第四节 国际贸易法的基本原则

依《布莱克法律词典》（*Black's Law Dictionary*），所谓原则是指"法律的基本真理或准则，一种构成其他规则的基础或根源的总括性原理或准则"。以此为据，我们可以得出国际贸易法的基本原则是指贯穿于调整国际贸易关系的各类法律规范之中的主要精神和指导思想，是这些法律规范的基础和核心。从事国际贸易的处于平等主体地位的私人当事人之间，包括建立在商业基础之上的国家之间的商业性质的贸易交往活动，与国家管理国际贸易的活动性质不同，因而，国际贸易法的基本原则可分为国际贸易私法的基本原则和国际贸易公法的基本原则。

一、国际贸易私法的基本原则

所谓国际贸易私法，是指规范参与国际贸易的平等主体之间的民商事权利义务关系及争议解决的法律规则，不涉及政府和国际组织对国际贸易的管理活动。国际贸易私法的基本原则主要来自与贸易有关的各国普遍认可的民商法上的一些基本原则，它们包括：

（一）意思自治和契约自由原则

意思自治和契约自由原则是合同法与国际贸易交易的最重要的基本原则。国际贸易私法规范的是私人间的行为，其大量的法律规范是任意性规范，在当事人有约定且约定内容与这些规范不相符合时，当事人的约定优先；在当事人没有约定时这些规范可以通过当事人的选择起补充适用的作用。例如《联合国国际货物买卖合同公约》第9条规定，双方当事人可以不适用公约，或在第12条的条件下减损本公约的任何规定或改变其效力。① 该原则的主要含义有：（1）合同当事人或交易各方的法律地位平等；（2）合同当事人有权自由订立合同和确定合同的内容；（3）合同当事人有权自由选择适用于合同争议的法律；（4）合同的解释应考虑当事人的真实意图。该原则对于保障国际贸易当事人的利益，推动国际贸易的自由进行具有极其重要的意义，正是由于各国民商法和国际贸易统一私法采用这一原则，国际贸易惯例和当事人之间的合同才可能具有法律效力，成为明确当事人权利义务的主要依据。

（二）诚实信用原则

诚实信用原则是国际贸易交易中应遵循的另一项重要的基本原则，诚实信用是市场交易的基本精神，是对绝对的契约自由的一种限制。诚实信用也称诚信，诚实即不虚假，信用即能够履行与人约定的事情而取得信任。在国际贸易中，由于当事人往往分处不同的国家，讲求信用、遵守合同因而具有十分重要的意义。诚实信用原则在当代合同法中的作用有不断加强的趋势，它不仅是当事人的行为准则，而且具有衡平利益的功能，它赋予法官自由裁量权，以实现社会正义，因而在不同法系的合同法以及有关的国际条约和惯例中都有体现。例如，《德国民法典》第157条规定："对合同的解释应遵守诚实信用原则，并考虑交易上的习惯。"美国《统一商法典》以制定法的方式明确确认了诚实信用原则，该法典第1-203条规定："本法所涉及的任何合同和义务，在其履

---

① 该公约第12条规定缔约国可以作出保留，但有关意思表示必须以书面形式作出。

行和执行中均负有遵循诚信原则之义务。"《联合国国际货物买卖合同公约》在很多条款的规定中也体现了诚实信用原则,如第 7 条第 1 款规定解释公约时,应考虑到在国际贸易上遵守诚信的需要。

（三）公平交易原则

公平交易原则是国际贸易交易中应遵循的又一重要原则,它与诚实信用原则是相辅相成的。该原则要求从事国际贸易的当事人应维护交易的公平,无论是何种形式的国际贸易交易,都应使双方当事人相互受益,以欺诈、胁迫等手段缔结的不公平的合同和进行的不公平的交易没有法律效力,因错误或其他原因使合同内容显失公平或交易显失公平的,在法律上也没有效力。诚实信用原则是公平交易原则的前提和基础,相对侧重于对当事人主观上的要求,着眼于当事人单方面的主观思想或行为,它要求当事人无论进行任何经济活动均应出自正当的商业动机,以正当的、符合商业道德的手段实现其经济目的。公平交易原则更侧重于对交易结果的客观判断,强调交易双方的一方获利不能建立在另一方人身、财产损失的基础之上。既然交易双方地位平等,参加交易的机会均等,双方各自的权利和义务就应该是均衡、互利和合理的,不得有明显的不合理。公平交易原则在各国国内法和国际贸易条约、惯例中均有体现,例如,《法国民法典》第 1135 条规定:"契约不仅因其明示发生义务,并按照契约的性质,发生公平原则、习惯或法律所赋予的义务。"《欧洲合同法原则》和《国际商事合同通则》均有明确规定,每一方当事人都应依据公平交易原则行事。

（四）强制性规则优先和公共秩序保留原则

虽然民商事立法为了体现契约自由原则,其中大量的规则是所谓"任意性规则",即法律允许当事人可以通过协议加以改变或补充,但是有些规则当事人是不可以协议改变的,这就是所谓"强制性规则"。根据各国法律规定,法律所规定的一些强制性规则,如当事人的缔约能力、书面形式的要求、无效合同、法律上的其他禁止性的规定,都不允许当事人通过协议或其他方式加以改变或违反法律的规定。当事人之间的国际贸易交易,不得违反主权国家自主制定的强制性法律的规定,当事人不得以协议的方式,排除根据有关国际私法原则而应适用的强制性规则。一国的公共秩序,既包括社会存在和发展所需要的一般秩序,也包括国家利益和社会公共利益,对于任何一个主权国家都具有极其重要的意义,因而私人间的交易不得损及公共秩序。在国际贸易中,强制性规则优先和公共秩序保留原则也被普遍认可。例如,《欧洲合同法原则》第 1.103 条第 2 款规定:"无论管辖合同的法律如何,根据有关国际私法规则而应适用的强制性的规则应当予以适用，无论这些强制性规则是一国国内法、超国家法或国际法的规则。"《国际商事合同通则》也有类似的规定。该通则第1.4条规定："通则的任何规定都不得限制根据有关国际私法原则而应适用的强制性规则的适用，无论这些强制性规则是国家的、国际的还是超国家的。"

【条文导读1.3】
强制性规则优先原则的条文体现

关于强制性规则，《国际商事合同通则》在其注释中明确指出，强制性规则的适用优先于通则的适用，这是因为该通则不得否定由主权国家自主制定的或为履行国际公约而制定的或被超国家机构所采纳的强制性规定。同时，在该注释中还指出，在将争议提交仲裁庭的情况下，尽管通则被指定为合同的管辖法，但它仍不得排除强制性规则的适用。在有关外汇交易、进出口许可、限制贸易等方面的规定中，均可以见到这种强制性规则，对这些规则的适用不能以选择另一法律而简单加以排除。从该通则的上述规定及注释中可以看出，合同当事人必须无条件地遵守合同所适用的法律的强制性规则，至于如何确定合同所适用的法律，则是根据有关国际私法规则来确定的。同时，合同当事人也不能通过选择另一法律的方法，而排除应适用的强制性规则。因此，遵守强制性规则，对国际贸易合同当事人来说，是不可排除的。

《联合国国际货物买卖合同公约》同样为体现合同当事人的契约自由原则，在其第6条中规定，"双方当事人可以不适用本公约，或在第12条的条件下，减损本公约的任何规定或改变其效力"，即公约的性质具有任意性，当事人可以在合同中明确规定适用公约，或者不适用公约而适用某一国的国内法；同时公约也允许当事人可以通过协议不适用公约的某个条款，或对公约的条款加以修改、补充、变更。但是，该公约不允许当事人通过协议改变其第12条的规定。因为第12条是公约的一项强制性的规定。该公约第12条规定，一旦一个缔约国根据公约规定作出了声明，公约准许销售合同订立、更改、终止，或者发价、接受或其他意思表示得以书面以外任何形式作出的任何规定不适用时，在该缔约国内的当事人不得减损或改变上述声明的效力，即当事人必须以书面形式行事，否则无效。从公约的上述规定也可以看出该公约要求当事人必须遵守关于强制性规则的规定。总之，订立、履行国际货物买卖合同要符合适用法的规定，当事人不能排除强制性的规则。这样，有利于维护正常的国际贸易秩序和促进国际贸易的发展。

二、国际贸易公法的基本原则

国际贸易公法，是指为消除国家间贸易障碍、处理国家间贸易纠纷、确立国家间应遵循的多边贸易纪律的各种双边、区域或全球性国际贸易规则。这些规则主要针对纵向的外贸管理活动，以及政府间或政府与国际组织间或国际组织相互之间因国际贸易而产生的公法性质的关系，因而与国际贸易私法有本质的区别。国际贸易公法的基本原则，关涉到整个世界的贸易秩序问题，要想推动全球自由贸易，平衡各国贸易利益，减少贸易摩擦及单边贸易报复和制裁行为的危害，避免国家间的贸易战争，顺利解决贸易纠纷，必须遵循一些基本原则。

国际贸易公法的基本原则，集中体现在关贸总协定和世界贸易组织协定文本之中。因为世界贸易组织管理着全球贸易的绝大部分，绝大多数国家是世界贸易组织的成员国，而其他国家的国际贸易也受到 WTO 协定规则体系的重大影响，因而，可以说 GATT/WTO 协定所确立的多边贸易的基本原则就是国际贸易公法的基本原则，这些原则主要有：

（一）国际合作以谋发展原则

国际合作以谋发展是所有国家的共同义务和一致目标。每个国家都应该致力于国际经济贸易合作，通过合作而不是对抗来促进国际贸易，以求繁荣和发展。当代国际贸易建立在统一的规则基础上，各国应当通过多边体制来解决贸易问题，而不是通过单边的报复措施制裁对方。在发生贸易争端的当事国之间，应首先通过协商、谈判解决争议，在不能通过谈判达成结果时，才可以根据国际公认的规则采取措施。

（二）贸易自由化原则

所谓贸易自由化原则，从本质上说，就是限制和取消一切妨碍与阻止国际贸易自由开展和进行的所有障碍，包括法律、法规、政策和措施等。自由贸易一直是人类追求的理想，希望通过自由贸易来实现世界资源的有效利用，提高生产效率和效益，扩大就业。关贸总协定和 WTO 都建立在市场经济的基础之上，历史上计划经济国家一度被排除在 GATT 之外，也正是贸易自由化原则的重要体现之一。

（三）非歧视待遇原则

这一原则要求一国在实施某种限制或禁止措施时，不得对其他国家实施歧视待遇。该原则在关贸总协定中主要是通过最惠国待遇原则和国民待遇原则来实现的，前者要求缔约一方现在或将来给予任何第三方的优惠和豁免，也给予缔约方对方。后者要求在贸易条约或协定中，缔约国之间相互保证给予另一方的自然人（公民）、法人（企业）和商船在本国境内享有与本国自然人、法人和商船同等的待遇。

（四）关税减让原则

该原则是关贸总协定自始倡导的原则，并一直作为无歧视、最惠国待遇、贸易自由化、互惠和透明度等原则的实际执行的载体。该原则要求各国以互惠互利为基础，降低进出口关税的总体水平，尤其是阻碍商品进口的高关税，从而促进国际贸易的发展。

（五）互惠原则

国际贸易应是互利互惠的贸易，所谓互惠是指两国相互给予对方贸易上的优惠待遇。关贸总协定将传统意义上的两国间互惠扩大到多边适用的基础上。该原则要求各国以对等减让关税以及相互之间提供互惠的方式来保持贸易的平衡，谋求贸易自由化的实现。

（六）一般取消数量限制原则

依关贸总协定，该原则要求，任何缔约国除征收捐税或其他费用外，不得设立或维持配额、进出口许可证或其他措施以限制或禁止其他缔约方领土的产品的输入，或向其他缔约方领土输出或销售出口产品。该原则主要旨在尽量减少乃至消除各种形式的非关税壁垒。

（七）市场准入原则

所谓市场准入，是指一国允许外国的货物、劳务与资本参与国内市场的程度。市场准入原则要求，各国通过减少关税和数量限制及其他强制性限制外国产品、服务、资本进入的一系列限制性政策和措施，切实改善各国市场准入的条件，放宽市场开放的领域，加深市场开放的程度，从而达到促进世界贸易增长的目的。

（八）透明度原则

该原则要求，各国与国际贸易有关的基本权利和义务，即政府实施的与贸易有关的法律、法规、法令、条令、行政规章、决定、司法判决等都应当迅速公布，以便各国政府及贸易商知悉。

（九）给予发展中国家和最不发达国家以优惠待遇的原则

鉴于南北之间仍存在着经济发展水平的巨大差异，为建立国际经济新秩序，在国际贸易领域，必须给予发展中国家和最不发达国家特别的待遇，不能要求这些国家和发达国家一样对等大规模削减关税与同等程度地开放国内市场，在各多边贸易协定中都应对这些国家的经济发展水平和经济承受能力予以特别的考虑，只有这样才能真正实现公平互利的国际贸易关系，才能让发展中国家积极主动地服从多边贸易规则。对发展中国家应提供有利于其发展的积极援助，特别是技术转让的积极援助，改善其贸易条件，不附带任何有损主权的条件。

（十）公平合理地解决国际贸易纠纷的原则

该原则是世界贸易组织多边贸易体制正常运转的保障。该原则要求，国家间的贸易纠纷，必须依照公平合理的原则解决。世界贸易组织的成员方，只能依靠世界贸易组织的争端解决机制在多边的基础上解决贸易纠纷，反对贸易纠纷的单边报复或单边制裁，反对凭借其经济实力，以自己的国内法的标准来处理其与他国的贸易争端，反对推行强权政治。

复 习 题

1. 国际贸易法的调整对象是什么？
2. 试述国际贸易法的体系。
3. 国际贸易法经历了哪几个发展阶段？
4. 国际贸易法的表现形式有哪些？
5. 国际贸易法的基本原则有哪些？

思 考 题

1. 国际贸易理论与国际贸易政策立法之间存在什么样的联系？
2. 战略贸易理论与幼稚工业保护理论相比有何异同？
3. 国际贸易法究竟应从广义上还是从狭义上来理解？
4. 为什么要对国际贸易公法与国际贸易私法的基本原则加以区分？

第二编

国际贸易交易法

第二章　国际货物买卖法

【要点提示】
1. 国际货物买卖的法律与规则
2. 国际货物买卖合同的订立
3. 国际货物买卖合同当事人的义务
4. 国际货物买卖合同风险转移
5. 国际货物买卖合同的违约救济

第一节　概　述

一、国际货物买卖的含义

国际货物买卖是一种具有国际性的货物贸易行为，一般是指在不同国家之间进行的货物的购入和售出。这种贸易关系通常是由买卖双方通过签订国际货物买卖合同的形式确定的。国际货物买卖是历史最为悠久同时也是最重要的国际贸易方式，国际技术贸易和国际服务贸易等国际贸易方式都是在国际货物买卖的基础上产生和发展起来的。

作为买卖的一种类型，国际货物买卖具有买卖的一般特征，即以支付货款为代价从而取得货物的所有权，这也是买卖与易货、承揽等交易方式的区别之处。与此同时，国际货物买卖还有它自己的特征：首先，与国内货物买卖相比，它具有国际性；其次，与其他买卖方式相比，它的标的物是货物而非金钱、证券、不动产等物。

（一）国际性

国际货物买卖与国内货物买卖的主要区别，在于前者具有国际性而后者不具有国际性。所谓国际性，或者涉外性，通常包括三个方面：（1）主体，当事人一方是外国人；（2）客体，买卖的货物位于国外；（3）签约或履约是在

41

国外等。但是，究竟应当采用哪一种标准，或同时兼采哪几种标准，各国国内法以及国际条约的规定并不完全一致。

国内法方面，比较典型的是 1979 年修订的英国《货物买卖法》（Sale of Goods Act，1979）。按照该法第 62 条规定，国际货物买卖是指当事人的营业处所（如无营业处所者则为其惯常住所）分处于不同国家的领土之上，并须具有下列条件之一，即：（1）一项合同涉及货物买卖，而在缔约时，货物正在或者将要从一国领土运往另一国领土的；或（2）构成要约和承诺的行为是在不同国家的领土内完成的；或（3）构成要约和承诺的行为是在一个国家的领土内完成，而货物的交付则在另一国的领土内履行。由此可见，它对"国际性"的确定较为严格，并使用了多重标准，只有双方当事人的营业地分处于不同的国家并且符合上述第（1）、（2）、（3）项条件之一的，才认为是国际性的交易。与英国不同，北欧的一些国家如瑞典的《国际货物买卖法》，则适用于至少有一方当事人的营业地点是处在北欧各国之外的货物买卖合同，即采用"营业地标准"。

除了国内法对确定"国际性"的标准有不同的规定外，一些国际组织包括联合国国际贸易法委员会（UNCITRAL）和国际统一私法协会（UNIDROIT），对"国际性"的判断标准也曾进行过激烈的争论。国际统一私法协会在其主持制定的 1964 年《国际货物买卖统一法公约》中，对"国际性的买卖"所提出的标准基本上与上述英国法的规定相同，即采用多重标准。但是，联合国国际贸易法委员会在主持制定 1980 年《国际货物买卖合同公约》（Convention on Contracts for the International Sale of Goods，CISG）① 时经过反复讨论，最后决定采取单一的"营业地标准"来确定货物买卖的国际性。按照《公约》第 1 条规定，凡是营业地处于不同国家的当事人之间所订立的货物买卖合同，即为具有国际性的货物买卖合同；但如果在订立合同前任何时候或订立合同时，当事人之间的任何交易或当事人透露的信息均看不出当事人营业地在不同国家的事实的，则不构成"国际性"。据此，只有从合同中或订立合同时透露的情况中，看得出双方当事人的营业地确系分别处于不同国家的事实，他们之间订立的货物买卖合同才具有国际性；而订立合同时，双方当事人的营业地处在不同的国家，但订立合同后，当事人一方营业地有变动，那么

---

① 在国际上，《国际货物买卖合同公约》通常被简称为"CISG"。但在本章，《国际货物买卖合同公约》依中文习惯被简称为《公约》。

仍以订立合同时的营业地为准，不影响货物买卖合同的国际性。①

不过，何为"营业地"，《公约》并没有予以界定，通常认为是指事实上从事营业活动的地方，这要求有一段持续期间，具有一定的稳定性以及一定程度的自主性。② 而如果当事人有一个以上的营业地，则以与合同及合同的履行关系最密切的营业地为其营业地，不过要考虑到双方当事人在订立合同前任何时候或订立合同时所知道或所设想的情况。如果当事人没有营业地，则以其惯常居住地为准。依据这一标准，当事人的国籍、住所系属何国，合同项下的货物是否要运往或交往另一国家，构成要约与承诺的行为是否完成于不同国家，合同缔结地与履行地是否处于不同的国家等，均不能作为确定买卖合同是否具有国际性的标准。

1980 年《公约》获得通过之后，一些国际公约如《国际货物买卖合同时效公约》和《国际货物买卖合同法律适用公约》等均参照《公约》的规定作了相应的修改。但是，国际统一私法协会制订的《国际商事合同通则》没有采纳这一标准，而是"设想要对国际合同这一概念给予尽可能的解释，以便最终排除根本不含国际因素的情形，如合同中所有的因素只与一个国家有关"，这样就使得国际性的确定更具灵活性，并有效地扩大了国际合同的范围，这也更加符合"国际性"这一特征。

各国国内法以及国际公约对"国际性"判断标准的不一致，是与立法的目的、宗旨以及立法者的价值取向和利益考量分不开的。例如，1979 年英国《货物买卖法》界定国际货物买卖的目的在于，如果属于国际性的买卖合同，卖方可以在合同中排除其对货物所承担的默示担保义务；但对于非国际性的交易，特别是国内的消费买卖，则不允许卖方以合同排除其对货物的默示担保义务，以便保护本国消费者的利益。而《公约》之所以采用单一的"营业地标准"，是因为其以统一国际货物买卖法为宗旨，单一的"营业地标准"易于界定，操作性也较强，易于为各国所接受和实施。由此也可以看出，确定一个客观、科学并为全世界共同接受的"国际性"的衡量标准是难以实现的。

（二）货物

国际货物买卖的标的物是货物，这是毋庸置疑的，但要在法律上给"货

---

① 钟建华著：《国际货物买卖合同中的法律问题》，人民法院出版社 1995 年版，第 3 页。

② 联合国国际贸易法委员会关于《国际货物买卖合同公约》判例法摘要汇编：A/ CN. 9/SER. C/DIGEST/ CISG /1, pp. 6-7。

物"下一个确切的定义却并非易事。

国内法方面，英国1979年《货物买卖法》对"货物"所下的定义是："货物包括除诉权财产和金钱以外的一切动产以及附着于土地或作为土地组成部分但约定在出售之前或依照买卖合同将与土地相分离的物品。"《美国统一商法典》（Uniform Commercial Code，UCC）则规定："货物"是指除了作为支付货款的金钱、投资证券和诉权物以外的、在特定于合同项下时能够移动的一切物品（包括特别制造的货物）。"货物"还包括尚未出生的动物幼仔、生长中的农作物，以及有关将与不动产分离之货物的第2-107条所规定的其他附着于不动产但已特定化的物品。这就要求货物首先必须是物品，其次必须是可移动的，而且必须在特定于买卖合同的时候具有可移动性。而在大陆法系国家中，通常是在民法典中规定"买卖"合同的内容，但一般没有对货物进行定义。

国际立法方面，20世纪30年代国际统一私法协会在拟订《国际货物买卖统一法》时，曾试图把货物定义为"有形动产"，但在进一步说明其含义时又遇到了困难。鉴于对"货物"一词很难下一个既具体又精确的定义，同时货物本身又处在不断的发展变化中，联合国国际贸易法委员会在制订《公约》时，放弃了对"货物"下定义的做法，而采取了"排他法"，即把某些商品的买卖排除在该公约的适用范围之外。按照《公约》第2条的规定，《公约》不适用于下列买卖：（1）供私人、家属或家庭使用而进行的购买；（2）经由拍卖方式进行的买卖；（3）根据法律执行令状或其他令状进行的买卖；（4）公债、股票、投资证券、流通票据或货币的买卖；（5）船舶、船只、气垫船或飞机的买卖；（6）电力的买卖。这些不属于《公约》适用范围的买卖可分为以下两类：

（1）消费性买卖：在上述6项不适用《公约》的标的物中，消费品首当其冲，即如果某项销售是有关在订立合同时供私人、家人或家庭使用的货物的，则不属于《公约》的适用范围，因此买方在订立合同前或订立合同后的目的、意图非常重要，而货物的真正用途则无关紧要。由此，销售以个人使用为目的的汽车或者娱乐拖车不属于《公约》的适用范围。而如果个人购买货物是出于商业或者职业的目的，则该销售不在《公约》的适用范围之外。例如，一位专业摄影师为营业目的购买相机，一位汽车销售商为转售目的购买汽车等，均属于《公约》的适用范围。①《公约》之所以将消费买卖排除在适用

① 联合国国际贸易法委员会关于《国际货物买卖合同公约》判例法摘要汇编：A/CN. 9/SER. C/DIGEST/ CISG /2, p. 2。

范围以外，并不是否认这些消费品属于货物，而是因为其通常属于消费性交易，与《公约》所指的"国际货物买卖"有所不同。而且，许多国家为了保护消费者的利益，制订了许多保护消费者的强制性法律与规则，这些规则不仅各不相同，而且涉及各国的公共政策，《公约》不可能对此进行统一。因此，为避免与这类国内法之间产生冲突，减少《公约》的制订和实施难度，《公约》将之排除在外。其他一些与国际货物买卖有关的国际条约，如《国际货物买卖合同法律适用公约》和《国际货物买卖合同时效公约》，亦采取同样的做法。

（2）其他被排除的买卖：首先，公债、股票、投资证券、流通票据等被排除在《公约》的适用范围之外。按照许多国家的法律，这些物品属于有价证券或债权证书，应适用证券法或票据法等，而且其交易往往会涉及一些国内和国际的强制性法律与规则。但是，单据销售，比如那些代表货物的仓单或提单等的买卖，或者说附有交付货物请求权的文件或者买卖供货合同，则属于货物买卖的范畴。① 其次，经由拍卖方式进行的买卖不属于《公约》的调整范围，这不仅包括依法律授权而进行的拍卖，例如根据司法或行政执行而进行的销售，还包括私人拍卖，但是商品交易所的销售不属于这一类型。再次，船舶、船只、飞机和气垫船的买卖也不在《公约》的适用范围之内。这是因为船舶和飞机在法律上具有类似于不动产的地位，其适用的法律有别于一般的货物买卖，其权利的取得或转让往往要经过登记注册程序，《公约》对此难以作出统一规定。② 不过，对船舶、船只、飞机和气垫船的部件的买卖则属于《公约》的适用范围，即使是比较关键的部件，例如引擎的买卖也是如此。最后，电力的销售被排除于《公约》的适用范围，因为它通常不属于有形动产的范畴。但是，天然气的销售可以适用《公约》。

这样，按照排除法的一般规则，除上述买卖之外的其他动产的销售，即应属于《公约》的调整范围，不论其是固体还是其他形态，是旧货还是新货，也不论其是否鲜活的货物（包括活动物）。而且，《公约》并不仅限于现货买卖，供应尚待制造或生产的货物的合同应视为销售合同，但是订购货物的当事人负责供应这种制造或生产所需的大部分材料的除外，因为后者属于来料加工

---

① ［德］彼得·施莱希特里姆，李慧妮编译：《〈联合国国际货物买卖合同公约〉评释》，北京大学出版社2006年版，第22页。

② 王京禾著：《〈联合国国际货物买卖合同公约〉解释》，中国对外经济贸易出版社1987年版，第17页。

合同而不是买卖合同。同样，如果供应货物一方的绝大部分义务在于供应劳力或其他服务的合同，也不属于《公约》的调整范围，因为这属于提供劳务的服务合同的范畴。当然何为"大部分材料"或"绝大部分义务"，需要在个案中予以具体判定。此外，依附于不动产但在交货时可以被剥离的物品仍然属于货物的范畴，但是软件的买卖能否适用《公约》的规定却并不确定。

综上所述，各国国内法以及国际公约对一项买卖是否具备"国际性"以及是否构成"货物"的判断标准并未统一。因此，对于一项买卖行为是否构成国际货物买卖，必须依据该买卖行为所涉及的有关国内法和国际公约的规定，并按照确定的法律适用规则才能得出判断；而且，只有同时具备"国际性"并构成"货物"买卖的行为才构成一项国际货物买卖。

二、国际货物买卖的法律与规则

（一）国际货物买卖法律与规则的嬗变

由于国际货物买卖涉及两个甚至两个以上的国家，所以会不可避免地涉及两个甚至两个以上的国家的法律和规则；而不同国家的法律和规则又有着或大或小的差别，因此不可避免地会给当事人带来缔约、履行以及纠纷处理上的障碍和不便，这样对于国际货物买卖统一法的需求和实践就产生了。因此，各国的国内法、国际公约以及商人们在国际贸易实践中形成的惯例和习惯做法便构成了国际货物买卖的法律和规则体系。

各国货物买卖法通常都是在商人习惯法的基础上进行总结和创造而产生的。在 17—19 世纪期间，中世纪的商人习惯法开始被纳入各国国内法体系，著名的英国《1893 年货物买卖法》正是在这一期间编纂而成的。《1893 年货物买卖法》在 1979 年进行了修订，成为现行各国货物买卖法中最具影响力的立法之一。此后，英国又通过《1994 年货物销售和提供法》（Sale and Supply of Goods Act, 1994），对《1979 年货物买卖法》进行了一些重大修改。除此之外，英国的货物买卖还受到有关判例以及《不公平合同条件法》等的约束和调整。在美国，货物买卖法虽属于州法的范畴，但是由美国统一州法委员会和美国法学会起草的《美国统一商法典》除在路易斯安那州部分适用外，其他 49 个州均已采用，因此《美国统一商法典》已成为美国调整商事交易的最重要的一部法律。在该法典中，与货物买卖有关的事项主要规定在第二编"买卖"之中，具体包括简称、解释原则和适用范围；合同的形式、订立和修改；当事人的一般义务和合同的解释；所有权，债权人和善意购买人；履约、违约、毁约和免责；救济等，共计 7 章 104 条。"买卖"编中没有涉及的问题，则需要适用普通法的一般原则。

同样在 17—19 世纪，大陆法系国家也开始了民商事立法进程，法国先是颁布了 1673 年《商事条例》和 1682 年《海事条例》，资产阶级革命胜利后又先后颁布了 1804 年《法国民法典》和 1807 年《法国商法典》；德国分别于 1896 年和 1897 年颁布了《德国民法典》和《德国商法典》。在此基础上，其他国家如意大利、瑞士、日本等国也纷纷颁布了自己的民法典和（或）商法典。在这些国家，"买卖法"一般作为"债编"的组成部分编入民法典，如《法国民法典》第三编第二章、《德国民法典》第二编第二章等。这些法典通常没有专门针对货物买卖的法律条款，而把货物买卖作为动产买卖的一种加以规定。在我国，既没有单行的买卖法，也没有民法典或商法典，与国际货物买卖有关的国内立法主要包括《民法通则》、《合同法》、《电子签名法》以及《对外贸易法》等法律。

由于各国在货物买卖法律方面存在着不少分歧，给国际贸易造成了很大的障碍。为解决这个问题，早在 20 世纪 30 年代，一些国际组织和国家就开始致力于国际货物买卖法的统一工作。1930 年国际统一私法协会决定制订一项国际货物买卖的统一法，起草工作在 1935 年完成并在 1939 年完成了第二稿。第二次世界大战结束后这一工作得以继续进行，在 1951 年荷兰海牙召开了讨论国际销售统一法草案的会议，决定起草并修订原有的统一法草案，这一草案于 1963 年起草完毕。与此同时，国际统一私法协会理事会于 1956 年开始起草一份如何订立合同的公约草案并于 1958 年完成了草案初稿。1964 年 4 月，由西欧、美国以及东欧等 28 个国家参加的国际会议在荷兰海牙举行，并最后通过了《国际货物买卖统一法公约》和《国际货物买卖合同成立统一法公约》两个公约。这两个公约于 1972 年生效。

不过，上述两个公约并没有达到统一国际货物买卖法的目的。由于这两个公约受欧洲大陆法的影响较大，有些概念晦涩难懂，内容也较为繁琐，有些规定不够合理并招致诸多批评；① 而且，这两个公约仅有几个参加国，在国际上的影响力远远不够，难以实现统一国际货物买卖法的预期目标。基于这种状况，联合国国际贸易法委员会（UNCITRAL）决定由其负责继续完成这一任务。1969 年 UNCITRAL 专门成立了一个工作组，着手在以上两个公约的基础上制定一项新的国际货物买卖统一法。工作组经过近十年的努力，于 1978 年

---

① 王贵国：《国际贸易法》，北京大学出版社 2004 年版，第 15 页；冯大同：《国际货物买卖法》，对外贸易教育出版社 1993 年版，第 14 页。

通过了《国际货物买卖合同公约草案》。1980 年 3 月，在 62 个国家代表参加的维也纳外交会议上正式通过了《国际货物买卖合同公约》。这一公约自 1988 年 1 月 1 日起生效，截至目前已有 69 个国家核准和参加了该公约。在此期间，为统一国际销售合同的法律诉讼时效，联合国于 1974 年通过了《国际货物销售时效期限公约》，并在 1980 年对该公约进行了修正，原公约和经议定书修正的公约均于 1988 年 8 月 1 日起生效。这两个公约规定了 4 年的诉讼时效期间，其中许多内容都为《国际货物买卖合同公约》所吸收。

《国际货物买卖合同公约》兼采大陆法系、英美法系（甚至社会主义法系）的一些法律原则，照顾了不同的社会、政治、经济、法律制度下的国家的要求，因此得到了国际社会的广泛接受，极大地促进了货物买卖法的国际统一。但是《国际货物买卖合同公约》并不是一部完整、详尽的货物买卖法，许多规则都没有得到体现。为实现统一国际商事交易规则的目标，国际统一私法协会经过十余年的努力，于 1994 年制订并通过了《国际商事合同通则》，该通则于 2004 年进行了修订和增补。《国际商事合同通则》详尽地规定了商事合同的诸多法律规则，虽然它不是国际公约，不具有强制性，但它可以由当事人自由选择适用，也可以成为国内或国际立法的示范范本。此外，为适应电子商务发展的需要，UNCITRAL 制订并通过了《国际合同使用电子通信公约》，该公约于 2005 年 11 月 23 日通过，但尚未生效。

就在各国和国际组织寻求通过立法统一国际货物买卖规则的同时，从事国际贸易的商人们也在贸易实践中逐渐形成了一些新的贸易惯例和习惯做法，这些惯例和习惯虽然不是法律，不具有强制性，但是如果当事人选择适用，就会对当事人产生约束效力。在这些贸易惯例和习惯做法中，国际贸易术语最为典型，它是用简短的概念或英文缩写字母表示的、以不同的交货地点为标准的术语，利用这些简单的术语就可以明确商品的价格构成、货物的风险划分以及双方的费用负担和责任范围，这样就大大简化了交易程序，缩短了磋商时间，节省了交易成本和费用。因此，国际贸易术语在 18 世纪末 19 世纪初产生后很快就在国际贸易中得到了广泛应用。而为了进一步规范这些术语，国际法协会于 1928 年在波兰华沙制订了 CIF 买卖合同的统一规则，称为《1928 年华沙规则》。该规则在 1930 年纽约会议、1931 年巴黎会议和 1932 年牛津会议上相继被修订，并最终称为《1932 年华沙—牛津规则》（Warsaw-Oxford Rules 1932）。此后，设在法国巴黎的国际商会于 1936 年制定了包括多种贸易术语在内的《国际贸易术语解释通则》 （International Rules for the Interpretation of Trade

Terms，INCOTERMS)，① 该解释通则分别在 1953 年、1967 年、1976 年、1980 年、1990 年和 2000 年进行了补充和修订。美国也于 1941 年通过了《美国对外贸易定义修订本》（Revised American Trade Definition 1941），该定义对 Ex Point of Origin、FAS、FOB、C&F、CIF 和 Ex Dock 等 6 种贸易术语作了解释。这三种贸易术语解释规则中，《1932 年华沙—牛津规则》虽沿用至今，但影响日渐衰微；1941 年《美国对外贸易定义修订本》则主要在北美国家采用，但它与 INCOTERMS 有明显的差异，因此在同北美国家进行交易时须加以注意；至于 INCOTERMS，则是目前适用范围最广也是最具国际影响力的贸易术语解释规则，它对国际贸易实践的统一具有非比寻常的意义和作用。

（二）国际货物买卖法律与规则的适用

通过上面的论述可以看出，除当事人之间的合同外，一项国际货物买卖行为可能会受到当事人的习惯做法、当事人约定适用的《国际贸易术语解释通则》等惯例、与国际货物买卖有关的国内法（包括判例）以及《公约》等国际公约的约束，这些规范和法律也正是国际货物买卖法律与规则的组成部分。不过，在这个由各国国内法、国际公约、国际惯例甚至习惯做法组成的国际货物买卖的规则体系中，不同类型规范的地位、效力和作用是不同的，其适用的原则和顺序也是不同的。下面就以一项属于《公约》调整范围的国际货物买卖合同为例进行具体分析。

对于这样一项合同，通常先要看它有无法律选择条款，如果它选择适用某一部法律，如英国 1979 年《货物买卖法》，那么按照意思自治原则其约定适用的法律通常会得到执行。如果它选择适用某一国法律，法院同样应该适用该国的法律，而且如果该国是《公约》缔约国，《公约》同样应该得到直接适用，除非合同中明确排除了《公约》的适用。如果没有上述法律选择条款并且当事人没有约定排除《公约》的，那么《公约》以及经国际私法规则确定的准据法（国内法）应该得到适用，而且按照国际公约优先的一般原则，《公约》还可以得到优先适用。

对于《公约》的优先适用，要注意以下几点：首先，《公约》不仅优先于国内实体法适用，它也应优先于该国的国际私法规则，因为《公约》作为一部实体法公约，其规则更加具体，并能直接带来实质性的解决办法，故无需通

---

① 在国际上，《国际贸易术语解释通则》通常被简称为"INCOTERMS"。但在本章，《国际贸易术语解释通则》依中文习惯被简称为《通则》。

过国际私法规则去间接适用其他的法律来解决问题。①其次，《公约》的优先适用是有局限性的，因为《公约》仅规定了货物买卖合同的部分法律规则而不是全部。《公约》第 4 条规定："本公约只适用于销售合同的订立和卖方与买方因此种合同而产生的权利和义务。特别是，本公约除非另有明文规定，与以下事项无关：（a）合同的效力，或其任何条款的效力，或任何惯例的效力；（b）合同对所售货物所有权可能产生的影响。"从《公约》第二部分"合同的订立"和第三部分"货物销售"的规定来看，也的确是这样。因此，在《公约》规定的内容范围内，它是可以得到优先适用的，但是《公约》没有规定的，如合同的效力、所有权的保留与转移、合同的抵消、债务的转让、连带责任以及诉讼时效等，均应适用国内法来解决。再次，对《公约》的适用不仅意味着对其规则条文的适用，还包括对公约的解释。《公约》第 7 条规定："在解释本公约时，应考虑到本公约的国际性质和促进其适用的统一以及在国际贸易上遵守诚信的需要；凡本公约未明确解决的属于本公约范围的问题，应按照本公约所依据的一般原则来解决，在没有一般原则的情况下，则应按照国际私法规定适用的法律来解决。"因此，对于属于《公约》范围的问题，即"销售合同的订立和卖方与买方因此种合同而产生的权利和义务"，《公约》有明文规定的，应适用其规定；没有明确规定的，应按照《公约》所依据的一般原则来解决；在没有一般原则的情况下，再按照国际私法所指引的国内法来解决。而在解释适用《公约》时，应本着公约作为国际统一法的性质，贯彻促进公约适用统一的原则和诚实信用原则。

如果这项合同涉及当事人的习惯做法或者国际惯例，按照《公约》第 9 条第 1 款的规定，只要是双方当事人业已同意的惯例和他们之间确立的习惯做法，对双方当事人就是有约束力的。不过《公约》并没有对习惯做法作出界定。按照一般理解，习惯做法是指特定当事人之间有规律地形成的、正在被遵守或者曾经被遵守的一些行为方式。习惯做法在当事人之间应具有实质上的经常性、延续性和约束性，要求在当事人之间存在一种包含更多销售合同的长期的合同关系，例如付款时一直使用寄送支票的方式，或者供货时一直允许供货量有所出入等。而对于惯例，无论是地区惯例还是国际惯例，只要是当事人相互同意的，即对当事人产生约束力。而对于那些当事人没有约定适用的惯例，按照《公约》第 9 条第 2 款的规定，只要是能够为双方当事人所知或理应为

---

① 联合国国际贸易法委员会关于《国际货物买卖合同公约》判例法摘要汇编：A/CN. 9/SER. C/DIGEST/ CISG /1，p. 1。

他们所知，并且为有关特定贸易所涉同类合同的当事人所广泛知晓并为他们所经常遵守的贸易惯例，除非当事人另有约定，应视为当事人已默示地同意对他们的合同或合同的订立适用这些惯例。对于此类惯例，首先，它们应当是在国际贸易中为有关特定贸易所涉同类合同的当事人所广泛知晓并为他们所经常遵守的；其次，应当是为双方当事人所知或理应为他们所知的惯例；再次，它们还必须被具体当事人所知晓或曾经知晓。仅在一个国家或地区内形成的惯例，或者在跨国贸易中尚未为特定领域的当事人所经常遵循的惯例不属于此类国际商业惯例的范畴。①

　　虽然《公约》第 9 条规定习惯做法和惯例可以对当事人产生约束力，但是这并不是对习惯做法和惯例效力的规定，而只是确定了它们的可适用性，因为按照《公约》第 4 条的规定，公约并不涉及"任何惯例的效力"。因此，如果国内法不认可某些商业惯例的效力，仍然应该适用国内法来做出判断。而对于"当事人的习惯做法"，虽然《公约》第 4 条并没有提及，但这并不表示它不受该条的约束，因为它仍然可能属于"合同的效力"的范畴。

　　如果按照有关的国内法的规定，这样一项合同所适用的惯例（例如《2000 年国际贸易术语解释通则》）是合法有效的，那么该惯例即对当事人产生约束力。不过，约定适用惯例并不能产生排除国际公约或者国内立法适用的效力，相反它要受到国际公约或者国内立法的约束，因为它实际上仅仅是当事人合同的组成部分而已。如果约定适用的惯例与《公约》或者有关国内立法的规定不一致时，只要不违背强行法的规定，惯例应该得到优先适用，这同样是意思自治原则的体现。不过，惯例所调整的范围和事项也是有限的，以《2000 年国际贸易术语解释通则》为例，其仅调整交货等与合同履行有关的事项，因此惯例同样不能解决所有的合同问题，还要以当事人的合同以及习惯做法为基础，并依靠《公约》等国际公约以及有关的国内法来解决问题。而在当事人之间的约定与适用的惯例不一致时，基于意思自治原则，当事人的约定应优先适用，只要当事人的约定按照所适用的国内法的规定是合法有效的。

　　由此可见，国际货物买卖法律和规则的适用确实异常复杂，必须针对具体案件进行具体分析并综合考虑所涉及的一切立法和规则。从这个意义上来说，只有通过"四库全书"式的编纂体制和规模才能真正阐释国际货物买卖法的全部真义，而在一本教材中对其进行逐一研究则是不现实的，对其进行部分

---

　　① ［德］彼得·施莱希特里姆著，李慧妮编译：《〈联合国国际货物买卖合同公约〉评释》，北京大学出版社 2006 年版，第 52～53 页。

的、简单的罗列更是危险的，因为这可能是片面的、断章取义的描述。有鉴于此，本章主要以联合国《国际货物买卖合同公约》和《2000年国际贸易术语解释通则》为依据进行概括阐述，其他的规则仅在必要时方予以提及。

（三）《联合国国际货物买卖合同公约》

1. 《公约》的目的与意义

《公约》以建立新的国际经济秩序为总的目标；以在平等互利的基础上发展国际贸易，促进各国间的友好关系为己任；并以减少国际贸易的法律障碍，促进国际贸易的发展为立法方向。由此，《公约》阐明的三项原则，即遵循以建立新的国际经济秩序为目标的原则、平等互利的原则，以及顾及不同社会、经济、法律制度利益，减少法律障碍的原则就被确立下来。

《公约》的这一目标和原则的确立是符合国际社会经济交往的需要的，也代表了广大发展中国家的利益和愿望，因而有着广泛的代表性。《公约》所确立的目标和规则有利于建立起公平、合理的国际贸易秩序，有利于减少国际货物贸易的障碍，有利于国际经济的交流和发展。可以说，它是一部比较成功的国际立法，它的实践也必将推动国际立法与国际贸易实践的进一步发展。

2. 《公约》的适用范围

《公约》第一部分规定了其适用的范围，这可以从两个方面理解。

首先，《公约》适用于营业地在不同国家的当事人之间所订立的货物销售合同，这在上文已有提及，此处不再赘述。不过要注意的是，货物买卖合同的民事或商事性质，不影响《公约》的适用。因为大陆法系国家有民商分立与民商合一之分，对于国际货物销售合同，有些国家认为是商事合同，有的则看做民事合同，但无论如何都不影响《公约》的适用。此外，其他一些特殊类型的合同，如分期分批交货合同、由供应商直接向卖方的顾客交付货物的合同以及更改销售合同的合同也在《公约》实质性适用范围之内，这可以从《公约》第73条、第29条以及国外有关判例中看出。不过，本公约不适用于分销协议，因为分销协议的目的更多在于"组织经销"而不是转移所有权。特许协议也不在《公约》调整范围内，因为它更多地受到各国国内法尤其是强制性规则的约束。①

其次，《公约》不仅仅适用于发生在缔约国之间的国际货物销售合同。条约仅对缔约国有拘束力，这是国际法上公认的原则，因此通常只有双方的营业

① 联合国国际贸易法委员会关于《国际货物买卖合同公约》判例法摘要汇编：A/CN. 9/SER. C/DIGEST/ CISG /1, pp. 3-4。

地都在缔约国境内的，公约才能适用。不过，依据《公约》第 1 条第 1 款第
（b）项的规定，在双方或一方的营业地不在缔约国境内的情形下，如果依据
国际私法规则会导致适用某一缔约国的法律，那么《公约》也可以得以适用，
这是《公约》为扩大其适用范围所做的例外规定。除此之外，《公约》还可以
通过双方当事人的选择而得到适用，不论其实质条件是否符合公约的要求。

3. 《公约》的内容体系

《公约》分四部分，共 101 条。第一部分是适用范围和总则，阐明了公约
的宗旨、适用的货物的范围，以及确定国际性的标准；第二部分是合同的订
立，主要规定要约、承诺规则；第三部分是货物的销售，包括买卖双方的义
务、违约补救方法、风险的移转，以及免责条款等；第四部分是最后条款。

从内容来看，《公约》并不是一部完整的、详尽的货物买卖合同法律体
系，它仅仅规范了货物买卖合同的部分法律规则和事项，即合同的订立以及当
事人因此种合同而产生的权利、义务和责任等内容，因为这是货物买卖法本身
的内容，因而为《公约》所规范。而与买卖合同密切相关却又不仅仅属于买
卖合同类型的一般性问题，例如合同订立的一些问题，如代理、标准合同条款
等；合同的效力，或其任何条款的效力，或任何惯例的效力，包括当事人的缔
约能力、错误的后果、欺诈和胁迫，合同对第三方的效力，惩罚性条款以及和
解协议的效力等；合同的转让、抵消以及债务的承担与确认等；所售货物的所
有权的转移问题；当事人是否负连带责任的问题；法院的选择条款的效力；法
院是否有管辖权的问题以及诉讼时效等，均不属于《公约》的调整范围。此
外，《公约》也不适用于卖方对于货物对任何人所造成的死亡或伤害的责任，
这通常属于产品责任法或消费者保护法的范畴。但是，《公约》只是排除了人
身伤亡的责任，并没有排除对财产造成损害的责任。

4. 《公约》的效力与保留

对当事人来说，《公约》并不具有强制性约束力，买卖合同的当事人可以
在合同中排除《公约》的适用或者减损、改变《公约》任何条款的效力。这
是当事人意思自治原则的体现，当事人既可以约定适用《公约》，也可以约定
不适用《公约》。当然，《公约》的任意性有一个例外，即如果国际货物销售
合同一方当事人的营业地所在国依照《公约》第 96 条作出了保留，那么双方
当事人不能减损《公约》第 12 条（关于非书面形式）或者改变其效力。

对缔约国来说，《公约》必须得到信守，作为实体法的《公约》应该在缔
约国得以直接适用。但是《公约》也规定，缔约国可以在《公约》明文许可
的范围内提出保留，这些保留有：（1）根据《公约》第 92 条第 1 款规定，对

《公约》第二部分或第三部分的保留；（2）根据《公约》第 93 条规定，缔约国具有两个或两个以上的领土单位的，可以对适用的领土单位提出保留；（3）根据《公约》第 95 条规定，对《公约》第 1 条第 1 款第（b）项的保留，即可以不接受依据国际私法规则适用《公约》的做法；（4）根据《公约》第 96 条规定，对《公约》第 12 条的保留，即不受可通过非书面形式订立合同等的约束。

我国在核准《公约》时，对《公约》提出了两项保留：（1）根据《公约》第 95 条规定对《公约》第 1 条第 1 款第（b）项的保留，即我国认为该公约的适用范围仅限于营业地处于不同的缔约国当事人之间所订立的货物买卖合同，而不适用于营业地均处于非缔约国的当事人之间或一方的营业地处于缔约国而另一方的营业地处于非缔约国的当事人之间所订立的货物买卖合同。但是，如果双方当事人在合同中明文规定选择该公约作为该合同的准据法，则该公约仍可适用，因为我国《合同法》允许当事人选择处理合同争议的法律。（2）根据《公约》第 96 条规定对《公约》第 12 条的保留，即认为国际货物买卖合同必须采用书面方式。其理由是当时我国《涉外经济合同法》规定涉外经济合同必须采用书面方式，《公约》的规定和我国国内法的规定不一致，因此提出保留。不过，随着《合同法》对《涉外经济合同法》的取而代之，书面形式不再成为必需，提出保留的理由已不存在。因此，我们应该放弃对本条的保留，以求鼓励交易，促进国际贸易的发展。

对非缔约国来说，尽管《公约》并不约束非缔约国，但是在非缔约国如果国际私法规则指向了缔约国的法律，则《公约》也可以得到适用。

（四）《2000 年国际贸易术语解释通则》

《1999 年国际贸易术语解释通则》曾经基于电子数据交换通信方式以及运输方式等的变革对《国际贸易术语解释通则》作了较大修改。相比较而言，《2000 年国际贸易术语解释通则》对《1999 年国际贸易术语解释通则》的修改并不大，实质性修改仅有两处，一是对 FAS 和 DEQ 两个术语在办理清关手续和缴纳关税方面作了修订，二是对 FCA 术语下装货和卸货的义务作了修改。《2000 年国际贸易术语解释通则》于 2000 年 1 月 1 日起生效，供各国商人采用。由于《国际贸易术语解释通则》有许多个版本，所以确定适用哪一个版本是至关重要的。

1. 《2000 年国际贸易术语解释通则》的效力和范围

如前所述，《国际贸易术语解释通则》作为国际贸易惯例不具有法律的约束力，只能由当事人选择适用。当事人可以约定适用，也可以约定不适用，还可以减损、改变其内容及效力。不过在当事人选择适用后,《国际贸易术语解释通则》即对当事人产生拘束力,但这种拘束力同法律的强制力是不同的,它只是起到与合同约定同样的效力,而且这种约定的效力还要受到法律的制约。

当然,即使这种约定是合法有效的,也不意味着《国际贸易术语解释通则》能够解决货物买卖合同的所有问题,因为包括《2000 年国际贸易术语解释通则》在内的所有《国际贸易术语解释通则》一样,对货物买卖的调整范围是有限的。首先,《2000 年国际贸易术语解释通则》仅涉及销售合同中买卖双方的关系。尽管它将不可避免地对其他合同如运输、保险以及融资合同等产生影响,但这是间接的,其直接调整的只是买卖合同当事人间的关系。其次,《2000 年国际贸易术语解释通则》涵盖的范围仅限于销售合同当事人的权利义务中与已售货物(指"有形的"货物,不包括"无形的"货物,如电脑软件等)交货和履行有关的事项。再次,《2000 年国际贸易术语解释通则》仅涉及为当事方设定若干特定义务,而并不是全部义务,其所调整的主要是合同的履行问题,包括货物的交付、进出口手续的办理、风险的转移、费用的划分和部分通知义务的履行等问题。除了这些问题之外,在合同的履行中还有所有权的转移和保留等问题,这是买卖合同中具有核心意义的法律问题,《2000 年国际贸易术语解释通则》对此并没有规定。除此之外,合同的成立与生效、合同的变更、解除与修改、违约责任等问题,《2000 年国际贸易术语解释通则》同样没有任何规定。①

2.《2000 年国际贸易术语解释通则》对国际贸易术语的分类

《2000 年国际贸易术语解释通则》仍然把 13 个国际贸易术语分为 E(departure,启运)、F(main carriage unpaid,主要运费未付)、C(main carriage paid,主要运费已付)、D(arrival,到达)四组,并按照卖方责任由小到大的顺序依次进行排列。

E 组。E 组包括一个贸易术语 EXW,全称为 EX Works(…named place),即工厂交货(……指定地点),卖方仅在自己的地点为买方备妥货物。在 EXW 术语中,卖方的责任是:(1)在其所在地(工厂或仓库)把货物交给买方,履行交货义务;(2)承担交货前的风险和费用。买方的责任是:(1)自备运输工具将货物运至预期的目的地;(2)承担卖方交货后的风险和费用;

---

① 陈晶莹,邓旭著:《〈2000 年国际贸易术语解释通则〉释解与应用》,对外经济贸易大学出版社 2000 年版,第 58 页。

（3）自费办理出口结关手续等。在这一贸易术语中，卖方的责任最小。

F 组。F 组包括 3 个贸易术语：（1）FAS，全称为 Free Alongside Ship（⋯ named port of shipment），即船边交货（⋯⋯指定装运港）；（2）FOB，全称为 Free On Board（⋯named port of shipment），即船上交货（⋯⋯指定装运港）；（3）FCA，全称为 Free Carrier（⋯named place），即货交承运人（⋯⋯指定地点）。F 组术语的特征是卖方需将货物交至买方指定的承运人。

在 F 组的贸易术语中，卖方的责任是：（1）卖方在出口国承运人所在地（包括港口）将货物交给承运人，履行自己的交货义务；（2）自费办理货物的出口结关手续；（3）自费向买方提交与货物有关的单证或相等的电子单证。

买方的责任是：（1）自费办理货物的运输手续并支付费用；（2）自费办理货物的进口和结关手续等。

C 组。C 组包括 4 个贸易术语：（1）CFR，全称为 Cost and Freight（⋯named port of destination），即成本加运费（⋯⋯指定目的港）；（2）CIF，全称为 Cost，Insurance and Freight（⋯named port of destination），即成本、保险费加运费（⋯⋯指定目的港）；（3）CPT，全称为 Carriage Paid To（⋯named place of destination），即运费付至（⋯⋯指定目的地）；（4）CIP，全称为 Carriage and Insurance Paid to（⋯named place of destination），即运费、保险费付至（⋯⋯指定目的地）。C 组术语的特征是，卖方须订立运输合同，但对货物灭失或损坏的风险以及装船和启运后发生意外所发生的额外费用，卖方不承担责任。

在 C 组的贸易术语中，卖方的责任是：（1）自费办理货物的运输手续并交纳运输费用。在 CIF 和 CIP 术语中，卖方还要自费办理投保手续并交纳保险费用。（2）在 CFR 和 CIF 术语中，承担货物在装运港越过船舷以前的风险和费用。在 CPT 和 CIP 术语中，则承担货物提交给承运人以前的风险和费用。（3）自费办理货物出口及结关手续。（4）向买方提交与货物有关的单据或相等的电子单证。

买方的责任是：（1）在 CFR 和 CIF 术语中，承担货物在装运港越过船舷以后的风险和费用。在 CPT 和 CIP 术语中，承担货物提交承运人后的风险和费用。（2）自费办理货物进口的结关手续等。

D 组。D 组包括 5 个贸易术语：（1）DAF，全称为 Delivered At Frontier（⋯named place），即边境交货（⋯⋯指定地点）；（2）DES，全称为 Delivered Ex Ship（⋯named port of destination），即目的港船上交货（⋯⋯指定目的港）；（3）DEQ，全称为 Delivered Ex Quay（⋯named port of destination），即目的港

码头交货（……指定目的港）；（4）DDU，全称为 Delivered Duty Unpaid（…named place of destination），即未完税交货（……指定目的地）；（5）DDP，全称为 Delivered Duty Paid（…named place of destination），即完税后交货（……指定目的地）。D 组术语的特征是，卖方须承担把货物交至目的地国所需的全部费用和风险。

在 D 组的贸易术语中，卖方的责任是：（1）将货物运至约定的地点或目的地交货。（2）承担货物运至目的地前的全部风险和费用。（3）在 DDP 术语中，卖方不但自费办理货物出口结关手续，还要办理货物进口的海关手续并交纳进口关税及其他税、费。

买方的责任是：（1）承担货物在目的地交付后的一切风险和费用；（2）除 DDP 外，自费办理进口结关手续。

与 E 组的 EXW 术语中卖方承担最小责任相反，在 DDP 术语中，卖方承担的责任最大。

3. 《2000 年国际贸易术语解释通则》中常用的国际贸易术语

FOB 术语。FOB 术语是最早出现的国际贸易术语，也是目前国际上普遍应用的贸易术语之一。按照国际商会《2000 年国际贸易术语解释通则》的规定，卖方承担如下义务：（1）提供符合合同规定的货物和单证或相等的电子单证；（2）自负费用及风险办理出口许可证及其他货物出口手续，交纳出口捐、税、费；（3）按照约定的时间、地点，依照港口惯例将货物装上买方指定的船舶并给予买方充分的通知；（4）承担在装运港货物越过船舷以前的风险和费用。

买方承担如下义务：（1）支付货款并接受卖方提供的交货凭证或相等的电子单证；（2）自负费用及风险取得进口许可证，办理进口手续，交纳进口的各种捐、税、费；（3）自费租船并将船名、装货地点、时间给予卖方充分的通知；（4）承担在装运港货物越过船舷以后的风险和费用。

CIF 术语。CIF 术语是国际贸易中最通用的术语。根据《2000 年国际贸易术语解释通则》，卖方承担如下义务：（1）提供符合合同规定的货物和单证或相等的电子单证；（2）自负风险和费用办理出口许可证及其他货物出口手续，并交纳出口捐、税、费；（3）自费订立运输合同并将货物按惯常航线在指定日期装运至指定目的港，并支付运费；（4）自费投保、交纳保险费，如无明示的相反协议，按伦敦保险业《协会货物保险条款》投保海上运输的最低险别；（5）承担在装运港货物越过船舷以前的风险及除运费和保险费以外的费用。

买方承担如下义务：（1）支付货款并接受卖方提供的交货凭证或相等的

电子单证；（2）自负费用和风险取得进口许可证，办理进口手续，交纳进口的各种捐、税、费；（3）承担在装运港货物越过船舷以后的风险和除运费、保险费以外的费用。

CFR 术语。CFR 术语与 CIF 术语的不同之处仅在于价格构成。在按 CFR 术语成交时，价格构成中不包括保险费，也就是说，买方要自行投保并支付保险费用。其余关于交货地点、买卖双方责任、风险及费用的划分等都与 CIF 术语相同。

对 13 个国际贸易术语的比较见表 2.1。

表 2.1   **13 个国际贸易术语对照表**

名称	交货地点	风险转移	运输义务	运输方式	保险	进口结关	出口结关	特点
EXW 工厂交货	卖方工厂	交货时	买方	各种运输		买方	买方	内陆交货
FCA 货交承运人	交承运人	交货时	买方	各种运输		买方	卖方	装运合同主要
FAS 船边交货	装运港船边	交货时	买方	海运内河		买方	卖方	运费未付
FOB 船上交货	装运港船上	装运港船舷	买方	海运内河		买方	卖方	
CFR 成本加运费	装运港船上	装运港船舷	卖方	海运内河		买方	卖方	装运合同主要
CIF 成本运费保险费	装运港船上	装运港船舷	卖方	海运内河	卖方	买方	卖方	运费已付
CPT 运费付至	交承运人	交货时	卖方	各种运输		买方	卖方	
CIP 运费保险费付至	交承运人	交货时	卖方	各种运输	卖方	买方	卖方	
DAF 边境交货	边境指定地点	交货时	卖方	陆上运输		买方	卖方	
DES 目的港船上交货	目的港船上	交货时	卖方	海运内河		买方	卖方	
DEQ 目的港码头交货	目的港码头	交货时	卖方	海运内河		买方	卖方	到货合同
DDU 未完税交货	指定目的地	交货时	卖方	各种运输		买方	卖方	
DDP 完税交货	指定目的地	交货时	卖方	各种运输		买方	卖方	

第二节　国际货物买卖合同的成立

一、国际货物买卖合同的订立

国际货物买卖合同的订立是指营业地在不同国家的当事人就货物买卖达成

意思表示一致的过程，它通常是通过要约、承诺的方式达成的。由于各国法律特别是英美法系与大陆法系在要约、承诺的某些法律规则上存在着重大的分歧，《公约》对此采取了一些调和、折中措施，因此使得《公约》的要约、承诺规则具有一定的特殊性。由于《公约》适用的主体范围已在本章第一节中进行了论述，而当事人的缔约能力等涉及合同效力的事项不在《公约》的调整范围之内，因此下面以《公约》关于要约与承诺的规则为主进行论述。

（一）要约

1. 要约的概念与要件

要约，又称发价、报价或发盘，是指一方以缔约为目的向特定对方所做的意思表示。《公约》第 14 条第 1 款规定，凡向一个或一个以上特定的人（specific persons）提出的订立合同的建议，如果十分确定（sufficiently definite）并且表明要约人在得到接受时承受约束的意旨，即构成一项要约。按照该规定，要约应具备以下要件：

（1）要约应向一个或一个以上特定的人提出，即受要约人应为特定的人。凡不是向一个或一个以上特定的人提出的订约建议，如向公众发出的普通广告、价目表等，仅应视为要约邀请，而非一项要约。但是，如果此项建议符合作为要约的其他要求，而且提出该建议的人明确表示有相反的意向，如明确表示他所刊载的广告是作为一项要约提出来的，或者表明"款到即付"等，则这项建议可以构成要约。

（2）要约的内容必须为订立合同的建议并且十分确定。要约为一项订立合同的建议，这是它的本质特征。至于"十分确定"，《公约》第 14 条第 1 款规定，一个建议如果写明货物并且明示或暗示地规定数量和价格或规定如何确定数量和价格，即为十分确定。

构成一项"十分确定"的订约建议，首先必须写明货物，如棉花、石油等，但是货物的质量并不在要约必须明确之列；其次，应明示或暗示地规定货物的数量或规定如何确定数量的方法，如"东北大米 5000 公吨"，或者"拟出售某果园在某段时间内所生产的全部苹果"等；最后，如同数量一样，应明示或默示地规定货物的价格或规定如何确定价格的方法。不过对于要约中价格的确定或者可确定性，可能与《公约》第 55 条的规定存在冲突。

（3）要约必须有表明要约人在得到接受时承受要约约束的意思。要约的目的就是为了同对方订立合同，也就是说，要约人愿意在要约得到接受时承受要约的约束从而缔结合同。例如，买方向卖方发出一份订单，说明"我们订货"并且请"立即发货"，这样买方就被认为是表明了其愿受约束的意旨。不过，如果要约人在其要约中附有某种保留条件，表明他的要约即使被接受，他亦不受任何约束，那么这就不是一项真正的法律意义上的要约，而可能只是一种要约邀请。要判定一项要约有无受约束的意思表示，应结合要约的内容和方式，并且依据《公约》关于合同解释的规定进行解释。

2. 要约的生效

要约于送达被要约人时生效。要约作为一种意思表示，受要约人只能在收到后才能了解其内容并决定是否接受，因此《公约》采取了到达（送达）主义。所谓送达，按照《公约》第24条的规定，是指用口头通知对方或通过任何其他方法送交对方本人，或其营业地或通信地址；如无营业地或通信地址，则送交对方惯常居住地。要约于送达时即生效，至于受要约人是否了解或知晓其内容则不作要求。

要约生效后，要约人即受到要约的约束，非依法不得撤销或进行变更等；但是对于受要约人来说，他可以接受也可以不接受，不过如果受要约人接受的话，即可以其承诺使合同得以成立。

3. 要约的撤回与撤销

要约的撤回是指在要约生效前，要约人欲使其丧失法律效力而取消要约的意思表示。《公约》第15条第2款规定，一项要约，即使是不可撤销的，得予撤回，如果撤回通知于要约送达被要约人之前或同时送达被要约人。因此，如果要约人发出一项要约后心生悔意，即可以采用更加迅捷的方式向受要约人表明其撤回要约的意思表示，如果该撤回通知于要约送达被要约人之前或同时送达被要约人，则该要约不发生要约的效力。

要约的撤销是指要约生效后，要约人欲使其丧失法律效力而取消要约的意思表示。各国对要约能否被撤销存在不同的规定，《公约》则采取了兼容并蓄的做法，其第16条第1款规定，在未订立合同之前，要约得予撤销，如果撤销通知于被要约人发出接受通知之前送达被要约人。由此可见，要约的撤销应符合以下要件：首先，要约已经生效；其次，被要约人尚未发出接受通知，合同尚未成立；最后，要约人撤销要约的通知在被要约人发出接受通知之前送达被要约人。但是，《公约》第16条第2款规定，如果要约写明接受要约的期限或以其他方式表示要约是不可撤销的；或被要约人有理由信赖该项要约是不可撤销的，而且被要约人已本着对该项要约的信赖行事，那么尽管有上述规定，基于意思自治原则和禁反言原则，要约仍不得被撤销。

4. 要约的终止

一项要约被撤回，或者被有效地撤销，或者被拒绝的（即使是不可撤销的），要约终止。要约被撤回或撤销时，撤回或撤销要约的通知送达受要约人时要约终止；要约被拒绝的，于拒绝通知送达要约人时要约终止。此外，一项规定有承诺期限的要约，也可以因期限届满而终止。

（二）承诺

1. 承诺的概念与要件

承诺，又称接受或接盘，是指受要约人向要约人作出的表示同意要约的内容以缔结合同的意思表示。《公约》第18条规定，受要约人以作出声明或以其他行为对某一要约表示同意，即为承诺。依照该规定，承诺应具备以下要件：

（1）承诺须由受要约人向要约人作出。非受要约人向要约人作出的或者受要约人向非要约人作出的接受要约的意思表示不能构成法律意义上的承诺。

（2）承诺须为对要约表示同意的意思表示。首先，承诺应是对要约的明确接受，即明确表示同意要约从而与要约人缔结合同。仅仅表示"了解"或者"愿意考虑"的，通常不能构成一项承诺。其次，承诺应是对要约内容的同意和接受，即接受要约的内容并以此作为合同的条件，但是这并不意味着受要约人必须接受要约的全部内容。《公约》第19条规定，只要不是对要约内容的实质性变更，承诺的内容与要约的内容虽有所出入，仍可构成一项承诺从而导致合同的成立。因此，尽管在通常情况下，对要约表示接受但载有添加、限制或其他更改的答复的，即为拒绝该项要约并构成反要约（或称还价或还盘），但是如果该类更改不是对要约的实质性变更，那么仍可构成一项承诺。

实质性变更，是指有关货物价格、付款、货物质量和数量、交货地点和时间、一方当事人对另一方当事人的赔偿责任范围或解决争端等的添加或不同条件；除此之外，在要约的接受中对其他合同事项的更改均不属于反要约，而是一项承诺。但是，在非实质性变更的情况下，要约人享有在"不过分迟延的期间内以口头或书面通知反对其间的差异"的权利，即如果要约人在合理期间内以口头或书面通知反对这种更改的，则受要约人的接受仅构成一项反要约而不是承诺。相反，如果要约人不作出这种反对，那么受要约人的接受即构成一项承诺，合同的条件即以该项要约的条件以及接受通知内所载的更改为准。

（3）承诺应在有效期间内送达。《公约》第18条第2款规定，要约中规定了承诺期限的，承诺应在规定期限内作出或送达。要约中没有规定承诺期限的，如果是以口头（对话）方式作出的，应立即接受，但情况有别者（如当事人另有约定等）除外；如果是以非对话方式作出的，承诺应在合理期限内送达。《公约》还对期限的计算进行了明确规定，按照其第20条的规定，要约人在电报或信件内规定的接受期间，从电报交发时刻或信上载明的发信日期起算，如信上未载明发信日期，则从信封上所载日期起算。要约人以电话、电传或其他快速通信方法规定的接受期间，从要约送达被要约人时起算。在计算接受期间时，接受期间内的正式假日或非营业日应计算在内。但是，如果接受通知在接受期间的最后一天未能送到要约人地址，因为那天在要约人营业地是正式假日或非营业日，则接受期间应顺延至下一个营业日。

如果承诺未在规定期限或合理期限内送达要约人的，承诺就成为无效，当然此时还应适当考虑交易的情况，包括要约人所使用的通信方法的迅速程度等。不过，《公约》并没有一概否认逾期承诺的法律效力。依据《公约》第21条第1款的规定，逾期接受仍有接受的效力，如果要约人毫不迟延地用口头或书面将此种意见通知被要约人。与此相反，《公约》第21条第2款规定，如果载有逾期承诺的信件或其他书面文件表明，它是在传递正常、能及时送达要约人的情况下寄发的，则该项逾期承诺具有承诺的效力，除非要约人毫不迟延地用口头或书面通知被要约人：他认为他的要约已经失效。

2. 承诺的方式

《公约》第18条规定，受要约人可以两种方式表示其对要约的承诺：一种是采取向要约人发出声明的方式表示接受该要约，无论口头形式或书面形式均可；另一种则是通过某种行为来表示，例如买方接受货物、第三方收取货物、签发信用证等。

但是，受要约人在收到要约后，仅保持缄默，或者不采取任何行动对要约作出反应，就不能认为是对要约的接受，因为从法律上说，受要约人并没有必须对要约作出答复的义务。当然，这也存在一些例外情况，即如果根据要约或依照当事人之间确立的习惯做法或惯例，被要约人可以作出某种行为，例如与发运货物或支付价款有关的行为来表示同意，而无须向要约人发出通知，则接受于该项行为作出时生效，只要该项行为在有效期间内作出。①

3. 承诺的生效

《公约》第18条第2款规定，接受要约于表示同意的通知送达要约人时生效，即对承诺的生效仍采到达主义，当然其前提是承诺必须有效。不过，对于口头要约应立即接受，即口头要约以当场作出承诺的方式生效，但情况有别者除外。此外，如果根据要约或依照当事人之间确立的习惯做法或惯例，被要

---

① 联合国国际贸易法委员会关于《国际货物买卖合同公约》判例法摘要汇编：A/CN. 9/SER. C/DIGEST/ CISG /18，p. 4。

约人可以作出某种行为，例如与发运货物或支付价款有关的行为来表示同意，而无须向要约人发出通知，则只要该项行为在有效期间内作出，承诺于该项行为作出时即可生效。而承诺生效时，合同就成立了。

4. 承诺的撤回

撤回承诺是受要约人阻止其承诺发生法律效力的一种意思表示。受要约人在发出接受通知之后，如果发现不妥，可以在该接受通知生效之前，赶紧发出撤回通知，只要撤回通知能在该承诺通知到达要约方之前或与其同时送达要约方，即可将该项承诺予以撤回。一旦承诺送达生效，合同即告成立，受要约人就不得予以撤回，否则就等于违约。

【司法应用 2.1】

买卖合同是否成立

2000 年 6 月 5 日，卖方湖南某公司向买方瑞士某公司发盘出售 10000 公吨菜籽粕，质量标准为：油蛋白在 38% 以上；水分在 12.5% 以下。单价 FOB 中国张家港 78 美元/吨。2000 年 6 月 7 日，买方接受卖方的发盘，并要求卖方将合同和信用证条款传真给买方，卖方于 2000 年 6 月 9 日将已盖有公章的 SFD610 的《售货合约》传真给了买方。

买方收到卖方传真的《售货合约》后，删除了原合约上"不接受超过 20 年船龄的船舶"的要求，并将"运费已付"修改成"运费按租船合同支付"，委托意大利米兰公司签字盖章后于 2000 年 6 月 9 日当天传真给卖方。2000 年 6 月 14 日，卖方称买方单方面修改合同，买方不能予以确认，将暂缓执行合同。

仲裁庭认为：（1）本案适用联合国《国际货物买卖合同公约》，尤其是其第 19 条的规定。（2）买方确实在作出接受时在合同上进行了批注，但本案合同约定的价格条件是 FOB 价，按照 INCOTERMS 2000 的规定，买方必须自行负担费用订立从指定装运港运输货物的合同，因此，船龄及运费支付问题与卖方无关，买方对合同中关于船龄及运费支付的条款的批注并不影响卖方的权利和义务，也不构成对合同条款的实质变更。何况卖方没有及时作出反对，直至 2000 年 6 月 14 日才提出不能确认买方的修改等。（3）据此认定，SFD610 合同已经成立并生效，双方应按照合同的约定履行。

资料来源：中国国际经济贸易仲裁委员会《买卖合同是否成立争议仲裁案裁决书》。

二、国际货物买卖合同的形式要求

《公约》对合同的订立没有设置任何形式上的要求。依据《公约》第 11 条的规定，销售合同无须以书面订立或书面证明，在形式方面也不受任何其他条件的限制；销售合同可以用包括人证在内的任何方法证明。该规定被认为确立了一项不做形式要求的原则（或称形式自由原则），双方当事人可以通过任何方式——不论是书面的、口头的还是其他任何方式——自由地订立他们之间的合同，甚至自由地更改或终止他们之间的合同。而且，合同也可以以任何方式加以证明，无论是口头的、书面的还是其他任何方式。当然，当事人也可以约定某种特定的合同形式，例如书面形式或其他形式。而按照《公约》的规定，电报和电传属于书面形式。

不过，如果一方当事人的相关营业地是在作了《公约》第 96 条声明保留的国家，那么不作形式要求的原则本身就不适用。《公约》第 12 条规定，该公约第 11 条、第 29 条或第二部分准许销售合同或其更改或根据协议终止，或者任何要约、承诺或其他意思表示得以书面以外任何形式做出的任何规定不适用，如果任何一方当事人的营业地是在已按照该公约第 96 条做出了声明的一个缔约国内，各当事人不得减损本条或改变其效力。由于许多国家认为合同的订立、变更或者终止应当采用书面的形式，而且许多国家也有这样的立法规定，因此《公约》允许缔约国对此提出保留。而且，与《公约》大部分规定不同，《公约》第 12 条不得被减损或改变。

虽然《公约》第 12 条的规定明确具体，但是对于《公约》第 96 条保留条款的效力问题存在着不同的观点。一种观点认为，一方当事人在一个做了《公约》第 96 条保留的国家有营业地并不一定表示该国的形式要求就会适用，而是还要依照法院所在地的国际私法规则来决定是否需要满足任何形式要求。因此，如果这些规则导致适用做了《公约》第 96 条保留的国家的法律，那么就应该遵守该国对于形式的要求；如果适用的法律是没有作出《公约》第 96 条保留的缔约国的法律，那么就适用《公约》第 11 条规定的免于形式要求的原则。不过，另一种相反的观点认为，如果一方当事人在作出《公约》第 96 条保留的国家有相关的营业地，那么合同就必须以书面形式订立、证明或更改。①

---

① 联合国国际贸易法委员会关于《国际货物买卖合同公约》判例法摘要汇编：A/CN. 9/SER. C/DIGEST/ CISG /12, pp. 2-3.

应注意的是，《公约》第 12 条的适用仅限于《公约》第 11 条、第 29 条和《公约》第二部分，所以它的规定并非对《公约》所规定的一切通知或意思表示都适用，而是仅仅适用于与合同订立、更改及协议终止有关的通知或意思表示。

三、国际货物买卖合同的解释

（一）解释规则

《公约》第 8 条针对"一方当事人所作的声明和其他行为"的解释进行了专门规定。按照《公约》第 8 条第 1 款的规定，对于一方当事人所作的声明和其他行为，应依照他的意旨解释，只要另一方当事人已知道或者不可能不知道此一意旨。按照该规定，对当事人的意思表示或行为，在对方当事人已经知道或不可能不知道的情况下，应按照当事人的真实意思来解释，亦即应采取主观标准，对当事人的主观意思做实质性的探询，即使当事人并未以客观上可以确定的方式表达并记录其真实意思。但是，这种主观解释仅限于已经表达出来的意思表示或者已经做出的行为，并且对方当事人已经知道或不可能不知道，不为人知的意思表示或者行为不能适用这一规定。在这种情况下，主张另一方当事人知道或不可能不知道其意旨的一方当事人，应承担举证责任。[①]

尽管应该首先探寻当事人的真实意思表示，但是在大多数案例中，很少出现合同双方当事人均认可某一主观意旨的情形。因此，必须通过"较为客观的分析"方法来确定当事人的意思。依据《公约》第 8 条第 2 款的规定，在《公约》第 8 条第 1 款规定不适用时，当事人所作的声明和其他行为，应按照一个与另一方当事人同等资格、通情达理的人处于相同情况中应有的理解来解释。也就是说，应按照一个理智的商人在相同情况下应有的理解来解释。所谓同等资格，指与对方当事人在行业或职业知识与技能上基本相同；通情达理，则是指具有通常所具有的理智、谨慎和操守。[②]

在一个案例中，买方是该方面的专家，知道购买的不是新机器，而是于合同订立前已制造达 14 年之久且不符合最新技术标准的机器，因此卖方认为买方在订立合同之时完全了解有关机器设备在技术方面的局限，法院依据《公约》第 8 条第 2 款的规定支持了卖方的理解，认为向买方提供的机器符合合同

---

① 联合国国际贸易法委员会关于《国际货物买卖合同公约》判例法摘要汇编：A/CN. 9/SER. C/DIGEST/ CISG /8, p. 3。

② 左海聪著：《国际贸易法》，法律出版社 2004 年版，第 37 页。

规定。①

在确定一方当事人的意旨或一个通情达理的人应有的理解时，按照《公约》第8条第3款的规定，应适当地考虑与事实有关的一切情况，包括谈判情形、当事人之间确立的任何习惯做法、惯例和当事人其后的任何行为。这是对上述规定的重要补充，引导大家在解释时综合考虑与所要解释的声明或行为有关的事项和因素，以更好地探求当事人的真实、客观的意思表示。

（二）适用范围

值得注意的是，《公约》第8条针对的是"一方当事人所作的声明和其他行为"的解释而不是"合同"的解释。因此，对于双方当事人的共同声明、共同行为以及双方的合意等的解释，似乎不属于《公约》第8条的适用范围。不过，由于合同通常是依靠一系列的单方当事人的声明和其他行为缔结并履行的，因此对"一方当事人所作的声明和其他行为"的解释仍然属于通常意义上合同解释的重要组成部分。

此外，只要需要解释的声明或行为与《公约》管辖的事项相关，那么《公约》第8条规定的解释标准就应当被用来解释这些声明或行为，而不管有关声明或行为是与《公约》第二部分"合同的订立"还是与第三部分"双方当事人的权利和义务"有关。因此，包括有关合同订立过程的声明和其他行为，以及与合同的履行及宣告合同无效有关的声明和其他行为均属于《公约》第8条的调整范围。而在《公约》第8条得以适用的情况下，即无需适用有关国内法的解释规则，因为《公约》第8条已经详尽地处理了解释的问题。②

第三节　国际货物买卖合同当事人的义务

国际货物买卖合同当事人之间的权利与义务是由当事人首先在合同中确立的，当事人之间的习惯做法、惯例也会为当事人设定权利与义务；在没有相反约定的情形下，国际公约、国内立法规定的权利与义务也会成为约束当事人的依据；当然上述一切还要受到所适用的强行性规则的制约；因此，探讨当事人之间的权利义务关系必须结合上述内容才能真正得以进行。不过受诸多方面的

---

① 联合国国际贸易法委员会关于《国际货物买卖合同公约》判例法摘要汇编：A/CN. 9/SER. C/DIGEST/ CISG /8，p. 5。

② 联合国国际贸易法委员会关于《国际货物买卖合同公约》判例法摘要汇编：A/CN. 9/SER. C/DIGEST/ CISG /8，p. 2。

限制，本章仅以《公约》以及《通则》的相关规定为主进行叙述，其前提是，对于《公约》来说，只有在该公约能够适用且当事人没有相反或不同约定时才适用《公约》关于权利义务的规定；而对于《通则》来说，只有当事人约定适用或者当事人使用相关的国际贸易术语进行交易时，才能依据其所规定的权利、义务行事。通常情况下，《通则》有不同于《公约》的规定的，应优先适用《通则》的规定。

一、卖方的义务

依据《公约》的规定，国际货物买卖中卖方的义务可以概括为四项：（1）交付货物；（2）移交一切与货物有关的单据；（3）货物必须与合同相符；（4）权利瑕疵担保义务。《通则》针对一些具体事项作出了许多特别规定。

（一）交付货物

所谓交付货物（或称交货，delivery），是指卖方自愿地移交货物，即将货物交由买方或第三人占有和支配的行为。《公约》详细地规定了交货的时间、地点、方式等事项。

1. 交货时间

《公约》第33条对如何确定卖方交货时间的问题作了以下几项规定：（1）如果合同中规定了交货的日期，或从合同中可以确定交货的日期，则卖方应在该日期交货；（2）如果合同中规定了一段交货的期间（如1月或3月至5月等），或从合同中可以确定一段时间（如收到信用证后一个月内），则除情况表明买方有权选定一个具体日期外，卖方有权决定在这段期间内的任何一天交货；也就是说，此种情况下卖方有权决定交货日期，但是除非当事人明确约定，买方无权决定交货日期；（3）在其他情况下，卖方应在订立合同后的一段合理的时间内交货，这适用于无论根据合同还是当事人间的任何惯例或习惯做法都无法确定一个明确的交货时间的情形；至于何谓合理时间，应根据交易的具体情况来确定。

2. 交货地点与方式

《公约》第31条规定了确定交货地点的几个规则：

（1）如果买卖合同涉及货物的运输，卖方应把货物移交给第一承运人，以运交给买方。对于涉及货物运输的合同，除非另有约定，通常情况下卖方需承担送付义务，把货物交给承运人；如果有多个运输人，卖方把货物交给第一承运人就算履行了交货义务。而卖方将货物移交给承运人或第一承运人的地点即为交货地点，除非另有约定，该地点由卖方决定。此处的承运人应是"独立"的承运人，卖方自行运输货物不是此种意义上的运输，而将货物交给承运人的代理人将产生同货交承运人一样的效果。

（2）在不属于上述情形下，如果合同指的是特定货物或从特定存货中提取的或尚待制造或生产的未经特定化的货物，而双方当事人在订立合同时已知道这些货物是在某一特定地点，或将在某一特定地点制造或生产，卖方应在该地点把货物交给买方处置。

（3）对于不属于上述第（1）、（2）项的情形，卖方应在他订立合同时的营业地把货物交给买方处置。对于营业地的确定，应按《公约》第 10 条等予以确定。

当然，上述规则仅在当事人没有明确约定或无法确定交货地点的情形下适用。而如果合同中含有《通则》中的某一种术语，则通常会产生明确规定的履行地从而排除《公约》适用的效力：

（1）在 EXW 术语下，卖方在指定地点将未置于任何运输车辆上的货物交给买方处置即完成交货，该地点即为交货地点，一般是卖方所在地或其他指定的地点（如工场、工厂或仓库）。

（2）F 组术语中，卖方在术语规定的"指定地点（或装运港）"将货物交给买方指定的承运人即完成交货，该地点即为交货地点。在 FCA 术语下，该指定地点可以是卖方所在地，也可以是其他任何地点。在 FAS 术语下，卖方必须在买方指定的装运港，在买方指定的装货地点，将货物交至买方指定的船边。在 FOB 术语下，卖方必须在指定的装运港，将货物交至买方指定的船只上。

（3）C 组术语中，通常由卖方将货物交给承运人以运往指定目的地（港）。在 CFR、CIF 术语下，卖方必须在装运港将货物交至船上；在 CPT、CIP 术语下，卖方则在特定地点交给承运人即可。上述地点通常由卖方和承运人协商确定，货交承运人的地点即为交货地点。

（4）D 组术语中，由卖方将货物交至术语规定的"指定地点（或目的港）"。在 DAF 术语下，卖方须在边境指定的交货地点将仍处于运输工具上尚未卸下的货物交给买方处置；在 DES 术语下，卖方须在指定的目的港按照指定的卸货点将货物于船上交给买方处置；在 DEQ 术语下，卖方必须在指定的目的港码头上将货物交给买方处置；在 DDU、DDP 术语下，卖方必须在指定的目的地将处于运输工具上尚未卸下的货物交给买方或买方指定的其他人处置。

不过，约定或指定的交货地点（place）可能是一个很大的区域，如某一城市或港口等，但此时卖方可能需要一个确定的"点"（point）将货物交给买方处置。虽然《通则》的多数术语均可直接确定具体的交货点，但也有些术语存在确定交货点的困难，因此《通则》进一步规定，在 EXW、FOB 术语下，若在指定的地点内未约定具体交货点，或有若干个交货点可使用，则卖方可在交货地点中选择最适合其目的的交货点。

综上所述，卖方在交货地点将货物交给承运人运输或者将货物交给买方处置即完成交货。而所谓"卖方应将货物交给买方处置"，是指卖方应当根据情况做好一切必要准备以使买方只需在该特定地点接收货物，《公约》和《通则》对此的界定是一致的。不过，值得注意的是，除非另有约定，按照《公约》第 31 条第 1 款的规定，如果卖方按照合同或《公约》的规定将货物交付给承运人，但货物没有以货物上加标记，或以装运单据或其他方式清楚地注明有关合同，卖方必须向买方发出列明货物的发货通知。因此，如果卖方没有将货物特定化的，就可能不产生交货的效力。《公约》有关交货地点的安排见表 2.2。

表 2.2　　　　　　　　　《公约》有关交货地点的安排

类型		交货地点
约定交货地点的合同	非贸易术语交易	合同约定地点
	使用贸易术语交易	EXW 工厂交货　　　　卖方工厂
		FCA 货交承运人　　　交承运人
		FAS 船边交货　　　　装运港船边
		FOB 船上交货　　　　装运港船上
		CFR 成本加运费　　　装运港船上
		CIF 成本运费保险费　装运港船上
		CPT 运费付至　　　　交承运人
		CIP 运费保险费付至　交承运人
		DAF 边境交货　　　　边境指定地点
		DES 目的港船上交货　目的港船上
		DEQ 目的港码头交货　目的港码头
		DDU 未完税交货　　　指定目的地
		DDP 完税交货　　　　指定目的地
未约定交货地点的合同	涉及运输的合同	货交（第一）承运人地点
	不涉及运输的特定货物贸易	订立合同时已知的货物存放或制造地点
	其他类型合同	卖方订立合同时的营业地

（二）交付单据

在国际货物买卖中，装运单据（shipping documents）具有十分重要的作用。它们是买方提取货物、办理报关手续、转售货物以及向承运人或保险公司请求赔偿所必不可少的文件。卖方交付单据的义务通常是在合同中约定的，而当事人的习惯做法以及惯例等也可能为卖方设定此项义务，在使用国际贸易术语进行的买卖中更是如此。例如，按照《通则》的规定，FOB 术语下卖方必须提供商业发票等，而 CIF 术语下卖方要提供通常运输单据等。而当双方约定以信用证方式支付的情况下，所提交的单据还要符合信用证的规定。

从国际贸易实践来看，卖方应交付的与货物有关的单据主要是指那些能授予其持有者以支配权利的单证，例如提单等运输单证（包括可转让的提单、不可转让的海运单或内河运输单据等）、码头收据、仓库收据等，以及商业发票、保险单或保险凭证、原产地证书、领事发票及其他关于商品数量、质量、价值的证明书（如商品质量检验证书）等。《公约》第 34 条规定，如果卖方有义务移交与货物有关的单据，他必须按照合同所规定的时间、地点和方式移交这些单据。而《通则》则更进一步，除了在 C 组和 D 组术语的 A8 条规定出卖人应当向买受人提供的单据外，还在 F 组术语中规定，如果出卖人向买受人交付的不是运输单据，则出卖人在买受人的请求下，应当协助买受人取得这些单据。如果卖方违背单证交付义务，即构成违约并适用一般的损害赔偿法，这可以通过《公约》及有关的国内法予以解决。

此外，《公约》第 34 条规定，如果卖方在约定时间之前已移交这些单据，他可以在该时间到达前纠正单据中任何不符合同规定的情形。但卖方在行使这项权利时不得使买方遭受不合理的不便，或承担不合理的开支，而且买方有权保留按照《公约》请求损害赔偿的权利。

（三）货物与合同约定相符

货物相符的义务又被称为品质担保或瑕疵担保义务。按照《公约》第 35 条的规定，卖方交付的货物必须与合同所规定的数量、质量和规格相符，并须按照合同所规定的方式装箱或包装。因此，卖方交付的货物必须具备合同规定的数量、质量和规格并按约定装箱或包装，否则即为违约。例如，如果一批塑料中一种特定物质的含量低于合同的明确规定，并且导致用其生产的百叶窗无法有效遮挡阳光，则认为该货物不符合合同规定；如果装运的货物少于合同规定的数量，则该货物与合同规定不符。①

---

① 联合国国际贸易法委员会关于《国际货物买卖合同公约》判例法摘要汇编：A/CN.9/SER. C/DIGEST/ CISG /35，pp. 2-3。

不过，如果卖方在交货日期前交付存在瑕疵的货物，按照《公约》第37条的规定，他还可以在交货日期到达前，交付任何缺漏部分或补足所交付货物的不足数量，或交付用以替换所交付不符合同规定的货物，或对所交付货物中任何不符合同规定的情形做出补救，但是该权利的行使不得使买方遭受不合理的不便或承担不合理的开支。而且，买方仍享有《公约》所规定的要求损害赔偿的任何权利。

　　1. 货物是否相符的判断标准

　　判定卖方交付的货物是否与合同约定相符，应以买卖双方的合同约定为基础。不过，《公约》第35条第2款进一步确定了判断货物是否相符的一般规则。按照该规定，除双方当事人另有协议外，货物除非符合以下规定，否则即为与合同不符：（1）货物适用于同一规格货物通常使用的目的；（2）货物适用于订立合同时曾明示或默示地通知卖方的任何特定目的，除非情况表明买方并不依赖卖方的技能和判断力，或者这种依赖对他是不合理的；（3）货物的质量与卖方向买方提供的货物样品或样式相同；（4）货物按照同类货物通用的方式装箱或包装，如果没有此种通用方式，则按照足以保全和保护货物的方式装箱与包装。但是，如果买方知道或不可能不知道货物与合同不符，卖方就无须按上述第（1）至（4）项负有此种不符合的责任。

　　依据上述规定，订购货物时仅提出规格而没有向卖方表示该货物使用的目的的，则卖方提供的货物应满足该规格货物通常使用的所有目的要求。如化肥用于增进土壤肥力促进作物生长，蔬菜、水果用于人类安全食用等。如果购买的越野车不能适应较差路况，矿石不能提炼出可被生产的矿物等即为不符合通用性。至于判断通用性的标准，通常认为应当以卖方所在地标准进行判断，但是卖方知道或应当知道进口国的公共法律标准的，则以后者为判断标准。同样，如果买方明示或默示地使卖方知道了其所购货物的特定目的，如要购买能钻透碳钢的钻头、粘合金属的粘剂等，卖方必须提交适用于该特定目的的货物。①而与卖方向买方提供的货物样品或样式不符，或者货物包装不当的，均构成违约。

　　尽管上述规定不具有强制性，但它被认为是买卖合同的一个组成部分。也就是说，即使双方对此没有肯定协议，这些标准也是约束卖方的默示条款。除非当事人在订立合同时明确排除适用第35条第2款的标准，否则就要受其

----

　　①　李巍著：《〈联合国国际货物买卖合同公约〉评释》，法律出版社2002年版，第136～137页。

约束。

2. 货物是否相符的责任期间

《公约》第 36 条第 1 款规定，卖方应按照合同和《公约》的规定，对风险移转到买方时所存在的任何不符合同情形负有责任，即使这种不符合同情形在该时间后方始明显。因此关键要看货物不符情形出现的时间，而不是不符情形被发现（或理应被发现）的时间。如果货物不符的情形在风险移转到买方时已经存在，那么卖方应当承担责任，不管这种货物不符的情形是在风险移转前还是风险移转后被发现的。

不过，《公约》第 36 条第 2 款规定，即使是风险移转后发生的不符合同情形，卖方也应负有责任，只要这种不符合同情形是由于卖方违反他的某项义务所致，包括违反关于在一段时间内货物将继续适用于其通常使用的目的或某种特定目的，或将保持某种特定质量或性质的任何保证。某一仲裁裁决援用了这一条款，认定卖方对运输过程中由于包装不当而变质的罐装水果的不符合同情形负有责任，即使在合同规定的 FOB 条款下买方要承担运输风险；与此相反，某法院却认定卖方不对货物损失风险转移到买方后发生的比萨饼盒子的损坏负有责任，因为买方不能证明该损坏是由卖方的任何违约行为造成的。①因此对《公约》第 36 条第 2 款规定需要依据合同约定并按照《公约》规定进行解释。不过要注意的是，实践中关于"保质期"的约定与此不尽相符，因为在保质期内通常卖方仍然只负责货物在风险转移时具有其应该具备的品质，并使其在一般使用方式下至保质期届满前可以正常使用。因此，保质期的功能在于免除买方对瑕疵在风险转移前已经存在的证明，但卖方没有义务对由于不适当的使用或者外力所致的不适用性予以免费修补。②

3. 货物是否相符的检验

货物是否相符的判断通常会涉及对货物的检验问题，《公约》第 38 条对此作出了规定，当然这一规定可以为当事人所减损或改变。《公约》第 38 条第 1 款规定，买方必须在按情况实际可行的最短时间内检验货物或由他人检验货物。按照该规定，买方进行检验的时间通常应从货物交付时算起，这与损失风险转移的时间是相符的。买方可以自行检验货物，也可以由他人检验货物。

---

① 联合国国际贸易法委员会关于《国际货物买卖合同公约》判例法摘要汇编：A/CN. 9/SER. C/DIGEST/ CISG /35，pp. 1-2。

② ［德］彼得·施莱希特里姆著，李慧妮编译：《〈联合国国际货物买卖合同公约〉评释》，北京大学出版社 2006 年版，第 147 页。

检验的内容不仅包括货物的质量、数量、容量和特性是否符合卖方的义务，还应当确定货物是否附带合同要求提供的文件资料等事项。至于检验的方法，一般认为应以双方当事人的协议、贸易惯例和习惯做法为准；在缺乏上述方法的情况下，需要进行"全面而合理的专业性"检验，但是"费用高昂的检验则是不合理的"。而如何确定"实际可行的最短时间"则需要结合实际情况做出判断。总的来说，货物的特性尤其是易腐性、货物的复杂性、货物的交付总量、货物是否经过交付前检查、预先交付的货物是否有缺陷以及不符合同情形是否明显（或不明显）、买方的职业特性和（或）专门知识、买方预期使用或转售货物的时间安排和性质、检验期间是否有非营业日、进行检验的困难等均在考虑之列。①

依据上述规定，货物检验的地点通常为交货地点，但如果合同涉及货物的运输，按照《公约》第 38 条第 2 款的规定，则检验可推迟到货物到达目的地后进行。因为在此情况下，买方通常不便甚至也不可能在交货地点检验货物。此外，《公约》第 38 条第 3 款规定，如果货物在运输途中改运或买方须再发运货物，没有合理机会加以检验，而卖方在订立合同时已知道或理应知道这种改运或再发运的可能性，检验可推迟到货物到达新目的地后进行。对于该款规定的适用需满足两个前提条件，一是货物在运输途中改运或再发运，而买方没有合理机会加以检验；二是卖方在订立合同时已知道或理应知道这种改运或再发运的可能性。

4. 货物不符的通知

《公约》第 39 条第 1 款规定了买方对于货物不符的通知义务，当然双方当事人可减损或改变该条的效力，而且买方也有接受不符情形并不予通知的权利。依据《公约》的规定，买方对货物不符合同，必须在发现或理应发现不符情形后一段合理时间内通知卖方，说明不符合同情形的性质，否则就丧失声称货物不符合同的权利。

（1）通知的时限与除斥期间。依据《公约》第 39 条第 1 款的规定，买方必须在发现或理应发现不符合同情形后一段合理时间内发出通知。发现和理应发现两个时间点是不一致的，应以较早发生者为准。而对于货物涉及检验的，如果不符合同情形从买方初次检验货物时就理应合理发现，那么通知的时间从应进行此种检验的时间起算。至于如何确定"合理时间"，仍要结合实际情况

---

① 联合国国际贸易法委员会关于《国际货物买卖合同公约》判例法摘要汇编：A/CN.9/SER. C/DIGEST/ CISG /38，pp. 6-9。

作出判断。

除此之外，《公约》第39条第2款还规定，无论如何，如果买方不在实际收到货物之日起两年内将货物不符合同情形通知卖方，他就丧失声称货物不符合同的权利，除非这一时限与合同规定的保证期限不符。这是一个关于除斥期间的规定，期间届满后，货物不符合同的主张将在法律上得不到认可。当然，如果当事人约定了一个更长或更短的保证期限，则可不适用该规定。但值得注意的是，该规定与各国及国际公约中有关诉讼时效的规定之间如何处理和适用并不确定。

（2）通知的对象、内容和形式。对于货物不符的情形，买方应向卖方发出不符通知。向卖方的代理人、卖方的其他授权人发出的通知也可以产生通知的效力，但是向买卖合同的中间人、卖方的非授权雇员发出的通知不一定能产生通知的效果，除非买方能确保并证明卖方已实际接到通知。

买方的通知必须说明不符合同情形的性质。这一通知应是明确、具体的，仅仅声明货物不符是不够的，还应当说明货物不符的具体情形和性质。例如，仅通知说"鞋的质量不符合要求"是不够的，但通知称"鞋有孔洞，且童鞋的鞋底和鞋跟松脱"则是明确和具体的。[1]

对于通知的形式，《公约》没有特殊的要求。除非当事人有明确约定或者存在习惯做法或惯例，则任何形式都符合要求。这主要涉及证据证明的问题。

（3）通知迟延或未（正确）通知的后果。如果买方在发现或理应发现不符合同情形后一段合理时间内，或者在实际收到货物之日起两年内未能给出所需的通知，他就丧失声称货物不符合同的权利。这通常意味着买方丧失任何补救不符合同情形的权利，例如要求卖方修补货物的权利、要求损害赔偿的权利、要求降低价格的权利和宣告合同无效的权利。

5.《公约》对买方的特殊保护

基于公平交易的原则，《公约》第40条给买方的检验和通知义务加了一条"安全带"，规定如果货物不符合同规定指的是卖方已知道或不可能不知道而又没有告知买方的一些事实，则卖方无权援引《公约》第38条和第39条的规定。也就是说，如果卖方已知道或不可能不知道而又没有告知买方关于货物不符的事实，那么卖方就不能以买方未履行《公约》第38条和第39条的义务为由提出抗辩。

---

① 联合国国际贸易法委员会关于《国际货物买卖合同公约》判例法摘要汇编：A/CN. 9/SER. C/DIGEST/ CISG /39，pp. 5-10。

此外，《公约》第 44 条还规定，尽管有第 39 条第 1 款和第 43 条第 1 款的规定，买方如果对他未发出所需的通知具备合理的理由，仍可按照《公约》第 50 条的规定减低价格，或要求利润损失以外的损害赔偿。通常情况下买方应承担举证责任，而且对"合理理由"的确定比较严格并需要依据实际情况进行判断。例如，在启运时经双方指定的专家检验证明合格，但是在运到时发现检验有误且货物不符被认为是"合理理由"；而买方在转售给第三方前未及时检验从而未能及时通知被认为不构成"合理理由"。①

（四）权利担保义务

权利担保又称权利瑕疵担保，与货物的品质担保相对应，它是指卖方应保证其出售的货物享有合法的权利，没有侵犯任何第三人的权利，并且任何第三人都不会就该项货物向买方主张权利。

虽然《公约》不涉及"合同对所售货物所有权可能产生的影响"，但是从合同的角度来看，向买方提供明确的货物所有权以便买方不受第三方权利或要求的约束仍然是卖方的一项义务。因此《公约》第 41 条规定，卖方所交付的货物必须是第三方不能提出任何权利或要求的货物，除非买方同意在这种权利或要求的条件下收受货物。该条主要适用于出售他人货物、货物已被设定担保以及一物多卖等情形。②

《公约》第 41 条针对的仅是一般权利，而对于工业产权或知识产权的瑕疵则在《公约》第 42 条中进行了专门规定。该条第 1 款规定，卖方所交付的货物，必须是第三方不能根据工业产权或其他知识产权主张任何权利或要求的货物，但以卖方在订立合同时已知道或不可能不知道的权利或要求为限，而且这种权利或要求根据以下国家的法律规定是以工业产权或其他知识产权为基础的：（a）如果双方当事人在订立合同时预期货物将在某一国境内转售或做其他使用，则根据货物将在其境内转售或做其他使用的国家的法律；或者（b）在任何其他情况下，根据买方营业地所在国家的法律。按照该规定，卖方的工业产权或其他知识产权担保义务需满足两个条件，一是"卖方在订立合同时已知道或不可能不知道"，从这个意义上讲，卖方的责任是一种过错责任；二是上述权利依据第（a）项或第（b）项确定的国家的法律可得到保护，而双

---

①　联合国国际贸易法委员会关于《国际货物买卖合同公约》判例法摘要汇编：A/CN. 9/SER. C/DIGEST/ CISG /44, p. 5。

②　[德] 彼得·施莱希特里姆著，李慧妮编译：《〈联合国国际货物买卖合同公约〉评释》，北京大学出版社 2006 年版，第 119～120 页。

方约定的货物使用或转售地以及买方营业地所在国之外的法律不予考虑。但是，依照该条第 2 款的规定，如果买方在订立合同时已知道或不可能不知道此项权利或要求；或者此项权利或要求的发生，是由于卖方要遵照买方所提供的技术图样、图案、程式或其他规格，则卖方可解除对此项权利或要求的担保义务。值得注意的是，通常认为卖方对一般权利的担保限于货物交付时，而对知识产权的担保则是订立合同时。

《公约》第 43 条进一步对买方就第三方的权利或要求的通知作了规定。依照该规定，买方必须在已知道或理应知道第三方的权利或要求后一段合理的时间内，将此一权利或要求的性质通知卖方，否则就丧失援引《公约》第 41 条或第 42 条规定的权利。但是，卖方如果知道第三方的权利或要求以及该权利或要求的性质，就无权援引上述规定。此外，值得注意的是，《公约》第 39 条第 2 款规定的除斥期间不适用于权利瑕疵担保的情形。

（五）其他手续和费用的承担

1. 货物的运输与保险

《公约》第 32 条对货物的运输和保险做了原则性的规定。按照该条的规定：（1）如果卖方按照合同或《公约》的规定将货物交付给承运人，但货物没有以货物上加标记或以装运单据或其他方式清楚地注明有关合同，卖方必须向买方发出列明货物的发货通知。（2）如果卖方有义务安排货物的运输，他必须订立必要的合同，以按照通常运输条件，用适合情况的运输工具，把货物运到指定地点；在此情况下卖方只需按照通常运输条件，选择合适的运输工具和运输方式即可。（3）如果卖方没有义务对货物的运输办理保险，他必须在买方提出要求时，向买方提供一切现有的必要资料，使他能够办理这种保险。

与《公约》的原则规定不同，《通则》对运输问题进行了专门规定。在《通则》的术语中，C 组和 D 组术语下出卖人承担运输义务。例如在 CIF 术语中，卖方必须自付费用，按照通常条件订立运输合同，经由惯常航线，将货物用通常可供运输合同所指货物类型的海轮（或依情况适合内河运输的船只）装运至指定的目的港。由此可见，买卖双方在选择贸易术语时，要充分考虑运输问题；而一旦选定了某一术语进行交易，那么就应按照该术语的规定履行运输义务。①

此外，国际贸易中货物在运输途中（特别是在海运中）的毁损、灭失的

---

① 陈晶莹、邓旭著：《〈2000 年国际贸易术语解释通则〉释解与应用》，对外经济贸易大学出版社 2000 年版，第 67 页。

风险是非常大的，因此《通则》针对 CIF 和 CIP 两个术语的保险问题作了明确规定。

CIF 和 CIP 两个术语中，卖方有义务为买方利益办理保险。卖方必须按照合同规定，自付费用取得货物保险，并向买方提供保险单或其他保险证据，以使买方或任何其他对货物具有保险利益的人有权直接向保险人索赔。保险合同应与信誉良好的保险人或保险公司订立，在无相反明确协议时，应按照《协会货物保险条款》（伦敦保险人协会）或其他类似条款中的最低保险险别投保。保险期限应按照 B5 和 B4 的规定。应买方要求，并由买方负担费用，卖方应加投战争、罢工、暴乱和民变险，如果能投保的话。最低保险金额应包括合同规定价款另加 10%（即 110%），并应采用合同货币。在其他术语下，则由合同当事人自己决定是否办理以及办理何种保险。

2. 进出口手续

对于进出口通关手续，《公约》没有规定，而《通则》在各术语的 A2/B2 条作了较明确的规定。按照《通则》的规定，除 DDP 条件下的进出口通关手续均应由出卖人办理外，在其他贸易术语下，出卖人承担出口通关义务，买受人承担进口通关义务。如 FOB、CIF 术语的 A2/B2 条均规定，卖方必须自担风险和费用，取得任何出口许可证或其他官方许可，并在需要办理海关手续时，办理货物出口所需的一切海关手续。

3. 费用的承担

买卖双方之间费用的划分是国际货物买卖中必然发生的问题，通常情况下因履行义务而产生的费用应由履行义务的一方自行承担。不过《公约》没有对此问题做出规定，相反《通则》却做出了相对比较详细的规定，并且按照买卖双方就货物的运输费用（A3/B3）、货物的检验费用（A9/B9）、进出口通关手续所产生的费用（A6/B6）、为取得某些单据而产生的费用（A10/B10）以及其他的一些费用（A6/B6）分别作了规定。

4. 通知的义务

在国际货物买卖中，为使交易能够顺利地进行，买卖双方通常要互尽通知的义务。《公约》针对某些情形作出了规定，不过《通则》更详细一些，在每个术语的 A7/B7 条以及其他相关条目中做出了许多具体规定。例如，关于出卖人的通知义务，《通则》在 EXW 术语中规定出卖人应通知买受人货物将交由买受人处置的时间和地点；在 F 组和 C 组术语中，规定出卖人应通知买受人货物已经交付于承运人的时间和地点；在 D 组术语中，规定出卖人应通知买受人货物将于何时到达何地以便买受人收货。这就使得卖方的通知义务更加明确具体。

二、买方的义务

依据《公约》的规定，买方的主要义务是按照合同约定与《公约》规定支付货款和收取货物，但如果合同约定以不同于《公约》规定的方式履约，则应以双方达成的协议为准。而且，当事人的合同、惯例以及《公约》等也可以为买方设定其他的一些义务。

（一）支付价款

根据《公约》的规定，买方支付价款的义务包括履行必要的付款手续，在合理的地点、时间付款等。当然，合同条款以及当事人之间的习惯和惯例等可以减损或改变《公约》的这些规定。

1. 价款的确定

国际货物买卖合同中通常都会有关于合同价款的约定，买方应按照其约定履行支付价款的义务。但如果合同中没有约定价格或规定如何确定价格的，《公约》第55条规定了一个确定合同价格的规则。不过，在双方当事人已经确定价格或使之可确定的时候，以及双方当事人已经决定他们的合同以随后的价格协议为准的时候，《公约》第55条不能适用。《公约》第55条仅适用于合同已有效地订立，但没有明示或暗示地规定价格或规定如何确定价格，而且也没有任何相反表示的情形下，这样《公约》认为双方当事人应视为已默示地引用订立合同时此种货物在有关贸易的类似情况下销售的通常价格。因此，此时应以订立合同时货物的通常价格来计算合同的价款。

此外，按照《公约》第56条的规定，如果上述未被确定的价格是按货物的重量来规定的，如有疑问，那么应按照扣除包装重量后余下的重量即净重来确定。当然其前提是，在双方当事人之间没有合同规定、习惯或惯例做法。

2. 支付价款的预备步骤和手续

《公约》第54条规定，买方支付价款的义务包括采取合同或任何法律、规章所要求的步骤和手续，以便使价格得以支付。这些步骤和手续主要包括：根据买卖合同的规定申请开立信用证或银行保函，为划拨资金获取必要的行政授权，以及在一些实行外汇管制的国家按有关法律或规章的规定申请为付款所必需的外汇等。买方必须依据合同或法律规定办理付款预备手续，而且办理上述手续产生的费用通常由买方负责。买方不办理必需的付款预备手续的，即构成违反合同。

3. 支付价款的地点

如果买方没有义务在任何其他特定地点支付价款，那么按照《公约》第57条第1款第（a）项的规定，支付价款的地点应在卖方的营业地，即支付价款的义务是一项送付义务，所以买方要承担相应的费用和风险；不过，如果凭移交货物或单据支付价款的，按照《公约》第57条第1款第（b）项的规定，则支付地点为移交货物或单据的地点，这也是同时履行义务原则的体现。例如约定将货物移交给买方的下家并同时支付货款的，即应在移交货物的地点支付价款。但是在涉及一些需要运输的货物或者库存货物时，如何确定支付地存在困难，一般认为此时应在卖方的营业地支付价款，因为很难要求买卖双方在非双方所在地的第三个地点碰面并交换履行。①

此外，《公约》第57条第2款还规定，卖方必须承担因其营业地在订立合同后发生变动而增加支付方面的有关费用。也就是说，对于在卖方营业地支付价款的，卖方应承担因营业地变动而增加的支付费用，而买方则要承担在卖方新地址支付价款的义务。因此，卖方理应将变动情况及时通知买方，如果因地址变更通知延误而引起价款支付迟延，根据《公约》第80条的规定，卖方无权声称买方不履行支付义务。此外，在货款债权让与时，《公约》第57条第2款规定仍应适用。②

4. 支付价款的时间

《公约》第58条第1款规定，如果买方没有义务在任何其他特定时间内支付价款，他必须于卖方按照合同和《公约》规定将货物或控制货物处置权的单据交给买方处置时支付价款。这就确立了货物或控制货物处置权的单据的移交与价款支付同时进行的原则：如果买方当时不支付价款，卖方可拒绝向买方移交货物或控制货物处置权的单据；反过来讲，在货物或控制货物处置权的单据移交前，买方没有义务支付价款。

如果合同涉及货物的运输，依据《公约》第58条第2款的规定，卖方可以把在支付价款后方可把货物或控制货物处置权的单据移交给买方作为发运货物的条件。此外，《公约》第58条第3款规定，买方在未有机会检验货物前，无义务支付价款，除非这种机会与双方当事人议定的交货或支付程序相抵触。因此只要不被其他支付方式所排斥，买方依据该条即有机会在检验货物后才支

---

① ［德］彼得·施莱希特里姆著，李慧妮编译：《〈联合国国际货物买卖合同公约〉评释》，北京大学出版社2006年版，第216页。

② 联合国国际贸易法委员会关于《国际货物买卖合同公约》判例法摘要汇编：A/CN. 9/SER. C/DIGEST/ CISG /57，p. 5。

付价款。

一旦价款到期应付，买方即应立即支付，而无须卖方提出任何要求或办理任何手续。《公约》第59条关于"买方必须按合同和本公约规定的日期或从合同和本公约可以确定的日期支付价款，而无需卖方提出任何要求或办理任何手续"的规定说明了这一点。

（二）收取货物

依据《公约》第60条的规定，买方收取货物的义务如下：（a）采取一切理应采取的行动，以期卖方能交付货物；和（b）接收货物。据此，买方应首先承担合作的职责，即买方必须"采取一切理应采取的行动，以期卖方能交付货物"。例如，办理必需的进口手续；完成买方安装工作所需的先期准备工作；在采用FOB术语的贸易中将船只的名称、装运港和装运日期通知卖方使其能顺利交货等。

买方收取货物义务的第二个部分，即买方在卖方应交货的地点接管货物。例如，当交货义务为在卖方营业地将货物交由买方处置时，买方必须搬走或责成他自己选择的第三方搬走货物。若买方不及时提货，卖方可能要多支付仓储费或向承运人支付滞期费及其他费用，对此应由买方负责承担。

（三）其他手续和费用的承担

1. 货物的运输与保险

《公约》没有对买方承担货物运输和保险事项作出具体规定。不过按照《通则》的规定，F组术语下买受人应承担运输义务，例如FOB术语中，买方必须自付费用订立从指定的装运港运输货物的合同。因此一旦选定了F组术语进行交易，那么买方即应按照该术语的规定履行运输义务。而在E组术语中，如果买方需要将货物运至其他地点，同样要自付费用订立运输合同。

2. 进出口手续

如上所述，《公约》没有规定进出口通关手续事项，而按照《通则》的规定，除DDP外的其他贸易术语中出卖人承担出口通关义务，买受人承担进口通关义务。如FOB、CIF术语的A2/B2条均规定，买方必须自担风险和费用，取得任何进口许可证或其他官方许可，并在需要办理海关手续时，办理货物进口和在必要时从他国过境所需的一切海关手续。

3. 通知的义务

在此仅介绍《通则》的规定。关于买受人的通知义务，《通则》规定买受人在有权在约定期间内确定货物的交付时间和地点的情况下，在EXW和D组术语下应通知出卖人在何时、何地交付货物；在F组术语下应通知出卖人船舶名称、交付时间和装货地点；在 C 组术语下，应通知出卖人发货时间和目的地（或目的港）。

第四节 国际货物买卖合同的风险转移与违约救济

一、国际货物买卖合同的风险转移

在国际货物买卖中，货物可能会发生遗失或毁损灭失等风险，应由谁来承担这些风险造成的损失是一个必须确定的问题，各国国内法以及《公约》、《通则》等也都对此作出了明确规定。由于风险转移与货物所有权的转移并不是一个问题，而且按照《公约》以及《通则》确定的一般原则，风险转移与所有权的转让无须同时发生，更无须顾及是卖方还是买方拥有货物的所有权或者谁负责安排运输或保险等事宜，因此下面仅探讨风险转移的问题。

（一）风险转移的时间

1. 涉及货物运输时的风险转移时间

对于销售合同涉及货物运输时的风险转移，按照《公约》第 67 条的规定，可分为两类：一是在卖方没有义务在某一特定地点交付货物的情形下，自货物按照销售合同交付给第一承运人以转交给买方时起，风险就移转到买方承担；二是在卖方有义务在某一特定地点把货物交付给承运人的情形下，在货物于该地点交付给承运人以前，风险不移转到买方承担。但是，在货物以货物上加标记或以装运单据或向买方发出通知或其他方式清楚地注明有关合同以前，风险不移转到买方承担。也就是说，只有货物被特定化或者归于某一合同项下后，才能按照上述规则确定风险的转移，这样就可以防止卖方在灾后再标注遗失或损坏的货物，以保护买方的利益。

对"销售合同涉及货物的运输"的理解同《公约》第 31 条第（a）项规定是一致的。不过，在第一种情况下货物交付给第一承运人即可发生风险的转移，但在第二种情况下只要交给特定的承运人即可，不一定是第一个运输者，在此之前的运输也在所不问。此外，货交承运人后卖方授权保留控制货物处置权单据的，并不影响风险的移转，因为风险转移与所有权的转移是分离的。

虽然《公约》对此有明确规定，但如果当事人的合同、习惯做法或惯例有不同规定时，应按照其规定处理。这在当事人采用国际贸易术语进行交易时尤其值得注意，因为《通则》对货物运输及风险转移有详细的规定。《通则》12 个涉及运输的贸易术语中，按照风险转移的不同特点可分为四类：

（1）风险在交至装运港船边时转移：在 FAS 术语下，卖方在指定的装运港将货物交至船边，货物灭失或损坏的一切风险转移至买方。

（2）风险在装运港越过船舷时转移：在 FOB、CIF、CFR 三个术语下，卖方均负责在装运港交货，他承担的风险均在货物越过船舷时转移给买方。

（3）风险在货交承运人时转移：在 FCA、CPT、CIP 三个术语下，卖方均负责向承运人交货，其承担的风险均在卖方将货物交给承运人时转移给买方。

（4）风险在目的地交给买方时转移：在 D 组术语下，卖方基本上是在目的地的某个地点将货物置于买方的控制之下，卖方即完成交货，风险也自交货之时转移。

此外，按照《通则》的一般规定，如果因为买方原因，如未及时通知，或者所指定的船只或承运人未按时到达，或者未能收受货物或提早停止装货等，从约定的交货日期或交货期限届满之日起，风险转移给买方。涉及运输的 12 个贸易术语项下有关交货地点和风险转移的时间见表 2.3。

表 2.3　涉及运输的 12 个贸易术语项下有关交货地点和风险转移的时间

名称	交货地点	风险转移
FAS 船边交货	装运港船边	交至装运港船边时
FOB 船上交货 CFR 成本加运费 CIF 成本运费保险费	装运港船上	越过装运港船舷时
FCA 货交承运人 CPT 运费付至 CIP 运费保险费付至	货交承运人地点	交货时
DAF 边境交货 DES 目的港船上交货 DEQ 目的港码头交货 DDU 未完税交货 DDP 完税交货	目的地（港）	交货时

2. 出售在途货物时的风险转移时间

如果销售的是正在运输途中的货物，如何确定货物的风险转移时间是一个棘手的问题。从理论上来说，应以订立合同时作为风险转移的时间点，但是此时货物状况却往往是难以查明的，这在实践中并不可行。而如果认定风险自货物交给承运人时转移，又可能会发生在订立合同时货物已经发生毁损灭失的情形，买方可能会为本已经不存在的货物承担支付价款的义务。《公约》对此达成了妥协，《公约》第 68 条规定，对于在运输途中销售的货物，从订立合同时起，风险就移转到买方承担。但是，如果情况表明有此需要，从货物交付给签发载有运输合同单据的承运人时起，风险就由买方承担。不过，何谓"情况表明有此需要"并不确定，一般认为如果被转售的货物已经投保的，就可以认为风险可自货物交付给签发载有运输合同单据的承运人时起转移。① 当然，如果当事人之间的合同、习惯做法或者惯例有不同规定的，应按照其规定处理。

由此可见，即使货物在合同订立前已经灭失，只要属于"情况表明有此需要"并且已签发运输单据的情形，其后订立的合同仍然可能是有效的，卖方由此承担着一项自始不能的履约义务，而买方则是付款义务。当然这一规则保护的是善意卖方，如果卖方在订立合同时已知道或理应知道货物已经遗失或损坏，而他又不将这一事实告知买方，则这种遗失或损坏应由卖方负责。

3. 其他情形下货物的风险转移时间

《公约》第 67～68 条规定的是销售合同涉及货物运输时的风险转移。对于其他情形，主要是指在卖方营业地或者卖方营业地以外的地点接受货物的，则由《公约》第 69 条予以规定。

对于不涉及运输的买卖，通常由买方承担往取义务，因此风险从买方接收货物时起转移。如果货物在卖方营业地交付，按照《公约》第 69 条第 1 款的规定，从买方接收货物时起，或如果买方不在适当时间内这样做，则从货物交给他处置但他不收取货物从而违反合同时起，风险移转到买方承担。如果买方有义务在卖方营业地以外的某一地点接收货物，按照《公约》第 69 条第 2 款的规定，当交货时间已到而买方知道货物已在该地点交给他处置时，风险方始移转。"在卖方营业地以外的某一地点"主要包括交付储存在仓库中的货物、在卖方或买方营业地以外的某一地点交货以及在买方营业地交货等情形。对于交给买方处置的理解同《公约》第 31 条规定一致，不过如果合同指的是当时未加识别的货物，则这些货物在未清楚注明有关合同以前，不得视为已交给买方处置。

当事人之间的合同、习惯做法或者惯例可以改变或减损上述规定的效力。

---

① ［德］彼得·施莱希特里姆著，李慧妮编译：《〈联合国国际货物买卖合同公约〉评释》，北京大学出版社 2006 年版，第 231 页。

例如，如果当事人使用 EXW 术语进行买卖，卖方在卖方所在地或其他指定的地点（如工场、工厂或仓库）将未置于任何运输车辆上的货物交给买方处置，即完成交货。此时即为货物风险转移的时间点。但是如果买方有权确定在约定的期限内受领货物的具体时间和/或地点时，而买方未能通知卖方的，则自约定的交货日期或交货期限届满之日起风险转移给买方，但以该项货物已正式划归合同项下，即清楚地划出或以其他方式确定为合同项下之货物为限。EXW术语的这一规定显然要比《公约》第69条规定简单清楚得多。

（二）风险转移的后果

风险的转移，意味着货物的风险由卖方承担转移给买方承担。但何谓货物的风险，《公约》并没有明确界定，只不过从《公约》第66条规定可以看出，货物的风险应包括遗失或损坏，其中货物遗失包括货物找不到、被盗或被转让给另一个人等情形，货物损坏则包括在运输或储存期间货物完全损毁、实际损坏、变质和短缩等情形。①交货迟延、国家主权原因（例如主管当局扣押）等造成的损失是否属于货物风险的范畴并不十分确定，我们对此则持肯定态度。由此，按照风险转移的规则，对于风险转移前货物遗失或损坏造成的损失应由卖方承担，而风险转移后则由买方承担。

货物的遗失或损坏无疑会对合同的履行产生一定的影响，但这种风险以及风险的转移通常不会改变合同既定的权利和义务关系。由于风险通常于货物交付时发生转移，所以如果未完成交货前货物遗失或损坏，卖方承担该风险，而且这并不解除卖方交付货物的义务；同样，如果完成交货后货物遗失或损坏，买方承担该风险，而且这并不解除买方交付价款的义务。当然，上述原则的前提是买卖双方对此风险均不负有责任，或者没有相反或不同的约定。而如果货物的遗失或损坏等风险是由于卖方的作为或不作为造成的，也就是说，如果卖方应对货物风险承担责任，买方支付价款的义务可得以全部或部分免除。

不过，如果卖方已根本违约，即使有上述规定，仍不损害买方因此种违约而可以采取的各种补救办法。在卖方根本违约的情形下，买方可以解除合同并解除支付价款的义务，而货物的风险会随着合同的解除而重新转由卖方承担。不过，买方必须在他已知道或理应知道卖方违反合同后一段合理时间内，宣告合同无效，否则就丧失了宣告合同无效的权利。而在卖方没有根本违约的情况下，买方只能请求损害赔偿等补救方法而不能请求解除合同，这样风险转移后

---

① 联合国国际贸易法委员会关于《国际货物买卖合同公约》判例法摘要汇编：A/CN. 9/SER. C/DIGEST/ CISG /66, p. 2。

的损失仍应由买方来承担。

二、国际货物买卖合同的违约救济

在国际贸易中，当事人之间的合同、习惯做法、惯例以及各国国内法都会涉及确定违约责任的规则，《公约》同样也对违约责任以及买卖双方的违约补救方法作了详细规定，因此本节仍然以《公约》为基础展开论述。不过，当事人之间的合同、习惯做法、惯例仍然可以改变或减损《公约》的这些规定。

（一）违约救济概述

1. 违约

《公约》并没有界定违约的概念，也没有建立起一个违约的类型体系，但是《公约》针对根本违约、预期违约以及分批交货合同的违约作了详细界定，并且针对几种可普遍适用于买卖双方的违约补救方法，例如实际履行、解除合同以及损失补偿（损害赔偿）等进行了集中规定。

（1）根本违约。《公约》第 25 条规定，一方当事人违反合同的结果，如使另一方当事人蒙受损害，以至于实际上剥夺了他根据合同规定有权期待得到的东西，即为根本违约，除非违反合同一方并不预知而且一个同等资格、通情达理的人处于相同情况中也没有理由预知会发生这种结果。

由此可见，构成根本违约需满足以下要件：首先，必须存在违约的行为和事实，这是构成根本违约的前提条件。其次，违约行为给对方造成了损害，并且这种损害是实质性的，即实际上剥夺了受害方根据合同规定有权期待得到的东西。这里的实际上（或实质上）应理解为"大量的"、"严重的"，即只有严重损失才可能构成根本违约，轻微的损失不能构成根本违约。①最后，违约的一方在订立合同时预见到或者没有理由不预见到会产生这种严重后果。也就是说，如果违约方在主观上并没有预见到，而且客观上一个同等资格、通情达理的人处于相同情况中也没有理由预见到这种违约后果，则不构成根本违约；否则，如果违约方在主观上已预见到，或者违约方没有预见到但一个同等资格、通情达理的人处于相同情况中却有理由预见到这种违约后果，则可能构成根本违约。

不履行合同责任是构成根本违约的主要情形，例如最终不交货或者不付款等，但是如果最终未履行的仅是合同中很小一部分（如多批货中有一批未交），就不属于根本违约，而逾期履行合同，无论是逾期交货还是逾期付款，

---

① 左海聪主编：《国际贸易法》，法律出版社 2004 年版，第 53 页。

通常均不构成根本违约；不过，对于定期交易或者季节性商品的交易，迟延履行通常也会构成根本违约。当货物与合同严重不符时，也可能构成根本违约，当然如何判断货物不符是一个事实问题，冻肉因含水率太高致使其质量下降了25%通常属于一般违约，而货物经过合理的努力仍然不能被使用或转售则可以构成根本违约。除此之外，预期违约以及分批交货中都会涉及根本违约的情形。

不构成根本违约的，即属于非根本违约和一般违约。区分根本违约和一般违约具有重要意义，它关系到责任的承担以及受损害方可能采取的补救措施。根据《公约》的规定，如果某种违约行为已经构成根本违约，受害方就有权宣告合同无效（解除合同），并有权要求损害赔偿或采取其他补救措施。而对于一般违约行为，受害方不能解除合同，只能要求损害赔偿或采取其他补救措施。

（2）预期违约。《公约》第71条规定，如果订立合同后，另一方当事人由于他履行义务的能力或他的信用有严重缺陷，或他在准备履行合同和履行合同中的行为显示他将不履行其大部分义务的，一方当事人可以中止履行义务，此即预期违约中止履行制度。而如果卖方在上述事由明显化以前已将货物发运的，他可以阻止将货物交付给买方，即使买方持有其有权获得货物的单据，但这只与买方和卖方间对货物的权利有关，不涉及风险转移等事项。当然，中止履行义务的一方当事人必须承担通知义务，无论是在货物发运前还是发运后，他都必须立即将其中止履行的行为和事实通知另一方当事人。如果另一方当事人对履行义务提供了充分保证，他就必须继续履行义务。

上述情形针对的是一般的预期违约情形，但如果在履行合同日期之前，明显看出一方当事人将根本违约，按照《公约》第72条的规定，另一方当事人可以宣告合同无效。不过，如果时间许可，打算宣告合同无效的一方当事人必须向另一方当事人发出合理的通知，使他可以对履行义务提供充分保证。如果对方提供了充分保证，他不仅不能宣布合同无效，而且还要继续履行义务。但是，如果另一方当事人已声明他将不履行其义务，则他不再负有通知的义务。

《公约》第72条和第71条的规定有着明显的不同：前者适用的是预期根本违约情形，而后者则适用于一般的预期违约情形；前者可以宣布合同无效，从而终止双方当事人的义务，而后者仅能中止履行义务，但合同仍然有效；前者只要求在时间允许时，给予"合理"的事前通知，并且在另一方当事人明确宣布不再履行合同时，免去通知义务，后者则要求立即发出中止通知，无一例外。

（3）分批交货合同的违约。分批交付合同就是规定分成不同批次交付货物的合同。《公约》第 73 条规定，对于分批交付货物的合同，如果一方当事人不履行对任何一批货物的义务，便对该批货物构成根本违约，则另一方当事人可以宣告合同对该批货物无效；如果一方当事人不履行对任何一批货物的义务，使另一方当事人有充分理由断定对今后各批货物将发生根本违约，该另一方当事人可以在一段合理时间内宣告合同今后无效；买方宣告合同对任何一批货物的交付为无效时，可以同时宣告合同对已交付的或今后交付的各批货物均为无效，如果各批货物是互相依存的，不能单独用于双方当事人在订立合同时所设想的目的。

上述规定分别确立了宣布合同对某批货物、某批货物以后的货物以及过去和未来的货物无效的三种情形。对于第三种情形，以各批货物互相依存，致使双方当事人在订立合同时所设想的目的落空为前提条件。一方当事人只能在他根据《公约》第 73 条第 1 款宣告合同对当前这批货物无效时，才可以宣告合同对这几批货物无效。

2. 实际履行

所谓“实际履行”，是指一方违约时，另一方当事人可以要求违约方履行合同规定的义务，这一要求并且可以通过诉讼方式得以执行。大陆法系与英美法系对于实际履行的态度有着很大的不同，大陆法系通常将实际履行作为一种主要的违约救济方式，而在英美法系实际履行的补救方式只有在例外的情况下才能得到法院支持。

对于两大法系在此问题上的重大分歧，《公约》难以达成实质内容上的统一，因此《公约》第 28 条规定，如果按照《公约》的规定，一方当事人有权要求另一方当事人履行某一义务，法院没有义务作出判决，要求具体履行此一义务，除非法院依照其本身的法律对不属《公约》范围的类似销售合同愿意这样做。因此，如果受理案件国的国内法不允许实际履行，那么就应采取其他的补救办法，例如损害赔偿等；而如果国内法允许实际履行，则不会出现与《公约》相抵触的情况，法院可以判令实际履行。但不管怎样，法院都没有义务作出判决，要求按《公约》规定实际履行合同。从目前的司法实践来看，在国际货物买卖纠纷中，各国法院也极少会作出实际履行的判决。

3. 解除合同

《公约》对解除合同这一补救方法予以严格限制，按照其规定，解除合同仅适用于根本违约这一情形，包括卖方或买方根据第 49 条或第 64 条构成根本违约、根据第 72 条构成预期根本违约以及根据第 73 条构成分批交货合同的根本违约等。

对于一方当事人解除合同的，通常应向对方当事人发出解除合同的声明，以确保对方了解合同的状况，减少不必要的行动和纠纷。对此，《公约》第26条规定，宣告合同无效的声明，必须向另一方当事人发出通知方始有效。通常情况下，解除合同的通知必须直接发给另一方当事人，这通常是签署原始合同的另一方当事人或其授权的代理人。通知虽无需采用特定的形式，但是必须使用足够明晰的语言来表达不再受合同的约束、认为合同已经终止的意思，否则可能无法构成一项有效的通知。例如，宣布如果对方不做出反应合同将终止，或者发函要求降价或取回所发的货物，或者仅发回货物，或者要求赔偿损失，均不构成有效通知。此外，通常情况下声明合同无效的通知无需在指定的时间内送达，但是按照《公约》第49条第2款和第64条第2款的规定，通知必须在合理的时间内送达。①

合同一旦解除，双方即无须再履行合同约定的义务，这包括交付货物以及支付价款等。而且，《公约》第81条第1款规定，宣告合同无效不仅解除双方在合同中的义务，其应负责的任何损害赔偿仍应负责，即解除合同与损失补偿可以是并行不悖的。不过，解除合同并不意味着合同的所有条款都是无效的，宣告合同无效并不影响合同中关于解决争端的任何规定，也不影响合同中关于双方在宣告合同无效后权利和义务的任何其他规定。例如，合同中约定有"仲裁条款"、关于合同无效后的"处罚条款"（如违约金）以及要求退还货物或其他物品的条款等，均不受合同解除的影响。

但是，如果合同已经全部履行或部分履行，那么双方应该互相返还，以尽量恢复到合同履行前的状态。《公约》第81条第2款规定，已全部或局部履行合同的一方，可以要求另一方归还他按照合同供应的货物或支付的价款，如果双方都须归还，他们必须同时这样做。因此，无论是违约方还是受害方，均有权要求对方归还货物或者价款，而且应该同时履行这种相互返还的义务。

由于合同解除后双方负有相互返还的义务，尤其是买方应返还卖方交付的货物，因此《公约》第81条第1款规定，如果买方不可能按实际收到货物的原状归还货物，他就丧失宣告合同无效或要求卖方交付替代货物的权利。但是，此时丧失的仅仅是解除合同或要求卖方交付替代货物的权利，买方依据合同或法律规定享有的其他补救方法，例如实际履行、损失补偿等并不因此而丧

---

① 联合国国际贸易法委员会关于《联合国国际货物买卖合同公约》判例法摘要汇编：A/CN. 9/SER. C/DIGEST/ CISG /26，p. 2。

失。而且，在此情形下的解除合同或要求卖方交付替代货物权利的丧失并不是绝对的，《公约》第81条第2款规定，如果不可能归还货物或不可能按实际收到货物的原状归还货物，并非由于买方的行为或不行为所造成；或者如果货物或其中一部分的毁灭或变坏，是由于按照《公约》第38条规定进行检验所致；或者如果货物或其中一部分，在买方发现或理应发现与合同不符以前，已为买方在正常营业过程中售出，或在正常使用过程中消费或改变，就无需受《公约》第81条第1款规定的约束。

合同解除后双方相互返还的义务不仅包括货物或价款本身，还应包括货物或价款所生之孳息和利益。《公约》第84条规定，在买方返还卖方交付的全部或部分货物时，买方必须向卖方说明他从货物或其中一部分中得到的一切利益；在买方不可能归还全部或一部分货物，或不可能按实际收到货物的原状归还全部或一部分货物，但买方已宣告合同无效或已要求卖方支付替代货物时，同样如此。同样，如果卖方有义务归还价款，那么在归还价款的同时，他还必须从支付价款之日起支付价款利息。不过，如何确定货款与利息的货币、汇率以及利率等事项，《公约》并没有规定。

4. 损失补偿

损失补偿是最重要的一种违约补救方式，当事人一方因对方的违约行为造成损失的，即有权要求对方予以赔偿。而且，损失补偿与其他补偿方式，如实际履行、解除合同等并不冲突，完全可以同时适用。《公约》对损失补偿作了较为详尽的规定，因而可能产生排除国内法适用的效力。当然，违约方是否应承担损失补偿责任，还要受《公约》其他规定尤其是免责规定的约束。

（1）损失补偿额的确定。《公约》第74条规定，一方当事人违反合同应承担的损害赔偿额，应与另一方当事人因他违反合同而遭受的包括利润在内的损失额相等。这种损害赔偿不得超过违反合同一方在订立合同时，依照他当时已知道或理应知道的事实和情况，对违反合同预料到或理应预料到的可能损失。由此可见，损失补偿额的确定以受害方因对方违约而遭受的全部实际损失为原则，但是不应超过违约方在订立合同时预见到或理应预见到的范围。

不过，除了明确包含损失的利润以外，《公约》并没有列出其他的损失类型，这需要借助于各国国内法来确定。从理论上来说，对所购货物之外的其他财产的损害造成的损失、对非物质性权益的损害造成的损失、货币汇率变动或支付用的货币贬值造成的损失、受害方的合理支出、损失的利润等都属于《公约》损失补偿的范围。

（2）合同解除时损失补偿额的确定。《公约》第74条适用于所有的违约情形，包括一般违约和根本违约。但是，《公约》第75~76条针对因根本违约而解除合同时的损失补偿作了专门规定。由于在合同解除后，当事人可能会寻求替代交易，例如购买替代货物或者将货物转卖等，但也可能不寻求类似解决方法，因此《公约》针对这两种情形分别进行了规定。

对于合同解除后发生了替代货物交易的，《公约》第75条规定，如果合同被宣告无效，而在宣告无效后一段合理时间内，买方已以合理方式购买替代货物，或者卖方已以合理方式把货物转卖，则要求损害赔偿的一方可以取得合同价格和替代货物交易价格之间的差额以及按照《公约》第74条规定可以取得的任何其他损害赔偿。这一规定须具备以下要件：首先，受害方已经有效宣告合同无效，即合同已经被有效解除。其次，受害方已经达成了一次替代货物交易，例如卖方违约，买方以合理方式购买替代货物；或者买方违约，卖方以合理方式把货物转卖等。最后，替代货物交易必须在宣告无效后一段合理时间内并以合理方式进行。符合上述要件的，受害方可以取得合同价格和替代货物交易价格之间的差额。除此之外，受害方还可以根据《公约》第74条提出额外的损害赔偿请求。

对于合同解除后未发生替代货物交易的，《公约》第76条规定，如果货物有时价，要求损害赔偿的一方可以取得合同价格和宣告合同无效时的时价之间的差额以及按照《公约》第74条规定可以取得的任何其他损害赔偿。但是，如果要求损害赔偿的一方在接收货物之后宣告合同无效，则应适用接收货物时的时价，而不适用宣告合同无效时的时价。由此可见，由于合同解除后未发生替代货物交易，所以无法使用替代货物交易价格来确定损失，此时就只能以货物的时价为依据来计算损失的额度，即以合同价格和货物时价之间的差额作为损失补偿的计算标准。

所谓时价，是指同类货物在同等条件下在市场上出售的一般价格；货物没有时价，或者进行了替代交易的，均不能适用《公约》第76条规定。由于时价是因时因地而异的，所以《公约》详细规定了确定时价的时间和地点等因素。按照《公约》第76条的规定，时价指原应交付货物地点的现行价格，如果该地点没有时价，则指另一合理替代地点的价格，但应适当地考虑货物运费的差额；确定时价的时间应为宣告合同停止生效的当天，但如果受害方在合同宣告无效前接收了货物，则应以接收货物时的时价为准。当然，同《公约》第75条规定一样，此时受害方除可以取得合同价格和货物时价之间的差额外，还可以根据《公约》第74条提出额外的损害赔偿请求。

【司法应用2.2】

卖方根本违约

　　买卖双方签订了两份"金属硅"货物买卖合同，一份为200吨，另一份为100吨；单价均为USD710/吨，FOB中国主要港口。付款条件：即期信用证。装运期分别为1999年8月、1999年9月。合同订立后，买方开立了信用证，但卖方未交货。买方以USD800/吨的价格向其他公司购买了合同项下货物以替代本案合同货物。为此，买方要求卖方赔偿因货物差价造成申请人的经济损失27000美元。

　　仲裁庭认为，卖方不交付货物的行为已构成了对合同的根本违约，应该承担违约责任。根据《公约》第45条的规定，申请人采取合理的补救措施是有依据的。根据《公约》第74条、第75条的规定，仲裁庭参阅了同时期英国WORLD STEEL AND METAL NEWS出版的"METAL BULLETIN"，此时金属硅的国际市场价为USD820～840/吨，故申请人以USD800/吨的价格购买合同替代物是合理的，被申请人应赔偿差价损失。但是，买方关于利润损失的赔偿要求没有得到支持。

　　资料来源：中国国际贸易仲裁委员会上海分会《金属硅售货合同争议仲裁案裁决书》。

　　（3）损失的减轻与扣除。《公约》第77条确立了一项得到普遍认可的规则，即减轻损失的原则。按照该规定，声称另一方违反合同的一方，必须按情况采取合理措施，减轻由于该另一方违反合同而引起的损失，包括利润方面的损失。如果他不采取这种措施，违反合同一方可以要求从损害赔偿中扣除原可以减轻的损失数额。

　　（二）卖方违约时的具体补救方法

　　《公约》第45条概括了因卖方不履行他在合同和《公约》中的任何义务，买方可加利用的补救办法。这包括两部分，一是《公约》第46～52条规定的各种具体的违约补救方法，二是按照《公约》第74～77条的规定，要求损害赔偿的权利。而且，买方可能享有的要求损害赔偿的任何权利，不因他行使采取其他补救办法的权利而丧失。

　　虽然《公约》第45条并没有穷尽列举出所有的补救方法（例如《公约》第71～73条关于"预期违约和分批交货"以及《公约》第84条第1款关于"利息支付"的规定也应得以适用），但是通常认为该条规定是详尽无遗的，它排除了诉诸国内法要求其他的补救方法的可能性。而且，《公约》第45条第3款进一步规定，如果买方对违反合同采取某种补救办法，法院或仲裁庭不得给予卖方宽限期，因为这会使《公约》的补救制度大打折扣，并容易导致对本国当事人的偏袒。不过，当事人商定给予宽限期的不在此限。

由于损失补偿已在上文有所叙及，下面仅探讨《公约》第46～52条规定的各种具体违约补救方法。

1. 实际履行

《公约》第46条规定了实际履行的补救方式。按照该规定，买方可以要求卖方履行义务，除非买方已采取与此一要求相抵触的某种补救办法，例如解除合同等。此外，《公约》第46条还规定了交付替代货物以及修理两种准实际履行方式。

（1）交付替代货物。如果货物不符合同，并且此种不符合同情形构成根本违约时，买方可以要求交付替代货物。当然关于替代货物的要求，必须与依照《公约》第39条发出的通知同时提出，或者在该项通知发出后一段合理时间内提出。而对于货物不符合同的情形尚未构成根本违约的，买方不能要求交付替代货物。

（2）修理。如果货物不符合同，买方可以要求卖方通过修理对不符合同之处做出补救，除非他考虑了所有情况之后，认为这样做是不合理的。这要求货物必须可以通过修理修补其缺陷，而且修理必须是合理的。修理的要求必须与依照《公约》第39条发出的通知同时提出，或者在该项通知发出后一段合理时间内提出。

2. 给予履行宽限期

按照《公约》第46条的规定，买方可以规定一段合理时限的额外时间，让卖方履行其义务。该规定的目的是通过宽限期使合同仍得以实际履行，以实现双方的预期利益。当然，给予宽限期是买方的权利而不是义务，而且这通常仅适用于卖方不交货的情形。此外，时限应是合理的，并含有卖方不在该期限内履行义务则买方有权宣告合同无效的意思。

如果买方规定了宽限期，那么除非买方收到卖方的通知，声称他将不在所规定的时间内履行义务，买方在这段时间内不得对违反合同采取任何补救办法。当然，买方并不因此丧失他对迟延履行义务可能享有的要求损害赔偿的任何权利。而且，基于《公约》第49条的规定，买方还可能由此取得解除合同的权利。

3. 接受卖方的主动补救

《公约》第48条规定，除非买方已宣布解除合同，即使在交货日期之后，卖方仍可自付费用，对任何不履行义务作出补救，例如补交货物、换货或者按照约定提交有关资料等。这样就可以达到实际履行、实现合同预期利益并减少解约行为和纠纷的目的。当然，这种补救不得造成不合理的迟延，也不得使买方遭受不合理的不便，或无法确定卖方是否将偿付买方预付的费用。而且，买方仍享有《公约》所规定的要求损害赔偿的任何权利。

卖方不能强迫买方接受卖方的主动补救，买方有权拒绝。但如果卖方要求买方表明他是否接受卖方履行义务，而买方没有在一段合理时间内对此一要求做出答复，则卖方可以按其要求中所指明的时间履行义务。买方不得在该段时间内采取与卖方履行义务相抵触的任何补救办法。卖方表明他将在某一特定时间内履行义务的通知，应视为包括根据上述规定要买方表明决定的要求在内。当然，上述要求或通知必须在买方收到后方生效力。

4. 解除合同

《公约》第49条规定，如果卖方不履行其在合同或《公约》中的任何义务构成根本违约，或在不交货的情形下，卖方不在买方按照《公约》第47条第1款规定的额外时间内交付货物，或卖方声明他将不在所规定的时间内交付货物，买方可以宣告合同无效。

不过，如果卖方已交货，则买方通常将丧失解除合同的权利，因为卖方已完成了主给付义务。当然，这里存在许多例外：（1）在延迟交货的情况下，买方在得知交货后的合理时间内宣布合同无效的；（2）在交货不符的情况下，买方在检验货物后的合理时间内提出合同无效的；（3）在给予卖方作出履行合同或作出补救的宽限期届满后或在拒绝接受卖方履行义务后的合理时间内宣布合同无效的，均不受卖方已交货的影响。

解除合同的其他事项在上面已经讲过了，此处不再赘述。

5. 减少价金

《公约》第50条规定，如果卖方交货不符合合同规定，不论价款是否已付，买方都可减低价格；减低价格应按实际交付的货物在交货时的价值与符合合同规定的货物在当时的价值两者之间的比例计算。无论不符合同情形是构成根本违约还是一般违约、卖方是否有过失、买方是否已经付款以及卖方是否应按照《公约》第79条规定免除责任，减价都可以得以适用。当然，这一规定仅适用于货物不符合同情形，而不适用于迟延交付以及其他违约情形。

不过，如果卖方已经按照《公约》第37条或第48条规定对任何不履行义务采取了补救，或者买方拒绝接受卖方按照上述规定履行义务，买方将丧失要求减少价金的权利。

6. 部分货物不符时买方的补救方法

部分货物不符是指卖方只交付一部分货物，或者交付的货物中只有一部分符合合同规定。按照《公约》第51条第1款的规定，在部分货物不符的情形下，买方只能针对缺漏部分及不符合同规定部分的货物采取违约补救方法，这包括《公约》第46~50条规定的补救方法，即实际履行、替代交付货物、修理、给予履行宽限期、对不履行义务做出补救、解除合同、减少价金等。当然，损失补偿方式仍然可以同时适用。

《公约》第51条第1款规定隐含着两方面的意义，一是买方针对缺漏部分及不符合同规定部分的货物采取《公约》第46~50条规定的补救方法时，还必须同时符合《公约》第46~50条的规定和要求才能主张适用；二是由于存在部分正确交付的货物，买方通常不能基于部分违约而宣告整个合同无效。据此，只有在卖方完全不交付货物或不按照合同规定交付货物构成根本违约时，买方才可以宣告整个合同无效。

7. 提前、超量交货时买方的补救方法

《公约》第52条第1款规定，如果卖方在规定的日期前交付货物，买方可以收取货物，也可以拒绝收取货物。这是买方的权利，而且提前交货并不意味着违约，拒收也不构成合同的解除。

如果卖方交付的货物数量大于合同规定的数量，按照《公约》第52条第2款的规定，买方可以收取也可以拒绝收取多交部分的货物。如果买方收取多交部分货物的全部或一部分，他必须按合同价格付款。

（三）买方违约时的具体补救方法

同买方的违约补救方法一样，《公约》在第61条概括了因买方不履行他在合同和《公约》中的任何义务，卖方可加利用的补救办法。这同样包括两部分，一是《公约》第62~65条规定的各种具体的违约补救方法，二是按照《公约》第74~77条的规定，要求损害赔偿的权利。而且，卖方可能享有的要求损害赔偿的任何权利，不因他行使采取其他补救办法的权利而丧失。如果卖方对违反合同采取某种补救办法，法院或仲裁法庭同样不得给予买方宽限期。此外，买方也可以援引《公约》第71~73条关于"预期违约和分批交货"、第78条关于"利息"以及第88条关于"货物保全"的规定。由于损失补偿已在上文有所叙及，下面同样仅探讨《公约》第62~65条规定的各种具体违约补救方法。

1. 实际履行

《公约》第62条规定，卖方可以要求买方支付价款、收取货物或履行他的其他义务，除非卖方已采取与此一要求相抵触的某种补救办法，例如下面所讲的给予履行宽限期或解除合同等。该条通常适用于要求买方支付价款的情形，而要求买方收取货物却很少发生。

2. 给予履行宽限期

同《公约》第47条规定一样，《公约》第63条规定了卖方给予买方履行宽限期的权利：卖方可以规定一段合理时限的额外时间，让买方履行义务；除非卖方收到买方的通知，声称他将不在所规定的时间内履行义务，卖方不得在这段时间内对违反合同采取任何补救办法。但是，卖方并不因此丧失他对迟延履行义务可能享有的要求损害赔偿的任何权利。在实践中，卖方常常会同意给予买方额外时间，让买方支付价款、确保签发信用证以及收取货物等。

3. 解除合同

《公约》第64条规定了当买方违反其义务，卖方可以宣告合同无效的情况，这些规则与《公约》第49条的规则相似。在买方不履行其在合同或《公约》中的任何义务，等于根本违约；或买方不在卖方按照《公约》第63条第1款规定的额外时间内履行支付价款的义务或收取货物，或买方声明他将不在所规定的时间内这样做时，卖方可以宣告合同无效。

不过，如果买方已支付价款，卖方就丧失宣告合同无效的权利。但是，以下情形例外：（1）对于买方迟延履行义务，卖方在知道买方履行义务前这样做；（2）对于买方迟延履行义务以外的任何违反合同事项，卖方在已知道或理应知道这种违反合同后一段合理时间内这样做；或卖方在其按照《公约》第63条第1款规定的任何额外时间期满后或在买方声明他将不在这一额外时间内履行义务后一段合理时间内这样做。

4. 订明货物规格

《公约》第65条规定，如果买方应根据合同规定订明货物的形状、大小或其他特征，而他在议定的日期或在收到卖方的要求后一段合理时间内没有订明这些规格，则卖方在不损害其可能享有的任何其他权利的情况下，可以依照他所知的买方的要求，自己订明规格。如果卖方自己订明规格，他必须把订明规格的细节通知买方，而且必须规定一段合理时间，让买方可以在该段时间内订出不同的规格。如果买方在收到这种通知后没有在该段时间内这样做，卖方所订的规格就具有约束力。这是货物具体化的重要途径，也是交货和收货的前提条件。

（四）违约后的货物保全

1. 货物保全的权利与义务

能够支配货物的一方应当承担货物保全的义务，这是货物买卖法的一个基本规则，它在发生违约等情形下仍应得以适用。《公约》规定：

（1）如果买方推迟收取货物，或在支付价款和交付货物应同时履行时，买方没有支付价款，而卖方仍拥有这些货物或仍能控制这些货物的处置权，按照《公约》第85条的规定，卖方必须按情况采取合理措施，以保全货物。他有权保有这些货物，直至买方把他所付的合理费用偿还他为止。

（2）如果买方已收到货物，但打算行使合同或本公约规定的任何权利，把货物退回，按照《公约》第86条第1款的规定，他必须按情况采取合理措施，以保全货物。他有权保有这些货物，直至卖方把他所付的合理费用偿还给他为止。

由此可见，买卖双方在承担货物保全义务的同时，还享有对货物保全产生的费用主张补偿的权利。直至对方把他所付的合理费用偿还他为止，他有权留置该批货物。

不过，如果发运给买方的货物已到达目的地，并交给买方处置，而买方行使退货权利，则买方必须代表卖方收取货物，除非他这样做需要支付价款而且会使他遭受不合理的不便或需承担不合理的费用。如果卖方或授权代表他掌管货物的人也在目的地，则此一规定不适用。如果买方基于上述事由收取货物，那么他的权利和义务与《公约》第86条第1款规定一致。

2. 货物保全的方法

（1）存入仓库。《公约》第87条规定，有义务采取措施以保全货物的一方当事人，可以把货物寄放在第三方的仓库，由另一方当事人负担费用，但该项费用必须合理。例如，保管费高于货物本身价值的，通常会被认为不合理。

（2）出售货物。《公约》第88条第1款规定，如果另一方当事人在收取货物或收回货物或支付价款或保全货物费用方面有不合理的迟延，按照第85条或第86条的规定有义务保全货物的一方当事人，可以采取任何适当办法，把货物出售，但必须事前向另一方当事人发出合理的意向通知。出售的方式有很多，一般有拍卖、在市场上寄卖、自行出售甚至以市场通常价格自行购得等；但是否"适当"，通常应以当地的法律以及交易习惯等作为判断标准。

不过，如果货物易于迅速变坏，或者货物的保全牵涉到不合理的费用，则按照第85条或第86条的规定有义务保全货物的一方当事人，必须采取合理措施把货物出售，在可能的范围内，他必须把出售货物的打算通知另一方当事人。

对于出售货物所得的收入，《公约》规定，出售货物的一方当事人，有权从销售所得收入中扣回为保全货物和销售货物而付的合理费用，但他必须向另一方当事人说明所余款项。至于能否进行抵消，应适用国内法的规定来处理。

（五）违约的免责

对于违约的免责事由，《公约》没有使用"不可抗力"的字眼，也没有使用"合同受挫"等概念，而是使用了"障碍"一词并进行了具体的描述。《公约》第79～80条对违约免责事项作了详细规定。

1. 免责事由

（1）履约障碍免责。《公约》第79条第1款规定，当事人对不履行义务不负责任，如果他能证明此种不履行义务，是由于某种非他所能控制的障碍，而且对于这种障碍，没有理由预期他在订立合同时能考虑到或能避免或克服它或它的后果。

由此可见，可以免责的障碍需具备以下要件：一是非违约方所能控制，即不可控制性；二是非违约方在订立合同时所能预见或避免或克服，即缔约时的不可预见、不可避免或不可克服性。这一规定类似于我国法上的"不可抗力"条款。在实践中，各国法院往往将该规定同国内法上的免责事由，如不可抗力、合同受挫、经济不可能等相互比较来适用。

（2）基于第三人行为的履约障碍免责。如果当事人不履行义务是由于他所雇用履行合同的全部或一部分规定的第三方不履行义务所致，那么只有当该当事人的不履行义务行为按照《公约》第79条第1款"履约障碍"的规定应予免责，并且该第三方的不履行义务行为按照《公约》第79条第1款"履约障碍"的规定同样应予免责时，该当事人才能免除责任。

2. 免责的期间、效力与通知

免责仅在障碍存在的期间有效。一旦障碍消除，而合同又没有被解除，那么当事人即应立即恢复履行，否则将因其违约行为而承担责任。而且，免责通常仅免除损失补偿的责任，而不妨碍任一方行使《公约》规定的要求损害赔偿以外的任何权利。

此外，不履行义务的一方还必须将障碍及其对他履行义务能力的影响通知另一方。如果该项通知在不履行义务的一方已知道或理应知道此一障碍后一段合理时间内仍未为另一方收到，则他对由于另一方未收到通知而造成的损害应负赔偿责任。

3. 对方当事人行为的免责

《公约》第80条规定，一方当事人因其行为或不行为而使得另一方当事人不履行义务时，不得声称该另一方当事人不履行义务。也就是说，一方当事人因其自身的行为造成另一方当事人的违约行为时，该当事人不得以另一方当事人的违约行为为由主张法律补救，这也是诚信原则的必然要求。

复 习 题

1. 试述联合国《国际货物买卖合同公约》下国际货物买卖合同订立的法律规则。

2. 根据联合国《国际货物买卖合同公约》的规定，卖方和买方的义务各有哪些？

3. 根据联合国《国际货物买卖合同公约》的规定，当买方违反其义务时，卖方有哪些补救措施？

4. 根据联合国《国际货物买卖合同公约》的规定，当卖方违反其义务时，买方有哪些补救措施？

5. 根据联合国《国际货物买卖合同公约》的规定，货物风险转移的规则有哪些？

思 考 题

1. 国际货物买卖可能适用哪些法律和规则？该如何确定这些法律和规则的效力及其适用顺序？

2. 试比较联合国《国际货物买卖合同公约》与我国《合同法》相关规定的异同并分析其优劣之处。

3. 《2000 年国际贸易术语解释通则》中，FOB 与 CIF 术语对货物的交付、运输、保险以及风险的转移是如何规定的？其与联合国《国际货物买卖合同公约》有何异同？

第三章　国际货物运输法

【要点提示】

1. 国际海上货物运输合同的概念和类型
2. 提单的概念、类型及相关国际规则
3. 租船合同的类型
4. 国际航空货物运输公约
5. 国际陆路运输公约
6. 国际邮包运输的特征
7. 国际货物多式联运规则

第一节　国际海上货物运输法律制度

一、国际海上货物运输概述

（一）国际海上货物运输的定义与特点

国际海上货物运输是指在不同国家港口之间进行的跨国海上货物运输。内河运输以及发生在同一国家不同港口之间的沿海运输被排除在外。海运是目前最重要的国际货物运输方式，承担了全球 85% 左右的货物运输量。而在我国，90% 以上的进出口货物通过海上运输完成。①

海上货物运输作为人类最古老的、当代最重要的运输方式之一，与其他运输方式比较，具有若干显著特征：运量大；通过能力强；运费低廉；对货物的适应性强；具有较强的国防意义。然而，海上货物运输的风险高、运输速度较慢。正是这些因素综合孕育出了与普通商法差别显著的海商法。海商法中的许多特殊制度，如提单的强大功能、航海过失免责、共同海损理算及分摊、承运人责任限制等，只有置其于海上运输的国际大背景下，才能诠释其正当性和合

---

① 张湘兰：《海商法》，武汉大学出版社 2008 年版，第 78 页。

理性。

（二）国际海上货物运输合同的定义与分类

1. 国际海上货物运输合同的定义

国际海上货物运输合同，是指承运人收取运费，负责将托运人托运的货物经海路自装货港运至卸货港，并交收货人的跨国货运合同。其具有以下特征：（1）跨国性，即合同项下的货物从一国的港口运往另一国的港口，而不包括一国的不同港口之间的沿海运输。（2）承揽性，即属于提供劳务而非物品的承揽合同。（3）涉他性，即尽管合同的缔约双方为承运人和托运人，但合同涉及实际承运人、提单持有人、收货人等多方利害关系人，法律关系相当复杂。

2. 国际海上货物运输合同的分类

按照经营载货船舶的不同方式，可将国际海上货物运输合同分为班轮运输合同和租船运输合同。

班轮运输，指航线、航期和运费三固定的公共运输。① 一个航次通常会接受多个托运人的货物，其主要适用于散杂货运输。但目前集装箱班轮运输的发展也相当迅速。班轮运输合同在承运人接受托运人订舱时即行成立。承运人向托运人签发的海运提单或海运单，是证明运输合同的凭证。

租船运输，指由一个或多个托运人租用整艘船舶承运货物的私人运输，一般适用于大宗货物的运输。② 根据租船条件的不同，租船运输可区分为航次租船、定期租船和光船租赁。

二、班轮运输法律制度

班轮运输多以传统的提单作为运输合同的凭证，其因此被称为提单运输。提单运输实质上是最典型的班轮运输。

（一）提单的定义与性质

提单（Bill of Lading，B/L），既是最重要的海运单据，也是最重要的国际贸易单据之一，具有较强的国际流动性。根据我国《海商法》第71条的定义，提单是指用以证明海上货物运输合同和货物已经由承运人接收或者装船，

---

① 也有学者将其定义为船舶、航线、船期、运费和码头五固定的公约运输。参见张新平著：《海商法》，中国政法大学出版社2002年版，第106页。

② ［加拿大］威廉·台特雷，张永坚等译：《国际海商法》，法律出版社2005年版，第95页。

以及承运人保证据以交付货物的单证。提单中载明的向记名人交付货物，或者按照指示人的指示交付货物，或者向提单持有人交付货物的条款，构成承运人据以交付货物的保证。从该定义可知，提单具有以下四种法律属性：

（1）运输合同的凭证。海上货物运输合同在托运人订舱时已经成立，提单不过是在合同履行过程中产生的单证，其上虽然也载有提单格式条款，但对于运输合同的当事人而言，提单只是相应运输合同的证明而非运输合同本身。然而，在提单出让后，因提单受让人并非原运输合同的当事人，其仅受提单条款而非原运输合同的约束，故在承运人与提单受让人之间，提单本身构成一份运输合同。如我国《海商法》第78条规定："承运人同收货人、提单持有人之间的权利、义务关系，依据提单的规定确定。"但租船合同被有效地并入提单的除外。

（2）货物收据，即提单是承运人向托运人出具的、表明货物已由承运人接收或装运的收据。实务中因此易发生争议的是：①承运人的如实批注职责与提单"不知条款"的冲突。提单格式条款往往载有"不知条款"，称提单中载明的各种货物参数由托运人申报，试图免除承运人按提单记载交付货物的责任。故如果"不知条款"与承运人的如实批注职责冲突，就可能被法院认定无效。① ②初步证据与最终证据的矛盾。提单虽然是承运人接受和交付货物的凭证，但这种凭证的证明力因人而异。在承运人与托运人之间，提单只是一种初步证据，当事人双方均可以提出反证，推翻相应的提单记载；但在承运人与提单善意受让人之间，则构成一种不可反证的绝对证据。②

（3）货物交付凭证，即承运人应当向正本提单持有人交付提单项下的货物，收回正本提单，方可解除提单项下的交货义务。在目的港以外交货的，收货人应当提交全套正本提单；在目的港交货的，承运人向第一份正本提单持有人交货后，其他的正本提单即行失效。

（4）准流动性证券，即提单原则上可背书转让，提单的权利义务应以提单记载为准。③ 但法律禁止转让，或允许就提单内容提出反证的除外。

另有许多学者认为，提单还是一种物权或所有权凭证。④ 我们认为，从国

① 张湘兰：《海商法》，武汉大学出版社2008年版，第115页。

② 参见我国《海商法》第77条。

③ 张湘兰等：《海商法论》（修订版），武汉大学出版社2001年版，第89~90页。

④ 张湘兰等：《海商法论》，武汉大学出版社2001年修订版，第87页；张新平：《海商法》，中国政法大学出版社2002年版，第150页。

际贸易流程的视角，提单不但是物权凭证，还有所有权凭证，故买卖提单与买卖提单项下的货物具有完全相同的法律意义。但在运输合同项下，承运人显然既不关心也无法确定，托运人或收货人是否取得了提单项下货物的物权或所有权。

（二）提单的分类

1. 根据货物是否已装船，可区分为已装船提单和收货待运提单

已装船提单（shipped B/L, on board B/L），指货物装上船舶后由承运人签发给托运人的提单。

收货待运提单（received for shipment B/L），指承运人接受货物后但未装船前签发给托运人的未装船提单。待运提单主要被托运人（买卖合同的卖方）用于证明货物已经依约交承运人。有关风险与费用可能因此转移。待运提单尚不是完整的提单，原则上不具有流动性。故在货物装船后，托运人会要求承运人换发已装船提单。通常由承运人在收货待运提单上加注船名和装船日期，使之成为已装船提单。

2. 根据提单收货人的抬头，可区分为记名提单、不记名提单和指示提单

指示提单（order B/L），是最常用的提单，指在提单收货人一栏载明"凭×××指示"（to order of ×××）或"凭指示"（to order）字样的提单。前者为记名指示提单，后者为不记名指示提单。指示提单经背书后方可转让。背书方式有两种：（1）空白背书，指背书人在提单背面签名、盖章，但不记载被背书人名称的背书方式，又称不完全背书或不记名背书。（2）记名背书，即背书人在提单背面签名、盖章，同时记载被背书人名称的背书方式，又称完全背书或专门背书。这两种背书方式的法律效力相同。

记名提单（straight B/L），是承运人在签发的提单中指定了特定收货人的提单。记名提单不能以背书方式转让。① 记名提单主要用于运输无须出让的物品，如贵重物品、样品、赠品或展览品等。但在少数国家，也允许以记名背书方式转移记名提单，但这仅属于一种民法上的财产权转移，而不是海商法项下的提单转让。②

不记名提单（bearer B/L, blank B/L, or open B/L），指提单收货人一栏内仅填写"交持单人"（to bearer）字样的提单，又称空白提单，即提单收货

---

① 参见我国《海商法》第 79 条第 1 项。

② 如前苏联《海商法典》第 126 条第 1 款规定："记名提单可以按记名背书转移，或者遵照转移债务请求书规定的其他方式转移。"

人为任何提单持有人。因此，其无须背书即可转让。尽管其流通性高，但不安全，因而实务中较少使用。

3. 根据承运人是否对提单货物的外表状况加列批注，可区分为清洁提单和不清洁提单

清洁提单（clean B/L），是承运人对货物的表面状况未加任何不良批注的提单。签发清洁提单表明，货物是在表面状况良好的情况下装船的。货物"表面状况"，主要指借助于船方管货人员的视觉、嗅觉、触觉、听觉等感官可直接感受到的货物状况。货物表面状况良好不等同于货物状况良好。

不清洁提单（unclear B/L or foul B/L），是承运人对货物的表面状况作不良批注的提单。然而，并不是所有的提单批注均构成不良批注。"不良批注"仅指那些声明货物和/或其包装状况存在缺陷的条款或批注，如批注货物"包装不固"、"锈蚀"、"污损"等。国际航运公会在 1957 年曾通过一个决议，认为下列批注尚不能使提单不清洁：（1）不明显地指出货物或包装不能令人满意，如仅注明旧箱、旧桶等；（2）强调承运人对货物性质或包装所引起的风险不承担责任，如声明"易腐烂货物，承运人对货物腐烂不承担责任"；（3）否认承运人对货物内容、数量、尺码、质量的知晓，即所谓"不知条款"，例如"托运人提供的重量，承运人不负责货物的减重"等。

国际贸易实务中，提单受让人、银行、买方等一般均不接受不清洁提单。如《跟单信用证统一惯例 600》第 27 条（清洁运输单据）规定："银行只接受清洁运输单据，清洁运输单据指未载有明确宣称货物或包装有缺陷的条款或批注的运输单据。'清洁'一词并不需要在运输单据上出现，即使信用证要求运输单据为'清洁已装船'的。"实务中，提单利害关系人往往围绕承运人是否有权批注，或相应的批注是否构成不良批注等问题发生争议。

4. 根据提单条款的自足性，可区分为班轮提单与租船提单

班轮提单是公共承运人向托运人签发的提单，其条款比较完备，是一种自足提单。租船提单指租船合同项下的承运人依托运人的要求，向其签发的并入了租船合同的全部或部分条款的提单，又称租船合同项下的提单。签发租船提单后，在租船合同当事人之间，适用租船合同，相应的提单被视为一种货物交接凭证；而在承运人与提单持有人之间，适用并入了租约条款的提单条款。

5. 按运输方式的不同，可区分为直达提单、海上联运提单和多式联运提单

直达提单（direct B/L），指货物运输途中不允许转船，直接运至目的港的提单。许多提单的背面条款载有"转运条款"（transshipment clause），称承运

人有权在中途港转运货物，但只要没有"转船"批注，仍属于直达提单。

海上联运提单（ocean through B/L），指将货物在中途港转船，经两艘以上的船舶，相继运至目的港而由第一程海运承运人签发的提单。接运货物的为接运承运人（on-carrier）或者实际承运人（actual or performing carrier）。海上联合运输与转船（transshipment）不同。海上联合运输是根据托运人与承运人事先的协定而进行的。根据约定，有的联运承运人对全程运输负责，而有的仅对自己履行的区段运输负责。转船通常是由于船舶不适合支线运输，或船舶在运输途中遭遇风险或其他意外情况而不得不终止运输时，承运人单方决定将货物转其他船舶运输至目的港。通常，由于承运人可以免责的原因转船时，转船产生的额外费用和风险由托运人或收货人承担，但承运人应对全程运输负责。

多式联运提单（combined transport B/L or multimodal transport B/L），指多式联运经营人为将货物以包括海上运输在内的两种或两种以上运输方式，从一地运至另一地而签发的提单。多式联运经营人一般应对货物的全程运输负责。多式联运提单主要适用于国际集装箱运输。

（三）提单的内容

提单分正反两面，正面记载提单的可变内容，背面为印刷的格式条款，规定了提单当事人各方的权利、义务。

1. 提单正面的内容

根据《海商法》第73条的规定，提单正面的内容主要包括：（1）货物的品名、标志、包数或者件数、重量或者体积，以及运输危险货物时对危险货物的说明；（2）承运人的名称和主营业所；（3）船舶的名称；（4）托运人的名称；（5）收货人的名称；（6）装货港和在装货港接收货物的日期；（7）卸货港；（8）如是多式联运提单的，增列接收货物地点和交付货物地点；（9）提单的签发日期、地点和份数；（10）运费的支付；（11）承运人或其代表的签字。只要能实现《海商法》第71条所确定的提单功能，缺少上述内容的一项或几项，不影响提单的性质。

2. 提单的背面条款

提单背面印刷条款属于承运人提供的格式条款。如果其中有关承运人责任的内容违反了相应的国际或国内强制性立法，则相应的条款无效；对条款的解释存在歧义的，一般应取对承运人不利的解释。各船公司提单格式条款的数量或内容可能有所差别，其通常包括：

（1）定义条款（definition clause），主要对提单涉及的若干重要概念作出定义。

（2）管辖权条款（jurisdiction clause），一般规定由承运人所在地法院管辖提单项下的争议。各国认定管辖权条款效力的差别较大，许多国家以不方便法院或减轻承运人法定责任等理由否认其效力，也有的国家适用对等原则确认其效力。我国有部分海事法院也适用对等原则，如果外国承运人不能证明该国法院尊重有关提单中的中国法院管辖条款，我国海事法院将否认相应外国法院管辖权条款的效力。①

（3）首要条款（paramount clause）或法律适用条款（applicable law clause）。前一类条款规定提单应受某一国际公约或国内立法的制约，如"《海牙规则》适用于本提单"，"美国1936年《海上货物运输法》适用于本提单"等；后一类条款规定了解决提单争议的准据法，一般要求适用承运人本国法。

（4）承运人责任条款（carrier's responsibility clause），主要规定了承运人的责任及其免责事项。如提单已订有首要条款，就无需订入本条款。

（5）责任期间条款（period of responsibility clause），主要规定了承运人的责任期间，如"钩至钩"或"门至门"等。

（6）包装和标志条款（packing and marks clause），一般要求托运人在货物装船前妥善地包装货物，准确地涂设货物标示，使之适合当前运输。否则因此导致的有关损失、责任与费用由货方负担。

（7）运费及其他费用条款（freight and other charges clause），通常要求托运人或收货人按提单正面记载的金额、币种、时间和方式支付运费和其他费用。一般规定，货方负有支付运费的绝对义务，即使货物在运输过程中灭失或损害，抑或货损由承运人造成，货方仅可将运费作为损害的一部分向承运人索赔，而不应直接抵扣。

（8）装货、卸货和交货条款（loading, discharge and delivery clause），主要规定货方应以船舶所能装卸的速度，不间断地提供或提取货物；如经承运人要求，还需不分昼夜、星期日与节假日地提供或收取货物。否则，因此引起的装卸工人待时费、船舶滞期费及其他损失等，均由货方承担。若收货人不及时提取货物，承运人可将货物卸入码头或存入仓库，有关的风险与费用由收货人承担等。班轮运输条件下，装卸费用一般由承运人负担，货物装船之前和卸船之后的费用由托运人、收货人负担，但港口惯例与此相反的除外。

（9）留置权条款（lien clause），规定因货方未付清运费、亏舱费、滞期费、共同海损分摊或其他应付费用，承运人可以留置货物及有关单证，并有权

---

① 司玉琢：《海商法》，法律出版社2003年版，第137页。

出卖或以其他方式处理货物。但我国仅要求，货方欠付上述费用又未提供相应担保的，承运人可在合理的限度内留置其货物，但应申请海事法院拍卖而不得擅自处理该货物。①

（10）货物灭失或损害的通知、时效条款（notice of loss , damage or time bar clause），主要规定了货物灭失或损坏等条件下向承运人提出索赔的方式及时间限制，或向法院起诉的期限。

（11）赔偿责任条款（amount of compensation clause），主要规定了承运人对货物灭失、损坏或迟延交付的赔偿限额及计算方法。但如果托运人在货物装船前已经书面申报了高于限额的货物价值，并已在提单上注明的，则按实际损失赔偿，不受上述限额限制。

（12）危险货物条款（dangerous goods clause），主要规定了托运人对危险货物的义务和承运人相应的处置权。提单约定了准据法后，则无需订立本条款。

（13）甲板货、活动物条款（deck cargo, live animal clause），通常规定，承运人对运输甲板货、活动物所特有的风险造成的损失（如动物的病变或死亡）不负责任；对其他原因造成的损失，则应按通常方式处理。

（14）集装箱货物条款（cargo in container clause），通常规定，承运人可以将货物装入集装箱，并且可置于甲板运输。货物由托运人自行装箱且交付时铅封完好的，承运人对箱内货物的灭失或损坏不承担赔偿责任。

（15）冷藏货物条款（refrigerated goods clause），通常要求，冷藏货物装船前，托运人应将货物的性质以及应保持的温度范围通知承运人。当船舶在卸货港备妥以交付货物时，收货人应立即提货；否则承运人有权将货物卸船，由货方承担相应的风险。

（16）选港条款（port option clause），通常规定，在托运人提供了多个可供选择的卸货港的条件下，货方应在船舶抵达目的港之前若干小时（如48小时）内，将其选定的港口通知承运人或其代理人，否则，承运人有权将货物卸于运输合同载明的第一卸货港或其他供选择的港口。

（17）转运条款（transshipment clause），通常规定，如有必要，承运人有权将货物交由其自己的或他人的船舶，或经由铁路或其他运输工具，直接或间接地运往目的港，费用由承运人负担，风险由货方承担。各国对该条款一般做限制性解释。若违背强制性立法，则会被认定无效。

---

① 参见我国《海商法》第87、88条。

（18）共同海损和新杰森条款（general average and new Jason clause）。有的提单将共同海损条款和新杰森条款分开，有的则合二为一。共同海损条款通常规定，共同海损依据《约克—安特卫普规则》进行理算。新杰森条款是针对同一船公司的船舶之间的救助关系而订立的救助费用条款。其通常规定，应视为由第三方船舶施救一样，向施救的姊妹船舶全额支付救助费用。

（19）双方互有过失碰撞条款（both to blame collision clause）。在美国，船舶碰撞的过失双方应对相应的货物损失承担连带赔偿责任。故尽管碰撞双方均可以基于驾驶过失而免除对本船货主的赔偿责任，但如果甲船的货主可从乙船获得赔偿，而乙船又可以就该赔偿要求甲船按过错比例给予赔偿或予以抵消，从而使得甲船间接地赔偿了其货主一定比例的损失；乙船亦可因此对其货主间接地承担赔偿责任。这使船舶碰撞双方对其货主享有的航海免责利益落空。针对这种情形，双方互有过失碰撞条款规定，船舶可以向本船货主追回因碰撞连带赔偿责任而间接地赔偿给了本船货主的货损金额。

（20）战争、瘟疫、冰冻、罢工、拥挤条款（war, quarantine, ice, strikes, congestion clause），主要规定，如果发生战争、封锁、海盗、瘟疫、冰冻、罢工、港口拥挤以及其他非承运人所能控制的情况，导致船舶及船载货物不能安全到达目的港卸货，承运人有权在装货港或任何其他安全和便利的港口卸货，因此发生的特殊费用由货方负担。

（21）地区条款（local clause）。因美国要求进出美国港口的货物运输必须适用其1936年《海上货物运输法》。该条款因此规定，对于运往美国或从美国运出的货物，即使本提单有其他不同规定，本提单受美国1936年《海上货物运输法》的约束。

（四）提单签发中的特别问题

1. 保函条件下的清洁提单

如前所述，当货物外表状态不良时，承运人通常会签发不清洁提单，但国际货物买卖合同和信用证一般均要求卖方提供清洁提单。为解决这一矛盾，海运实务中，如果托运人与承运人就货物表面是否良好存在争议，或者托运人提供的货物外表状态不良，但无法更换包装或修复货物，托运人通常会向承运人出具保函（letter of indemnity, or back letter）以换取清洁提单。保函往往声明，托运人或担保人愿意补偿承运人因签发清洁提单而对收货人承担的全部赔偿责任。对于这种保函的效力，一般应区分其是出于善意或恶意：对于善意的保函，一般承认其在托运人（或担保人）和承运人之间的约束力，但对第三人（如收货人）则不发生效力；但对于欺诈性的恶意保函，保函在托运人

（或担保人）与承运人之间亦应无效,① 承运人不仅应对善意的提单收货人承担赔偿责任,而且不能享有法定的责任限制利益。②

在某些条件下,货物表面状况不良或包装有轻微缺陷,并不会影响货物本身的品质或商业价值,为避免因提单批注而影响正常的国际贸易,相应买卖合同和信用证可以规定,对载有上述批注的提单,卖方可据以结汇,买方应予以接受。

2. 倒签提单和预借提单

倒签提单（ante-dated B/L）,指货物装船后签发,但提单所载签发日期早于货物实际装船日期的提单。预借提单（advanced B/L）,指货物实际尚未装船,但承运人先行签发的已装船提单。承运人隐瞒事实真相,故意签发与实际装船日期不相同的提单,往往出于托运人的请求。因为后者如果无法在信用证规定的装船期限内将货物装船,就无法顺利结汇。托运人为此通常会向承运人提供保函。

借助于倒签提单和预借提单,迟延交货的托运人亦能顺利结汇,一般被认为损害了收货人的合同解除权或变更权（如要求减价）。③ 但对于承运人签发这种不实提单的法律性质,各方存在分歧:有的认为属于违约,因此承运人和收货人之间存在合同关系,承运人如实签发已装船提单属于一项合同义务。而有的认为构成侵权,因为承运人倒签提单和预借提单,违反了我国《海商法》有关承运人如实签发提单的法律规定。还有的认为,这属于违约责任和侵权责任的竞合,应允许收货人选择诉权。另有人认为,这属于缔约过失,因为承运人倒签提单和预借提单违背其先合同义务。④ 我们同意违约的观点。因为先行存在的提单合同关系,致使提单合同当事人不应背离这种合同关系而在合同之外寻求救济,否则将倾覆合同相对性原则,但法律另有规定的除外。鉴于我国1999年《合同法》第122条允许合同当事人就违约行为选择提起违约或侵权之诉,故收货人也可以对倒签提单和预借提单的承运人提起侵权之诉。但是,必须注意的是,《海商法》本身是排斥竞合理论的,⑤ 如该法第58条规定:

① 参见最高人民法院1988年《关于保函是否具有法律效力问题的批复》,以及《汉堡规则》第17条第2、3款。
② 参见《汉堡规则》第17条第4款。
③ 左海聪主编:《国际贸易法》,法律出版社2004年版,第88页。
④ 张湘兰:《海商法》,武汉大学出版社2008年版,第119页。
⑤ 另参见《维斯比规则》第3条第1、2、3项,《汉堡规则》第7条等。

"就海上货物运输合同所涉及的货物灭失、损坏或者迟延交付对承运人提起的任何诉讼，不论海事请求人是否合同的一方，也不论是根据合同或者是根据侵权行为提起的，均适用本章关于承运人的抗辩理由和限制赔偿责任的规定。"根据特别法优于一般法的法律适用规则，即使提单收货人提起侵权之诉，也无法享有普通侵权之诉的全部利益，但其能证明承运人签发上述不实提单构成欺诈的例外。① 此外，即使提起违约之诉，提单收货人也可以通过适用《海商法》第 59 条来反驳承运人的责任限制抗辩。②

三、租船运输法律制度

（一）航次租船合同制度

1. 航次租船合同概述

航次租船合同（voyage charter party），指船舶出租人向承租人提供船舶或船舶的部分舱位，装运约定的货物，从一港运至另一港，由承租人支付约定运费的运输合同。其虽然被称为租船合同，但在船舶经营费用的承担、船舶的占有与使用等方面与定期租船合同和光船租赁合同有较大的差别，而与提单运输却有更多的相同之处。因此，我国《海商法》将其纳入"海上货物运输合同"一章。该章有关合同当事人之间的权利、义务的规定，如果航次租船合同没有约定或者没有不同约定时，均适用于航次租船合同的当事人。

对于航次租船，目前并不存在统一的国际公约。各国海商法对此的规定也比较简略，强制性规范很少，主要适用当事人意思自治原则。但在国际海运实践中，存在着一些得到广泛认同的标准合同，诸如：代号为"GENCON"的统一杂货租船合同（Uniform Charter Party），代号为"Form C"的波尔的摩 C 式合同（Baltime Berth Charter Party Steamer，Form C），代号为"AUSTRAL"的澳大利亚谷物租船合同（Australian Grain Charter Party），代号为"ASBA-TANKVOY"的油船航次租船合同（Tanker Voyage Charter Party）等。

航次租船合同具有如下特征：

（1）任意性合同。与班轮运输承运人的法定最低责任不同，航次租船合同主要适用当事人意思自治原则，承运人除承担适航义务及不得不合理绕航义务外，《海商法》第四章其他有关合同当事人权利义务的规定，航次租船合同

---

① 向明华：《提单纠纷择诉略探》，载《海商法研究》2001 年第 1 辑（总第 4 辑），法律出版社 2001 年版，第 65 ~ 80 页。

② 参见我国《海商法》第 59 条。

当事人均可排除适用。

（2）承揽合同，即由承揽人（出租人）提供船舶，负责船舶营运并承担营运费用，为委托人（货方）完成劳务（即将货物从一港运输至另一港）；委托人则接受劳动成果（在目的港接受货物），并支付劳务费（运费）。

（3）要式合同。航次租船合同内容复杂，原则上应以书面形式订立，以防止发生不必要的争议。

2. 航次租船合同的主要内容

航次租船合同的内容，主要包括出租人和承租人的名称、船名、船籍、载货重量、容积、货名、装货港和目的港、受载期限、装卸期限、运费、滞期费、速遣费以及其他有关事项。具体而言，航次租船合同主要涉及以下内容：

（1）当事人，包括出租人和承租人。出租人一般是船舶所有人，但也可能是光船租船人、定期或航次租船人。承租人一般为货主，但有时可能是货运代理人或无船承运人，他们从货主揽取货物后，再以自己的名义与出租人签订航次租船合同。

（2）船舶说明，是出租人对于船舶情况所作的陈述，包括船名、船籍、船级、载重量等。船舶说明是租船合同的主要条款之一，出租人应当保证其对出租船舶说明的准确性，从而使合同项下的船舶特定化，否则就可能承担相应的错误陈述法律责任。一旦船舶被确定后，未经承租人同意，出租人无权以其他船舶代替。船舶国籍不仅涉及管辖权、法律适用等重要问题，而且因不同国家对其船舶的管理要求的差别较大，从而影响到船舶性能、货物保险等。特别是在战争期间，出租人对船籍的谎报或误报会影响到承租人对货物的保险，若承租人发现船舶国籍与合同规定不符，有权解除合同并有权索赔损失。船舶的载重量与容积（包括包装容积和散装容积）直接关系到货物能否被全部、安全地载运，如果船舶的实际载重量和船舶的容积小于合同的约定或不适宜合同的履行，承租人有权解约并索赔相应损失。

（3）受载期限，指合同项下的船舶到达装货港并作好装货准备的一段时间。在受载期限的第一天，出租人就可以向承租人发出"装货准备就绪通知"，其后即可依约计算装货时间。解约日一般为受载期限的最后一日，但也有另行约定的。船舶未在解约日到达装货港并作好装货准备的，承租人有权解除合同。

（4）货物说明，主要涉及货物的种类、名称与数量。托运人应如实说明所托运的货物。如果是可供选择的货物，则必须说明其选运的货物种类及数量。如系危险货物则必须说明货物的性能和危险防范措施。承租人应当提供约定的货物，如其货物与合同约定不符，出租人有权拒装；但经出租人同意，也可以更换货物。如载货不足，承租人应支付亏舱费。但租船合同一般允许有小范围的上下浮动率，一般为货物总量的5%，并订明选择权的归属。如属船方选择，则船方应在装货前或合同规定的日期内向承租人宣布船舶本航次的具体载货量。如果因承租人不能提供船方宣布的载货量，不足部分应支付亏舱费；如果货物因出租人的船舶不能达到宣载量而退运，出租人应赔偿承租人因此遭受的损失。

（5）运费支付。向出租人支付运费是承租人的主要义务。运费主要有两种计算方式：按运费率及载货吨数计算，或者按整船或整舱包干计算。前一种计算方式下，还应当明确是以装载数量或运抵数量为准；后一种主要用于木材之类较难计算吨位的货物的运输。运费支付有预付和到付等不同做法，预付运费通常在签发提单或装货结束之后的若干银行工作日内支付；到付运费一般在卸货前或交货时支付。

（6）装货港和卸货港。一般由承租人提出，出租人也可以明确指定几个港口，或要求某个特定区域的安全港口，供承租人选择。所谓安全港口，不但指自然条件安全，即船舶处于永久漂浮状态，而且还指港口的社会、政治安全，不存在战争状态，不会发生禁止进出港口或拘捕、征用、没收船舶等危险。如果有几个港口可供选择，承租人负有在约定的期限或合理期限内合理宣港的义务。① 所谓宣港，即承租人在航次租船合同指定的几个港口或某个特定区域中，及时通知出租人其所选定的装货港或卸货港。承租人未及时宣港的，承运人可自行选定。

（7）装卸费用。航次租船合同的装卸费用虽然由当事人协商确定，但通常与货物买卖合同的价格条件衔接。常用的分担方式有：出租人负担装卸费用，又称班轮条款；出租人不负担装货费用；出租人不负担卸货费用；出租人不负担装卸费用；出租人不负担装卸、积载及平舱费用等。

（8）装卸时间，是允许承租人使用出租船舶装卸货物而无需支付额外费用的时间。装卸时间的计算，一般自船舶到达装卸港口，做好装货或卸货的准备并发出装货或卸货通知后，按合同规定的方式开始，至装卸完毕时止。如"金康"格式合同规定，如果准备就绪通知书（notice of readiness）在中午之前递交，装卸时间从下午1时开始计算；若通知在下午办公时间递交，装卸时间从下一个工作日上午6时开始计算。

---

① 杨良宜：《租约》，大连海事大学出版社1994年版，第312页。

装卸时间的计算有固定和不固定两种方式。不固定方式，通常在合同中订明，承租人"按照港口习惯"或"以船舶能够收货或者交货的速度"尽快装卸货物。该计算方式不明确，易产生纠纷，实践中很少采用。固定方式，即规定了具体的装卸时间或装卸率，如要求"每日"或"每日每舱口"装卸多少货物。后者通过以实际装卸量除以装卸率即可换算出具体的装卸时间。装卸实务中，一般使用工作日、连续工作日、晴天工作日、24 小时连续工作日等来计算装卸时间。

（9）滞期费与速遣费。滞期费与速遣费条款是航次租船区别于班轮运输和定期租船的标志性条款。滞期费和速遣费与合同当事人约定的装卸时间存在密切联系。滞期费（demurrage money）是指承租人未能在规定的装卸期限内完成装卸作业，依约应当向出租人支付的违约金。速遣费（dispatch money）是指承租人在装卸期限届满之前完成装卸作业，出租人因此应当向承租人支付的奖酬。

滞期费一般按照船舶滞期时间乘以合同规定的滞期费率计算。实务中极易引起纠纷的是滞期时间的计算问题。目前常用的计算方式有两种，一种是滞期时间连续计算或"一旦滞期，永远滞期"（once on demurrage, always on demurrage），即一旦进入滞期，所有节假日和其他例外不计入装卸时间，均计入滞期的时间。这种计算方式对承租人相当不利。另一种是按合同规定的计算装卸时间的方法或按"同样日"计算滞期时间。不计入装卸时间的，也不计入滞期时间。这对承租人有利。

速遣费一般按速遣时间乘以合同规定的速遣费率计算。速遣费率一般是滞期费率的一半。速遣时间的计算也有两种。一种是"节省的工作时间"，即节省的时间中不包括节假日等停止工作的时间。另一种是"节省的全部时间"，即包含了节假日等不工作时间的全部节省时间。滞期费和速遣费可以按装货港和卸货港的时间分别计算，也可以对装卸两港的时间进行统算。统算的方法主要有两种：一是装卸时间平均计算，二是可调剂使用装卸时间。统算方式对承租人比较有利。

（10）提单签发。承租人或托运人基于货物买卖合同方面的需求，往往要求承运人在接管货物或将货物装船后签发提单。该类被称为租船合同项下的提单。这种提单在出租人与承租人之间只是作为货物收据，但其转让到善意第三人后，就是一份功能完备的提单。出租人为避免同一租船运输项下的两份运输合同的内容不一致而承担额外风险，往往在签发提单时，加注一条"并入条款"，称相应租船合同中的"所有条款、条件和免责事项，均适用于本提单，并被确信已并入本提单"，试图使提单受让人同样受租船合同的约束。然而，实务中对于这种并入条款的效力存在较大分歧。一般认为，上述并入条款仅可将与货物运输直接相应的租船合同条款并入提单运输合同，而租船合同中有关装卸时间和滞期费等约定，因与提单运输中的"班轮条款"冲突，除非提单另有明确规定，一般不能直接并入。特别对于租船合同中的管辖权或仲裁条款，一般认为除非有关行文足够明确，否则不能并入。另外，租船合同条款能否并入与被并入条款是否有效是两个不同的问题，如果已并入的条款与应适用的强制性提单立法冲突，被并入的条款亦无效。鉴于租船合同项下的提单存在许多法律不确定性，其流动性较弱。如国际商会《跟单信用证统一惯例》规定，除信用证中特别准许外，银行不接受租船提单；即使信用证规定可以接受，提单也应附有一份租船合同的副本。

（11）船舶转租。航次租船合同的出租人一般并不在意所承运的货物究竟由谁提供，因此，承租人可以将其租用的船舶或舱位转租他人，从而成为所谓的"二船东"。如我国《海商法》第99条规定："承租人可以将其租用的船舶转租；转租后，原合同约定的权利和义务不受影响。"船舶转租条件下，至少存在两份以上的航次租船合同，即出租人与承租人之间的合同，以及承租人与转租承租人之间的转租合同。但在出租人与转租承租人之间并无合同关系。承租人为避免前后两份租船合同内容不协调而承担额外风险，可尽量将两份合同除租金数额之外的其他权利和义务作出相同的规定。

（12）绕航条款。尽管出租人负有不得进行不合理绕航的义务，但各方对于绕航是否合理往往易产生分歧，故出租人一般仍会规定绕航条款。该条款通常规定，船舶有权为任何目的、以任何顺序挂靠任何港口，船舶有无引航员均可航行，在任何情况下均可拖带和/或救助他船，亦可为拯救人命或财产而绕航。但在司法实务中，各国法院通常对此作限制性解释，认为船舶只能挂靠合同规定的或通常习惯上挂靠的港口，或者只允许船舶正当地按地理顺序挂靠，而不得与履行运输合同的目的相抵触。

（13）承运人的损害赔偿责任。合同当事人可自由地约定承运人对货物损害的赔偿责任。如"金康"合同第2条规定，承运人应对货物的灭失、残损或迟延交付承担赔偿责任，但仅限于上述损失是由于在货物积载方面的不当或疏忽所造成，或者由于船舶所有人或船舶经营人未恪尽职守使船舶适航所造成。这意味着，即使货物损失是船长、船员的管货过失造成，承租人仍可免责。

（14）留置权与责任终止条款。为平衡合同双方的权益，合同往往订有出租人留置权与责任终止条款。留置权条款为出租人利益而设，责任终止条款为承租人利益而设。如"金康"合同第 8 条规定，船舶所有人可因未收取的运费、亏舱费、滞期费、滞留损失而留置相应货物。承租人不仅应对装货港发生的运费、亏舱费、滞期费（含滞留损失）负责，还应对卸货港发生的运费、滞期费（含滞留损失）负责。但对于后者，仅以船舶所有人通过对货物行使留置权而仍未得到的款额为限。这意味着，承租人在货物装船并支付了运费、亏舱费、装货港滞期费（含滞留损失）后，其原则上便可终止其对租船合同的责任。斯为责任终止条款。

除上述主要条款外，航次租船合同一般还订有双方互有过失碰撞条款、新杰森条款、共同海损条款、罢工条款、战争风险条款、普通冰冻条款、管辖权或仲裁条款等。

（二）定期租船合同制度

1. 定期租船合同概述

定期租船合同（time charter party），也称期租合同，是指船舶出租人向承租人提供约定的由出租人配备船员的船舶，由承租人在约定的期间内按照约定的用途使用，并支付租金的合同。

定期租船合同属于当事人意思自治的范围，各国国内法对此基本没有强制性规定，国际上也没有相应的统一法公约，但存在一些通行的标准合同。诸如：代号为"波尔的摩"（BALTIME）的统一定期租船合同（Uniform Time Charter），代号为"土产格式"（PRODUCE FORM）的定期租船合同（Time Charter），代号为"SHELL FORM 4"的液货运输定期租船合同（Shell Time）等。

定期租船合同具有如下的特征：

（1）完全的当事人意思自治。如我国《海商法》第 127 条规定："本章关于出租人和承租人之间权利、义务的规定，仅在船舶租用合同没有约定或者没有不同约定时适用。"故在理论上，甚至承运人的适航义务也可另行约定。

（2）承揽合同，并兼财产租赁性质。一方面，出租人自行占有船舶，配备船员，负责船舶的驾驶及管理，负担船舶营运中的船员工资、船舶维修保养等固定费用，其具有承揽性质；另一方面，承租人取得船舶舱位的使用权（准占有），负责船舶的调度和运营，承担营运费用，如燃油费、港口使用费、装卸费用等，并按租期长短支付租金，因而具有财产租赁性质。

（3）要式合同。如我国《海商法》第 128 条规定，船舶租用合同，包括定期租船合同和光船租赁合同，均应书面订立。

2. 定期租船合同的主要内容

定期租船合同的内容，主要包括出租人和承租人的名称、船名、船籍、船级、吨位、容积、船速、燃料消耗、航区、用途、租船期间、交船与还船的时间和地点及条件、租金及支付，以及其他有关事项。

定期租船合同许多条款的内容与航次租船合同的类似，以下多为定期租船合同所固有：

（1）船速与燃料消耗量。由于航行时间及油耗由承租人承担，故船速和燃油消耗量直接关系船舶的租用成本和经营效益。定期租船合同通常会对船速和燃油消耗量作出明确规定。如果实际船速低于合同的约定或实际耗油量高于合同的约定，承租人可要求相应的赔偿。

（2）交船，即使船舶、船员处于可听从承租人指示，为其实际服务的状态。合同一般规定了交船的时间、地点和状态，以及未按时交船时承租人的解约权。

（3）租船期限，简称租期，是出租人租用船舶的期限。通常按日历月或年计算，有的则以 30 天为一个月。租期通常自交船之日起算至租期届满之日。为避免租期届满之日与船舶最后航次结束时间不一致而导致还船违约，一般还约定有"宽限期"。

（4）货物。合同通常规定，承租人使用船舶，只能从事合法运输，装运合法货物，并列明某些除外货物，如活牲畜和危险货物等。①

（5）航行区域与安全港口。合同一般列有可指示船舶前往的国家、区域或航线。有的还特别订明承租人不能指示船舶前往的地区，如战区、冰冻区、疫区、船旗国的敌对区域等。如果承租人指示船舶前往上述地区，出租人及其船长有权拒绝；若承租人坚持前往，出租人可以解除合同。同时，承租人还应保证其指示船舶前往的港口或者泊位是安全港口或安全泊位。② 否则，承租人应对相应的损害承担赔偿责任。

（6）出租人安排并承担费用的项目。一般包括：船长、船员的工资、伙食和给养，船舶备用物品，船舶保险费，检验费，修理费和船舶日常开支等。

（7）承租人安排并承担费用的项目。一般包括：船舶燃油、淡水（船员生活用水除外）、港口使用费、船舶代理费、税金、垫舱物料和防移板（船上已有的除外）、货物装卸费。如承租人要求船员加班，则还应负担船员加班

---

① 参见我国《海商法》第 135 条。
② 参见我国《海商法》第 134 条。

费。如经船长要求，承租人一般还应垫付船舶日常开支。

（8）租金的支付和撤船。合同通常明确约定了租金的数额与货币，支付的时间、地点和方式。承租人不按时支付租金的，出租人有权撤回船舶、解除合同，并索赔损失。① 为避免出租人因行情上涨而趁机解除合同，往往还订有抵御市场波动条款，规定如果承租人未准时和全额支付租金时，出租人应书面通知承租人在若干银行工作日内补交；未及时补交的，方可撤船。出租人有权为收取欠付的租金而留置船上属于承租人的货物和财产，以及承运人转租船舶的收入。②

（9）转租。合同中通常规定，承租人有权在租期内将船舶转租而无需出租人的同意，但是承租人应将转租情况及时通知出租人，并仍负有履行原租船合同的义务。船舶有权拒绝转租船人超过了原租船合同范围的指示。

（10）停租，指在租期内，非由于承租人的原因，承租人不能按合同约定使用船舶长达一定时间的（一般为持续 24 小时以上），可以停付租金。常见的停租原因有：船员或物料不足；船体、船机或设备发生故障或者损坏需修理；船舶或者货物因海上事故而引起延误；船舶定期或临时检验与维护，如清洗锅炉、入干坞清理和油漆船底等；船舶被扣押或被禁止离港等。

（11）还船，指承租人按照合同约定的时间、地点和状态，将船舶还给出租人。由于海上运输的特点，租期届满之日和最后航次结束的时间很难吻合，故有时需提前或推后还船。承租人提前还船时，出租人应接受船舶，但有权就因此遭受的损失向承运人索赔。同时，出租人应采取措施减轻损失，尽快将船舶投入营运。

如果租期届满时船舶还在进行合法的航次，承运人有权完成最后航次而延期还船。实务中，对于该最后航次是否合法易产生纠纷。对于合法的最后航次，承租人对于超过租期的时间，应按预定方式支付相应的租金；而对于非法的最后航次，承租人则应承担违约责任。按照英国判例，承租人在租期内指示船舶的最后航次时，如果可合理地预期该航次能在租期（考虑明示或默示的宽限期）届满前结束，则该航次合法。而美国判例认为，如果承租人在指示船舶的最后航次时，预计该航次结束时所产生的超期时间，将短于如不进行该航次而提前还船的时间，即为合法。③ 对此，我国《海商法》第 143 条规定，

---

① 参见我国《海商法》第 140 条。
② 参见我国《海商法》第 141 条。
③ 司玉琢：《海商法》，法律出版社 2003 年版，第 227 页。

经合理计算，完成最后航次的日期约为合同约定的还船日期，但可能超过合同约定的还船日期的，承租人有权超期用船以完成该航次。超期期间，承租人应当按照合同约定的租金率支付租金；市场的租金率高于合同约定的租金率的，承租人应当按照市场租金率支付租金。对于非法的最后航次，出租人或船长有权拒绝接受指示，并要求另行指示合理的航次。承租人不指定的，出租人有权解除合同，并请求提前还船的损失。

还船地点通常为两个或数个港口，或者一个区域，由承租人选择具体的还船地点。还船时船舶的状态，一般要求除自然损耗外，船舶应处于与交船时相同的良好状态。① 船舶具体状况应通过双方各自或共同指定的验船师检验确定。

（12）出租人的责任。合同通常要求出租人提供适航的船舶，包括交船时的适航和租期内维持船舶适航两个方面。此外，尽管定期租船合同项下货物的装载、积载、平舱和卸载作业一般由承租人安排，但这些货物作业是在船长的监督之下进行的，因此船长还应对其监督过失引发的损失承担责任。

（13）出租人的免责。船方提供的格式条款往往对出租人的免责作出了非常宽泛的规定。如 2001 年"波尔的摩"定期租船合同第 12 条规定，船舶出租人仅对因其本人或其经理人未能恪尽职责使船舶适航，或者由于其本人或其经理人本身的作为、不作为或者不履行职责所造成的货物灭失、损坏或迟延交货负责。故即使货物的灭失、损坏或迟延交付是由于船长、船员未能谨慎处理使船舶适航或者是由于其不履行职责所致，出租人仍可免责。这显然大大低于《海牙规则》等强行法对承运人的要求。实务中这类条款往往被划掉，代之以一首要条款，规定出租人对货物的责任和免责，适用《海牙规则》、《维斯比规则》或者相应的国内法。

（14）使用与赔偿。"使用"，指对船舶营运的安排，如安排船舶作业港口、装运货物的种类与数量等。出租人依约取得了对船舶的使用权，因此，船长在船舶使用、船舶代理或者其他类似安排方面，应服从承租人的指示；船长有义务为货物签发所提交的提单，但承租人指示违法的除外。然而，承租人无权干涉有关船舶安全、内部管理等事务。相应的，出租人或船舶因服从承运人的指示而遭受的损害和其他损失，包括对第三人承担租船合同以外的责任，应由承租人赔偿。

---

① 参见我国《海商法》第 142 条。

（三）光船租船合同制度

1. 光船租船合同概述

光船租船合同（bareboat charter party, charter party by demise），又称光船租赁合同，或光租合同，是指船舶出租人向承租人提供不配备船员的船舶，在约定的期间内由承租人占有、使用和营运，并向出租人支付租金的合同。①

光船租赁在第二次世界大战以后发展较快。一方面，不少发达国家因其船舶经营成本大增，船东们趋向将船舶光租，以获得稳定的租金收益；另一方面，发展中国家的造船和购船资金缺乏，加上其丰富而廉价的劳动力资源及扶持本国航运的优厚政策，光船租赁经营因此成为理性选择。

与航次租船和定期租船比较，光船租船合同具有以下特点：

（1）财产租赁。一方面，承租人支付租金，完全取得对船舶的占有权、使用权，出租人仅保有对出租船舶的有限处分权。另一方面，承租人应负担船舶经营的一切费用和开支，并承担船舶营运过程中所发生的风险和责任。

（2）债权的物权化。光船租船合同虽然属于债权债务关系，但其具有一定的物权功能，可以排斥出租人或其他人对租船合同的侵害。即使出租人将船舶让与第三人，租船合同对船舶受让人继续有效，所谓"买卖不破租赁"。此外，出租人还不得在租期内擅自将船舶抵押。

由于光船租赁与普通的财产租赁高度相似，均适用当事人意思自治原则，因此国际社会对此亦无统一立法，但同样存在一些被广泛采用的标准合同，如波罗的国际航运公会制定的、代号为"BARECON"（贝尔康）标准光船租赁合同（Standard Bareboat Charter Party），其最新版为2001年修订版。

2. 光船租赁合同的主要内容

光船租赁合同的内容主要包括：出租人和承租人的姓名、船名、船籍、吨位、容积、航区、用途、租船期间、交船和还船的时间和地点及条件、船舶检验、检查、船舶的保养维修、租金及其支付、船舶保险、合同解除的时间和条件，以及其他有关事项。

光船租赁合同的许多内容与定期租船合同的相同或相似，如航区及安全港口、货物、留置权、最后航次、还船、争议解决等。以下主要介绍涉及光船租赁合同的一些特别事项：

（1）交船。出租人应当在合同约定的港口或者地点，按照合同约定的时间，向承租人交付船舶以及其通常的文件及证书。出租人在交船之前和交船时

---

① 参见我国《海商法》第144条。

一般应谨慎处理，使船体、机器和设备各方面适于约定的服务。在交船时，双方当事人应对船舶的各种设备、备用品、器具及物料列出清单。对于船上的燃料、润滑油、淡水、食品等消耗性物品，承租人应按当地价格购买。交船时，出租人和承租人可各自指定一名验船师对船舶的状况进行检验。检验费用及相应的时间损失通常由出租人承担。

（2）船舶的维护。因承运人完全取得了对船舶的占有权和使用权，故其有责任维持船舶的正常状态。如我国《海商法》第 147 条规定，在光船租赁期间，承租人负责船舶的保养、维修。

（3）检查。为保障出租人的利益，光租合同通常规定，出租人有权随时查验船舶及船舶日志，或授权验船师代为检验，以便确定船舶的状况，核实船舶在租期内是否得到了适当的维修和保养。承租人不履行其船舶使用、维护义务的，出租人可撤回船舶，解除合同，并索赔相应损失。

（4）租金。依约及时支付租金是承租人的基本义务之一，否则可被视为根本违约。如我国《海商法》第 152 条规定，承租人未按照合同约定的时间支付租金连续超过 7 日的，出租人有权解除合同，并有权要求赔偿因此遭受的损失。但合同双方对此可另行约定宽限期。

（5）转租。为防止转租承租人因经营管理能力欠缺而损害出租人利益，光船租赁合同一般不允许承租人转让合同的权利和义务或者以光船租赁方式转租船舶。但这不妨碍承租人以航次或定期租船方式经营船舶。

（6）船舶抵押。为避免船舶抵押权妨害承租人利益，一般不允许出租人在光租期限内抵押该船舶。

（7）船舶保险。为保全船舶价值和转移经营风险，光租合同通常要求由承租人负责船舶保险。如我国《海商法》第 148 条规定，在光船租赁期间，承租人应当按照合同约定的船舶价值，以出租人同意的保险方式为船舶进行保险，并负担保险费用。承租人违约的，出租人可要求承租人在一定的时间内进行更正，否则出租人有权撤船，并索赔相应损失。

（8）对合同当事人利益的特别保护。合同一般规定，出租人的利益不得因为承租人占有、使用和经营船舶而受影响。船舶因承租人的原因而被扣押的，承租人应及时提供担保或采取其他措施使船舶获释，并赔偿出租人相应的损失。同样，船舶由于出租人的原因而被扣押的，出租人应及时提供担保或采取其他措施使船舶获释，并赔偿承租人相应的损失。

第二节　海上货物运输的国际规则

传统上调整海上货物运输的国际专门公约有三个:《海牙规则》、《维斯比规则》、《汉堡规则》。① 此外,国际社会为统一上述三个公约的分歧做法,又由联合国主持制订了新的《海上国际货物运输合同公约》《鹿特丹规则》。

这些运输国际立法,虽然不直接调整国际贸易当事人之间的权利、义务,但其中有关运输单据的性质与功能、运输风险与费用的分担、货方对在途货物的处置权、承运人的责任限制与免责等规定,无疑会对货物买卖双方的合同安排及保险安排产生重要影响。

一、1924 年《海牙规则》

（一）《海牙规则》产生的背景

《海牙规则》的出台与英国商船队在早期滥用其世界海运优势地位紧密相关。尽管根据英国普通法,海运承运人应对所承运的货物承担货物保管人的管理责任,其应在目的港以与装运时的相同状况交货。但普通法同时也承认海上货物运输合同中的缔约自由,承运人因此在运输合同或提单中列入了各种免除或减轻其对货物责任的条款。至 19 世纪,这种提单免责条款多达六七十项,几乎到了承运人除收取运费外,无任何责任的地步。货方的利益得不到保护,海上货物运输保险业的发展也因此受到影响。

针对英国船方上述缔约自由滥用现象,主要代表货方利益的美国首先进行反击,于 1893 年通过了《哈特法》。该法强制适用于进出美国港口的货物运输项下的提单。其禁止提单条款免除承运人在合理装载、积载、保管、照料或适当交付货物方面的过失责任,禁止减轻承运人谨慎处理使船舶适航的责任;② 同时也认可了承运人有关海上危险和天灾、驾驶及管理船舶方面过失或错误免责,③《哈特法》出台后,许多代表货方利益的其他国家纷纷仿效,诸如澳大利亚 1904 年《海上货物运输法》、加拿大 1910 年《水路货物运输法》

---

①　我国未加入上述任何公约,但我国 1992 年《海商法》的相应规定主要以前两个公约为基础,并适当地借鉴了《汉堡规则》的一些制度,如其中的实际承运人制度、保函提单制度等。

②　46 U.S.C. Appx § 190-192（1988）.

③　46 U.S.C. App:K § 192（1988）.

等。然而，在大陆法系国家，德、法等国却没有对承运人施加最低限度的责任。为统一各国的做法，1924 年 8 月 25 日布鲁塞尔外交会议通过了《关于统一提单的若干法律规则的国际公约》（International Convention for the Unification of Certain Rules of Law Relating to Bill of Lading），通称《海牙规则》（Hague Rules）。《海牙规则》于 1931 年 6 月 2 日生效，现有 70 多个缔约国。我国虽然没有加入该公约，但我国《海商法》中关于承运人责任与免责等规定，基本采纳了该公约相应的规定。

（二）《海牙规则》的主要内容

《海牙规则》第 1～10 条为实体性条款，主要涉及公约的适用范围、承运人的最低法定义务、责任期限、责任限制、诉讼时效等。第 11～16 条为程序性条款，主要涉及公约的批准、加入和修改等内容。

1. 适用范围

《海牙规则》的适用范围较狭窄，仅调整在缔约国境内签发的提单。此外，公约还适用于租船合同项下签发的提单。

2. 承运人的基本义务

承运人的基本义务，就是承运人必须履行的最低限度的法定义务。《海牙规则》确定了承运人以下两项基本义务：

（1）谨慎处理使船舶适航。适航义务涉及船舶与装备适航、船员适格和船舱适货等三方面的最低要求。根据《海牙规则》第 3 条第 1 款的规定，承运人必须在开航前和开航当时谨慎处理（to exercise due diligence）：（a）使船舶适航；（b）适当地配备船员、装备船舶和配备供应品；（c）使货舱、冷藏舱、冷气舱和该船其他载货部位适于并能安全地收受、载运和保管货物。然而，承运人的适航义务并非持续性的，只要船舶在开航前和开航当时适航即可，即使船舶在航行中因其物理属性或意外事故而变得不再适航，除非承运人因过失未能及时采取补救措施，否则承运人不承担责任。

实务中在认定适航状态时易引发争议的是，如何解决船舶的形式适航与实质不适航之间的矛盾，即各类船舶法律文书均显示船舶处于适航状态，但其事实上不适航，并因此导致货损或引发其他海事纠纷。对此一般认为，船舶证书不能作为认定船舶适航的决定性依据。承运人或其代理人在开航前应恪尽职守，采取合理谨慎的措施，检验船舶的实际适航状况。虽经如此谨慎处理但仍存在无法查出的隐性缺陷的，船舶应被视为适航。否则，船舶应视为不适航。如在"The Amstelslot"案中，英国上议院认为，承运人要免除责任，则必须证明自己以及船舶检验机构已经对船舶进行谨慎处理仍未发现船舶的潜在缺陷。①

（2）适当和谨慎地管理货物。根据《海牙规则》第 3 条第 2 款的规定，承运人应当适当地和谨慎地（properly and carefully）装载（load）、操作（handle）、积载（stow）、运输（carry）、保管（keep）、照料（care for）和卸载（discharge）所承运的货物。承运人上述七方面的义务相对独立，前后相继。

3. 承运人的责任期间

承运人的责任期间自货物装船时起至货物卸船时止。如使用吊机装卸的，自货物在装货港挂上吊机的吊钩时起，至在目的港脱离吊机的吊钩时止（所谓"钩至钩"）。对于装船之前和卸船之后的责任承担，可由承运人和托运人另行协商。但承运人与托运人的协议，不得违反协议所适用法律的强制性规定。如美国 1893 年《哈特法》、法国 1966 年《租船合同和海运合同法》均规定，承运人的责任期间为接受货物时起至交付货物时止。

4. 承运人的责任及免责

根据《海牙规则》第 4 条的规定，承运人对以下 17 项事由引发的货物损失免责：

（1）船长、船员、引航员或承运人的其他受雇人在驾驶船舶或者管理船舶中的行为、疏忽或过失。该项免责被称为航海过失免责，是海商法特有的免责制度，但也引发了广泛的争议。其后历次修改或制定海上货物运输公约时，均会围绕该条款的存留而激烈辩论。

（2）火灾，但是由于承运人的实际过失或参与（actual fault or privity of the carrier）而引起的除外。故火灾如果是由船长、船员或承运人的其他受雇人或代理人故意或过失造成的，承运人对火灾造成的货物损失仍可以免责。

（3）海上或其他可航水域的灾难、危险或者意外事故（perils，dangers and accidents of the sea or other navigable waters）。

（4）天灾（act of God）。

（5）战争行为（act of war）。

（6）公敌行为（act of public enemies），如海盗行为。

---

① Union of India v. NV. Reederij Amsterdam ［1963］2 Lloyd's Rep. 223（H. L.）；John F. Wilson：*Carriage of Goods by Sea（fourth edition）*，Pearson Education Limited，2001，p. 193.

（7）国王、统治者或人民的扣留或限制（arrest or restraint），或者司法扣押（seizure under legal process）。

（8）检疫限制（quarantine restrictions）。

（9）托运人、货物所有人或者他们的代理人或代表的作为或不作为（act or omission）。

（10）任何原因引起的局部或全面罢工、关闭工厂、停工，或者工作受限。

（11）暴动和骚乱（riots and civil commotions）。

（12）在海上救助或者企图救助人命或财产。

（13）货物固有的缺陷、品质或不良（inherent defect, quality or vice of the goods）。

（14）包装不坚实（insufficiency of packing）。

（15）标志不清楚或不适当。

（16）经谨慎处理仍未发现的船舶潜在缺陷。所谓潜在缺陷，指一个合格的专业人员，经合理的勤勉注意仍不能发现的缺陷。

（17）非由于承运人的实际过失或参与，或者非由于承运人的受雇人、代理人的过失或疏忽所产生的任何其他事由。

由上可知，《海牙规则》一方面要求承运人承担过失责任，另一方面承运人对于"航海过失"所造成的损失，以及非因承运人本人的过失而引发的火灾所造成的损失享有免责，因此，《海牙规则》确定的责任制度称为不完全过失责任。然而，承运人在援引上述航海免责时，其船舶应当是适航的，否则，其对于船舶不适航引起的货物损害不能免责。

5. 承运人的单位赔偿责任限制

承运人对每件货物或每一计算单位的货物的灭失或损害承担的最高赔偿额以 100 英镑或与其等值的其他货币为限。但托运人在装船前已就该货物的性质和价值作出声明并已在提单上注明的，以及承运人提高其赔偿责任的，不在此限。该 100 英镑是指其黄金价值，在实际计算赔偿金额时应作相应的换算。鉴于现代货物的价值越来越高，该固定的赔偿限额相对地将越来越低。许多国家因此提高了本国的赔偿限额，如美国 1936 年《海上货物运输法》将承运人单位赔偿责任限额提高到 500 美元，英国相应的责任限额为 200 英镑。

6. 承运人最低法定责任的强制性

运输合同中的任何条款、约定或协议，凡是解除承运人或船舶对由于疏忽、过失或未履行本条规定的责任和义务而引起货物或与货物有关的灭失或损坏的赔偿责任，或以本公约规定之外的方式减轻这种责任的，均属无效。此外，有利于承运人的保险利益条款或类似条款亦无效。所谓"有利于承运人的保险利益条款"，指运输合同或提单条款规定，如果货主对于货物在运输过程中的某种风险可以投保，则承运人对因该种风险所造成的损失不负责任。

7. 托运人的义务

托运人应当履行以下义务：

（1）准确申报义务，即托运人应保证他在货物装船时所提供的货物的品名、标志、包数或件数、重量或者体积的正确性，否则应赔偿承运人因此遭受的损失。

（2）危险货物托运中的特别义务。托运人托运危险货物而未通知承运人的，承运人可在任何时间、任何地点将货物卸下，销毁或使之不能为害，而不负赔偿责任。托运人对承运人因运输此类货物所受到的损害，应当负赔偿责任。如果承运人知道该货物的性质，并已同意装载，则在该危险货物发生危险时，承运人可将货物卸下，销毁或使之不能为害，而不负赔偿责任，但发生共同海损时除外。

然而，非因托运人、托运人的代理人或其雇佣人员的作为、过失或疏忽引起的承运人或船舶的损失，托运人概不负责。

8. 索赔与诉讼时效

收货人在提取货物之前或当时，应以书面形式把有关货物灭失或损坏的一般情况告知承运人或其代理人；如果货物的灭失或损害不显著，则应在 3 天内向承运人提出书面通知。否则，这种提货便成为承运人已按提单规定交货的初步证据。但如果承运人和收货人在交接货时，已就货物的灭失或损害进行联合检查或检验的，则收货人无须提交这种通知。

除非在自货物交付之日或应交付之日一年以内提起诉讼，承运人和船舶在其他任何情况下都被解除对货物灭失或损害的一切责任。该诉讼时效不得中止或中断。

二、1968 年《维斯比规则》

（一）制订《维斯比规则》的背景

《海牙规则》生效后，随着世界经济的发展和科技的进步，航海技术及海上货物运输方式均发生了重大变革。《海牙规则》存在的问题日益暴露，比如：公约的适用范围过窄；承运人的免责范围过宽；承运人的赔偿限额太低；承运人的代理人及其雇员的法律地位不明确；诉讼时效过短；难以适应新兴的集装箱运输的需要等。① 发展中国家对于该公约过度保护承运人的做法尤其不满。国际社会要求修订《海牙规则》的要求日趋强烈。1968 年 2 月布鲁塞尔外交会议通过了《修改〈关于统一提单的若干法律规则的国际公约〉的议定书》（Protocol to Amend the International Convention for the Unification of Certain Rules of Law Relating to Bill of Lading）。由于该议定书的准备工作曾在维斯比进行，故又称《维斯比规则》（Visby Rules）。《维斯比规则》虽然是对《海牙规则》的修订，但却是一部相对独立的公约。在《维斯比规则》缔约国之间，应将这两个规则作为一个文件一并解读。② 故经《维斯比规则》修订后的《海牙规则》被称为《海牙—维斯比规则》。《维斯比规则》于 1977 年 6 月 23 日生效，现有 52 个缔约国。我国没有参加《维斯比规则》，但《海商法》关于提单的证据效力、非合同之诉、承运人的代理人或雇员的法律地位和诉讼时效等的规定，均借鉴了《维斯比规则》的相应规定。

（二）《维斯比规则》的主要内容

《维斯比规则》共计 17 条，主要是对《海牙规则》第 3、4、9、10 条进行了修订。其主要内容包括：

1. 提单的证据效力

根据《海牙规则》第 3 条第 4 款的规定，提单是承运人已收到所记载货物的初步证据。该规定为承运人或货方否认提单的记载项目提供了空间，不利于提单的转让。《维斯比规则》第 1 条第 1 款填补了该漏洞，明确规定，当提单转让至善意的第三人时，提单被视为不能反证的最终证据。

2. 承运人的赔偿限额及相应利益的丧失

《维斯比规则》不仅提高了承运人的赔偿责任限额，还解决了散装货及轻泡货的赔偿限额问题。根据该规则第 2 条的规定，承运人或船舶的赔偿限额为每件或每一单位 10000 金法郎或毛重每公斤 30 金法郎，以两者之中的较高者为准。金法郎是指一个含有纯度为千分之九百的黄金 65.6 毫克的单位。《维斯比规则》产生之时，10000 金法郎相当于 431 英镑，从而基本解决了英镑贬值带来的承运人的实际责任限额不断下降的问题。

《维斯比规则》第 2 条还就集装箱运输条件下的赔偿限额作了规定：当货物以集装箱、货盘或者类似工具装载时，如果提单载明了该载货工具中的货物件数或者单位数时，则承运人的赔偿限额的计算以该件数或单位数为准，否则

---

① 王千华：《海商法》（第二版），中山大学出版社 2007 年版，第 102 页。

② See Visby Rules Art. 6. 1.

就将该载货工具视为一件或一个计算单位。

《海牙规则》未明确承运人享有的责任限制利益可否丧失，因而可能被恶意承运人滥用。《维斯比规则》第2条因此规定，如果能证明货物的损失是由于承运人的故意或明知可能造成损失而轻率地作为或不作为造成的，则承运人或船舶均不能享有上述赔偿限额利益。

3. 非合同之诉

为防止收货人或其他索赔人通过提起侵权之诉排除承运人依公约享有的免责和责任限制等利益，《维斯比规则》第3条规定，本公约所规定的抗辩和责任限制，应适用于就运输合同项下货物的灭失或损害对承运人所提起的任何诉讼，而不论该项诉讼是以合同为根据，或是以侵权行为为根据。

4. 承运人的雇员或代理人的法律地位

《海牙规则》未明确承运人的代理人或雇员能否援引承运人享有的抗辩。在 Alder v. Dickson 案中，该漏洞被发现。① 承运人此后纷纷在提单或客票中订入"喜马拉雅条款"，规定承运人的雇员或代理人可以援引承运人的免责和责任限制。《维斯比规则》正式认可了"喜马拉雅条款"的效力。其第3条规定，如果诉讼是对承运人的雇佣人或代理人（该雇佣人或代理人应为非独立履约人）所提起，该雇佣人或代理人有权援引承运人根据公约所享有的各项抗辩和责任限制；从承运人及上述雇佣人或代理人所能得到的赔偿总额，在任何情况下，都不得超过公约规定的限度。但如果经证明，损害是由于该雇佣人或代理人故意或明知可能造成这一损害而轻率地作为或不为所引起的，该雇佣人或代理人同样无权援引上述责任限制和抗辩。

5. 诉讼及追诉时效

《维斯比规则》规定的诉讼时效仍为一年，但经当事人协商可以延长。② 此外，为保障债务人的追诉权，《维斯比规则》还增设了追诉时效："即使在前款规定的一年期满之后，只要在受诉法院的法律准许期间之内，便可向第三方提起索赔诉讼。但是，准许的时间自追诉权人已经解决索赔，或向其本人送达起诉传票之日起算，不得少于三个月。"

---

① 该案的基本情况是：英国半岛及东方公司所属的"喜马拉雅"号客轮在停靠比利时安特卫普港时，因舷梯未放好，致使一名叫 Alder 的女乘客摔伤。因根据客票上的免责条款，承运人对该损害享有免责。该乘客遂以侵权为由起诉该船的船长 Dickson 和水手长。英国上诉法院判决，船长等作为承运人的雇员，无权援引上述免责条款。

② See Visby Rules Art. 1.

6. 公约的适用范围

《海牙规则》仅调整在缔约国签发的提单，《维斯比规则》大大地扩展其适用范围。其第 5 条规定："本公约各项规定，应适用于在两个不同国家港口之间运输货物的任何提单，如果：（1）提单是在一个缔约国签发；或者（2）货物是从一个缔约国港口起运；或者（3）提单中所载或为提单所证明的合同规定，本合同受本公约或者给予公约以法律效力的任何国家立法的约束，而不论船舶、承运人、托运人、收货人或任何其他关系人的国籍如何。"

7. 1979 年《修订〈海牙—维斯比规则〉的议定书》

《维斯比规则》确定的承运人责任限额以金法郎为计算单位，但黄金本身的价格也会随市场行情的变动而变化，承运人的实际责任限额因此不能保持稳定。鉴此，1979 年 12 月 31 日，布鲁塞尔外交会议接受了国际货币基金组织于 1969 年创设的国际资产储备和记账单位——特别提款权（Special Drawing Right，SDR，又称纸黄金），通过了《修订〈海牙—维斯比规则〉议定书》。该议定书于 1984 年 4 月生效。其主要内容就是将承运人责任限额的计算单位由金法郎改为特别提款权，每 15 金法郎换算为 1 特别提款权。承运人责任限额因此换算成每件或每一单位货物 666.67 特别提款权或毛重每公斤 2 特别提款权。我国虽然没有参加该议定书，但我国《海商法》关于承运人责任限额的规定采纳了该议定书的做法。

三、1978 年《汉堡规则》

（一）制定《汉堡规则》的历史背景

尽管《维斯比规则》增加了许多有利于保障货方利益的内容，但比较而言，仍偏重保护承运人，特别是其中的驾驶与管船过失免责这一核心争议制度仍被维持。代表货方利益的许多发展中国家和部分发达国家要求实质性地修改《海牙规则》。1978 年 3 月，78 个国家的代表在汉堡举行联合国海上货物运输会议，通过了《联合国海上货物运输公约》（United Nations Convention on the Carriage of Goods by Sea），通称《汉堡规则》（Hamburg Rules）。《汉堡规则》于 1992 年 11 月生效，现有 30 个缔约国，但均为发展中国家，其中有 10 个为内陆国家。《汉堡规则》全面地修改了《海牙规则》，加重了承运人的责任，但其影响力有限。我国《海商法》也借鉴了公约中比较成熟、合理的若干制度。

（二）《汉堡规则》的主要内容

《汉堡规则》共 34 个条款。除序言、附录外，正文分七个部分，与上述两个提单公约比较，其相应制度均有大的变化：

1. 界定和发展了若干重要的专业术语

《汉堡规则》对承运人、运输合同、货物等重要术语重新作出界定，并增加了实际承运人、托运人、收货人、提单、书面等新定义。①

2. 扩大了公约的适用范围

《汉堡规则》在《维斯比规则》的基础上，进一步将卸货港或实际卸货港位于缔约国的海上货物运输合同纳入公约的调整范围。②

3. 改变了承运人的责任基础

《汉堡规则》将《海牙规则》的不完全过失责任变更为完全过失责任，包括推定过失责任和一般过失责任。如果引起货物的灭失、损坏或延迟交付的事故发生在承运人掌管货物的责任期间，如果承运人不能证明，其本人及其受雇人和代理人已为避免事故的发生及其后果采取一切所能合理要求的措施，就可以推定其对事故的发生存在过错，其因此应对相应的货物损失承担赔偿责任。《海牙规则》确立的驾驶和管船过失免责因此被彻底废止。而对于火灾造成的损失，则采取一般过失责任，由货方证明承运人或其雇员、代理人在火灾原因或者灭火措施上确有疏忽或过失时，承运人才承担责任。③

4. 增设了承运人的延迟交付责任

如果承运人未能在约定的交货时间，或者没有约定时未能在合理的时间内交货，即为迟延交付。如果超过交货日期 60 天仍未交货，可以视为货物已经灭失。④ 承运人对延迟交付的赔偿责任，以相当于所延迟交付货物应付运费的 2.5 倍金额为限，但不超过海上运输合同规定的应付运费总额。⑤

5. 增加了活动物与舱面货规则

根据《汉堡规则》第 5 条第 5 款的规定，承运人对由于运输活动物固有的特殊风险造成的灭失、损害或延迟交付不负赔偿责任。就举证责任而言，如果承运人证明其是按照托运人有关活动物的专门指示行事，并且根据具体情况，灭失、损害或延迟交付可以归之于这种风险，便应推定灭失、损害或延迟交付系因此造成。但货方能证明，该灭失、损害或延迟交付的全部或部分是由

---

① See Hamburg Rules, Art. 1.
② See Hamburg Rules, Art. 2.
③ See Hamburg Rules, Art. 5. 1, 4.
④ See Hamburg Rules, Art. 5. 3-4.
⑤ See Hamburg Rules, Art. 6. 1 （b）.

于承运人、其受雇人或代理人的过失或疏忽所引起的除外。

根据《汉堡规则》第9条的规定，承运人只有在依据和托运人达成的协议或特定的贸易习惯，或为法规、规则要求时，才有权在舱面载运货物。如果承运人和托运人已经就舱面载运货物达成协议，承运人应在提单或其他作为海上运输合同证明的单证上作出说明。但承运人无权援用此种协议以对抗善意的提单持有人。如果承运人违背上述要求而在舱面载运货物，对于完全是由于舱面载货而造成的货物灭失或损坏以及延迟交付，应负赔偿责任。特别在违反舱内货协议而将货物装载舱面的条件下，承运人将因此丧失责任限制权益。

6. 延长了承运人的责任期限

《汉堡规则》第4条第1款将承运人的责任期限扩展为，从装运港接收货物时起至卸货港交付货物时止，货物处于承运人掌握的全部期间。

7. 提高了承运人的责任限制

尽管《维斯比规则》已经提高了承运人的赔偿责任限额，但《汉堡规则》认为其对货方的保护还不够。故其第6条第1款将每件货物或每一装运单位的赔偿限额提高到835特别提款权或毛重每公斤2.5特别提款权，二者以其较高者为准。

8. 明确了实际承运人及相关人员的法律地位

实际承运人，是指受承运人委托从事货物运输或部分货物运输的任何人，包括受托从事此项工作的任何其他人。实际承运人及其雇员或代理人就其承担的运输部分，承担本公约对承运人所规定的责任，也享有本公约为承运人及其雇员或代理人所规定的各种抗辩和责任限额利益。

承运人应当对实际承运人及其雇员或代理人在受雇或受托范围内的行为负责。承运人据以承担非公约规定的义务，或放弃公约所赋予的权利的任何特别协议，只有在实际承运人书面同意时，才能对实际承运人发生效力。如果承运人和实际承运人对货物损失均须负责，则在其应负责的范围内承担连带责任。①

9. 明确了保函的效力

针对航运实务中客观存在的各种保函现象，《汉堡规则》第17条作出回应，规定托运人为换取清洁提单，可以向承运人提供相应的保函。但该保函仅在托运人和承运人之间有效，不能用以对抗包括提单收货人在内的其他善意第三人。为防止保函被滥用，公约进一步规定，如果承运人接受保函的行为构成

---

① See Hamburg Rules, Art. 10.1-4.

对第三人的欺诈，保函在托运人和承运人之间无效。承运人因此丧失公约规定的责任限制利益。

10. 延长了索赔与诉讼时效

《汉堡规则》将非显而易见货损的通知期限延长为货交收货人之日后连续的 15 天内。

《汉堡规则》将诉讼时效延长至两年，并且被索赔的债务人可以在诉讼时效期间内一次或多次声明延长时效期间。① 追诉时效与《维斯比规则》的无实质差别。

11. 增设了管辖权条款

《海牙规则》和《维斯比规则》均未对管辖权问题作出规定，实践中多依提单管辖权条款来确定管辖权法院。但该条款往往不利于托运人和收货人索赔。为此，《汉堡规则》限制了管辖权法院的范围，仅允许当事人在以下连结点择一管辖权法院提起诉讼：被告的主营业所，无主要营业所时，则为其通常住所；合同签订地，但合同应通过被告在该地的营业所、分支或代理机构签订；装货港或卸货港；管辖权条款指定的法院；船舶被扣押地，但被告有权要求移送上述法院之一管辖。此外，海事索赔提出后，当事人还可另行指定其他管辖权法院。

此外，《汉堡规则》还对托运人责任、仲裁管辖权等问题作出规定。

四、2008 年《海上国际货物运输合同公约》

《汉堡规则》尽管较其前两个提单公约的体系更完整、概念更明晰、表达更准确，但因其大幅度地提高了承运人的责任，世界上的主要国家包括重要的航运大国均未参加，其影响力很小。《海牙规则》或《海牙—维斯比规则》尽管无法为众多货方利益国家接受，也不能完全满足发展变化中的海运实践的需要，但几乎所有的航运大国均参加了这两个公约。事实上，《汉堡规则》的出台，进一步加剧了国际海运法律的不统一。因此，重新制定一项能为各方广泛接受的国际海上运输公约逐渐成为各方共识。

国际海事委员会在 1990 年就开始着手研究如何制定一项新的国际海上运输公约。1996 年，联合国国际贸易法委员会（The United Nations Commission on International Trade Law，UNCITRAL）要求国际海事委员会为起草新的国际海上货物运输公约做准备。1998 年 5 月，国际海事委员会成立了运输法问题

---

① See Hamburg Rules, Art. 19, 20.

国际工作组，启动了起草运输法公约草案的工作。2001 年 11 月，其向 UNCI-TRAL 提交了《最终框架文件草案》，① UNCITRAL 第 34 届会议成立了相应的运输法第三工作组（UNCITRAL Working Group Ⅲ）专门负责公约的起草工作。

自 2002 年 4 月第 9 次会议至 2003 年 3 月第 11 次会议，第三工作组完成了对文件草案的一读。一读取得的进展主要包括：就取消承运人航海过失免责达成共识；初步明确了文件各章节的设置和内容，如增加有关管辖权、仲裁等新章节等，调整范围包括港到港运输和"门到门"运输等。

从 2003 年 10 月的第 12 次会议至 2006 年 4 月的第 17 次会议，第三工作组完成了对文件草案的二读。二读主要就承运人的赔偿责任基础、公约的适用范围、合同自由、管辖权和仲裁、电子商务、控制权、货物交付、托运人义务等问题进行讨论或达成初步共识。

2008 年 1 月 14 日至 25 日，第三工作组在奥地利维也纳举行第 21 次会议，对文件草案最后进行三读，主要就批量合同项下合同自由问题及其排他管辖对第三方的约束力、承运人责任限制、海上运输之前后运输区段的国内法适用等问题进行了讨论。会议还将公约的名称确定为《联合国全程或部分海上国际货物运输合同公约》（UN Convention on the Contracts of International Carriage of Goods Wholly or Partly by Sea）。2008 年 7 月 7 日，UNCITRAL 第 41 届会议讨论通过了该公约草案，2008 年 12 月 11 日在联合国大会上予以通过。公约主要包括适用范围、运输期间、承运人的责任及责任限制、发货人和托运人的权利义务、履约方的权利义务、运输单证、控制权及转让等内容。

新的国际海上货物运输公约不仅将适应集装箱"门到门"运输、电子单证、批量服务合同等新型运输实践的需要，并将解决目前国际海上货物运输法律实践中存在的许多普遍性问题。如公约关于集装箱运输、电子提单的规定，将有利于促进国际航运及国际贸易的发展；公约项下船货双方的权利义务更加明确、具体，将增强公约的可操作性，有利于降低争议解决成本；公约将港口经营人纳入海运履约方，并允许其享有承运人的赔偿责任限制等利益，将有利于维护港口经营人的利益，促进港航业的共同发展。然而，公约取消"航海过失"免责、提高承运人赔偿责任限额、确定承运人对货物迟延交付的责任等做法，将明显加重承运人的责任，而且公约涵盖的许多重大问题均是经过多方反复妥协而形成的文本，各国代表团均有不同程度的不满意，因此，公约的批准生效过程可能不会一帆风顺。

---

① 司玉琢：《海商法》，法律出版社 2003 年版，第 165～167 页。

五、海运单国际规则

（一）海运单制度概述

1. 海运单的概念

海运单（Sea Waybill，SWB），又称运单（Waybill，W/B），是证明海上货物运输合同和货物由承运人接管或装船，以及承运人保证将货物交给指定的收货人的一种不可流通的单证。与提单不同，海运单不具有物权凭证的作用，不能背书转让，也不是当然的提货凭证。如我国《海商法》第80条规定："承运人签发提单以外的单证用以证明收到待运货物的，此项单证即为订立海上货物运输合同和承运人接收该单证中所列货物的初步证据。承运人签发的此类单证不得转让。"

海运单主要适用于无须转让在途货物所有权的运输以及短途运输。前者如公司内部或母子公司之间的货物运输或私人行李的托运等，后者如欧洲各国之间及欧美之间的北大西洋航线运输等。在西太平洋航线，70%左右的班轮运输使用海运单。①

海运单"识人不识单"的快速提货方式，解决了快速、短程运输中船舶先于提单抵达目的港而引发的货物滞留问题。另外，因海运单不具有流通性，不能据以提货，还可解决因提单遗失或被窃而使船方或货主受损的问题。但总体而言，海运单也正因为不具有物权功能、无法流转而无法取代提单。

使用海运单的基本流程是：承运人接管货物或将货物装船后，应托运人要求，由承运人、船长或承运人的代理人签发海运单；托运人凭海运单和其他单证，到银行办理结汇；承运人或其代理人将海运单的内容，通过电子通信手段传送给目的港承运人的代理人；船舶到港之前或之后，目的港承运人的代理人向收货人或通知方发出到货通知；收货人凭到货通知，并出示其身份证明，向目的港承运人的代理人领取提货单，在码头仓库或船边提取货物。

2. 海运单的内容

类似于简式提单，海运单也是一种书面单证，其正面通常载有托运人和收货人的名称、通知方的名称与地址、船名、装卸港口、货物标志、规格、数量、运费及其他费用，以及海运单签发的时间、地点和签发人等可变内容，并通常注有"不可流通"的字样，但其背面一般无详尽的格式条款。如果海运单背面印刷有格式条款，其一般包括定义、承运人责任期间、各方当事人的责

---

① 张新平：《海商法》，中国政法大学出版社2002年版，第154页。

任和免责、装货、卸货与交货、运费及其他费用、留置权、共同海损、新杰森条款、双方有责碰撞条款、首要条款、法律适用条款和仲裁条款等。

（二）有关海运单的国际公约和惯例

1. 三个国际海上货物运输公约与海运单的关系

对于《海牙规则》和《海牙—维斯比规则》能否适用于海运单，存在分歧意见。一种观点认为，《海牙规则》和《海牙—维斯比规则》第 1 条均规定，运输合同指提单或者类似的物权凭证所包含的合同，但海运单不属于物权凭证，因此不能适用《海牙规则》和《海牙—维斯比规则》。另一种观点认为，《海牙规则》和《海牙—维斯比规则》第 1 条并非是对运输合同的完全列举，海运单作为运输合同的证明，可以适用《海牙规则》和《海牙—维斯比规则》。① 我们基本同意前一种观点，因为《海牙规则》第 1 条第 2 项的行文已经清楚地表明"仅仅适用于为提单或者与海上货物运输有关的任何类似的物权凭证所包含的运输契约"。其后，《维斯比规则》对此未作任何修改。可见，上述两公约不能直接适用于海运单。但是，由于缔约国相应的国际班轮运输均应受这些公约强制调整，因此，即使相应的班轮运输承运人签发的是海运单，相应的运输合同仍应受公约调整。② 故这些公约必然间接适用于相应班轮运输的海运单，但私人性质的租船运输除外。

《汉堡规则》调整公约项下的所有海上货物运输合同，③ 海运单具有证明海上货物运输合同的作用，其当然应受该公约的调整。

2. 1990 年《国际海事委员会海运单统一规则》

为鼓励和规范海运单实践，1990 年 6 月，国际海事委员会在巴黎举行的第 34 届大会通过了《国际海事委员会海运单统一规则》（CMI Uniform Rules for Sea Waybills，下称《海运单统一规则》，Sea Waybills Rules），对海运单的若干重要问题作了规定。但该规则属于一种示范法，由当事人选择适用。该规则共 8 个条款，较为简略。

（1）适用范围。《海运单统一规则》为运输合同采纳时方可适用，而不论该合同是否以书面订立，但该合同不得为提单或类似的物权凭证所包括。④

---

① 左海聪主编：《国际贸易法》，法律出版社 2004 年版，第 112 页。
② See Rules for Sea Waybills Art. 4，我国《海商法》第 80 条等。
③ See Hamburg Rules, Art. 2. 1.
④ See Rules for Sea Waybills Art. 1. 2.

（2）拟制的代理关系。因收货人起诉或被诉所必需时，应将托运人视为同时代表其本人和收货人与承运人订立运输合同。但收货人的责任不应大于假如该运输合同由提单或者类似的物权凭证包含时的收货人责任。①

（3）当事人的权利和义务。《海运单统一规则》并未直接规定承运人、托运人和收货人的具体权利和义务。其仅要求，海运单所包含的运输合同，应受强制适用的国际公约或国内法的约束，同时还受与上述强制立法不冲突的该规则的条款、承运人的标准条款以及当事人所同意的任何其他合同条款的约束。当该规则的条款与承运人的标准条件、当事人所同意的任何其他合同条款之间冲突时，该规则的条款优先。②

（4）有关货物的说明。托运人应保证他对货物所作说明的正确性，否则应承担承运人因此遭受的损失。在承运人未作保留的情况下，海运单或类似单证上对货物数量和状况的任何记载，在承运人和托运人之间构成收到相应货物的初步证据，但在承运人和善意的收货人之间则构成最终证据。③

（5）货物支配权。除非托运人在承运人收取货物之前已经将对货物的支配权转让给收货人，否则，托运人是唯一有权就运输合同向承运人发出指令的人。除非合同准据法禁止，托运人有权在货物运抵目的地后，收货人请求提取货物之前的任何时候，改变收货人的名称，但他应以书面形式或为承运人接受的其他方式，给承运人以合理的通知，并承担因此发生的额外费用。托运人在承运人接收货物之前已经选择将上述支配权转让给收货人的，应在海运单上注明。托运人将货物的支配权转让给收货人后，收货人即可以行使此种支配权，而托运人则不得再行使此种权利。④

（6）交付货物。承运人应当凭收货人出示的适当身份证明交付货物。如果承运人已经恪尽职责地核实收货人的身份，则对错误交货不承担责任。⑤

六、电子提单国际规则

（一）电子提单制度概述

1. 电子提单的概念

---

① See Rules for Sea Waybills Art. 3 .
② See Rules for Sea Waybills Art. 4, 8.
③ See Rules for Sea Waybills Art. 5.
④ See Rules for Sea Waybills Art. 6.
⑤ See Rules for Sea Waybills Art. 7.

电子提单（Electronic Bill of Lading，E-B/L），指通过电子数据交换系统（Electronic Data Interchange，EDI）传送的有关海上货物运输合同的数据。电子提单是现代电子通信技术的产物，其虽然不直接以纸质方式出现，但其内容和作用与纸质提单无异，并且可以应电子提单持有人的要求，将其转换为纸质提单。

电子提单作为一种通过密码传输、流转的电子数据，制单工作量小，传输速度快，安全性高，有利于减少错误和防止提单欺诈。但由于技术支持限制及法律滞后等方面的原因，目前电子提单的使用范围较小。

2. 电子提单的流转程序

电子提单的流转，必须借助于电子计算机网络和特定的电子数据交换规则，将承运人及其代理人、托运人、收货人和银行等各方关系人联结在一起，实现电子提单数据在上述主体之间的流转。其具体流转过程如下：

（1）托运人通过发送数据电文向承运人订舱。

（2）承运人接受订舱的，应向托运人发送数据电文表示接受订舱，并附上运输合同条款，由托运人确认。

（3）托运人将货物交给承运人或其代理人。承运人或其代理人收到货物后，向托运人发送数据电文表示已收到货物。该数据内容主要包括：托运人的名称、货物的说明、货物的外表状态、接受货物的时间和地点、船名、航次等，以及此后与托运人进行通信的私钥。托运人确认承运人的上述数据电文后，成为货物控制权和密码的持有人。

（4）承运人在货物装船后，应发送数据电文通知托运人，并发送数据电文通知银行。

（5）托运人根据信用证到银行结汇后，发送数据电文通知承运人，货物的控制权已向银行转移。承运人即销毁与托运人的通信私钥，并向银行提供一个新的私钥，确认银行的控制权。收货人向银行赎单付款后，可取得对货物的支配权。银行即向承运人发送数据电文，通知货物支配权已向收货人转移。承运人即销毁与银行的私钥，并向收货人发送数据电文，确认其控制着货物，同时将货物的说明、船舶的情况等通知收货人，由收货人确认。

如果不通过银行交单结汇，托运人可直接将对货物的控制与转让权转让给第三人或收货人。托运人应向承运人发出相应的转让意向数据电文；承运人确认该通知，并据此向被建议的受让人发送上述有关货物与运输合同条款信息的数据电文（但除私钥以外）。如果被建议的受让人通知承运人接受该项转让，承运人应销毁现用私钥，并向该新持有人发出新的私钥。如果被建议的受让人通知承运人不接受转让，或未在合理时间内回复承运人，承运人应因此通知现持有人该项转让不成就，同时现私钥仍继续有效。

（6）承运人向目的港代理人发送数据电文，将货物的说明、船舶的情况以及收货人的名称通知该代理人，由其在船舶到达目的港之前或之后，向收货人发送提货通知数据电文。

（7）收货人收到上述通知后，凭其身份证明，到承运人在目的港的代理人处索取提货单提货。如果承运人能恪尽职守地核实自称为收货人的一方确系真正的收货人，承运人对万一发生的误交不负责任。①

（二）1991年《国际海事委员会电子提单规则》

电子提单的使用和流转方式与传统的纸质提单存在较大差别，从而对传统的提单立法提出了若干挑战，譬如，何为正本电子提单？何为承运人签章？如何认定电子提单转让的效力等？对于如何解决这些问题，一种意见认为应另行制定电子提单立法；而相对意见则认为，电子提单也可以适用传统的提单立法。为解决相应的实际困难，1990年6月，在巴黎举行的国际海事委员会第34届大会通过了《国际海事委员会电子提单规则》（CMI Rules for Electronic Bills of Lading，下称《电子提单规则》），对电子提单的若干重要问题作了规范。目前，规范电子提单数据交换的主要还有《联合国管理、商业和运输电子数据交换规则》（United Nations Rules for Electronic Data Interchange for Administration, Commerce and Transportation, UN/EDFACT）。此外，在不与《电子提单规则》冲突的条件下，1987年《电讯贸易数据交换行动统一规则》（Uniform Rules of Conduct for Interchange of Trade Data by Teletransmission, UN-CID）也可指导电子提单各当事方的行为。

《电子提单规则》属于一种示范性规则，由当事人选择适用。其内容主要包括：

1. 若干重要的定义

《电子提单规则》第2条对电子提单法律涉及的若干重要术语的含义作出界定。诸如"发送"（transmission）、"私钥"（private key）、"持有人"（holder）、"电子存储"（electronic storage）等。

2. 电子数据的书面效力

电子数据是否与书面文件具有同等效力，是电子提单所面临的首要问题。根据《电子提单规则》第11条的规定，承运人和发货人以及此后所有采用电

---

① 参见《电子提单规则》第9条。

子程序的当事各方一致同意，存储在计算机存储媒介中的业经传输和确认的电子数据，如果可用人类语言在屏幕上显示或可通过计算机打印，就足以符合任何国内法、习惯或惯例关于运输合同必须以书面形式并经签署加以证明的要求。当事各方一旦同意适用该规则，就视为同意不再提出合同非书面形式的异议。

3. 电子提单条款

电子数据交换中的电子提单，一般不包括纸质提单项下的背面格式条款，但只要符合以下条件，电子提单如果提及特定的运输合同条款，这些条款就可以有效并入：（1）双方已经同意并充分理解，无论何时承运人援引其运输条款，该运输条款将成为运输合同的一部分；（2）这些合同条款能够随时向合同对方当事人提供；（3）当这些条款与本规则发生冲突或不一致时，适用本规则。①

4. 法律适用

电子提单与纸质提单一样，应当受相应强制性的国际公约或国内法的调整。②

5. 电子私钥

电子提单的安全流转主要借助于私钥的正常使用。每个电子提单持有人的私钥都是独一无二的，而且不能由持有人自行转让给他人，但承运人和持有人应各自维持私钥的安全性。承运人只负责向最后一个他给予私钥的持有人发送有关确认的电子信息，该持有人亦得利用其私钥保证此项传输内容包含该项电子信息。③

6. 支配和转让权

电子提单持有人是唯一可向承运人行使下列支配、转让权利的人：（1）要求向其交付货物；（2）指定收货人或更换收货人；（3）将支配和转让权转让他人；（4）根据运输合同的约定，向承运人发出涉及货物的其他指示。④简言之，电子提单持有人享有与纸质提单持有人同样的权利。

7. 纸质单证的转换

在提货前的任何时候，电子提单持有人有权要求承运人签发纸质提单。因

---

① 参见《电子提单规则》第 5 条。
② 参见《电子提单规则》第 6 条。
③ 参见《电子提单规则》第 8 条。
④ 参见《电子提单规则》第 7 条。

此导致延迟交货的，承运人不负责任。承运人在交付货物前的任何时候，有权向电子提单持有人换发纸质提单，但这种换发会导致中断交货或交货过分延迟的除外。换发纸质提单后，相应的电子数据交换程序即告终止。①

在传统的纸质提单项下，承运人并不参与提单签发后的转让过程，而《电子提单规则》却以承运人为制度架构的支点，提单的每一次转让均需其参与和确认。这不仅加重了承运人的责任与负担，也使买卖合同当事人、信用证银行等参与方的风险增加，因为一旦承运人资信不佳而窃用私钥，其他提单利益方的利益将难以保障。这种制度性障碍限制了该规则的影响力。

第三节 国际航空货物运输法律制度

一、国际航空货物运输概述

（一）国际航空货物运输的含义

国际航空货物运输是承运人收取运费，负责将托运人托运的货物经飞行器从一机场运至另一机场的跨国运输。航空运输与其他运输方式相比，具有以下优势：（1）运送速度快，有利于货方抢占市场，加速资金的流转；（2）安全准确，货损货差几率低；（3）可节省包装、仓储等费用。但航空运输的成本较高，故主要适合急需物品、贵重物品、体小价高、鲜活商品和季节性物品的运输。

国际航空货物运输可区分为班机运输与包机运输。前者为公共运输，应受有关国际、国内强制立法的调整；后者为私益运输，主要由当事人意思自治。各国基于扶持本国航空运输业等考虑，一般对外国公司经营本国航线的包机运输严格限制，因此国际包机运输业务还不普遍。② 故本节内容主要涉及班机运输。

（二）国际航空货物运输的国际公约

目前，规范国际航空运输的国际立法主要有：

1. 华沙公约体系

华沙公约体系主要包括以下五项公约：（1）1929 年在华沙签订的《华沙

---

① 参见《电子提单规则》第 10 条。

② 李昌勤：《国际货物运输》（第二版），东北财经大学出版社 2008 年版，第 481 页。

公约》（Warsaw Convention 1929）；（2）1955 年在海牙签订的《华沙公约海牙议定书》（The Hague Protocol to the Warsaw Convention 1955）；（3）1961 年在墨西哥瓜达拉哈拉签订的《瓜达拉哈拉公约》（Guadalajara Convention 1961）；（4）1971 年在危地马拉城签订的《危地马拉城协议书》；（5）1975 年在加拿大蒙特利尔签订的第 1、2、3、4 号《蒙特利尔议定书》 （Montreal Agreement）。其中，《华沙公约》规定了航空运输当事人之间的权利义务关系，是国际航空运输中最早、最基本的公约，后四者都是对《华沙公约》的局部修订，因此上述五项公约及相关国际文件被统称为华沙公约体系。我国曾于 1958 年、1975 年先后加入前两个公约。

2. 1999 年《蒙特利尔公约》

华沙公约体系中复杂的文件结构增加了该体系内部的不统一性。如华沙公约体系内并行着主观责任和客观责任两种责任基础，而其中的责任限额据称多达 44 种甚至 57 种。① 为统一《华沙公约》及其相关文件的分歧做法，并使之更加适应现代航空运输技术发展的要求，国际民用航空组织于 1999 年 5 月 28 日在蒙特利尔国际航空法大会上通过了《关于统一国际航空运输某些规则的公约》（Convention for the Unification of Certain Rules for International Carriage by Air），通称 1999 年《蒙特利尔公约》（The Montreal Convention 1999）。《蒙特利尔公约》对华沙公约体系进行了若干重大修改，形成与华沙公约体系平行但相互排斥的蒙特利尔公约体系。2003 年 11 月 4 日，《蒙特利尔公约》生效。目前，该公约已经有 70 多个成员国。

2005 年 6 月 1 日，我国向国际民航组织交存了公约批准书，同年 7 月 31 日，公约对我国生效。我国因此退出了华沙公约体系。根据我国《民用航空法》第 184 条的规定，该公约可直接在我国得到优先适用。我国调整国际航空货物运输的国内立法主要还有 1995 年《民用航空法》及民航总局 2000 年《中国民用航空货物国际运输规则》。《民用航空法》虽然先于《蒙特利尔公约》颁布，但因该法吸收了《华沙公约》有关议定书的合理内容，如规定了承运人无过错责任（第 125 条），延长了索赔时效（第 134 条），规定了实际承运人的责任（第 9 章第 4 节）等，因此两法的规定基本一致。

① 王瀚、孙玉超：《航空运输承运人责任制度的发展与创新》，载《法治论丛》2006 年第 1 期，第 89 页。

二、《蒙特利尔公约》的主要内容

（一）适用范围

就地域管辖而言，《蒙特利尔公约》及上述其他公约均适用于出发地和目的地分别位于两个成员国的领土内；或两者虽位于同一个成员国的领土内，但在另一国家领土内有一约定的经停地点的国际货物运输，而不论该经停国是否公约成员国。①

就事务管辖而言，《蒙特利尔公约》及上述其他公约强制适用于公约项下的国际货物和旅客运输。任何旨在免除缔约承运人或者实际承运人责任或者降低其责任限额的合同条款，均属无效；任何旨在规避公约的法律适用及管辖权条款，亦属无效。② 但公约不适用于邮件和邮包的运输。

（二）航空货运单

航空货运单（简称空运单）是国际航空货物运输合同双方当事人订立合同、移交货物和所列运输条件的初步证据，但承运人注明已经核对货物的除外。其不同于提单，不是物权凭证，一般被注明不可转让。任何可以保存将要履行的运输的记录的其他方法都可以用来代替出具空运单，如电子空运单等。承运人不出具空运单或货物收据的，或者所出具的单证不符公约要求的，不影响运输合同的存在或者效力，该运输合同仍应受公约的规制。③

（三）承运人的责任基础、责任期限

1. 责任基础

《华沙公约》项下，承运人承担过错责任，并享有驾驶过失免责。但《蒙特利尔公约》废止了过错责任，要求承运人承担无过错责任。④ 如《蒙特利尔公约》第18条第1款规定："对于因货物毁灭、遗失或者损坏而产生的损失，只要造成损失的事件是在航空运输期间发生的，承运人就应当承担责任。"但存在法定免责事由的除外。

2. 责任期限

承运人的责任期限，即航空运输期间，指货物处于承运人掌管之下的期间。该期间不包括机场外履行的任何陆路、海上或者内水运输过程。但是，如

---

① 参见《蒙特利尔公约》第1条。

② 参见《蒙特利尔公约》第26条。

③ 参见《蒙特利尔公约》第9条。

④ 但《蒙特利尔公约》对于迟延交付适用过错推定责任。

果此种运输是在履行航空运输合同时，为了装载、交付或者转运而办理的，在没有相反证明的情况下，所发生的任何损失推定为在航空运输期间发生的损失。承运人未经托运人同意，以其他运输方式代替航空运输方式的，该项以其他方式履行的运输视为在航空运输期间。①

（四）承运人的责任限制及免责

1. 责任限制

《华沙公约》项下的承运人，对货物损失的责任以每公斤 250 法郎为限。承运人仅对其本人或代理人故意的不良行为（his willful misconduct）造成损失不享有该责任限制权。② 但《蒙特利尔公约》大幅度增加了承运人的责任。首先，对货物损坏、灭失、迟延的赔偿责任限额被提高到每公斤 17 特别提款权。托运人交运特别声明货物抵目的地的价值，并支付了约定的附加费的，除非承运人能反证该声明价值不实，承运人应在声明金额范围内承担责任。其次，丧失责任限制的可能性增加了。如果货物损失是由于承运人、其受雇人或者代理人的故意或者明知可能造成损失而轻率地作为或者不作为造成的，他们亦无权享有上述责任限制利益。③

2. 免责事由

（1）关于货损、货差、货物灭失的免责。两个公约关于货损、货差、货物灭失的免责存在很大差别。在华沙公约体系下，承运人享有合理谨慎处理免责、驾驶过失免责、第三人致损免责等多种免责。④ 但《蒙特利尔公约》废止了这些重大的免责事由，将承运人的免责事由限制为以下五项：货物的固有缺陷、品质或者瑕疵；承运人或者其受雇人、代理人以外的人包装货物的，货物包装不良；战争行为或者武装冲突；公共当局实施的与货物入境、出境或者过境有关的行为；损失是由索赔人或者索赔人从其取得权利的人的过失或者其他不当作为、不作为造成或者促成的，则可根据造成或者促成此种损失的过失或者其他不当作为、不作为的程度，全部或者部分地免除承运人的责任。⑤

（2）关于延误的免责。公约对于延误责任适用过错推定。承运人应当对货物在航空运输中因延误引起的损失承担责任。但是，承运人证明本人及其受

① 参见《蒙特利尔公约》第 18 条第 4 项。
② 参见《华沙公约》第 22 条第 2 项、第 25 条。
③ 参见《蒙特利尔公约》第 22 条。
④ 参见《华沙公约》第 20 条等。
⑤ 参见《蒙特利尔公约》第 18 条第 2 款、第 20 条。

雇人和代理人为了避免损失的发生，已经采取一切可合理要求的措施或者不可能采取此种措施的除外。①

（五）承运人的强制责任保险

《蒙特利尔公约》第 50 条规定，缔约国应当要求其承运人就其在公约项下的责任进行充分保险。缔约国可以要求经营航空运输至该国内的承运人提供其已就公约项下的责任进行充分保险的证据。

（六）货方的义务与权利

1. 托运人的基本权利与义务

托运人的基本义务是：

（1）准确申报货物，即应保证其本人或其代理人在空运单上所填写各项内容的准确性，并对因不准确内容而给承运人或其代理人造成的一切损失负责。

（2）提供约定货物，并提交与货物有关的必备资料和文件，以便在货物交付之前完成海关、警察或者任何其他公共当局的手续。

（3）支付规定的运输费用。

（4）承担承运人因执行其指示而发生的费用和遭受的损失。②

托运人的基本权利是对在途货物的处置权，主要包括：

（1）在出发地机场或者目的地机场将货物提回；

（2）在途中经停时中止运输；

（3）要求在目的地或者途中将货物交给非原指定的收货人；

（4）要求将货物运回出发地机场。

托运人的处置指示不可执行的，承运人应立即通知托运人。③

托运人行使处置权时，一般应根据承运人的要求提供交其收执的空运单。处置权在货物实际交付收货人后终止。但是如果收货人拒收货运单或货物，或无法同收货人联系，托运人对货物的处置权因此恢复。

2. 收货人的基本权利与义务

收货人的基本权利是，在货物到达目的地后，收货人在支付了应付款项和履行空运单所规定的其他义务后，有权要求承运人向其交付空运单和货物。如果货物灭失、损坏、遗失，或者货物在应当到达之日起 7 日后仍未到达的，收

---

① 参见《蒙特利尔公约》第 19 条。

② 参见《蒙特利尔公约》第 6、10、16 条等。

③ 参见《蒙特利尔公约》第 12 条。

货人有权依约向承运人索赔。①

如果运输单证允许，符合条件的收货人也可对货物行使前述的处置权。②

（七）索赔

1．索赔期限

收货人发现货损的，应在收货后 14 日内；发现交货迟延的，应在 21 日内，书面提出异议。否则，收货人就无权起诉承运人，但承运人有欺诈的除外。③ 上述异议可以向缔约承运人或实际承运人提出，二者具有同等效力。

2．诉讼时效

诉讼时效为 2 年，自航空器到达或者应当到达目的地之日起，或者自运输终止之日起计算。其计算方法依照法院地法。④

3．管辖权法院

针对缔约承运人的索赔，原告可以选择向缔约国境内的以下管辖权法院提起：（1）承运人住所地；（2）承运人主要营业地；（3）承运人订立运输合同的营业地；（4）目的地。但针对实际承运人的诉讼，应当向实际承运人住所地或者其主要营业地的管辖权法院提起。⑤

4．索赔对象

由几个承运人连续完成的运输，缔约承运人对运输合同项下的全部运输负责，实际承运人仅对由其履行的运输负责。托运人有权对第一承运人提起诉讼，收货人有权对最后的承运人提起诉讼，托运人和收货人还均可对发生毁灭、遗失、损坏或者延误的运输区段的承运人提起诉讼。上述承运人应对托运人或者收货人承担连带责任。⑥

针对区段运输的损害赔偿，原告可以分别或同时起诉实际承运人或者缔约承运人。诉讼仅对其中之一提起的，该承运人有权要求另一承运人参加诉讼。诉讼程序及其效力适用法院地法。⑦

---

① 参见《蒙特利尔公约》第 13 条。
② 参见《蒙特利尔公约》第 14 条、第 15 条第 2 款。
③ 参见《蒙特利尔公约》第 31 条。
④ 参见《蒙特利尔公约》第 35 条。
⑤ 参见《蒙特利尔公约》第 33 条第 1 款、第 46 条。
⑥ 参见《蒙特利尔公约》第 36 条第 3 项。
⑦ 参见《蒙特利尔公约》第 45 条。

第四节 国际陆路货物运输法律制度

国际陆路货物运输主要包括国际铁路货物运输与国际公路货物运输。

一、国际铁路货物运输

国际铁路货物运输是一种联合运输，是使用一份统一的国际联运票据，由铁路负责经过两国或两国以上铁路的全程运送，并由一国铁路向另一国铁路移交货物，不需发货人和收货人参加的货物运输方式。

与海运、空运比较而言，铁路运输具有速度较快、运量较大、风险较低、费用较省、运输准确性较高与连续性较强等优势，多为内陆国家之间采用。目前其作为多式联运、海陆联运或大陆桥运输中的一段，在国际经贸活动中正发挥着越来越重要的作用。

由于铁路运输轨道等方面的客观限制，国际社会尚未制订全球性的铁路货物运输的国际统一立法。边境国家往往通过双边或多边条约协调相应的铁路货物跨境运输问题。目前，比较重要的多边国际铁路货物运输公约主要有以下两个：

（一）1980年《铁路运输国际公约》

《铁路运输国际公约》（Convention Concerning the International Carriage of Goods by Rail，COTIF）起源于1890年欧洲各国在瑞士首都伯尔尼举行的各国铁路代表会议上制定的《国际铁路货物运送规则》。该规则于1938年改称《国际铁路货物运输公约》（The International Convention on Concerning the Carriage of Goods by Rail，CIM），又称《伯尔尼货运公约》或《国际货约》，同年10月1日开始实行，后数经修改。1980年，《国际铁路货物运输公约》与《国际铁路旅客和行李运送公约》合并为《铁路运输国际公约》。新公约于1985年5月1日生效。该公约的缔约国主要为欧洲、中东及西北非国家，如伊朗、伊拉克、突尼斯、阿尔及利亚等，目前有40个缔约国。

该公约适用于公约列明的铁路线路的、至少经过两个国家的货物运输，并适用于辅助铁路运输的其他运输方式，其运输单据为运单（waybill）。运单中应载有铁路提供的标准条款，托运人应对自己在运单中填写的内容负责。铁路接受货物和运单后，运输合同即告成立，铁路签章后的运单是合同成立和合同内容的证据，但其不是物权凭证。①

---

① 郭瑜：《国际贸易法》，北京大学出版社2006年版，第317页。

（二）1951年《国际铁路货物联合运输协定》

《国际铁路货物联合运输协定》（CMIC），简称《国际货协》，由前苏联、波兰、匈牙利和罗马尼亚等8个国家于1951年在华沙签订。我国1954年加入。该协定1974年生效，主要适用于原苏联、东欧、我国及周边共12个社会主义国家。1990年10月原民主德国由于两德统一而退出《国际货协》。1991年1月，匈牙利、捷克也因故退出《国际货协》。为解决过境铁路的运输费用收取问题，1991年6月27日，中国、保加利亚、朝鲜、蒙古、罗马尼亚和前苏联的铁路部门在波兰华沙还签订了《关于统一过境运价规程的协约》。

协约项下的运输合同自始发站于发货人在填写的运单及副本上签章时成立。签章后的运单，是运输合同的凭证，也是铁路在到达站向收货人收取运杂费用和点交货物的依据。它不是物权凭证，也不能转让，但根据我国与《国际货协》各国签订的《贸易发货共同条件》，运单的副本可以作为卖方通过银行向买方结汇的单证。

承运人的责任自铁路承运货物时起，至到达站交付货物时止。其他参加联合运输的铁路自接收附有运单的货物时起，即作为这项运输合同的参加方，对货物的运输承担连带责任。

货物遭受损坏时，铁路的赔偿额应相当于货物价格的减损金额，但在任何情况下，均不得超过货物全部灭失的金额。货物发生全部或部分灭失时，铁路的赔偿金额应按货物出口发票的金额计算。但发货人对货物的价格另有声明时，应按声明的价格予以赔偿。对于未声明价格的家庭用品，应按每公斤2.70卢布给予赔偿。

货物运到逾期的，铁路应以所收运费为基础，根据逾期时间的长短，按比例向收货人支付逾期罚款，但最高不超过所收运费的总额。

二、国际公路货物运输

（一）国际公路货物运输概述

公路运输具有机动灵活、简捷方便等优势，其目前主要是作为其他国际货物运输方式的不可或缺的辅助部分，如用于完成货物从内陆卖方仓库到起运港，以及从卸货港到内陆买方仓库等的辅助运输。

目前有关公路运输的国际立法主要有：

（1）联合国1959年《根据TIR手册进行国际货物运输的关税协定》（Customs Convention on the International Transport of Goods under Cover of TIR Carnets），由联合国欧洲经济委员会主持制定，旨在保证成员方相互间的集装

箱原封不动地免税过境，有 40 多个欧亚国家参加。为支持该协定，根据欧洲经济委员会的倡议，还在 1956 年《关于集装箱的关税协定》的基础上，进一步缔结了《国际公路车辆运输规则》（Transport International Routier，TIR）。根据该规则，持有 TIR 手册的集装箱公路运输承运人，其集装箱自发运地到达目的地，在海关签封下，中途可不受检查、不支付关税、不提交押金。这种 TIR 手册由缔约国政府批准的运输团体颁发、管理。这些团体大多是参加国际公路联合会的成员，它们必须保证监督其所属运输企业遵守海关法规和其他规则。

（2）联合国 1956 年《国际公路货物运输合同公约》（Convention on the Contract for the International Carriage of Goods by Road，CMR），由联合国欧洲经济委员会主持制定，由比利时、法国、德国等 17 国参加的日内瓦会议通过，于 1961 年 7 月 2 日生效。

（二）《国际公路货物运输合同公约》的主要内容

《国际公路货物运输合同公约》是适应第二次世界大战后欧洲公路运输迅速增长的需要而产生的，旨在统一公路运输所使用的单证和承运人的责任，主要就公约的适用范围、承运人责任、合同的签订与履行、索赔和诉讼、连续承运人的合同责任以及公约的强制性等作出规定。

1. 适用范围

公约强制适用于货物的接收和交付位于不同国家，其中至少有一个国家是该公约成员国的国际公路运输。

公约适用的期间是货物在公路运输工具上的任何时间，即使该运输工具处于航空、海洋或内陆水路运输中亦然。但如果能证明损失或延误是由于其他运输方式的过错造成，则公路承运人的责任应按该种运输方式所适用公约的规定确定。

2. 承运人负责的对象

当承运人的代理人、受雇人或为履行运输而使用其服务的任何其他人在其受雇范围内行事，承运人应对上述代理人、受雇人和其他人的作为和不作为负责。

3. 合同的签订与履行

运输合同应通过签发运单来确认。运单应当载明有关货物和运输的一系列情况，是运输合同订立以及承运人收到货物的初步证明，但不是物权凭证。承运人不签发运单、运单不正规或丢失均不影响运输合同的成立或效力。

发货人应对因其申报或要求事项不确切或不当致使承运人遭受的所有费

用、灭失和损坏负责。承运人接管货物时，应核对以下项目：

（1）运单中所申报货物项目的准确性。其无恰当方法核对的，应作相应保留说明。

（2）货物的外表状况及其包装。若无相反证明，则视为承运人接管货物时，货物和包装的外表状况良好，件数、标志和号码与运单中的记载相符。

发货人有权处置在途货物，如改变货物交付地点或收货人。如果发货人在运单中有相应说明，则收货人自运单签发之时起即有权处置货物。

当货物运抵指定的交货地点后，收货人有权凭收据要求承运人将第二份运单和货物交给他。货物损坏或灭失的，收货人可以其自己的名义对承运人行使运输合同的任何权利。收货人未依运单记载付清有关费用的，除非其已提供担保，承运人可以留置货物。

4. 承运人的责任

公路承运人对于自接收货物到交付货物期间发生的货物损失及交付迟延负责，但上述损失不是由于承运人的过错造成的除外。如果货物损失是由于运输工具的不良状况引起的，承运人亦应承担责任。货物在约定的交货时间 30 天以后，或未约定交货时间自承运人接收货物 60 天以后尚未运到的，应作为货物灭失的最终证据。

货损的赔偿，应参照承运人接受货物当时当地商品交易所的货物价格计算；若无这种价格的，则根据其现行市价；若无商品交易所价格或现行市价，则参照同类、同品质货物的通常货价决定，但承运人的最高赔偿责任为每公斤8.33 特别提款权。此外，承运人还须返还收取的相应运输费用、海关税及其他因货物运输引起的费用。承运人关于货物迟延交付的赔偿金额不应超过相应货物的运输费用。

如果损坏是由承运人的故意不当行为引起的，则承运人无权援引公约规定的免责或责任限制等利益。承运人的代理人、受雇人或其他人在其受雇范围内行事时，上述规则同样应予适用。

5. 接续承运人的责任

如果单一运输合同项下的运输由接续公路承运人履行，则所有的承运人均须对全程运输负责。基于接受货物和运单的事实，每个接续承运人即成为在运单项下运输合同的一方当事人。但有关灭失、损失或延迟的诉讼，只可向第一承运人、最后承运人或上述事故发生区段的承运人提起，或者同时向这些承运人中的数个提起。有关的损失由责任人按过错比例负担。

6. 索赔和诉讼

收货人收取货物时应就货物灭失或损坏的情况向承运人发出书面通知：损坏或灭失明显的，收货当时即应提出；不明显的，则应在收到货物 7 天内（星期日和节假日除外）提出，否则构成货物正常交付的初步证据。交货延迟的，收货应自货物交其处置时起 21 天内向承运人提出书面通知，否则不予赔偿。

起诉承运人的时效为 1 年。但如果损失是承运人故意引起的，时效为 3 年。有关诉讼，原告可向双方协议的缔约国法院提起，也可以向下列地点的管辖权法院提起：(1) 被告的通常住所或主要营业所，或者经手订立合同的分支机构或代理机构的所在地；或者 (2) 承运人接管货物的地点或指定的交货地点。但不得在其他法院起诉。

承运人上述免责或责任限制的抗辩，既适用于合同之诉，也适用于法院地法准许提起的其他诉由的诉讼。

第五节　国际邮包运输法律制度

一、国际邮包运输概述

国际邮包运输（international parcel post transport），是指通过邮局寄交进出口货物的一种运输方式。世界各国的邮政业务均兼办邮包运输。调整各国之间邮政运输的多边国际立法使邮件包裹的传递畅通无阻，四通八达，形成了全球性的邮政运输网络，邮包运输因此成为国际货物贸易运输不可缺少的组成部分。但其主要适用于量轻体小的货物，与承担了国际贸易货物主要运输任务的其他运输方式存在较明显的差别。

万国邮政联盟（Universal Postal Union，UPU）是世界上最重要的国际邮政运输组织，简称邮联，有 190 多个成员方。其前身是根据 1874 年《伯尔尼条约》成立的"邮政总联盟"，1878 年改为现名，《伯尔尼条约》亦修改为《万国邮政公约》。1948 年 7 月 1 日，邮联成为联合国下属的协商国际邮政事务的政府间专门国际组织。我国于 1914 年加入邮联。1972 年邮联恢复我国在其中的合法席位。

目前规范国际邮包运输的国际立法，主要是由邮联制定的一系列邮政公约，其中《万国邮政公约》及实施细则是国际邮政业务的基本法规，对邮联各成员方具有普遍约束力。此外还有包括《邮政包裹协定》在内的 7 项邮政业务协定，每项协定均有实施细则。这些协定及其实施细则仅对参加国有约束力。

在我国，国际邮包运输除受上述国际立法的规制外，主要还有我国 1986年《邮政法》及 1990 年《邮政法实施细则》。

二、国际邮包运输的特征

与其他运输方式比较，国际邮包运输具有其独特性与优势：

1. 操作的简便性

邮包运输比较简便，卖方只需根据进出口合同的约定和邮局的有关规定，向邮局办理包裹寄送手续，付清邮费，取得收据，就履行了交货义务。

2. 运送条件的优越性

鉴于邮政运输的公益性及时效性，有关立法为其提供了优厚的保障。如在我国，立法要求：

（1）其他运输方式的承运人不能拒绝承运邮件，其应当为邮政运输提供优良服务。譬如，其应优先发运邮件；运费应优惠；应为邮政运输提供装卸邮件的出入通道和场地等。①

（2）交管部门应为邮政运输工具优先通行提供便利。譬如，带有邮政专用标志的运邮车船通过渡口、进出港口时，应优先放行；运邮车辆经过有关部门核准，可以通过禁止通行路线和在禁止停车地段停车；运邮车辆在运输邮件途中违章，有关部门应予登记后放行，待其完成运邮任务后，再行处理等。②

3. 广泛的国际性

国际邮包运输往往需经若干国家转递。各国应当遵照国际邮政公约和有关协定的要求，在平等互利、相互协作与配合的基础上转递对方的国际邮包。万国邮政联盟框架下庞大的邮政运输网络，使邮包能安全、快捷地运送到几乎世界的每一个角落。

4. 运送方式的多式联运性

国际邮包运输一般需经两种或两种以上不同运输方式联合作业才能完成。但对邮包托运人而言，其相当于多式联运项下的托运人，只要向邮局办理一次托运，支付一次邮资，取得一张邮包收据，全部运输手续即告完备。但其后的邮包运送、交接、保管、传递等一切事宜，均由各国邮局照章办理。邮包运抵目的地后，收件人凭邮局的到件通知和邮包收据即可向邮局领取邮包。故就其

---

① 参见我国《邮政法》第 26、27 条，《邮政法实施细则》第 42 条等。
② 参见我国《邮政法》第 28 条，《邮政法实施细则》第 45、47 条等。

业务性质而言，国际邮政运输属于一种国际多式联运。

5．"门至门"的便利性

全世界大约设有77万个邮局和数量更多的邮政所，各国的邮政网络往往深入到各地基层。邮包托运一般可到邻近的邮局办理；邮包到达目的地后，收件人也可在当地邮局就近领取邮包。故邮政运输基本上达到了"门至门"的运输效果。这为邮包托运人和收件人提供了极大的方便。

三、国际邮包运输的类型及规制

国际邮包运输可分为普通邮包和航空邮包两种。

邮包运输主要适合于量轻体小的货物，如精密仪器、机械零配件、金银首饰、药品、样品和各种生产上急需的物品。各国一般均明确规定了禁止或限制邮寄的物品。如我国禁止寄递或者在邮件内夹带下列物品：（1）法律禁止流通或者寄递的物品；（2）反动报刊书籍、宣传品或者淫秽物品；（3）爆炸性、易燃性、腐蚀性、放射性、有毒性等危险物品；（4）妨害公共卫生的物品；（5）易腐烂物品；（6）各种活的动物；（7）各种货币；（8）不适合邮寄的物品；（9）包装不妥，可能危害人身安全、污染或者损毁其他邮件、设备的物品。上述物品，符合邮电部特准交寄规定并确保安全的，也可以邮寄。

由于国际邮政运输的主要任务是通过国际邮件的传递，加强各国人民之间的通信联系，促进相互间的政治、经济、文化交流，因此，国际邮政对邮包的重量和体积均有明确限制。每件邮包的长度一般不得超过1米，重量不得超过20公斤。这也是其与其他货物运输方式的主要区别之一。

第六节 国际货物多式联运法律制度

一、国际货物多式联运概述

国际货物多式联运（international multimodal transport）是随着集装箱运输的发展而迅速发展起来的一种重要的现代化运输方式，是"按照多式联运合同，以至少两种不同的运输方式，由多式联运经营人将货物从一国境内接管货物的地点运至另一国境内指定交付货物的地点"。① 但为履行单一方式运输合同而进行的货物接送业务，不应视为国际多式联运。

---

① 参见《国际货物多式联运公约》第1条。

国际多式联运一般以集装箱为媒介，把海上运输、铁路运输、公路运输和航空运输等传统的单一运输方式有机地联合起来，完成货物的跨国运输，从而实现国际贸易货物的"门到门"无缝交接。其具有手续简便、装卸效率高、运输速度快、货损货差少、成本与费用省等诸多优点，但同时也对传统的运输法提出了许多新的问题。诸如：多式联运单据的法律性质问题；买卖合同当事人与各联运承运人之间的关系问题；各联运承运人之间的风险、责任划分问题等。

为了解决上述各种法律问题，国际社会付出了诸多努力。联合国贸发会议制定的1980年《联合国国际货物多式联运公约》及贸发会议和国际商会联合制定的1991年《多式联运单证规则》是其主要成就。

在我国，《海商法》第4章第8节对包括海运的多式联运作出了比较详细的规定，《合同法》第17章第4节也作出了类似规定。它们与上述多式联运的国际规则基本相同。

二、《联合国国际货物多式联运公约》的主要内容

1980年《联合国国际货物多式联运公约》（United Nations Convention on International Multimodal Transport of Goods）是世界上第一个规范多式联运的公约，但目前尚未生效。

（一）适用范围

该公约强制适用于两国各地之间所有的多式联运合同，但多式联运经营人接管货物或交付货物的地点至少应有一个在缔约国境内。然而，公约的任何规定不影响发货人选择多式联运或分段运输的权利，公约也不影响任何有关运输管理的其他国际立法或国内立法。[1]

（二）多式联运单据

多式联运单据是指证明多式联运合同，以及证明多式联运经营人接管货物并负责按照合同条款交付货物的单据。依发货人的选择，该单据可做成可转让或不可转让的单据。可转让时，其转让方式同海运提单，具有物权凭证的性质和作用。

（三）多式联运经营人的责任

多式联运经营人（Multimodal Transport Operator，MTO），是指其本人或通过其代表与托运人签订多式联运合同的人。多式联运经营人可能是货代、无船

---

① 参见《国际货物多式联运公约》第3、4条。

承运人或船舶所有人等，但他既不是发货人的代理人或代表，也不是参加多式联运的其他承运人的代理人或代表，而是多式联运合同的当事人。

1. 责任期限

多式联运经营人的责任期间是从其接管货物之时起到交付货物时为止。

2. 责任基础

承运人的责任基础为推定过失，即除非多式联运经营人能证明其本人、受雇人、代理人或为履行多式联运合同而使用其服务的其他人（其他履约人），为避免事故的发生及其后果已采取一切所能合理要求的措施，否则，多式联运经营人应对货物的灭失、损坏和延迟交付所引起的损失负赔偿责任。

3. 责任限制

公约为多式联运经营人规定了统一的货物损坏或灭失的赔偿责任限额：如果运输方式包括海运时，每件货物 920 特别提款权，或货物毛重每公斤 2.75 特别提款权，以高者为准；不包括海运时，货物毛重每公斤 8.33 特别提款权。

对于延迟交货损失的赔偿责任限额，相当于对延迟交付的货物应收取运费的两倍半，但不得超过多式联运合同运费的总额。所谓"延迟交付"，是指货物未在明确议定的时间内交付；如果无此种协议，则是未在对一个勤勉的多式联运经营人所能合理要求的时间内交付。如果货物未在上述交货日期届满后连续 90 日内交付，该批货物视为已经灭失。

4. 特殊的网状责任

多式联运经营人与区段承运人的赔偿责任有网状责任制、统一责任制和分段责任制等三种。《联合国国际货物多式联运公约》确立了一种对货方更有利的网状责任制，或称"经修正的统一责任制"。一方面，多式联运经营人应当对全程运输负责。尽管其可就多式联运合同中的各区段运输，与各区段承运人另行约定相互之间的责任，但这不得影响多式联运经营人对全程运输所承担的责任。另一方面，如果货物的灭失或者损坏发生于多式联运的某一运输区段，并且适用于该区段的国际公约或强制立法规定的赔偿限额高于公约规定的责任限额，多式联运经营人的赔偿限额，应适用调整该区段运输的上述法律。货物的灭失或者损坏发生的运输区段不能确定的，多式联运经营人的赔偿责任依照公约的规定。①

我国《海商法》对国际多式联运经营人规定了与公约相同的网状责任制，但未规定国际多式联运经营人需对货物延迟交付承担责任。

---

① 参见《国际货物多式联运公约》第 18、19 条。

5. 责任限制权利的丧失

如果经证明，货物的灭失、损坏或延迟交付是由于多式联运经营人有意造成或明知可能造成而毫不在意的作为或不作为所引起，则多式联运经营人无权享有受公约所规定的赔偿责任限制利益。这同样适用于多式联运经营人的受雇人、代理人或其他履约人。

如果多式联运经营人意图诈骗，而在多式联运单据上记载货物的不实资料，则其不得享有公约规定的责任限制利益。

（四）发货人的责任

发货人应依约提交并准确申报供运输的货物。如果多式联运经营人遭受的损失是由于发货人的过失或疏忽，或者他的受雇人或代理人在其受雇范围内行事时的过失或疏忽所造成，发货人对这种损失应负赔偿责任。上述有过失或疏忽的受雇人或代理人对于这种损失亦应负赔偿责任。①

对于所托运的危险物品，发货人应为其设置特别标志，并告知货物的危险特性及应采取的预防措施。否则，应承担相应的损害赔偿责任。②

（五）索赔与诉讼

1. 索赔期限

（1）收货人的索赔。收货人应在收取货物的次 1 个工作日；如果灭失和或损坏不明显，则应在其后连续 6 日内，以书面方式提出相应异议。否则，此种货物的交付即构成货物正常交付的初步证据。如果货物的状况在交付收货人时已经当事各方的代表联合调查或检验，则无须就调查或检验所证实的灭失或损坏送交书面通知。

对于延迟交付，应在货物交付后连续 60 日内向多式联运经营人提出书面索赔，否则对延迟交货所造成的损失无须给予赔偿。

（2）多式联运经营人的索赔。多式联运经营人应在损失发生或交付货物后的 90 日内，将其损失书面通知发货人。未送交这种通知本身构成多式联运经营人未因发货人、其受雇人或代理人的过失或疏忽而遭受损失或损害的初步证据。

2. 诉讼时效

有关国际多式联运的任何争议，应在 2 年期间内提起诉讼或交付仲裁。但是，如果在货物交付之日后或应当交付而未交付之日后 6 个月内，没有提出书

---

① 参见《国际货物多式联运公约》第 22 条。
② 参见《国际货物多式联运公约》第 23 条。

面异议，说明索赔的性质和主要事项，则诉讼时效在该期限终了之时提前到期。

诉讼时效可经被索赔人在时效期间内的书面声明而延长，此后还可再次或多次声明延长。如果法院地法允许，责任人向第三人追偿的时限自其赔偿争议解决之日或收到对他的诉讼传票之日起，不得少于90日。

此外，公约还借鉴《汉堡规则》的做法，规定了相应的诉讼或仲裁管辖权。

三、《多式联运单证规则》的主要内容

根据1980年《联合国国际货物多式联运公约》确定的赔偿责任体制，在多式联运经营人与货方之间，适用该公约；而在多式联运经营人与受托完成货物运输的区段承运人之间，则适用相应运输方式的有关立法。然而，由于不同运输方式的赔偿责任体制存在较大差异，可能致使多式联运经营人向货方的赔偿高于其从实际责任人（区段承运人）获得的追偿所得，其甚至无法向享有驾驶免责的海运或空运承运人追偿。多式联运经营人因此不愿接受公约。专家们因此预计该公约短期内甚至永远难以生效。为统一各国的多式联运做法，国际商会与贸发会议参照国际商会1975年《关于联合运输单证的统一规则》及1980年《联合国国际货物多式联运公约》，于1991年制定了《多式联运单证规则》，供有关国家及当事人采用，而不论相应的多式联运是否具有国际性。故只有当事人在多式联运合同中明确规定采用该规则时，其才对当事人有约束力。该规则与1980年《联合国国际货物多式联运公约》的内容大同小异。其主要变化如下：

（一）责任基础

多式联运经营人的责任基础，仍然为推定过失，但是多式联运经营人对货物延迟交付不承担责任，除非托运人对于及时交货的利益作出特别声明，并经多式联运经营人接受。此外，多式联运经营人对在海上或内河运输中由于承运人的船长、船员、引航员或受雇人在驾驶和管理船舶中的行为、疏忽或过失，以及火灾（由于承运人的实际过失或私谋所造成的除外）造成的货物灭失、损坏及延迟交付不负赔偿责任。①

（二）责任形式

多式联运经营人的赔偿责任，变更为典型的网状责任制，即多式联运经营

---

① 参见《多式联运单证规则》第4、5条。

人应对全程运输负责，但如果能确定货物损害发生的运输区段，就应适用该区段适用的国际公约或强制性国内法规定的赔偿责任限额；如果不能确定货物损害发生的运输区段，除非托运人对货物价值作出声明，则多式联运经营人的赔偿限额为：包括海运时，每件或每单位 666.67 特别提款权或毛重每公斤 2 特别提款权，二者以高者为准；如果联运不包括海运，则毛重每公斤 8.33 特别提款权。①

由此可知，该规则项下有关海上或内河运输的责任基础和责任限制，退回到了《维斯比规则》的标准。

复 习 题

1. 试析提单的法律性质与功能。
2. 试析对保函提单的法律规制。
3. 试析海运承运人的基本义务。
4. 简析海运单与提单的异同。
5. 如何计算滞期费与速遣费？
6. 如何处理最后航次？
7. 简析光船租船合同的特征。
8. 试析《蒙特利尔公约》的新发展。
9. 简析国际铁路货物运输合同当事人的权利与义务。
10. 简述《国际公路货物运输合同公约》的主要内容。
11. 试析国际邮包运输的法律规制。
12. 试析多式联运经营人的法律责任。

思 考 题

1. 试析三个提单公约的得与失。
2. 试析电子提单面临的法律难题及解决方法。

---

① 参见《多式联运单证规则》第 6 条。

第四章　国际货物运输保险法

【要点提示】

    1. 国际货物运输保险合同的概念和类型

    2. 国际货物运输险承保的风险、险种和损失范围

    3. 国际货物运输保险的基本原则

    4. 海上运输、陆路运输、航空运输、邮包运输货物保险制度

    5. 运输货物保险的索赔与理赔

　　国际经贸活动中的货物跨国运输，不论采用何种运输方式，在途货物始终可能遭受来自自然界或人类社会的各种风险的侵害。借助于相应的货物运输保险，就可以将这种货损风险分散给社会。根据运输方式的不同，国际货物运输保险可分为海运保险、空运保险、陆运保险和邮包运输保险等。其中海运保险最为重要，最有研究价值。① 其主要原因是：第一，海运承担了全球绝大部分的货物运输，海运保险亦因此使用范围最广，影响最大；第二，许多海运保险不但涵盖海运区段，还随着海运合同向两岸纵深延伸（如"门到门"多式联运）而纵深覆盖；第三，海运保险历史悠久，已经形成相当完善的海上保险法律体系及相应的理论体系。其他保险方式深受海上保险法，特别是英国海上保险法的影响。故国际社会尽管尚无货物运输保险多边国际统一立法，但各国的相应做法比较统一。目前调整国际货物运输保险的主要是各国的相应国内立法。此外，相应的行业组织制定的货物运输保险条款也具有重要影响。

　　在我国，调整货物运输保险的立法主要有 1995 年《保险法》（2000 年修订）、1992 年《海商法》等。此外，中国人民保险公司制定的各种货物运输保险条款也得到广泛使用。

---

　　① 郭瑜：《国际贸易法》，北京大学出版社 2006 年版，第 321 页。

第一节　国际货物运输保险法律制度概述

一、国际货物运输保险合同概述

（一）国际货物运输保险合同的订立

国际货物运输保险合同，是指进出口商对进出口货物按一定险别向保险公司投保，交纳保险费，当保险标的在国际运输途中遭受保险事故而致损时，由保险公司支付保险赔款的合同。

订立货运保险合同的方式有两种，一是由投保人或被保险人与保险人直接订立。① 这与普通合同的订立相同，受合同法的调整。该方式在我国较常用。如我国《海商法》第 221 条规定："被保险人提出保险要求，经保险人同意承保，并就海上保险合同的条款达成协议后，合同成立。保险人应当及时向被保险人签发保险单或者其他保险单证，并在保险单或者其他保险单证中载明当事人双方约定的合同内容。"二是由投保人或被保险人通过专门的保险经纪人代为向保险人投保，保险人在经纪人制作的承保单（slip）上签字，合同成立，保险单随后签发。保险人应向经纪人而不能直接向投保人索要保险费，经纪人则向投保人索要保险费。投保人拒绝的，经纪人可以扣留保险单。这种方式多为英美法系国家采用。

保险合同一般包括以下内容：合同当事人双方的名称和住所、保险标的物、货物价值、保险金额、承保险别、保险责任及除外责任、保险期间、保险费及支付办法、运输工具、运输路线、保险金赔偿或者给付办法、违约责任和争议处理、合同订立日期等。合同实际履行状况与合同约定不符的，投保人应当立即通知保险人，保险人可以因此行使相应的合同解除权或变更权。如《海商法》第 235 条规定："被保险人违反合同约定的保证条款时，应当立即书面通知保险人。保险人收到通知后，可以解除合同，也可以要求修改承保条件、增加保险费。"

（二）国际货物运输保险合同的种类

根据不同的标准和目的，可将货物运输保险合同作不同的分类。比较常见

---

① 就财产保险而言，我国《保险法》和《海商法》关于保险当事人的称谓有所不同：前者区分投保人与被保险人，故有投保人、被保险人和保险人三类合同当事人；而后者不区分投保人与被保险人，仅有被保险人与保险人两类合同当事人。故在本章中，如果不作特别区分，则在同一意义上使用投保人或被保险人。

的分类包括：

1. 定值保险合同与不定值保险合同

以投保时保险标的的保险价值是否确定为标准，可以区分为定值保险合同与不定值保险合同。

（1）定值保险合同，是指当事人双方事先确定保险标的价值并载明于合同中的保险合同。保险事故导致货物全损的，无论保险标的实际价值是多少，保险人都应当按约定的保险价值赔偿；如果是部分损失，则按损失比例赔偿。货物运输保险多为定值保险。如海运货物的保险价值，是保险责任开始时货物在起运地的发票价格或者非贸易商品在起运地的实际价值以及运费和保险费的总和。

定值保险合同的优点，一是在发生保险事故后，一般不必对损失额再行估定，减少了理赔的环节；二是确定赔偿金额简单方便，避免当事人因此发生纠纷。

（2）不定值保险合同，是指当事人事先不确定保险标的的保险价值，而是在保险事故发生后，以保险标的的实际价值确定损失额，并进行赔偿的保险合同。货物运输保险很少用这种方式。

确定保险标的的实际价值时，应当以保险事故发生当时当地保险标的的市场价格为准。保险标的损失无法用市价进行估算的，可采用重置成本减折旧的方法或其他估价方法来确定。但保险标的的市场价格不管发生多大的变化，在确定其赔偿金额时都不得超过保险金额。

2. 足额保险合同、不足额保险合同和超额保险合同

根据保险金额与保险价值的关系，可区分为足额保险合同、不足额保险合同和超额保险合同。

足额保险合同，指保险金额等于或者大体上等于保险价值的保险合同。这种合同比较常见。

不足额保险合同，指保险金额小于保险价值的保险合同。不足额保险的，除合同另有约定外，保险人按照保险金额与保险价值的比例承担赔偿责任。在保险人补偿被保险人相应的施救费用时，同样应按该比例计算。故这种合同不能使被保险人获得充分的经济保障。

超额保险合同，指保险金额大于保险价值的保险合同。保险金额超过保险价值的部分一般会被认定无效。①

---

① 参见我国《保险法》第 40 条第 2 款。

3. 单保险合同和复保险合同

根据保险人的人数标准，可区分为单保险合同和复保险合同。

单保险合同，是指投保人就同一保险标的、保险利益、保险事故，与一个保险人订立的保险合同。

复保险合同，是指投保人对同一保险标的、保险利益、保险事故分别向两个或两个以上保险人订立的保险合同。重复签订保险合同使保险标的的保险金额总和超过保险标的的价值的，属于重复保险。

重复保险使投保人增加了不必要的保险费开支，但并不能使投保人获得相应的多重保障。如我国《保险法》第41条规定："重复保险的投保人应当将重复保险的有关情况通知各保险人；重复保险的保险金额总和超过保险价值的，各保险人的赔偿金额的总和不得超过保险价值。除合同另有约定外，各保险人按照其保险金额与保险金额总和的比例承担赔偿责任。"我国《海商法》第225条亦作类似规定。任何一个保险人支付的赔偿金额超过其应当承担的赔偿责任的，有权向未按照其应当承担的赔偿责任支付赔偿金额的保险人追偿。

（三）保险单据

保险单据，通称保单，是证明保险人与投保人（或被保险人）之间所订立的保险合同的凭证，可以反映他们之间的权利和义务关系，也是保险事故发生后保险索赔和理赔的必要依据。

比较常见的保险单据有保险单、保险凭证等。保险单，是保险人向投保人签发的保险关系凭证，其上完整地载明了保险人与投保人或被保险人之间的权利义务。保险凭证，是一种简式的保险单，其上通常仅载有保险单的正面条款，而没有保险单的背面格式条款。但二者的法律效力是同一的。

此外，学理上还有流动保单、预约保单和总括保单等分类方法。

（四）保险合同当事人的主要权利与义务

保险人的基本权利是依约收取保险费；其基本义务是在保险标的因保险事故致损后，及时向被保险人支付保险赔偿（保险人的具体职责与免责将在下一节详述）。相应的，被保险人的基本权利是在保险事故发生后，及时获得相应的保险赔偿金。以下重点介绍投保人或被保险人应承担的主要义务：

（1）及时支付保险费。除合同另有约定外，投保人应当在合同订立后立即支付保险费。否则，保险人可以拒绝签发保单。

（2）如实告知。投保时，必须如实告知相应的货物品名、货物性质、价值、运输工具、航线等影响保险人决定是否接受投保和保险费率的重要事实。

否则，保险人有权解除合同，或对保险标的的损失不予赔偿。①

（3）及时通知。保险事故发生后，投保人应当及时通知保险人。投保人发现自己违反合同约定的保证条款时，也应立即通知保险人；保险人收到通知后，可以解除合同，也可以要求修改承保条件、增加保险费。

（4）保全货物。对于遭受承保风险的货物，投保人或被保险人应迅速采取或根据保险人的特别要求采取合理的保全或施救措施，以防止或减少货物损失。

（5）及时提货。被保险货物抵达保单所载目的地后，被保险人应及时提货，避免不必要的风险。

（6）依约索赔。被保险人发现保险货物遭受损失的，应立即向保单上载明的检验、理赔代理人申请检验，向承运人、海关、港务当局等索取相应的理赔依据，并以书面方式向责任人提出索赔，或者根据保险人的要求，及时提起诉讼或申请仲裁。否则，将承担相应的不利法律后果。

二、国际货物运输险承保的风险、险种及损失范围

（一）承保的风险

承保的风险是投保人与保险人约定，保险人应对运输途中导致被保险货物灭失或损坏承担赔偿责任的各种自然风险或社会风险。这种风险应当客观存在，但其能否成为现实则具有偶然性。如果风险必然发生，或者其根本不存在，抑或已经消失，相应的保险合同无执行力，由过错方自行承担其损失。如我国《海商法》第 224 条规定："订立合同时，被保险人已经知道或者应当知道保险标的已经因发生保险事故而遭受损失的，保险人不负赔偿责任，但是有权收取保险费；保险人已经知道或者应当知道保险标的已经不可能因发生保险事故而遭受损失的，被保险人有权收回已经支付的保险费。"

各种运输方式所面临的风险均有其特殊性，但一般均可区分为：

（1）自然灾害（natural calamities），是指与特定运输方式有关的、不以人们意志为转移的特定自然界力量所引起的灾害。该自然灾害一般以特定保险单所列举的为限。如海洋运输货物"平安险"承保的自然灾害，是指造成整批货物全部损失或推定全损的恶劣气候、雷电、海啸、地震、洪水等海上灾害。

（2）意外事故（fortuitous accidents），是指与特定运输方式有关的、由于偶然的、意料之外的特定原因所造成的事故。如在海运保险中的意外事故，主

---

① 参见我国《保险法》第 17、18 条，《海商法》第 222、223 条等。

要指海上交通工具（船舶）搁浅、触礁、沉没，船舶与流冰或其他物体相撞，以及船舶失踪、失火、爆炸等。

（3）外来风险（extraneous risk），是指上述风险以外的其他特定外来原因所造成的风险。外来风险可分为一般外来风险和特殊外来风险两种。

一般外来风险是指被保险货物在运输途中由于偷窃、短量、雨淋、玷污、渗漏、破碎、钩损、锈损、受热、受潮、串味等常见外来原因所造成的风险。

特殊外来风险是指由于军事、政治、国家政策法令以及行政措施等特殊外来原因所造成的风险。如因战争、罢工、运输工具在中途被扣留而导致交货不到，以及货物被有关当局拒绝进口或没收等。

（二）承保的险种

货物运输的险种因运输方式不同而有所差别。如海运基本险有平安险、水渍险和一切险，空运基本险有空运险和空运一切险，陆运基本险有陆运险和陆运一切险。此外，它们均可加保战争险、罢工险等附加险（详见其后各专门章节）。

（三）承保的损失范围

保险人承保的损失范围指保险事故发生后，保险人对被保险人因此遭受损失的赔偿范围，主要包括全部损失、部分损失及单独费用。

1. 全部损失

全部损失（total loss），是指保险事故发生后，被保险货物完全灭失或完全失去效用，不值得进行修复。上述各种基本险均承保货物全损。根据损失的实际情况，全部损失又可分为实际全损和推定全损两种。

实际全损（actual total loss），指被保险货物完全灭失或完全丧失原有形体、效用；或者其不能再归被保险人拥有。前者如货物被海水溶解、被烧毁或报废；后者如货物随船沉入深海，或货物被抛弃。

推定全损（constructive total loss），指保险事故发生后，被保险货物被认为实际全损已经不可避免。如货物被敌对方俘获而难以复得，或者为避免发生实际全损所需支付的费用与继续将货物运抵目的地的费用之和将超过保险价值，因而对被保险人失去了商业价值。

在足额保险条件下，保险人对于全部损失应按保险金额支付保险赔偿金。在不足额保险条件下，保险人按承保比例支付保险赔偿金。

2. 部分损失

部分损失（partial loss），是指保险事故发生后，货物部分灭失或部分丧失其价值。如海运货物之共同海损、单独海损等。部分损失能否向保险公司索赔，取决于其是否为相应的保险合同覆盖。

共同海损（General Average，G. A.），是指载货船舶在海上遭遇灾害、事故，实际威胁到船、货等各方的共同安全，为了解除这种威胁，维护船、货的安全，或者使航程得以继续完成，由船方有意识地、合理地采取措施，因此作出的特殊牺牲或/和支出的额外费用。共同海损尽管应由受益方共同分摊，但实务中往往由相应货物的保险人直接支付。

单独海损（Particular Average，P. A.），是指不属于共同海损的货物部分损失。

3. 单独费用

单独费用（particular charges），是指被保险人对遭受承保风险侵害的货物采取抢救、防止或减少货损的措施而支付的合理费用，一般包括施救、救助等各类费用。根据保险合同中"诉讼与营救条款"（sue and labor clause），单独费用应予补偿。但各项单独费用之和一般不得超过保险金额。①

施救费用（sue and labor expenses），是指在被保险货物遭受承保风险的侵害时，被保险人为避免和减少损失，采取各种措施而发生的合理费用。

救助费用（salvage charge），是指在被保险货物遭受承保风险的侵害时，由被保险人以外的第三者采取救助措施，被保险人向其支付的费用。

三、国际货物运输保险基本原则

保险法的基本原则有许多，诸如保险与防灾相结合原则、最大诚信原则、保险利益原则、损害赔偿原则、公平互利与自愿协商原则、近因原则、公平竞争原则等。但与国际货物运输保险紧密关联的，主要有可保利益原则、最大诚信原则、近因原则等。

（一）可保利益原则

可保利益原则（principle of insurable interest），又称保险利益原则，要求投保人在投保时必须对保险标的具有可保利益。可保利益，又称"保险利益"，是指投保人对保险标的具有的法律上承认的利益。财产保险合同的目的是弥补损失，因此只有可能遭受经济损失的投保人才能投保财产险，否则就可能导致保险赌博或其他非法合同。故投保人对保险标的不具有可保利益的，保险合同无效。②

---

① 参见我国《海商法》第240条。
② 参见我国《保险法》第12条第1、2款。

虽然各国法律要求投保人应对保险标的具有可保利益，但对作为保险单受让人的被保险人而言，则不要求在投保时其也具有可保利益，而仅要求其在保险标的发生损失时具有可保利益。

（二）最大诚信原则

诚实信用原则（principle of good of faith）是民法的基本原则之一。由于货物运输保险合同不仅具有格式化和射幸性等特点，而且保险人难以到货物所在地查验投保人所告知或陈述事项的真实性，故要求合同双方当事人均应最大程度地遵守这一原则，以最大善意全面地履行各自的义务，而不容许隐瞒或欺诈，或以过失等理由解除其诚信义务，斯为最大诚信原则（principle of utmost good of faith）。

对于投保人而言，最大诚信原则要求其承担两项基本义务：

（1）充分告知义务，即如实告知涉及保险标的的足以影响保险人决定是否承保和保险费率的所有重要情况；

（2）担保义务，即向保险人承诺，保证在保险期内遵守某些作为或者不作为的规则，或担保某一事项的真实性。

对于保险人而言，最大诚信原则同样要求其应承担两项基本义务：

（1）说明义务，即在订立保险合同时，应向投保人说明保险合同条款的内容，特别应当明确说明其中的免责条款，否则免责条款不发生效力。

（2）保险人应有足够的能力履行保险赔偿金的支付义务。

（三）近因原则

近因原则（principle of proximate cause）要求，保险人支付保险赔款的前提条件，是损害结果与保险事故的发生存在因果关系。如英国1906年《海上保险法》第55条第1款规定："根据本法规定，除保险单另有规定外，保险人对由其承保危险所直接造成的损失，承担赔偿责任；但对非由其承保危险直接造成的任何损失，概不承担责任。"该法规提出的近因原则后为各国广泛接受。然而，损害结果往往由多种因素促成，因此法律上的因果关系与客观的直接因果关系有所差别，前者更强调法律后果的公平合理性，往往仅将对保险事故的发生起直接的、主要或决定性作用的因素作为法律上的原因，即近因。因此，时间上最接近的原因不一定构成近因。实务中往往多采用相当因果关系来认定保险人的责任。

为避免不必要的因果关系争议，当事人可以通过约定直接排除若干易产生分歧的事故原因，法律也可以将一些与保险法宗旨明显冲突的事故原因排除。如我国《海商法》第243条明确规定："除合同另有约定外，因下列原因之一造成货物损失的，保险人不负赔偿责任：（一）航行迟延、交货迟延或者行市变化；（二）货物的自然损耗、本身的缺陷和自然特性；（三）包装不当。"

第二节　国际海上运输货物保险制度

国际海上运输货物保险通常使用伦敦保险人协会制订的货物保险条款。我国对外贸易运输中除上述条款外，主要使用中国人民保险公司制订的海洋运输货物保险条款（以下简称"人保条款"）。

一、中国人民保险公司的海洋运输货物保险条款

人保条款包括基本险条款、附加险条款和专门险条款。前者涵盖平安险、水渍险和一切险，中者涵盖一般附加险、特别附加险及特殊附加险，后者涵盖海洋运输冷藏货物险、海洋运输散装桐油险。本教材主要讨论前两类险种。

（一）海洋货物运输基本险

现行的《海洋运输货物保险条款》是中国人民保险公司在参照伦敦保险人协会 1963 年货物保险条款的基础上，于 1981 年 1 月 1 日修订而成的，共分为五节，第一节为责任范围，各基本险的责任范围各不相同；但其余四节同时适用于平安险、水渍险及一切险，分别为：除外责任、责任起讫、被保险人义务及索赔期限。

1. 责任范围

（1）平安险。平安险（Free from Particular Average, F. P. A.），原意为"单独海损不保"，即保险人主要对保险事故造成的货物全部损失承担赔偿责任，而不负责单独海损中的部分海损，但目前其承保范围已扩展到：被保险货物在运输途中由于恶劣气候、雷电、海啸、地震、洪水等自然灾害造成整批货物的全部损失或推定全损；由于运输工具遭受搁浅、触礁、沉没、互撞、与流冰或其他物体碰撞以及失火、爆炸意外事故造成货物的全部或部分损失；在运输工具已经发生搁浅、触礁、沉没、焚毁意外事故的情况下，货物在此前后又在海上遭受恶劣气候、雷电、海啸等自然灾害所造成的部分损失；装卸或转运时，一件或若干整件货物落海造成的全部或部分损失；共同海损的牺牲、分摊和救助费用；被保险人对被保险货物进行施救的费用，但以不超过该批被救货物的保险金额为限；船舶在避难港由于卸货、存仓、运送货物所产生的损失和特别费用；根据运输合同中的"船舶互撞责任"条款，应由货方偿还船方的损失等。

平安险是海上运输货物保险中保险费率最低、保险责任最小的一种险别，一般适用于低值、无包装的大宗货物，如木材、矿砂、废钢材等的海上运输。

（2）水渍险。水渍险（With Particular Average，W.P.A.），原意为"单独海损亦承保"，即在平安险基础上再增加被保险货物由于恶劣气候、雷电、海啸、地震、洪水等自然灾害所造成的部分损失。

水渍险一般适用于不易损坏或不因生锈而影响使用的货物，如五金材料、旧汽车、机械、机床、散装金属原料等的运输。

（3）一切险。一切险（all risk），即在水渍险的责任范围外，再增加被保险货物在运输途中由于一般外来原因导致的货物全损或部分损失。因此，一切险实际上是水渍险和普通附加险的合并。可见，一切险并非真的承保"一切风险"，其承保范围以保险单列明的风险范围为准。特别附加险和特殊附加险承保的风险或其除外责任均被排除。

2. 除外责任

保险除外责任主要涉及被保险人或发货人的过错、商品本身的潜在缺陷和运输途中必然发生的损耗所造成的损失，以及与被保险货物本身无关的商业风险损失等。如根据"人保条款"，保险公司对于下列原因造成的损失不负赔偿责任：

（1）被保险人的故意行为或过失所造成的损失；

（2）属于发货人责任所引起的损失；

（3）在保险责任开始前，被保险货物已存在品质不良或数量短差所造成的损失；

（4）被保险货物的自然损耗、本质缺陷、特性，以及市价跌落、运输迟延所引起的损失或费用；

（5）海洋运输货物战争险条款和罢工险条款所规定的责任和除外责任。

保险实务中，保险人往往还对因船舶不适航、承运人无正本提单交付货物等造成的货物损失等不承担责任。

3. 责任期限

上述三种基本险保险责任的起讫，均采用"仓至仓"条件（Warehouse to Warehouse，W/W），即保险责任自被保险货物从保险单所载明的起运港（地）发货人仓库开始，直至货物到达保险单所载明的目的港（地）收货人的仓库，或者被保险人用作分配、分派或分散转运处所，或非正常运输条件下的其他储存处所时为止。但是，当保险货物自在目的港或其他卸货港卸离海轮当日午夜零时起算，满60天仍未进入收货人仓库的或上述其他储存处所的，保险责任亦告终止。

在非正常运输条件下，被保险货物如在非保险单所载明的目的地出售，保险责任至交货时为止；货物在上述 60 天内继续运往保险单所载原目的地或上述其他目的地的，保险合同继续有效；如在上述 60 天内需转运到非保险单所载明的目的地时，则保险责任自该项货物开始转运时终止。

如果因被保险人无法控制的运输迟延、绕道、被迫卸货、重新装载、转运或承运人行使运输合同赋予的权利而变更或终止运输合同，致使被保险货物运到非保险单所载明的目的地时，在被保险人将获知的情况及时通知保险人，并在必要时依约追缴保险费的情况下，保险合同继续有效。

（二）海洋运输货物一般附加险

一般附加险是在基本险的基础上，为保障基本险范围以外的某些普通风险而附加承保的险种。与基本险不同，附加险不能单独投保，投保人必须在投保了基本险后，方可再投保附加险。

一般附加险条款主要包括以下 11 种：

1. 偷窃、提货不着险

偷窃、提货不着险（theft, pilferage and non-delivery clause），承保被保险货物遭受的如下损失：（1）偷窃行为所致的损失；（2）整件提货不着。然而，被保险人必须及时提货。对于偷窃损失，必须在提货后 10 日内申请检验；对提货不着，必须向责任方取得整件提货不着的证明。否则，保险人不负赔偿责任。

2. 淡水雨淋险

淡水雨淋险（fresh water and/or rain damage clause），承保被保险货物因直接遭受雨淋或淡水所致的损失，包括船上淡水舱、水管漏水以及舱汗所导致的货物损失，但包装外部应有雨水或淡水痕迹或有其他适当证明。被保险人必须及时提货，并在提货后 10 天内申请检验，否则，保险人不负赔偿责任。

3. 短量险

短量险（shortage clause），承保被保险货物在运输过程中，因包装破裂或散装货物发生数量或重量短少的损失，但不包括货物在途的正常损耗。

4. 混杂、玷污险

混杂、玷污险（intermixture and contamination clause），承保被保险货物在运输过程中，因与其他物质接触而被玷污，或因混进了杂质，影响货物质量所造成的损失。

5. 渗漏险

渗漏险（leakage clause），承保流质、半流质、油类货物在运输途中因容器损坏而引起的渗漏损失，以及因保护性液体渗漏引起被保险货物（如酱菜等）的腐烂变质损失。

6. 碰损、破碎险

碰损、破碎险（clash and breakage clause），承保被保险货物在运输过程中因震动、碰撞、受压而导致的破碎、断裂或其他碰撞损失。

7. 串味险

串味险（taint of odor clause），承保被保险货物因配载不当而在运输过程中受其他物品影响，引起的串味损失。一般适用于易发生串味损失的食品、粮食、茶叶、中药材、香料、化妆品等货物的运输。

8. 受潮受热险

受潮受热险（sweat and heating clause），承保被保险货物在运输过程中，因气温骤变或船上通风设备失灵等原因使船舱内水汽凝结、发热或发潮所导致的损失。

9. 钩损险

钩损险（hook damage clause），承保被保险货物（一般是袋装、箱装或捆装货物）在运输过程中因使用钩子装卸，致使包装破裂或直接钩破货物所导致的损失，以及对包装进行修理或调换所支出的费用。

10. 包装破裂险

包装破裂险（breakage of packing clause），承保被保险货物在运输过程中因搬运或装卸不慎致使包装破裂所导致的损失，以及为继续运输安全所需对包装进行修补或调换所支付的费用。

11. 锈损险

锈损险（rust clause），承保被保险货物在运输过程中由于生锈而引起的损失。海上保险实务中，保险人一般不接受裸装的金属材料投保锈损险。

（三）特别附加险

特别附加险承保造成进出口货物损失的某些特殊风险。这些风险往往与政治、行政等人为因素及一些特别因素联系在一起。特别附加险主要包括：

1. 交货不到险

交货不到险（failure to deliver clause），承保被保险货物从装上船舶时开始，在预定抵达目的地日期起满 6 个月内仍未运到目的地交货的损失。不论何种原因导致交货不到，保险人都应按全部损失予以赔偿，但被保险人应将货物的全部权益转移给保险人。然而，被保险人在投保该险时必须获得进口货物所

国际贸易法新编

需的一切许可手续。

交货不到险承保的损失主要是因政治因素而导致货主无法按时收到货物，譬如中途由于某国对货物扣押而导致交货不到。由于该附加险与提货不着险和战争险所承保的责任范围有重叠之处，相应的"人保条款"因此规定，提货不着险和战争险项下所承担的责任，不在交货不到险的保险责任范围之内。

2. 进口关税险

进口关税险（import duty clause），承保的是被保险货物因承保风险受损后，仍得在目的港按完好货物交纳进口关税而导致的相应关税损失。在有些国家（如加拿大等），不论货物进口时是否完好，一律按货物完好时的价值计征关税；而在有些国家则可以按其实际价值减税或免税。针对前一类国家的货物贸易，可以考虑加保该附加险。如相应的"人保条款"规定，"如被保险货物到达目的港后，因遭受本保险单责任范围以内的损失，而被保险人仍须按完好货物完税时，本公司对该项货物损失部分的进口关税负赔偿责任，但以不超过受损部分的保险价值　％为限"。

3. 舱面货物险

舱面货物险（on deck clause），承保装载于舱面的货物被抛弃或被海浪冲击落水所致的损失。如相应的"人保条款"规定："本保险对被保险货物存放舱面时，除按本保险单所载条款负责外，还包括被抛弃或风浪冲击落水在内。"

4. 拒收险

拒收险（rejection clause），承保被保险货物不论出于何种原因，被进口国政府或有关当局拒绝进口或没收而引起的被保险货物损失，但被保险人应保证持有进口货物所必需的许可证明。然而，在被保险货物起运后，进口国宣布实行任何禁运或禁止进口的，保险人仅负责赔偿运回出口国或转口到其他目的地而增加的运费，并且最多不得超过该批货物的保险价值。如果货物在起运前，进口国即已宣布禁运或禁止，保险人则不负赔偿责任。

拒收险条款一般还要求，被保险人所投保的货物在生产、质量、包装、商品检验等方面，必须符合产地国和进口国的有关规定。如果因被保险货物的记载错误、商标或生产标志错误、贸易合同或其他文件存在错误或遗漏、违反产地国政府或有关当局关于出口货物规定而引起的损失，保险人概不承担保险责任。

5. 黄曲霉毒素险

黄曲霉毒素是一种致癌毒素，在发霉的花生、没籽、大米中一般含有这种

168

毒素。各国对于这种毒素的含量均有严格的限制标准。黄曲霉毒素险（aflatox-ion clause）承保的就是被保险货物在进口港或进口地，经当地卫生当局检验证明，所含黄曲霉毒素超过进口国的限制标准而被拒绝进口、没收或强制改变用途所导致的损失。但保险责任开始前已存在的黄曲霉毒素超标，不属于承保范围。经保险人要求，被保险人有责任处理被拒绝进口或强制改变用途的货物，或者申请仲裁。

（四）特殊附加险

特殊附加险包括海洋运输货物战争险与运输货物罢工险。

1. 海洋运输货物战争险

海洋运输货物战争险（ocean marine cargo war risk）承保的责任范围为：

（1）直接由于战争、类似战争行为、敌对行为、武装冲突或海盗行为所致的损失；

（2）由于上述风险引起的捕获、拘留、扣留、禁止、扣押所造成的损失；

（3）各种常规武器，包括水雷、鱼雷、炸弹所致的损失；

（4）上述风险引起的共同海损的牺牲、分摊和救助费用。

该险的除外责任包括：

（1）上述敌对行为使用原子或热核武器所致的损失和费用；

（2）因上述扣押、拘留等导致承保航程丧失和挫折而提出的任何索赔。

2. 运输货物罢工险

中国人民保险公司的运输货物罢工险条款（cargo strikes risk clause）适用于海运、空运、陆运和邮包运输等各种运输方式。其承保的责任范围为：

（1）被保险货物由于罢工者、被迫停工工人或参加工潮、暴动、民众斗争的人员的行为，或任何人的恶意行为造成的直接损失；

（2）由于上述行为所引起的共同海损牺牲、分摊和救助费用。

罢工险的除外责任为，因上述罢工风险引起的任何间接损失。如在罢工期间由于劳动力短缺或不能运输所致被保险货物的损失，或因罢工引起动力或燃料缺乏导致冷藏机停止工作，致使冷藏货物受损等。罢工险条款如果与各种运输货物保险条款中的任何条文有抵触时，以罢工险条款为准。

二、伦敦保险人协会的货物保险条款

（一）协会货物保险条款概述

英国早在 1601 年就通过了《保险条例》，其后英国 1906 年颁布的《海上保险法》对海上保险法律关系作出了较详尽的规范，对各国的保险立法产生了深远的影响。伦敦保险人协会和劳埃德保险人协会于 1912 年在修订古老的 SG 保单基础上制定的《伦敦保险人协会货物条款》（以下简称协会条款，Institute Cargo Clauses，ICC）及相应保单，亦对世界各国有着广泛的影响。协会条款最近一次修订完成于 1982 年，自 1983 年 4 月 1 日起正式使用。①

协会条款包括六种险别的条款：（1）协会 A 条款或 ICC（A），与"人保条款"的一切险条款类似；（2）协会 B 条款或 ICC（B），与"人保条款"的水渍险条款类似；（3）协会 C 条款或 ICC（C），与"人保条款"的平安险条款类似；（4）协会战争险条款（institute war clauses-cargo），与"人保条款"的战争险条款类似；（5）协会罢工险条款（institute strikes clauses-cargo），与"人保条款"的罢工险条款类似；（6）协会恶意损害险条款（institute malicious damage clauses）。其中前三类为基本险，后三类为特别险。除恶意损害险不能单独投保外，其余五种险别都可以单独投保。

除承保风险和除外责任不同外，A、B、C 三类基本险别的条款结构全部一致，均包括 19 条，其中第 1 ~ 3 条为承保风险，第 4 ~ 7 条为除外责任，第 8 ~ 10 条为保险期间，第 11 ~ 14 条为索赔，第 15 条为保险受益（即该保险不得使承运人或其他保管人受益），第 16、17 条规定了被保险人尽量减少损失的义务，第 18 条规定了被保险人的合理速办义务，第 19 条要求该保险关系受英国法律和惯例的调整。

就战争险和罢工险而言，其同样包括上述八方面的内容。除承保范围、除外责任和保险期限与上述 A、B、C 三险的不同外，其他各项内容均完全相同。这些附加险的内容与相应的"人保条款"基本一致。

协会恶意损害附加险承保任何人的故意不法行为对被保险货物的损害或毁坏，主要附加适用于 ICC（B）、ICC（C）两险，以承保被保险人以外的其他人的恶意损害风险。

（二）ICC 基本险条款的主要内容

1. 责任范围

ICC（A）险承保的风险非常广泛。其采取"一切风险减除外责任"的方式来说明其承保范围，即除了"除外责任条款"（第 4 ~ 7 条）所列明的除外风险外，保险人对其他风险引起的货物灭失或损坏均予负责。

---

① 由于协会条款 1982 年的修订晚于中国人民保险公司 1981 年的修订，所以，尽管 1982 年协会条款和 1981 年"人保条款"均源于 1963 年协会条款，但二者在许多方面存在差异。

ICC（B）险承保的风险为列明风险，即明确列出的才属于承保范围，未列出的均被排除。其承保范围具体限于以下风险引发的货物损失：（1）火灾、爆炸；（2）船舶或驳船触礁、搁浅、沉没；（3）陆上运输工具倾覆、出轨；（4）船舶、驳船或运输工具同水以外的外界物体碰撞；（5）在避难港卸货；（6）地震、火山爆发、雷电等；（7）共同海损牺牲；（8）抛货或浪击落海；（9）运输工具或其储货处进水；（10）货物装卸时落海或跌落导致的整件全损。其中前六类损失仅要求相当因果关系，而后四类损失要求直接因果关系。

ICC（C）险承保的风险亦为列明风险。其主要承保重大意外事故的风险，具体包括以下两类：（1）保险标的的损失可合理归因于：火灾或爆炸、船舶或驳船搁浅、触礁、沉没或倾覆；陆上运输工具的倾覆或出轨；船舶或驳船同除水以外的任何外界物体碰撞；在避难港卸货。（2）由于下列原因引起保险标的的损失：共同海损牺牲；抛货或浪击落海。即上述 ICC（B）险中的第6、9、10项风险被排除。

2. 除外责任

上述三类基本险条款均规定了四类除外责任，即普通除外责任、不适航与不适运除外责任、战争除外责任和罢工除外责任。

ICC（A）险的除外责任包括：

（1）普通除外责任，包括以下原因造成的损失或费用：①归因于被保险人故意的不法行为；②自然渗漏、重量或容量的自然耗损或自然磨损；③包装不足或不当；④保险标的内在缺陷或特性；⑤直接源于延迟；⑥由于船舶所有人、租船人经营破产或不履行债务；⑦由于使用任何原子或热核武器等。

（2）不适航、不适运除外责任，包括：①保险标的在装船时，被保险人或其受雇人已经知道船舶不适航，以及船舶、装运工具、集装箱等不适货；②被保险人或其受雇人参与了船舶适航、适货默示保证的违反。

（3）战争除外责任，包括以下行为或物品造成的损失或费用：①战争、内战、敌对行为等；②捕获、拘留、扣留等（海盗除外）；③被遗弃的水雷、鱼雷、炸弹或其他被遗弃的战争武器。

（4）罢工除外责任，包括：①罢工者、被迫停工工人，或参加工潮、暴动或民变的人员的行为造成的损失和费用；②罢工、被迫停工、工潮或民变造成的损失和费用；③恐怖分子或出于政治动机而行动的人所致的损失和费用。

B、C两条款的除外责任相同，但与A条款比较，B、C两险还将被保险人以外其他人的故意损害，以及海盗行为导致的损失排除。

3. 责任期限

协会条款基本险的责任期限与人保条款基本险的基本相同。但在航海变更条件下，协会条款区分该变更是否出自被保险人的意志：在被保险人无法控制的运输延迟、绕航、被迫卸货、重装、转运或承运人依运输合同授权所作的任何航海变更条件下，无需追加保险费，保险合同继续有效；但在被保险人主动变更目的地的条件下，应立即通知保险人，经另行议定保险费和条件，保险合同才继续有效。①

第三节　陆路运输货物保险制度

陆路运输货物保险的基本险别有陆运险（overland transportation risks）和陆运一切险（overland transportation all risks）两种。此外，还有相当于基本险的陆上运输冷藏货物险（overland transportation insurance "frozen products"）。在投保上述基本险的基础上，可以加保战争险、罢工险等附加险。

中国人民保险公司的陆上货物运输保险目前只承保使用火车、汽车的运输，而不承保使用其他陆上运输工具进行的货物运输。

一、陆路运输货物基本保险

（一）承保范围

1. 陆运险

陆运险的承保范围为列明风险，主要包括：被保险货物在运输途中遭受暴风、雷电、地震、洪水等自然灾害，或者由于运输工具遭受碰撞、倾覆或出轨，或者在驳运过程中因驳运工具遭受搁浅、触礁、沉没、碰撞；或由于遭受隧道坍塌、崖崩或失火、爆炸意外事故所造成的全部或部分损失，以及被保险人对遭受承保责任内危险的货物采取抢救、防止或减少货损的措施而支付的合理费用，但以不超过该批被救货物的保险金额为限。

陆运险的承保范围大致相当于海运险中的"水渍险"。但陆路运输货物保险中没有与海运"平安险"相应的险种。与"水渍险"比较而言，其承保风险既不包括流冰、海啸等海上特有风险，也不存在与共同海损相对应的陆运风险分摊机制，但增加了倾覆、出轨、隧道坍塌、崖崩等陆运所特有的风险。

2. 陆运一切险

陆运一切险的承保范围同样为列明风险，除承保陆运险的各种风险外，保

① 参见协会 A、B、C 条款之第 8 条第 3 款、第 10 条。

险公司还负责赔偿被保险货物在运输途中由于一般外来原因，如震动、碰撞、挤压、包装破裂、偷窃、雨淋等导致货物破碎、弯曲、凹瘪、折断、开裂、渗漏、腐烂变质、破碎、生锈、受潮、受热、发霉、串味、玷污等而引起的货物短少、短量、损坏或提货不着等损失。

（二）除外责任

陆运基本险的除外责任与海洋货物运输基本险的除外责任基本一致。

（三）责任期限

保险人的责任期限为"仓至仓"，即自被保险货物运离保险单所载明的启运地发货人的仓库或储存处所时开始，包括正常陆运和有关的水上驳运在内，直到该项货物送交保险单载明的目的地收货人仓库时为止。但以货物到达约定的最后卸载的车站后 60 天为限。

二、陆上运输冷藏货物险

陆上运输冷藏货物险是针对陆上特种运输的一种专门保险，除承保上述陆运险的全部责任外，还负责赔偿由于冷藏机器或隔温设备在运输途中损坏所致被保险货物解冻融化而腐烂的损失，以及被保险人对遭受承保风险的货物采取抢救、防止或减少货损的措施而支付的合理费用，但以不超过该批被救货物的保险金额为限。

保险人不负责赔偿：被保险货物在运输的任何阶段，因未存放在有冷藏设备的仓库或运输工具中，或辅助运输工具没有隔温设备，或没有在车厢内贮存足够的冰块所致的货物腐败；被保险货物在保险责任开始时因未保持良好状态，包括整理加工和包扎不妥、冷冻上的不合规定及骨头变质所引起的货物腐败和损失；因战争、罢工或运输延迟而造成的货物腐败等。陆运基本险其他的一般除外责任同样适用于该保险。

该险种的保险责任，自被保险货物运离保险单所载起运地点的冷藏仓库装入运送工具开始运输时开始，至该项货物到达保险单所载明的目的地收货人仓库时为止，但最长以被保险货物到达目的地车站后 10 天为限。

三、陆路运输货物附加险

陆运附加险包括战争险和罢工险。这些附加险只有在投保了陆运基本险后才能附加投保。其中的战争附加险目前仅适用于火车运输。

陆运战争险承保被保险货物在运输途中直接由于战争、类似战争行为和敌对行为、武装冲突所造成的损失，以及各种常规武器包括地雷、炸弹所致的损失。

陆运战争险的除外责任与海运货物战争险的基本一致。

该险的责任期限为：

（1）自被保险货物装上保险单所载起运地的火车时开始，到卸离保险单所载目的地的火车时为止。如果被保险货物不卸离火车，保险责任最长期限以火车到达目的地的当日午夜起算满 48 小时为止。

（2）如果在运输中途转车，不论货物在当地卸载与否，保险责任以火车到达该中途站的当日午夜起算满 10 天为止；如货物在上述期限内重新装车续运，保险合同继续有效。

（3）如果运输合同在保险单所载目的地以外的地点终止时，该地即视为保险目的地，仍按照前述第一种情况终止责任。

按照国际习惯做法，如果被保险货物已投保战争险，在加保罢工险时，保险人不需另加保费。如果仅加保罢工险，则按战争险费率计收。

第四节 航空运输货物保险制度

受限于航空技术及航空设备的发展，航空货物运输的发展较晚，相应的，航空运输货物保险业的发展历史也不长，迄今也难谓已经形成了一个相对独立的航空保险法体系。在国外，直到 1965 年，伦敦保险人协会才制定出其《协会航空运输货物一切险条款》（Institute Air Cargo Clauses-All Risks），并于1982 年修改为《协会航空运输货物保险条款》（Institute Air Cargo Clauses）。此外，该协会还制定了《协会航空运输货物战争险条款》（Institute War Clauses-Air Cargo）和《协会航空运输货物罢工险条款》（Institute Strikes Clauses-Air Cargo）。这些条款的首部均标明："本条款仅供新的海上保险单格式使用。"这意味着航空运输货物保险没有独自的保险单格式，上述保险条款必须与海上保险单格式一起使用。实务中，对空运保险条款有关术语的解释，一般也参照英国《海上保险法》等规定。

在我国，中国人民保险公司也制定了相应的《航空运输货物保险条款》及相应的战争险条款，目前采用的是其 1981 年修订版。

中国人民保险公司开办的航空运输货物基本险种有航空运输险（air transportation risks）和航空运输一切险（air transportation all risks）。此外，还可加保战争险、罢工险等附加险。

一、航空运输货物基本险

（一）承保范围

1. 航空运输险

航空运输险负责赔偿：

（1）被保险货物在运输途中遭受雷电、火灾、爆炸或由于飞机遭受恶劣气候，或其他危难之故而被抛弃，或由于飞机遭受碰撞、倾覆、坠落或失踪等意外事故所导致的全部损失或部分损失；

（2）被保险人对遭受承保范围内风险的货物采取抢救而支付的合理费用，但以不超过该货物的保险金额为限。

与海运和陆运不同，航空运输不受流冰、海啸、地震、洪水、隧道坍塌、崖崩等自然灾害的影响，也不会发生搁浅、碰撞、触礁、出轨等意外事故，但航空运输保险承保的风险中有飞机倾覆、坠落、失踪等特殊风险。

2. 航空运输一切险

除承保上述航空运输险的责任外，还包括被保险货物在运输途中由于偷窃、渗漏等一般外来原因造成的全部或部分损失。

（二）除外责任

航空运输货物基本险的除外责任与海洋运输货物基本险的除外责任基本一致。

（三）责任期限

空运基本险的责任期限也是"仓至仓"，即自被保险货物运离保险单所载明的起运地仓库或储存处所开始运输时生效，直至该项货物运达保险单所载明目的地收货人的最后仓库或储存处所，或被保险人用作分配、分派或非正常运输的其他储存处所终止。如未运抵上述仓库或储存处所，则以被保险货物在最后卸载地卸离飞机后满30天为止。发生转运或非正常运输的，除最长期限为30天外，其他有关终止或恢复保险责任的规则与前述海运基本险的相应规则相同。

二、航空运输货物附加险

航空运输货物附加险包括战争险和罢工险。

航空运输货物战争险的责任范围和除外责任与海洋运输货物战争险的基本一致。

航空运输货物战争险的责任期限为"装至卸"，即自被保险货物装上保险单所载起运地的飞机时开始,到卸离保险单所载目的地的飞机时为止。如果被保险货物不卸离飞机,保险责任最长期限以飞机到达目的地的当日午夜起算满15天为止。如被保险货物在中途港转运,保险责任以飞机到达转运地的当日午夜起算满15天为止。一旦装上续运的飞机,保险责任恢复有效。

与陆运货物附加险一样,如果被保险货物已投保航空运输战争险,在加保罢工险时,保险人不需另加保费。如果仅加保罢工险,则按战争险费率计收。

第五节　邮包运输货物保险制度

邮包运输货物保险主要承保通过邮局以邮包方式运送的货物,在邮运途中遭到自然灾害、意外事故或外来原因造成的损失。尽管邮包运送往往涉及海运、陆运、空运等多种运输方式,但投保人在投保时,无需申明使用何种运输工具运送,邮包运输险的承保范围兼顾了海、陆、空三种运输方式或相应的多式联运。伦敦保险人协会迄今除制订《协会邮递战争险条款》外,尚未制订其他邮包运输保险标准条款。在我国,中国人民保险公司参照国际通行做法,于1981年修订并公布了一套较完备的邮递货物保险条款,其中的"邮包险条款"涵盖"邮包险"、"邮包一切险"两种基本险,"邮包战争险条款"为附加险条款。

一、邮包运输货物基本险

（一）承保范围

1. 邮包险

邮包险承保的风险责任范围为:被保险货物在运输途中,由于遭受雷电、暴风、地震、海啸、洪水等自然灾害,或由于运输工具碰撞、搁浅、触礁、出轨、倾覆、坠落、失踪、失火、爆炸等意外事故导致的全损或部分损失,以及被保险人对遭受承保责任内危险的货物采取抢救、防止或减少货损的措施而支付的合理费用,但以不超过该批被救货物的保险金额为限。

2. 邮包一切险

除承保上述邮包险的责任范围外,还包括被保险货物在运输途中由于外来原因造成的全部或部分损失。

（二）除外责任

邮包基本险的除外责任与海洋运输货物基本险的除外责任基本一致。

176

（三）责任期限

保险人的保险责任期限为"门至门"，即自被保险邮包离开保险单所载明的起运地寄件人的处所运往邮局时开始，直至被保险邮包运达保险单所载明的目的地邮局，自邮局签发到货通知书当日午夜起算满 15 天终止。但在此期限内邮包一经递交至收件人的处所时，保险责任即行终止。

二、邮包运输货物附加险

邮包附加险包括邮包战争险和罢工险。

邮包战争险的承保责任范围与海洋运输货物战争险的承保责任范围基本一致。

邮包战争险的责任期限为：被保险邮包经邮政机构收讫后自储存所开始运送时生效，直至该项邮包运达保险单所载明的目的地邮政机构送交收件人为止。

邮包战争险的除外责任与海洋运输货物战争险的除外责任基本一致。同其他运输保险一样，在加保罢工险时，保险人不需另加保费。如果仅加保罢工险，则按邮包战争险费率计收。

第六节　运输货物保险的索赔与理赔

一、运输货物保险的索赔

（一）保险索赔的概念

保险索赔是指被保险货物遭受承保范围内的风险而受损时，被保险人依约要求保险人赔偿的行为。

被保险货物遭受保险范围内的损失后，被保险人要及时通知保险人，以便保险人或有关人员进行检验、取证，或者按照保险单的规定，委托专门机构对货损、货差情况进行检验，出具检验报告，说明损失的程度及原因，由被保险人凭检验报告连同其他索赔资料直接向保险公司在当地的代理机构索赔。

（二）索赔的证明文件

索赔时，根据保险人的要求，被保险人一般应当提供证明索赔主体资格，以及与确认保险事故性质和损失程度有关的凭证与资料。主要包括：（1）保险单正本或其他保险凭据；（2）海运提单、铁路运单、航空运单或邮包收据等运输单据；（3）商业发票、装箱单、重量单等；（4）检验报告、货损货差证明及索赔清单；（5）保险公司要求的其他相关资料。涉及第三者责任的，一般还应提供向责任方追偿的有关函电及其他必要的单证或文件。

二、委付

委付（abandonment），是海上保险特有的一项法律制度，即在被保险货物发生推定全损的条件下，被保险人可以选择将货物的所有权转让给保险人，以请求全额赔偿的制度。委付不得附带任何条件。但如果仅有部分货物发生推定全损，而该部分货物可以与其他部分分离独立的，那么也可以仅委付该部分货物。

对于委付，保险人可以接受或拒绝。委付一经接受，不得撤回。保险人接受委付的，被保险人对委付财产的全部权利和义务转移给保险人。① 故保险人应当谨慎决定是否接受委付，但其应当在合理的时间内将其决定通知被保险人。

被保险货物实际全损条件下，保险人履行其保险赔偿义务后，也可以当然地取得相应货物的残余价值。但这不受上述"委付"法律的调整。

三、索赔期限

被保险人向保险人要求保险赔偿的请求权，自保险事故发生之日起或自其知道保险事故发生之日起，② 满2年不行使而消灭。然而各种保险单所规定的2年索赔期限的起算点可能有所不同。如海运、空运保险单要求，诉讼时效自被保险货物在最后卸货港全部卸离海轮后或在最后卸载地卸离飞机后起算，最多不超过2年；而邮包保险单要求，从被保险邮包递交收件人时起计算，最多不超过2年。保单关于索赔期限的规定如果与相应的强制性立法冲突的，应作无效认定。

值得强调的是，被保险人应注意及时向承运人或其他责任人提出索赔或取得理赔依据，否则就可能导致保险人丧失相应的代位求偿权，从而导致保险人拒赔。如在1929年《华沙公约》项下，收货人发现货损的，应在收货后7日内；发现交货迟延的，则应在收货后14日内，书面向航空承运人提出异议。否则，收货人就无权再起诉承运人。后经1955年《海牙议定书》及1999年《蒙特利尔公约》调整，上述货损异议的期限分别被延长为14日（货损异

---

① 参见我国《海商法》第250条。

② 前者参见我国《海商法》第264条，后者参见我国《保险法》第27条。

议）、21 日（迟延异议）。在《国际货协》项下，有关当事人依据运输合同向铁路提出赔偿请求和诉讼，应在 9 个月期间内提出；有关货物运到逾期的赔偿请求和诉讼，应在 2 个月期间内提出。

四、保险理赔

保险理赔，指保险人处理保险索赔的过程。立法对于保险人理赔的基本要求是，保险事故造成损失后，保险人应当及时向被保险人支付保险赔偿。如我国《保险法》第 24 条规定："保险人收到被保险人或者受益人的赔偿或者给付保险金的请求后，应当及时作出核定，并将核定结果通知被保险人或者受益人；对属于保险责任的，在与被保险人或者受益人达成有关赔偿或者给付保险金额的协议后十日内，履行赔偿或者给付保险金义务。保险合同对保险金额及赔偿或者给付期限有约定的，保险人应当依照保险合同的约定，履行赔偿或者给付保险金义务。"否则，保险人"除支付保险金外，应当赔偿被保险人或者受益人因此受到的损失"。对于不属于保险责任的，也应当向被保险人或者受益人发出拒绝赔偿的通知书。自收到赔偿请求和有关证明、资料之日起 60 日内，保险人对其赔偿数额不能确定的，应当根据已有证明和资料可以确定的最低数额先予支付；保险人最终确定赔偿数额后，再支付相应的差额。我国《海商法》第 237 条亦作类似要求。但投保人、被保险人以伪造、变造的证明、资料或者其他证据，编造虚假的事故原因或者夸大损失程度的，保险人对其虚报的部分不承担赔偿责任。①

就保险人的理赔过程而言，其收到被保险人的索赔后，首先应确定被保险人是否具有可保利益。在国际贸易中，货物保单可以背书转让，因此，虽然在保险合同订立时，保险单的最后受让人可能不具有可保利益，但在索赔时，被保险人必须具有可保利益，否则保险人可以拒赔。其次，应根据保险法的近因原则，确定有关损失是否与承保风险具有因果关系。不存在因果关系的，可以拒赔。再次，应确定是否存在约定或法定的免责事由。属于免责范围的，即使是承保风险引起的损失，可以拒赔。如我国《海商法》第 242 条规定："对于被保险人故意造成的损失，保险人不负赔偿责任。"实务中，保险合同一般会将被保险人的故意或重大过失、延误、不可避免的货物损耗、货物的潜在缺陷等导致的损失排除。最后，应确定赔偿范围，根据货物的全损、部分损失或施救费用支出等不同情况计算赔偿金额，并在作出适当扣除后（如约定的免赔

---

① 参见我国《保险法》第 28 条第 2 款。

额、被保险人已从责任人得到的赔偿等），将保险赔款及时支付给被保险人。

就赔偿金额而言，保险人赔偿保险事故造成的损失，以保险金额为限。保险金额低于保险价值的，保险人按照保险金额与保险价值的比例负赔偿责任。保险标的在保险期间发生几次保险事故所造成的损失，即使损失金额的总和超过保险金额，保险人也应当赔偿。但是，对发生部分损失后未经修复又发生全部损失的，保险人按照全部损失赔偿。在发生共同海损的条件下，保险金额低于共同海损分摊价值的，保险人按照保险金额同分摊价值的比例赔偿共同海损分摊。

被保险人为防止或者减少根据保险合同可以得到赔偿的损失而支出的必要的合理费用，为确定保险事故的性质、程度而支出的检验、估价的合理费用，以及为执行保险人的特别通知而支出的费用，应当由保险人在保险标的的损失赔偿之外另行支付。但保险人对前述费用的支付，以相当于保险金额的数额为限。保险金额低于保险价值的，除合同另有约定外，保险人可以按照保险金额与保险价值的比例，支付相应的费用。

五、代位

代位（right of subrogation），是指当货损由第三方责任引起时，保险公司履行赔偿责任后，在赔偿金额范围内取得被保险人向第三人索赔权利的求偿制度。如我国《保险法》第45条第1、3款规定："因第三者对保险标的的损害而造成保险事故的，保险人自向被保险人赔偿保险金之日起，在赔偿金额范围内代位行使被保险人对第三者请求赔偿的权利。""保险人依照第一款行使代位请求赔偿的权利，不影响被保险人就未取得赔偿的部分向第三者请求赔偿的权利。"

但在海上保险方面，保险人的代位权范围并不限于其实际赔偿金额，其可以如同被保险人一样，向责任方行使全部的请求权。如我国《海商法》第252条规定："保险标的发生保险责任范围内的损失是由第三人造成的，被保险人向第三人要求赔偿的权利，自保险人支付赔偿之日起，相应转移给保险人。"为避免保险人因此不当得利，《海商法》第254条又补充规定："保险人从第三人取得的赔偿，超过其支付的保险赔偿的，超过部分应当退还给被保险人。"

为统一上述立法的分歧，1999年我国《海事诉讼特别程序法》（以下简称《海诉法》）第93条规定："因第三人造成保险事故，保险人向被保险人支付保险赔偿后，在保险赔偿范围内可以代位行使被保险人对第三人请求赔偿的权利。"为解决保险人代位求偿时的原告名分及程序衔接问题,《海诉法》第94、95条还规定:"保险人行使代位请求赔偿权利时,被保险人未向造成保险事故的第三人提起诉讼的,保险人应当以自己的名义向该第三人提起诉讼。""保险人行使代位请求赔偿权利时,被保险人已经向造成保险事故的第三人提起诉讼的,保险人可以向受理该案的法院提出变更当事人的请求,代位行使被保险人对第三人请求赔偿的权利。"被保险人取得的保险赔偿不能弥补第三人造成的全部损失的,保险人和被保险人可以作为共同原告向第三人请求赔偿。

保险人代位求偿时,被保险人应当向保险人提供必要的文件和其所需要知道的情况,并尽力协助保险人向第三人追偿。被保险人未经保险人同意放弃向第三人要求赔偿的权利,或者由于过失致使保险人不能行使追偿权利的,保险人可以相应扣减保险赔偿。

复 习 题

1. 简述各种海上运输货物保险的承保范围及免责。
2. 简述各种铁路运输货物保险的承保范围及免责。
3. 简述各种航空运输货物保险的承保范围及免责。
4. 简述各种邮包运输货物保险的承保范围及免责。
5. 简述各种货物运输保险人的责任期限。
6. 简述保险索赔的程序及相应单据要求。

思 考 题

1. 如何理解最大诚信原则?
2. 如何理解可保利益原则?
3. 如何理解近因原则?

第五章　国际贸易支付法

【要点提示】

1. 国际贸易支付中的货币
2. 国际贸易支付中的票据
3. 汇付法律关系
4. 托收的主要类型、国际惯例
5. 信用证的概念、类型、交易流程、国际惯例

国际贸易支付（以下简称国际支付），是指因履行国际贸易合同而发生的国际金钱债务的清偿或资金支付行为。国际贸易支付要比国内贸易支付复杂得多：一方面，由于距离和国界的存在，"一手交钱，一手交货"通常难以实现，交货与付款在时间上和空间上的分离使得当事人面临着钱货两空的巨大风险；另一方面，国际贸易支付由于涉及不同的国家，还会遇到国内贸易通常所没有的货币选择、汇率变动风险及法律冲突等问题。因此，除了货币的收付外，还需要一种能够确定或监督交易双方货款支付的方式。

早期的国际贸易通常采用现金支付，后来票据代替了现金。支付方式也逐渐从买卖双方直接结算（货物与货款的交换）发展到通过银行进行结算（单据与货款的交换），例如汇付、托收、信用证等，这样现代意义上的国际贸易支付体系就建立起来了。

第一节　国际贸易支付工具

当前主要的国际贸易支付工具仍然是货币和票据。由于现金支付风险大，成本高，操作也不便，因此在国际贸易中极少使用；而票据结算避免了现金支付带来的各种风险和费用，故成为国际贸易中主要的支付工具，被称为国际支付的基石。

一、国际贸易支付中的货币

在国际贸易中，货币既是计价的基础，又是贸易结算和支付的手段，计价货币和支付货币一起构成合同货币。由于国际货物贸易是跨国的商品买卖，而各国使用的货币通常各不相同，因此双方除可能约定使用当事人一方所在国的货币外，还可能使用第三国的货币来计价、支付。不过，约定货币类型时，最好使用明确、规范的货币名称和符号，否则容易导致纠纷的产生。如采用"元"（符号为"＄"）为货币单位的，有美国、加拿大、澳大利亚、新加坡等国，因此由于疏忽在订立合同时未标明是美元，还是加拿大元、澳大利亚元抑或新加坡元，通过其他方式也无法确定的，则通常应以与合同具有最密切联系国家的货币来判断。①而如果合同中未明确支付的货币，那么通常应依据当事人的意愿、商业习惯和当事人之间的惯例来确定；无法确定的，则一般将支付货币界定为卖方营业地所在地方通用的货币，当然这要受支配合同的法律的约束。②而对于合同损害赔偿金的支付，一般认为应以最能反映实际损失或与实际损失有最密切联系的货币作为支付货币。

由于计价货币和支付货币可能是两种不同的货币，所以两种货币发生汇率变动时应如何支付容易产生纠纷。在英国一个案例中，计价货币（尼镑）与支付货币（英镑）本来是等值的，但支付时尼镑不变而英镑贬值，法院认为尽管合同规定买方可以用英镑支付货款，但计价货币仍为尼镑，计价是支付的基础。此外，有时还会发生将外币债务折算为用当地货币偿付的情形，此时如何确定汇率也有不同的规则：（1）违约日兑换规则；（2）判决日兑换规则；（3）公平兑换规则，以违约日汇率和判决日汇率哪个对债权人有利而定；（4）支付日兑换规则，现多数国家法院采用支付日兑换规则。③

除了货币的确定外，当事人选择支付货币时，还需要综合考虑货币的可自由兑换性、当事国的外汇管制法律以及货币的汇率风险等相关因素。目前，国际贸易中经常使用的可自由兑换的货币主要是美元、欧元以及英镑等。尽管现在多数国家都依照《国际货币基金协定》的规定取消了经常项目下的外汇管制，但是不排除当事国仍存在外汇管制立法或者采取临时外汇管制措施的情

---

① 刘丰名著：《国际金融法》，中国政法大学出版社 2007 年版，第 424 ~ 425 页。

② 联合国国际贸易法委员会关于《国际货物买卖合同公约》判例法摘要汇编：A/CN. 9/SER. C/DIGEST /CISG/54 ，p. 3。

③ 刘丰名著：《国际金融法》，中国政法大学出版社 2007 年版，第 424 ~ 425 页。

形。因此，国际贸易双方应时刻注意是否有外汇管制的存在。此外，在国际贸易中作为计价和支付手段的货币还可能受到汇率的影响，从而使一方遭受经济上的损失。为此，当事人有必要采取在贸易合同中订立货币保值条款的方式，来规避汇率风险。常见的货币保值措施主要有黄金保值法、物价保值法、汇价加值法、汇率保值法等。不过，由于货币保值依赖于合同的约定，实践中并不普及。因此，也可以借助于外汇市场交易，通过套期保值的方式来消除或减少因外汇汇率变动而引起的风险损失。常用的套期保值方式主要有远期市场套期保值、货币市场套期保值以及期权市场三种。

二、国际贸易支付中的票据

（一）票据的概念与特征

国际贸易支付中的票据是一种狭义的票据，它是指由出票人签发的委托他人或由自己于指定日期或于见票时无条件支付一定金额给持票人的书面凭证。各国立法对于票据形式的认定存在分歧。德国、法国等国认为，票据只限于本票和汇票两种形式，不包括支票；英美等国则把支票也归于票据范围之内。我国《票据法》所称票据与多数国家立法一致，包括汇票、本票和支票三种形式。

票据属于债权有价证券中的金钱证券，它具有以下特性：

（1）票据是完全有价证券，证券权利的发生、转移和行使都以证券的存在为必要，这与股票、仓单等不完全有价证券不同。

（2）票据是设权证券，票据权利的发生必须做成证券，而无票据就无票据上的权利，这与股票、仓单等证权证券不同。

（3）票据是债权证券，其所表示的权利是以一定金额的给付为标的的债权，而且是金钱债权证券，这与提单等劳务或者实物权利证券不同。

（4）票据是流通证券，可以凭支付或背书等方式自由转让，无需通知债务人。

（5）票据是要式证券。票据的格式和记载事项，都由法律严格加以规定，当事人必须遵守，否则会影响票据的效力。而且，票据的签发、转让、承兑、付款、追索等行为，也必须严格按照规定的程序和方式进行方为有效。

（6）票据是文义证券。票据权利义务的内容完全依票据上的记载而定，不受票据上文字以外事项的影响。

（7）票据是无因证券。票据权利的行使只以持有票据为必要，至于取得票据的原因、票据权利发生的原因原则上不影响票据权利的存在和行使。

这其中，金钱债权证券是其本质，而流通性、要式性、文义性和无因性则是其最鲜明的特征。

（二）票据的法律调整

为了规范票据与票据行为，许多国家都制定了票据法，并逐渐形成了法国法系、日耳曼法系和英美法系三大立法模式。不过，各国尤其是不同法系国家间的票据制度存在着重大分歧和差异，这给票据的使用和流通带来了许多的不便。

为统一各国票据制度，便于国际支付，1930 年国际联盟主持召开日内瓦会议，签订了《统一汇票本票法公约》及其附件《统一汇票本票法》和《解决汇票本票法律冲突公约》。1931 年国际联盟又主持召开日内瓦会议，签订了《统一支票法公约》及其附件《统一支票法》和《解决支票法律冲突公约》。上述公约一般统称为"日内瓦公约"，其构建的票据法律制度称为"日内瓦公约体系"。

日内瓦公约是调和法国法系和日耳曼法系分歧的产物，它的订立使得大陆法系各国的票据制度趋于统一。不过，由于日内瓦公约体系同英美的票据制度仍存在较大差异，英美法系各国拒绝加入日内瓦公约。为了解决这个问题，促进各国票据法的协调和统一，联合国国际贸易法委员会从 20 世纪 70 年代起就着手起草关于票据的统一法公约，并最终于 1988 年 12 月 9 日正式通过了《国际汇票和国际本票公约》。

《国际汇票和国际本票公约》的适用范围仅限于国际票据，即出票地、付款地和受款人所在地中至少有两地不在一个国家的票据，不适用于缔约国国内使用的票据。《国际汇票和国际本票公约》虽尽可能地融合了两大票据法系的不同规定，但未能从根本上消除两大法系的对立，因此该公约至今仍未生效，其统一各国票据法的目标仍未实现。

（三）汇票

1. 汇票的概述

汇票是出票人签发的，委托付款人在见票时或者在指定日期无条件支付确定的金额给收款人或者持票人的票据。按照不同的标准，汇票有商业汇票和银行汇票，即期汇票和远期汇票，记名式、指示式和无记名式汇票以及国内汇票和国外汇票等不同分类。

汇票是国际贸易结算中的主要工具，其应用最为广泛。在国际贸易结算中，通常都是由卖方作为出票人，开立以买方为付款人的汇票，指定以卖方本人或与其有往来的银行作为受款人，通过汇票的移转代替现金的运送来实现货款的结算。因此，汇票通常至少涉及三方当事人，即出票人、付款人和收款人。在国际贸易中，出票人通常就是卖方或出口商，付款人通常就是买方或其指定的银行，而收款人通常就是卖方或其指定的银行。

2. 汇票的记载事项

汇票是一种要式证券，必须载明法定事项、具备法定形式，才能成为有效的汇票。不过，各国法律对汇票形式的要求并不完全相同，下面以日内瓦《统一汇票本票法公约》（以下简称《日内瓦公约》）的规定为主，参照各国的法例，对汇票所应记载的事项作简要阐述。

《日内瓦公约》第 1~2 条规定，汇票必须载明以下事项，否则不发生汇票的效力：

（1）表明"汇票"字样，即要求在汇票上标明"汇票"字样，以明确票据的性质，但英美法系各国并无此要求。

（2）无条件支付一定金额的命令。如果规定收款人必须完成某种行为或承担某项义务后，付款人方予付款，那就是有条件的，这就不是汇票。按照英国票据法的规定，如果汇票上指定必须在某项资金中付款，那也认为不是无条件的。至于汇票上能否载入利息条款，英美法认为，汇票上载有利息条款、分期付款条款或汇率条款都是有效的。《日内瓦公约》则规定，只有见票即付及见票后定期付款的汇票，才可以载入利息条款。

（3）付款人的姓名。付款人通常是出票人以外的人。若出票人指定自己为付款人，这种汇票称为"对己汇票"。对此，有的国家把它视作本票，有的把它视为汇票。英美法则认为，这种票据既可以作为本票，也可以作为汇票，可由执票人作出抉择。

（4）汇票的受款人。《日内瓦公约》不承认无记名式汇票，但英美法系的票据法则承认无记名式汇票，认为在汇票上没有记载受款人的姓名或商号的，以持票人为受款人。

（5）汇票的到期日。汇票的到期日或付款日期，即汇票金额支付的日期。汇票应载明付款日期，未载明者则视为见票即付的汇票，对此各国规定大致相同。汇票的到期日主要有定日付款、见票即付、出票日后定期付款以及见票后定期付款四种方法。

（6）汇票的付款地点。付款地是持票人请求付款及做成拒绝证书的处所。《日内瓦公约》第 2 条规定，汇票上未载明付款地的，以付款人姓名旁的地点为付款地。若付款人姓名旁也未记载地点的，则该汇票不得认为有效。英美法系国家票据法的规定则更加灵活，一般认为付款地记载并不影响汇票的有效性，只要持票人能找到付款人，就可以要求付款。

（7）汇票的出票日期及地点。《日内瓦公约》第2条规定，若未载明出票地，出票人姓名旁的地点视为出票地。若出票人姓名旁也无地点时，该汇票无效。英美法系国家的票据法认为，出票日期和地点并不是汇票的法定要件，如果没有填写出票日期，任何合法的持票人都可以将其自认为准确的日期补填在汇票上；如果没载明出票地点，则可以以出票人的营业地、居住地、常住地为出票地点。

（8）出票人签名。按照各国票据法的规定，汇票必须有出票人的签字方能生效。出票人签名的意义在于，在汇票被付款人承兑以前，出票人是汇票的主债务人；而如付款人拒绝承兑或付款，执票人有权向出票人追偿。

由此可见，《日内瓦公约》对汇票的形式要求比较严格，而英美法则比较灵活。我国《票据法》第22~23条也规定了同《日内瓦公约》大致相同的内容。

3. 汇票的主要票据行为

（1）出票。出票是指出票人签发汇票并将其交付给收款人的票据行为。出票包括制作票据和交付票据两个方面，二者缺一不可。制作汇票必须符合法定要求，否则汇票无效。出票是汇票的基本票据行为，票据上的权利和义务均经出票而创设，其他诸如背书、承兑和保证等均为附属的票据行为。出票行为一旦完成，就在出票人和收款人之间形成票据法律关系，出票人成为汇票的主债权人，并承担担保汇票承兑和付款的责任；收款人则成为汇票的主债权人，行使付款请求权和追索权。

（2）背书。持票人可以通过背书的方式将汇票权利转让给他人或者将一定的汇票权利授予他人行使。所谓背书，是指在票据背面或者粘单上记载有关事项并签章的票据行为。在汇票的背书行为中，签名背书的人称为背书人，接受经过背书的汇票的人称为被背书人。背书的方式主要有记名背书、空白背书、限制性背书以及免于追索的背书等方式。

对于背书能否附加条件，《日内瓦公约》和我国《票据法》均规定，汇票背书附条件的，所附条件无效；而英美票据法则承认附条件背书的效力，只是付款人在付款时对所附条件是否成立不负调查责任。

背书的法律意义在于，一方面，汇票的权利通过背书由背书人转让给被背书人；另一方面，背书人对其全部后手负担保责任，当持票人得不到承兑或付款时，背书人必须支付票据款项或承担追索责任。

（3）承兑。承兑是指远期汇票的付款人承诺在汇票到期日支付汇票金额的票据行为。远期汇票的持票人在汇票到期日前向付款人提示承兑，而付款人接受出票人委托同意承兑的，应当将同意承兑的意思表示记载在票据上。本票、支票及即期汇票不存在承兑问题。

承兑的意义在于，汇票一经承兑即表明承兑人承担到期无条件付款的义务；如果付款人拒绝承兑，可视为付款人拒付，持票人只能向出票人和背书人进行追索。不过，承兑不得附有条件，附条件的承兑视为拒绝承兑。

（4）付款。付款是收款人或持票人提示即期票据或到期的远期票据，由承兑人或付款人付款的行为。付款人付款后在汇票上注明"收讫"字样，汇票上反映的债权债务关系就此结束。

（5）拒付与追索。拒付指持票人向付款人提示汇票要求承兑或付款时，付款人拒绝承兑或付款的行为。此外，如付款人避而不见、死亡或宣告破产，也视为拒付。汇票遭拒付时，除汇票载明不需做拒绝证书外，持票人都必须在法定时间内做成拒绝证书，否则不得进行追索。

汇票遭拒付，持票人向出票人或背书人或承兑人要求偿退汇票金额的行为称为追索。被追索的对象有出票人、背书人、承兑人和票据保证人，他们对持票人负连带责任。正当持票人可以不按背书顺序，越过其前手，对任何一个债务人行使追索权，被追索的债务人清偿票款后，即取得持票人的权利，可以对其他债务人行使追索权。

汇票的主要票据行为流程见图5.1。

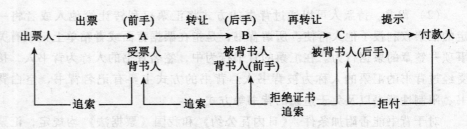

图5.1 票据行为流程图

（四）本票

本票，也称期票，是出票人签发的，承诺自己在见票时无条件支付确定的金额给收款人或者持票人的票据。本票依据出票人的不同，分为商业本票和银行本票两种。不过，我国《票据法》第73条规定，本票仅指银行本票。

《日内瓦公约》第75条规定，本票应包含下列内容：（1）票据主文中列有"本票"一词，并以开立票据所使用的文字表示；（2）无条件支付一定金额的承诺；（3）付款日期的记载；（4）付款地的记载；（5）受款人或其指定人的姓名；（6）签发本票的日期和地点的记载；（7）签发本票的人的签名（签票人）。对此的理解以及各国票据法间的差别同汇票基本是相同的。

本票与汇票相比，主要有以下区别：（1）基本当事人不同。本票的基本当事人只有两个，即出票人和收款人，而汇票的基本当事人一般有三个，即出票人、付款人与收款人。（2）付款人不同。本票是出票人承诺由自己付款，而汇票则是要求第三人付款。（3）主要债务人不同。本票的出票人始终是票据的主债务人，承担主要的付款责任，而汇票一旦被承兑，则由承兑人承担主要付款责任，出票人成为次债务人。除了有不同规定以及与本票的性质相抵触者外，各国票据法一般规定，有关汇票的规定，包括汇票的背书、保证、付款行为和追索权的行使等，适用于本票。《日内瓦公约》第77～78条、我国《票据法》第81条均有类似规定。

（五）支票

支票，是指由出票人签发的，委托办理支票存款业务的银行或者其他金融机构在见票时无条件支付确定的金额给收款人或者持票人的票据。

按照日内瓦《统一支票法》的规定，支票的法定记载事项包括：（1）"支票"字样；（2）无条件支付一定金额的命令；（3）付款银行名称；（4）付款地（未注明者，付款银行所在地即为付款地）；（5）出票日期与地点；（6）出票人签字。此外，支票必须是见票即付，不得另记载付款日期，如有此类记载，该记载无效，但支票仍然有效。

支票与汇票的主要区别在于：支票中的付款人只能是银行或其他金融机构，而汇票中的付款人不局限于金融业者，还可以是企业、个人；支票的付款时间必须是见票即付，而汇票的付款时间不限于见票即付；支票只能起支付工具的作用，而汇票除用于支付外，还具有信用工具等作用。

日内瓦公约体系与英美法体系的主要区别见表5.1。

表 5.1　　　　　　　　　日内瓦公约体系与英美法体系的主要区别①

	日内瓦公约体系	英美法体系
出票	1. 汇票上须注明"汇票" 2. 汇票上要有收款人的姓名或名称 3. 汇票上必须注明出票日期和付款日期或见票即付 4. 汇票必须注明出票地与付款地	1. 无此要求 2. 不一定记名，允许凭票即付 3. 汇票即使未注明出票日期，但如能确定付款日期，仍为有效汇票 4. 汇票上不一定注明出票地，但付款地必须注明
背书	5. 汇票背书如附有条件，所附条件无效	5. 附条件的背书对被背书人有效
承兑	6. 应注明"承兑"字样 7. 汇票自签发后，一年内须提示要求承兑	6. 承兑人签章即可 7. 汇票签发后，在合理时间内提示要求承兑
付款	8. 付款人无调查背书真伪的责任	8. 付款人应调查背书的真伪，付款人对假背书持票人的付款无效
追索	9. 汇票被拒付时，持票人未及时通知前手并不丧失对前手的追索权	9. 汇票被拒付时，持票人应及时通知前手，否则丧失对前手的追索权

第二节　国际贸易支付方式

在国际贸易中，价款的支付不仅构成国际贸易的实质性环节，更是成为影响国际贸易成败的关键问题之一。一种理想的支付方式，应该是既可以保证卖方能安全、快捷地收到贸易价款，又可以保证买方在付款后能够得到货物。经过不断的实践和创新，汇付、托收、银行保付代理以及信用证等方式成为目前国际贸易支付中的主要方式。

上述支付方式中，按照银行是否提供信用可以分为两类，一类是收付双方不由银行提供信用，但通过银行办理的方式，汇付和托收属于这类方式；第二类则是由银行提供信用，收付双方从银行得到信用保证及资金融通的便利，银

---

① 李仁真主编:《国际金融法》，武汉大学出版社 2005 年版，第 258 页。

行保付代理以及信用证属于这类方式。此外，按资金的流动方向与支付工具的传送方向是否相同也可分为两类，一类是顺汇，由债务人将款项主动交给本国银行，委托银行使用某种支付工具汇给国外债权人，汇付即为顺汇；一类是逆汇，是由债权人出具票据，委托本国银行向国外债务人收取款项的支付方式，托收、银行保付代理与信用证支付均为逆汇。①

一、汇付

汇付也叫买方直接付款，它是指付款人通过银行将款项汇交收款人的一种支付方式。

在国际支付中，最常用的汇付方式主要有信汇、电汇和票汇三种。

（1）信汇：信汇是指汇出行应汇款人要求，用航空信函将信汇委托书或付款委托书邮寄给汇入行，指令解付汇款资金给收款人的汇款方式。信汇一般通过航空邮寄，费用低廉，但是时间较长，邮件容易破损或丢失，一般适用于小额的非急需的资金转移。

（2）电汇：电汇是指汇出行应汇款人要求，以电报、电传等方式将付款指令发送给汇入行，指令其支付汇款资金给收款人的汇款方式。电汇的特点是速度快，但费用比较高。

（3）票汇：票汇又称银行即期汇票汇款，是指汇出行应汇款人要求，签发以汇入行为付款人的银行即期汇票，交给汇款人邮寄或自带给收款人，由收款人到汇入行提示领款的汇款方式。票汇的特点是方便灵活，对汇款人来说，汇票可以自行携带也可以寄出；对收款人来说，可以自由灵活地处置汇票，例如可以取款，也可以背书转让等；对汇入行来说，则省去了通知收款人的程序。不过，票汇所需时间也较长，且汇票容易发生毁损灭失等。

汇付一般涉及四方当事人：

（1）汇款人：即债务人，其将款项存入汇出行，委托汇出行对外汇出资金。汇款人一般是买方（进口方），有时卖方也可能成为汇款人，如支付赔偿金。

（2）汇出行：是受汇款人委托，向其国外代理行发出委托付款指令的银行。汇出行一般为汇款人所在地的银行。

（3）汇入行：是受汇出行委托，将汇款资金付给收款人的银行，故又称解付行。汇入行通常是汇出行的国外代理行或联行，且一般在收款人所在地。

---

① 李仁真主编：《国际金融法》，武汉大学出版社 2005 年版，第 260 页。

（4）收款人：即债权人，通常是卖方（出口方）。汇款人与收款人之间是基于国际货物买卖而产生的债权债务关系，汇款人与汇出行、汇出行与汇入行之间则是一种委托付款关系。

汇付方式的最大优点在于手续简便，费用低廉。由于汇款不需准备货运单据，银行只负责转移资金，不承担风险，所以手续费较低。不过，由于汇付方式完全建立在商业信用基础上，因此容易产生信用风险。在买方预付货款后，或者卖方将赊销货物运出后，他们都失去了制约对方的有效手段，如果对方违约不交货或不付款，他们可能面临钱货两空的巨大风险。因此，汇付方式多用于相互信任的贸易伙伴间。如对对方资信了解不够，应避免使用汇付结算方式。① 对电汇、信汇、票汇的比较见表5.2。

表5.2　　　　　　　电汇、信汇、票汇对照表

	电汇	信汇	票汇
方式	汇出行受汇款人的委托，以电报、电传等方式通知汇入行向收款人解付汇款	汇出行受汇款人的委托，邮寄信汇委托书授权汇入行向收款人解付汇款	汇出行受汇款人的委托，开立以汇入行为付款人的银行即期汇票，收款人凭此向汇入行提取汇款
工具	电报或电传	邮件	汇票
速度	最快	一般	最慢
费用	费用高	费用低	费用低

二、托收

（一）托收的概念

托收是指出口方开出以进口方为付款人的汇票，委托出口方所在地银行在进口地的分行代出口方向进口方收取款项的一种结算方式。

托收业务涉及四个基本当事人：委托人、托收行、代收行、付款人。另外，还可能出现提示行及代理人等。

（1）委托人：是委托银行代为收款的人，在国际贸易中一般指出口方、卖方或托运人等。

① 曹俊、岳彩申主编：《国际贸易法》，四川人民出版社2004年版，第233页。

（2）托收行：是受委托人委托通过其国外代理行或分行代收货款的银行，通常是出口方营业所在地的银行。

（3）代收行：是接受托收行委托向进口方收取款项的银行，一般是托收行位于付款人所在地的国外分行或代理行。

（4）提示行：是直接向付款人提示单据、领取款项的银行。提示行通常是代收行，当然代收行也可委托付款人所在地的银行作为提示行，代为提示单据、收取货款。

（5）付款人：是接受有关单据提示、支付票款的人。在国际贸易中，付款人通常是进口方。

（6）需要时的代理人：是委托人在托收申请书中指定的，在进口方不付款或承兑时，代其处理货物的当事人。货物的处理包括仓储、转售、运回等事宜，委托人应在委托书中明确界定其具体权限。

银行托收的业务程序如下：委托人出具汇票，向托收行提出托收申请，填具托收指示书，附具或不附具装运单据。托收行接受申请后，委托其在进口地的代理银行——代收行代为办理收款事宜。代收行向付款人作付款提示或承兑提示，在付款人付款后通知托收行，托收行即向委托人付款。如付款人拒付，则代收行通知托收行，再由托收行通知委托人。托收的流程见图 5.2。

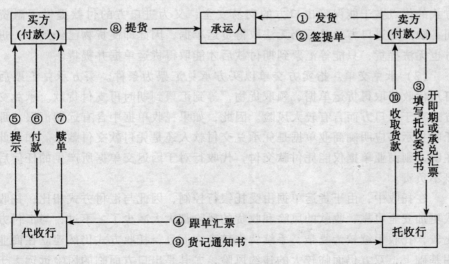

图 5.2　托收流程图

（二）托收的分类和特点

托收涉及两种单据，一种是金融单据，如汇票、本票、支票等；另一种是商业单据，包括发票、运输单据（提单、海运单等）等。按出口商开具的汇票是否附带货运单据，托收可分为光票托收与跟单托收两种。

光票托收是仅凭出口方开出的汇票，不附带任何货运单据进行的托收。在光票托收中，单据的交付和货款的支付是分离的，如果对方违约不交货或不付款，他们可能面临钱货两空的巨大风险。因此，光票托收通常只用于向进口方收取尾款、佣金、代垫费用等，很少用于支付货款。

跟单托收，是指卖方将汇票连同货运单据一齐交银行委托代收货款的托收。在国际贸易支付中，货款托收大多采用跟单托收方式。根据交单条件的不同，跟单托收又可分为付款交单和承兑交单。委托人未明确交单条件的，通常按付款交单处理。

（1）付款交单。指卖方交单以买方付款为条件，付款人只有向提示行（代收行）支付了货款或其他票据后才能取得商业单据。

如果出口方出具的是即期汇票，进口方于见票时支付货款，取得单据，这称为即期付款交单。如进口方拒付或只付部分货款，则不能取得单据，因此出口方不会遭遇钱货两空的风险。如果出口方出具的是远期汇票，要求进口方于见票后承兑，汇票到期后付款并提取单据，便为承兑付款交单。承兑付款交单方式的优点在于能保障出口方的交易安全，又为进口方的付款提供了融资时间；缺点是进口方承兑后仍无法取得货运单据，因此即使货物已经到达，进口方也无法提货，只能等汇票到期付款后才能取得货运单据并提货。

（2）承兑交单。指卖方交单以买方承兑汇票为条件。买方承兑汇票后即可从代收行取得货运单据、领取货物，等到汇票到期时再支付货款。承兑交单方式对于出口方而言有较大风险。因此，如果托收单据中含有远期汇票，那么托收指示书应明确商业单据是凭承兑交付款人还是凭付款交付款人。如无此项注明，则商业单据仅能凭付款交付，代收行对于因迟交单据所产生的任何后果概不负责。

在托收中，由于货运单据由受托银行控制，因此与汇付方式相比，托收方式更加安全可靠，收款的风险和收货的风险都大大减少了。不过，与汇付方式比较，托收手续较为复杂，手续费也较高。而且，托收方式仍然建立在商业信用基础上，双方仍面临较大的违约风险，尤其是出口方面临的风险远远大于进口方。如果付款人届时拒不付款或无力付款，那么在付款交单方式下，出口方可能要承担仓储、转运或就地处理货物的风险和费用；而在承兑交单情形下，出口方则可能面临钱货两空的风险。

（三）《托收统一规则》

在托收业务中，由于当事人各方对权利义务理解不同，各个银行的具体做法也存在差异，因而容易产生争议与纠纷。为了统一托收的业务规则，国际商会于 1967 年公布了《商业单据托收统一规则》。1978 年国际商会对之进行了修订，并改称《托收统一规则》。1995 年，《托收统一规则》再次修订，并成为国际商会第 522 号出版物（The Uniform Rules for Collection，ICC Publication No. 522，URC522）。URC522 于 1996 年 1 月 1 日起实施。不过，《托收统一规则》属任意性惯例，只有当事人约定适用时才对其产生约束力。

《托收统一规则》共 26 条，分总则和定义，托收的形式和构成，提示的形式，责任和义务，付款，利息、手续费和费用以及其他条款七个部分。《托收统一规则》自公布实施以来，已被许多国家的银行采纳与使用。

三、信用证

信用证，按照《跟单信用证统一惯例》（Uniform Customs and Practice for Documentary Credits，ICC Publication No. 600，2007 年修订本，UCP600）的规定，是指一项不可撤销的安排，无论其名称或描述如何，该项安排构成开证行对相符交单予以承付的确定承诺。在信用证支付方式下，银行根据买方（进口方）的申请开立以卖方为受益人的信用证，在卖方交付信用证规定的货物单据时，银行即向卖方付款并取得有关单据。此后，买方再向银行付款并取得上述单据，然后即可凭单提货。

信用证是由银行提供信用的一种支付方式。由于有银行提供信用保证，卖方不再担心发运货物后能否收到货款，而买方也无需担心付款后能否取得货物，因此买卖双方更容易达成交易并顺利实施。而且，由于有银行提供资金融通，卖方在发运货物后即可取得货款，而买方则在货物发运后甚至货物运抵后才付款赎单，这就为买卖双方的资金周转提供了便利。因此，信用证支付方式在很大程度上促进了国际贸易的发展，并成为国际贸易中最重要的一种支付方式。不过，目前国际贸易中使用信用证进行支付的比重已有所下降。

（一）信用证的种类和内容

1. 信用证的种类

（1）跟单信用证与光票信用证。跟单信用证是附随单据付款的信用证，缺少与信用证相符的单据尤其是货运单据的，开证行将拒绝付款。光票信用证则是不附随单据的信用证。在国际贸易实践中，跟单信用证使用较为广泛，而光票信用证很少使用。

（2）即期信用证、延期付款信用证、承兑信用证与议付信用证。即期信用证（sight L/C）是指银行收到符合信用证规定的单据（或者连同汇票）后应立即付款的信用证。

与即期信用证相对的是远期信用证，即银行收到符合信用证条款的单据后，于信用证规定的到期日付款的信用证。远期信用证中，附随单据而不带有汇票的称为延期付款信用证（deferred payment L/C），开立这种信用证的主要目的是为了免缴印花税。附随单据而又带有汇票的信用证称为承兑信用证（acceptance L/C）。承兑信用证附随的汇票经过承兑后，可以贴现融资；延期付款信用证不附汇票，无法办理贴现汇票融资。①

议付信用证指允许受益人向某一指定银行或任何银行交单议付的信用证。通常在单证相符的条件下，银行扣取垫付利息和手续费后立即将货款垫付给受益人。议付信用证可分为自由议付信用证和限制议付信用证，前者受益人可任择一家银行作为议付行，后者则由开证行在信用证中指定一家银行为议付行。开证行对议付行承担付款责任。议付信用证是为了满足信用证业务中的受益人的融资需求而产生的。

对即期信用证、延期付款信用证、承兑信用证与议付信用证的比较见表5.3。

表5.3　即期信用证、延期付款信用证、承兑信用证与议付信用证之比较

种类	即期信用证	延期付款信用证	承兑信用证	议付信用证
汇票	需要或无需	无需	需要	需要或无需
汇票期限	即期		远期	即期
受票人	指定付款行		指定承兑行	开证行或议付行以外的其他银行
限制/自由使用	限制	限制	限制	限制或自由使用
付款给受益人的时间	即期付款	延期付款	远期付款	扣减利息即期付款

①　单文华主编：《国际贸易法学》，北京大学出版社2000年版，第410～411页。

种类	即期付款信用证	延期付款信用证	承兑信用证	议付信用证
起算日		装运日、交单日或其它日	承兑日	在其应获偿付的银行工作日当天或之前
对受益人有无追索权	无	无	无	有
使用信用证的银行	开证行、通知行或其他行	开证行、通知行或其他行	开证行、通知行或其他行	指定银行或任何愿意议付的银行

（3）可转让的信用证与不可转让的信用证。可转让信用证是指特别注明"可转让（transferable）"字样的信用证，其受益人（第一受益人）可以要求将信用证的全部或部分权利转让给另一个或数个受益人（第二受益人）。而未注明"可转让"字样的信用证，通常为不可转让的信用证。信用证中使用"可分割"（divisible）、"可分开"（fractionable）、"可让渡"（assignable）和"可转移"（transmissible）之类词语的，通常并不足以构成可转让的信用证。

可转让的信用证一般开给国际贸易的中间商，中间商作为第一受益人申请银行将信用证转让给实际供货人即第二受益人，再由第二受益人交运货物。第一受益人通过替换汇票和商业发票赚取原证与已转让信用证之间的差价。

（4）背对背信用证。背对背信用证（back to back credit），又称对背信用证、转开信用证、桥式信用证、从属信用证或补偿信用证，是指中间商收到进口商开来的信用证（第一个信用证）后，要求原通知银行或其他银行以原证为基础，另外开立一张内容相似的新证给另一受益人，这种另开的信用证（第二个信用证）即是背对背信用证。背对背信用证通常由中间商申请开给实际供货商，这样进口商与实际供货人是相互隔绝的，从而中间商可以保守商业秘密，这也是它优于可转让的信用证的重要特征。

对背对背信用证与可转让信用证的比较见表5.4。

表5.4　　　　　　　背对背信用证与可转让信用证之比较

背对背信用证	可转让信用证
1. 背对背信用证是依原始信用证（第一信用证）受益人的申请另行开立的，原始信用证申请人和开证行与背对背信用证（第二信用证）无关	1. 可转让信用证是依申请人的申请开立的，并在信用证加列"transferable"字样

国际贸易法新编

续表

背对背信用证	可转让信用证
2. 凭原始信用证开立背对背信用证，两个信用证同时存在	2. 可转让信用证的全部或部分权利转让后，所转让出去的部分即不存在
3. 背对背信用证的受益人得不到原始信用证的付款保证	3. 可转让信用证的第二受益人可以得到开证行的付款保证
4. 开立背对背信用证的银行就是该证的开证行	4. 转让行按照第一受益人的指示开立变更条款的新的可转让信用证，通知第二受益人，该转让行地位不变，仍然是转让行

（5）循环信用证。循环信用证（revolving credit），是指信用证被全部或部分使用后，仍可恢复使用直至达到规定次数或累积总金额为止的信用证。这种信用证适用于分批均衡供应、分批结汇的长期合同，以使进口方减少开证的手续、费用和押金，使出口方既得到收取全部交易货款的保障，又减少了逐笔通知和审批的手续与费用。循环信用证的循环方式可分为按时间循环和按金额循环。

（6）备用信用证。备用信用证（standby L/C）是一种银行保证性质的支付承诺，实质上与银行保函相似。传统的跟单信用证主要用于支付买卖合同项下的货款，而备用信用证则主要用于付款保证，例如借款保证、履约保证等。在备用信用证有效期内，如果开证申请人违约，受益人可凭该信用证开具汇票，并且提交一份关于开证申请人违约情况的声明书，要求开证行按备用信用证的规定付款。UCP600 在其可适用的范围内，包括备用信用证。

值得注意的是，信用证还曾经分为可撤销信用证和不可撤销信用证。不过 UCP600 依据国际贸易实践，废除了可撤销信用证这一方式。

2. 信用证的内容

虽然各国银行所使用的信用证并无统一的格式，其内容也因信用证种类的不同而有所区别，但一般说来，信用证主要包括以下几个方面的内容：

（1）信用证的当事人与关系人。

（2）对信用证本身的说明，包括信用证的种类、性质、号码、开证日期、有效期和到期地点、交单期限等。

（3）信用证的金额和汇票，包括信用证的金额、币别代号、加减百分率；汇票的金额、到期日、出票人、付款人等。

198

（4）货物条款，包括货物名称、规格、数量、包装、单价以及合约号码等。

（5）运输条款，包括运输方式、装运地和目的地、最迟装运日期、可否分批装运或转运等。

（6）单据条款，说明要求提交的单据种类、份数、内容要求等。基本单据包括商业发票、运输单据和保险单等，其他单据有检验证书、产地证、装箱单或重量单等。

（7）信用证有效期限和有效地点。信用证的有效期限是受益人向银行提交单据的最后日期；有效地点是受益人在有效期限内向银行提交单据的地点。

（8）信用证装运期限与交单期限。信用证的装运期限是受益人（出口商）装船发货的最后期限。其意义在于，受益人应在最后装运日期之前或当天（装船）发货，信用证的装运期限应在有效期限内。信用证的交单期限，是除了有效期限以外，每个要求出具运输单据的信用证还应规定的一个在装运日期后的一定时间内向银行交单的期限。

（9）其他事项，如开证行对议付行的指示条款、开证行保证条款，以及其他特殊条款等。

（二）信用证的交易流程

尽管每一个信用证业务的参与人及其业务流程并不完全一致，但概括起来主要包括以下几个方面：

1. 信用证的开立与保兑行的保兑

（1）信用证的开立。买卖双方在合同中约定使用跟单信用证方式支付价款后，买方即应依据约定，以开证申请人的身份向开证行申请开证。所谓开证申请人（applicant），是指向银行申请开立信用证的人。在国际贸易中，开证申请人一般是进口商（importer）或买方（buyer）。而所谓开证行（issuing bank），则是指应开证申请人要求或者代表自己开出信用证的银行，它一般是买方所在地的银行。

开证申请人向开证行申请开证时，应填写并向银行递交开证申请书。开证申请书的内容包括两个方面：一是指示银行开立信用证的具体内容，该内容应与合同条款相一致，是开证行凭以向受益人或议付行付款的依据；二是关于信用证业务中申请人和开证行之间权利与义务关系的声明。

开证行接受申请人的开证申请后，即应严格按照开证申请书的指示拟定信用证条款。UCP600 第 6 条规定了银行开立信用证的注意事项，包括：

① 信用证必须规定可以兑用的银行，或是否可在任一银行兑用；按规定

在指定银行兑用的信用证也可以同时在开证行兑用。

② 信用证必须规定是以即期付款、延期付款、承兑还是议付的方式兑用。

③ 信用证不得被开立成凭以申请人为付款人的汇票兑用。

④ 信用证必须确定一个交单的截止日，如果规定了承付或议付的截止日，将被视为交单的截止日。

开证行开立信用证后，即不可撤销地承担起单证审查以及在单证相符时付款的责任。不过，如果指定银行承付或议付相符交单并将单据转给开证行之后，开证行即承担起偿付该指定银行的责任。对承兑或延期付款信用证下相符交单金额的偿付应在到期日办理，无论指定银行是否在到期日之前预付或购买了单据。开证行偿付指定银行的责任独立于开证行对受益人的责任。

（2）保兑行的保兑。开证行开立信用证时，也可以授权或要求其他银行对信用证加具保兑，而根据开证行的授权或要求对信用证加具保兑的银行则称为保兑行（confirming bank）。

保兑行一旦对该信用证加具了保兑，自加具保兑之时起即不可撤销地承担承付或议付的责任，这是一种独立的确定的付款责任。其他指定银行承付或议付相符交单并将单据转往保兑行之后，保兑行同样应承担偿付该指定银行的责任。对承兑或延期付款信用证下相符交单金额的偿付应在到期日办理，无论指定银行是否在到期日之前预付或购买了单据；保兑行偿付指定银行的责任独立于保兑行对受益人的责任。

不过，只有开证行授权或要求的保兑才是 UCP600 意义上的保兑，而如果开证行授权或要求一银行对信用证加具保兑，但该银行并不准备照办，该银行必须毫不延误地通知开证行，并可通知此信用证而不加保兑。

2. 信用证的修改与通知

（1）信用证的修改。通常情况下，未经开证行、保兑行（如有的话）及受益人同意，信用证既不得修改，也不得撤销。但是如果信用证被修改，则开证行自发出修改之时起，即不可撤销地受其约束。保兑行也可将其保兑扩展至修改后的信用证，并自收到该信用证修改的通知时，即不可撤销地受其约束。但是，保兑行也可以选择将修改通知受益人而不对其加具保兑，其前提是，保兑行必须毫不延误地将此告知开证行，并在其给受益人的通知中告知受益人。

对于受益人而言，在其未表示接受修改之前，该修改对受益人无约束力，原证仍有效。不过，如果受益人未能给予通知，但当交单与信用证以及尚未表示接受的修改的要求一致时，即视为受益人已作出接受修改的通知，并且从此时起，该信用证被修改。

对于修改的内容，UCP600 第 10 条规定，对同一修改的内容不允许部分接受，部分接受将被视为拒绝修改的通知；而修改中如果有"除非受益人在某一时间内拒绝修改否则修改生效"的规定的，该规定不产生效力。

（2）信用证及其修改的通知。对于信用证，以及信用证的任何修改都可以经由通知行通知受益人。对于不具有保兑行身份的通知行来说，其对信用证及信用证修改的通知并不会使其承担信用证承付或议付的责任。

通知行在通知时，应对信用证及信用证修改的表面真实性进行审核，而且其通知应准确地反映其所收到的信用证或信用证修改的条款，这是通知行的义务。如果通知行委托另一银行（"第二通知行"）进行通知，该另一银行同样应履行这一义务。在日常操作中，通知行在将收到的信用证或修改通知受益人时，经常会发生由于疏忽而导致差错或遗漏的情形。因此，这一义务在很大程度上保护了受益人的利益。①

如果一个银行被要求对信用证或信用证的修改进行通知，但它决定不予通知时，应毫不延误地告知委托银行。而如果一个银行被要求通知信用证或信用证的修改，但它不能确信信用证、信用证修改或通知的表面真实性，也应毫不延误地通知委托银行。

3. 信用证的转让

对于可转让信用证，受益人（第一受益人）可以要求转让行将其全部或部分转由另一受益人（第二受益人）兑用。转让行是指办理信用证转让的指定银行，或当信用证规定可在任何银行兑用时，指开证行特别如此授权并实际办理转让的银行；开证行也可担任转让行。不过，银行无办理信用证转让的义务，除非其明确同意。

只要信用证允许部分支款或部分发运，信用证可以分部分地转让给数名第二受益人。不过，已转让信用证不得应第二受益人的要求转让给任何其后受益人。而且，除非转让时另有约定，有关转让的所有费用（诸如佣金、手续费、成本或开支）须由第一受益人支付。

4. 信用证的单证审查

通知行向受益人通知、转交信用证后，受益人即对信用证是否与合同相符进行审查。经审核相符的，即应按信用证规定装运货物，并将各项单据备齐后向指定银行提交。受益人提交单据的对象可能是开证行，或者按指定行事的指定银行、保兑行（如有的话）或议付银行。受益人应当在信用证规定的交单

---

① 程军、贾浩著：《UCP600 实务精解》，中国民主法制出版社 2007 年版，第 81 页。

期限内提交单据。而且，UCP600 第 14 条第 c 款规定，如果单据中包含一份或多份受 UCP600 第 19～25 条规制的正本运输单据，即多式运输单据、提单、不可转让的海运单、租船提单、空运单据、公路、铁路或内河运输单据、快件收据、邮寄收据或邮寄证明等，则须由受益人或其代表在不迟于 UCP600 所指的发运日之后的 21 个日历日内交单，但是在任何情况下都不得迟于信用证的截止日。

一旦受益人向银行提交信用证规定的单据，按指定行事的指定银行、保兑行（如有的话）及开证行即应从交单次日起至多 5 个银行工作日内，确定交单是否相符。而且，即使信用证的截止日或最迟交单日在交单日当天或之后届至，这一期限也不因此缩减或受到影响。

举例说明：如果根据信用证条款计算出的最迟交单日为 2008 年 5 月 15 日，信用证有效期为 2008 年 5 月 18 日，单据于 2008 年 5 月 13 日交到开证行，则开证行仍然有从 2008 年 5 月 14 日起算的最长 5 个银行工作日来审核单据。这一日期不能因为已过最迟交单日和信用证有效期，而被缩短至 2008 年 5 月 15 日或 2008 年 5 月 18 日。

5. 信用证的付款、议付与偿付

如果银行审查单证相符，即应按照信用证规定承担付款责任。

（1）承付。开证行、保兑行或其他指定银行审查单证相符，即应按照信用证规定予以承付。所谓承付是指：①如果信用证为即期付款信用证，则即期付款；②如果信用证为延期付款信用证，则承诺延期付款并在承诺到期日付款；③如果信用证为承兑信用证，则承兑受益人开出的汇票并在汇票到期日付款。开证行、保兑行或其他指定银行都可能是承付行。通过承付，受益人得到了信用证项下的款项，而开证行、保兑行或其他指定银行也履行了其对受益人的义务。

（2）议付。所谓议付，是指指定银行在相符交单下，在其应获偿付的银行工作日当天或之前向受益人预付或者同意预付款项，从而购买汇票（其付款人为指定银行以外的其他银行）及/或单据的行为。通过议付，收益人可以获得议付行的提前融资，而议付行则可取得信用证项下的权利。

（3）偿付。指定银行承付或议付相符交单并将单据转给开证行之后，开证行即承担偿付该指定银行的责任。无论指定银行是否在到期日之前预付或购买了单据，对承兑或延期付款信用证下相符交单金额的偿付应在到期日办理。开证行偿付指定银行的责任独立于开证行对受益人的责任。同样，如果指定银行承付或议付相符交单并将单据转给保兑行之后，保兑行也要承担同开证行一样的责任。

　　开证行对已按照信用证承付或议付的银行予以偿付后，即可取得信用证项下的单据。然后，开证行通知买方付款赎单，买方在付款后取得单据并可凭单取货。

　　信用证的主要流程见图 5.3。

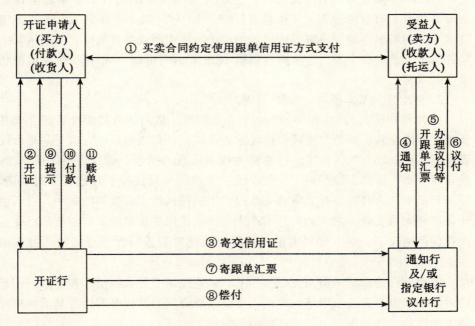

图 5.3　信用证流程图

（三）信用证的法律调整

1. 信用证的立法与惯例

　　信用证是随着资本主义工商业的崛起和国际贸易的发展而产生和发展起来的，至今已有上百年的历史。1930 年，国际商会即制订了第一个《商业信用证统一惯例》，以协调各国的不同做法，建立起统一的国际信用证规则。该规则后被改称《跟单信用证统一惯例》，并于 1933 年、1651 年、1963 年、1975 年、1984 年、1995 年和 2007 年先后进行了 7 次修订。现在使用的是 2007 年开始实施的《跟单信用证统一惯例》（UCP600）。《跟单信用证统一惯例》并不是立法，通常情况下只有当事人约定适用时才对当事人产生约束力。当事人约定适用该惯例的，也可以对其进行修改、增加或删除；不过，除非信用证明确修改或排除，该惯例各条文对信用证所有当事人均应具有约束力。此外，由于目前除美国外其他国家均没有关于信用证的专门立法，而且《跟单信用证统一惯例》已经成为各国信用证实践中的普遍规则，因此在许多国家，即使没有当事人的约定，该惯例或者其他相关国际惯例也会得以适用。

我国同样没有关于信用证的专门立法。最高人民法院《关于审理信用证纠纷案件若干问题的规定》（法释［2005］13号）第2条规定，人民法院审理信用证纠纷案件时，当事人约定适用相关国际惯例或者其他规定的，从其约定；当事人没有约定的，适用国际商会《跟单信用证统一惯例》或者其他相关国际惯例。

2. 信用证的基本原则

（1）信用证自治原则。UCP600第4条规定，信用证依其性质是独立于其基础合同的交易，即使信用证中提及基础合同的任何内容，银行也与基础合同无关，不受基础合同的约束，这被称为信用证自治原则，或者信用证独立性、抽象性原则。据此，银行关于承付、议付或履行信用证项下其他义务的承诺，不受开证申请人与开证行之间的关系而产生的任何请求或抗辩的影响，也不受开证申请人与受益人之间的关系而产生的任何请求或抗辩的影响。而且，受益人在任何情况下，都不得利用银行之间或开证申请人与开证行之间的合同关系。

信用证自治原则是信用证交易的基石，它使得受益人的交单和受款、银行的付款和审单只涉及信用证和单据，不受基础合同和其他合同以及其他抗辩或请求的影响，从而保证了信用证功能的发挥。

信用证自治原则的内涵包括：①信用证独立于其基础合同。开证行不能利用买方根据买卖合同对卖方所拥有的抗辩对抗受益人，受益人也不能以买卖合同为依据要求开证行接受不符合信用证规定的单据。②信用证自治原则也适用于开证申请人，开证申请人不能以其对开证行或受益人的请求或抗辩来限制或阻止银行付款。③信用证自治原则也适用于受益人。受益人只能依据信用证条款享有信用证项下的权利。受益人不得利用银行间的合同关系而获益。例如，甲乙两银行订有关于处理信用证业务的合同，相互约定在对方开出信用证并委托保兑时将予以保兑，若甲行开出信用证后委托乙行保兑，但乙行基于某种考虑没有保兑，受益人不得利用银行间的合同关系要求乙行保兑。此外，受益人也不得利用开证申请人与开证行之间的合同关系。例如，开证申请人在开证行存入专为支付受益人货款的资金或者开证申请书约定了更宽松的付款条件时，受益人均不得据此主张利益。①

信用证自治原则也说明，判断是否属于信用证法律关系的标准是，当事人之间是否具备以信用证为载体进行付款赎单的交易关系。开证申请人与受益人（即买方与卖方）之间是一种基础买卖合同关系，而开证申请人与开证行之间则是一种委托开立信用证的法律关系，二者均不属于信用证法律关系的构成部分，也不是信用证法律关系的主体。而开证行与受益人之间的信用证付款关系，保兑行与受益人之间的信用证连带付款关系，议付行与开证行之间的信用证付款和偿付关系等均是以信用证为载体进行付款赎单的交易关系，因而应当适用信用证立法和惯例的约束。不过，鉴于信用证交易关系的复杂性以及信用证统一规范的需要，UCP600 对上述法律关系仍进行了规范和调整。

（2）单证相符原则。由于信用证是以银行作为中间人审核单据并保证付款的一种付款方式，因此只有在受益人凭其提交的货运单据证明其已经装运货物时，开证申请人才会放心付款赎单，这样银行对货运单据的审查无疑是信用证业务的中心环节之一。银行在凭单付款时，应该严格执行单证相符的原则，以维护当事人之间的合法权益，保证信用证交易乃至国际贸易的顺利进行。

按照单证相符原则，卖方所提交的单据必须符合信用证的要求，银行才予以付款。如果卖方所提交的单据与信用证的要求不符，银行有权拒收单据，拒绝付款。因为开证行是根据买方在开证申请书中的授权行事的，而通知行又是根据开证行的授权行事的，如果它们在办理信用证的过程中超出了授权范围，就可能遭到买方拒付，而自行承担此项交易的风险。也就是说，如果银行不按买方在开证申请书中的指示办理，接受了卖方提交的不符合信用证要求的单据，买方就有权拒绝付款赎单。所以，银行为了自身利益，必须在单据审查方面持严格态度。②

不过，银行对单证是否相符的审查仅仅是一种形式上的审查，而不是实质上的审查。按照 UCP600 第 14 条的规定，按指定行事的指定银行、保兑行（如果有的话）及开证行须审核交单，并仅基于单据本身确定其是否在表面上构成相符交单。也就是说，银行的单证审查仅限于对单据本身的审核，而不是审查单据可能涉及的货物、服务或履约行为；而且，这种审查只要单据本身在表面上相符即可，而无须审理当事人之间的交易事实和基础交易关系的真伪。UCP600 第 14 条还根据实践中容易产生的一些问题对审核标准作了具体规定，

---

① 左海聪主编：《国际商法》，法律出版社 2008 年版，第 235 页。
② 左海聪主编：《国际商法》，法律出版社 2008 年版，第 235 页。

这包括：

①单据中的数据，在与信用证、单据本身以及国际标准银行实务参照解读时，无须与该单据本身的数据、其他要求的单据或信用证中的数据等同一致，但不得矛盾。

②除商业发票外，其他单据中的货物、服务或履约行为的描述，如果有的话，可使用与信用证中的描述不矛盾的概括性用语。

③如果信用证要求提交运输单据、保险单据或者商业发票之外的单据，却未规定出单人或其数据内容，则只要提交的单据内容看似满足所要求单据的功能，且其他方面符合上述第①项的，银行将接受该单据。

④提交的非信用证所要求的单据将不予理会，并可退还给交单人。

⑤如果信用证含有一项条件，但未规定用以表明该条件得到满足的单据，银行将视为未作规定并不予理会。

【司法应用 5.1】

瑞士纽科货物有限责任公司与中国建设银行吉林省珲春市支行
拒付信用证项下货款纠纷上诉案

1995 年 11 月 6 日，珲春建行开立了一份不可撤销跟单信用证，金额为 146 万美元，开证申请人为吉林外贸公司，受益人为瑞士纽科公司，通知行为纽约银行法兰克福分行。该信用证注明适用 UCP500。同年 11 月 18 日，纽科公司开始发运信用证项下货物。同年 12 月 5 日，纽科公司将信用证项下的单据交给法兰克福分行请求付款。法兰克福分行审单后于同年 12 月 8 日通过电传，向珲春建行提出单证有 7 个不符点：铁路运单以俄文签发；有两份编号分别为 50332、50331 号的铁路运单缺失；发货延误；装箱单上的铁路和车厢号码与铁路运单不符；发票上的合同号与其他单据不符；质量证书中的第二点与信用证和发票不符；受益人传真的包装方式与信用证不符、发运日期有误等，要求珲春建行指示是否承兑该批单据。珲春建行于同年 12 月 15 日向法兰克福分行发出电传，明确表示拒付。法兰克福分行将珲春建行拒付的电传通知了纽科公司，并退还了信用证项下全套单据。此间，纽科公司发运的货物被与吉林外贸有外贸代理关系的珲春国贸公司提走。纽科公司因向珲春建行追索货款未果，遂诉至法院，请求判令珲春建行支付信用证项下货款及利息，并赔偿其损失。

法院认为：（1）信用证交易是具有独立性的法律关系，珲春建行开立的信用证经法兰克福分行通知被纽科公司接受后即在信用证各方当事人之间产生约束力，珲春建行即承担独立的第一性的付款义务，与开证申请人无涉。纽科公司称珲春建行与珲春国贸合谋，利用信用证进行欺诈，骗取信用证项下货物，没有任何事实依据。（2）法兰克福分行既是通知行也是议付行。珲春建行作为开证行和法兰克福分行作为议付行，各自都有独立进行审单的权利，并分别对自己的审单后果负责。纽科公司提出的议付行审单即是代表开证行审单，二者应当受代理制度约束的主张不能成立。珲春建行自始未收到信用证项下的单据，纽科公司认为其超出审单期限的理由不予支持。（3）信用证交易是单据交易，应遵守单证严格相符的原则。法兰克福分行电传中所提的 7 个不符点是有事实根据的。（4）纽科公司的货物被他人提走未付货款的问题，与珲春建行无关，亦不属本案审理的范围，纽科公司应通过其他途径解决。据此驳回纽科公司的诉讼请求。

资料来源：《最高人民法院公报》1999 年第 2 期。

3. 信用证的欺诈例外

信用证独立抽象性原则以及银行的形式审查是信用证交易的法律基础，也是信用证得以广泛适用的重要原因。但与此同时，这也为不法商人提供了诈骗的机会。在现代国际贸易中，信用证欺诈活动层出不穷，包括伪造单据、在单据中做欺诈性陈述、利用提单进行欺诈以及直接伪造信用证等。虽然单证是假的，但因其表面符合信用证条款，开证行即应付款，并向买方索偿。尽管买方可以根据基础合同向卖方提起诉讼，但由于卖方存在欺诈的故意，挽回损失的可能性就微乎其微。因此，在信用证欺诈的情况下，如固守独立抽象性原则，将纵容违法者的不法行为，助其欺诈成功，显然有悖公平合理、诚实信用的基本原则。这样，信用证独立抽象性原则应该得到一定矫正，这便是信用证欺诈例外原则。

依据信用证欺诈例外原则，如果受益人的行为构成了对信用证开证行或开证申请人的严重欺诈，那么开证行可自行决定拒付信用证；如果开证行不同意拒付，也可由开证申请人向有管辖权的法院申请采取禁令或类似措施阻止信用证的兑付。这样，就可以在一定程度上缓和独立抽象性原则所带来的弊端，杜绝欺诈，并避免造成经济损失。

【条文导读 5.1】

最高人民法院《关于审理信用证纠纷案件若干问题的规定》

中华人民共和国最高人民法院《关于审理信用证纠纷案件若干问题的规定》（法释〔2005〕13 号）就信用证欺诈的认定及其救济措施规定如下：

第八条：凡有下列情形之一的，应当认定存在信用证欺诈：（一）受益人伪造单据或者提交记载内容虚假的单据；（二）受益人恶意不交付货物或者交付的货物无价值；（三）受益人和开证申请人或者其他第三方串通提交假单据，而没有真实的基础交易；（四）其他进行信用证欺诈的情形。

第九条：开证申请人、开证行或者其他利害关系人发现有本规定第八条的情形，并认为将会给其造成难以弥补的损害时，可以向有管辖权的人民法院申请中止支付信用证项下的款项。

第十条：人民法院认定存在信用证欺诈的，应当裁定中止支付或者判决终止支付信用证项下款项，但有下列情形之一的除外：（一）开证行的指定人、授权人已按照开证行的指令善意地进行了付款；（二）开证行或者其指定人、授权人已对信用证项下票据善意地作出了承兑；（三）保兑行善意地履行了付款义务；（四）议付行善意地进行了议付。

【司法应用 5.2】

口福食品公司诉韩国企业银行、中行核电站支行信用证纠纷案

2002 年 4 月 24 日，应韩国昌技公司申请，韩国企业银行开出一份不可撤销跟单信用证，金额 110500 美元，有效日期至同年 6 月 30 日，受益人英文名称为 LIANYUNGAND KUCHIFUKU FOODS CO. LTD，议付行为任何银行，付款方式为见票即付，付款人韩国企业银行；最迟装船日期为 2002 年 5 月 31 日，所需单据为已签署的商业发票一式三份、全套正本清洁提单、装箱单一式三份。

口福公司收到信用证后，即联系装运事宜，得到中远公司保证在信用证规定的最后装船日期前装船的承诺。2002 年 5 月 31 日 8 时至 6 月 1 日 4 时，货物装上"凌泉河"轮；6 月 1 日，"凌泉河"轮开航；同日，承运方签发提单，提单上的装船时间为 2002 年 5 月 31 日。

由于受益人口福公司的英文名称在信用证中被填写为"LIANYUNGAND KUCHIFUKU FOODS CO. LTD"。为使议付单据与信用证一致，口福公司将其

英文名称中的"LIANYUNGANG"改为"LIANYUNGAND",并在信用证议付单据上加盖了含有"LIANYUNGAND KUCHIFUKU FOODS CO. LTD"英文字样的印章。

口福公司于2002年6月6日向中行核电站支行提交了信用证项下的全套单据。中行核电站支行进行了严格核对,并于当月7日通过快邮寄给开证行。同年6月19日,中行核电站支行收到韩国企业银行的两份拒付通知书,拒付理由为:(1)发票、装箱单、提单上的商品品名不一致;(2)提单上的装船日期是伪造的;(3)汇票上注明的汇款行名称与信用证上的汇款行名称不一致;(4)没有注明收货人地址。中行核电站支行于6月20日给韩国企业银行回函,指出其提出的不符点不存在,并要求其接受全套单据并立即付款。6月26日,韩国企业银行致函中行核电站支行,未再提出不符点问题,而是称:"申请人告知我行,他们曾通知贵行有关欺诈事宜,并警告贵行不要接受受益人的单据,目前申请人正就欺诈一事起诉受益人。我行有证据证明单据系伪造,而且欺诈正在进行。"9月3日,中行核电站支行收到韩国企业银行的退单及所附韩国汉城法院的止付令副本复印件。9月9日,中行核电站支行将退单交给口福公司,口福公司为此提起本案诉讼。

韩国企业银行在答辩中,称口福公司所供货物质量低劣,且因货物延迟到港,给开证申请人造成了实质性损害,但未提交相应证据。对承运人倒签提单,韩国企业银行也未能提交承运人是受口福公司指使或者与口福公司恶意串通的证据。在二审庭审中,韩国企业银行表示不再以受益人英文名称不一致为由,主张口福公司非本案信用证受益人。

法院认为:(1)本案是信用证交易纠纷,适用UCP500。然而UCP500只能解决当事人在信用证交易中的地位和权利义务,不涉及信用证欺诈及其法律救济问题。信用证欺诈是侵权行为,既然韩国企业银行主张口福公司伪造了单据和倒签了提单,而本案信用证项下的单据与提单均在中国签发,中国是侵权行为地,故应当适用中国法律解决信用证欺诈及其法律救济问题。(2)口福公司是在向承运人交付了货物的情况下,制作或者获取了信用证要求的商业发票、汇票、装箱单和提单等单据,韩国企业银行没有证据证明口福公司所供货物质量低劣,故不存在口福公司以质量低劣货物骗取信用证项下款项的问题。口福公司在信用证议付单据上错误填写该公司的英文名称,以及加盖含有同样英文名称的印章,是事出有因,不构成信用证欺诈。(3)倒签提单也不能认定口福公司实施了信用证欺诈行为。这是因为在信用证规定的装船日期前,口福公司已经组织了货物,并将货物送至承运人指定的场站,办理好货物出关等必要手续，得到承运方关于在 5 月 31 日装船的承诺，客观上没有必要倒签提单；韩国企业银行不能证明口福公司参与实施了倒签提单的行为，主观上有倒签提单的故意；倒签提单是承运方为履行其对口福公司的承诺而实施的欺骗行为，与口福公司无关；韩国企业银行虽然提出由于倒签提单，致使货物迟延到港，给开证申请人造成了实质性损害，但没有提交相应的证据。对开证申请人来说，本案的倒签提单没有给其造成实际损害。因此，本案虽然有倒签提单的事实，但不存在信用证受益人以此实施欺诈的主观恶意。对提单倒签，口福公司没有过错，不能认定构成信用证欺诈。（4）据此，韩国企业银行关于口福公司伪造单据、倒签提单、所供货物存在质量问题，应适用信用证欺诈例外原则判决其不承担付款责任的理由，不能成立。

资料来源：《最高人民法院公报》2006 年第 1 期。

表 5.5	即期付款信用证样本

Received from	:	BKAUATWW
		BANK AUSTRIA AG VIENNA
		1011 VIENNA AUSTRIA
Destination	:	ABOCCNBJA110
		AGRICULTURAL BANK OF CHINA, THE
		HANGZHOU (ZHEJIANG BRANCH)
Message Type	:	700 ISSUE OF A DOCUMENTARY CREDIT
Date	:	18 Feb 2006

: 27	:	Sequence of Total
		1/1
: 40A	:	Form of Documentary Credit
		IRREVOCABLE
: 20	:	Documentary Credit Number
		AKB0600278
: 31C	:	Date of Issue
		060211
: 31D	:	Date of Expiry, Place of Expiry
		060421, AUSTRIA
: 50	:	Applicant
		PICHLER VERTRIEBS GMBH. NFG. KG
		KINDERMANNGASSE 9
		8020 GRAZ

续表

: 59 :	Beneficiary
	HANGZHOU HAIWU LEATHER PRODUCTS CO. LTD.
	No. 55 JIEFANG ROAD
	310005 HANGZHOU/P. R. CHINA
: 32B :	Currency Code
	Amount USD17000. 00
: 41D :	Available With … By …
	ISSUING BANK
	BY SIGHT PAYMENT
: 43P :	Partial Shipments
	NOT PERMITTED
: 43T :	Transshipment
	PERMITTED
: : 44A :	Loading on Board/Dispatch/Taking in Charge

复 习 题

1. 汇票有哪些主要票据行为？
2. 国际托收中当事人的权利与义务如何？
3. 汇付有哪些分类？各有何特点？
4. 信用证有哪些类型？各有何特点？
5. UCP600 的性质和地位如何？
6. 如何理解信用证独立抽象性原则？

思 考 题

1. 国际支付方式主要有哪些？其利弊如何？分别适用于哪些情形？
2. 如何确定信用证中开证行、保兑行、指定银行、通知行、议付行的地位和相互关系？
3. 如何达到信用证独立抽象性原则与欺诈例外原则之间的平衡点？

第六章　国际贸易争议解决

【要点提示】
1. 国际贸易争议的主要解决方式
2. 国际贸易仲裁协议的有效性
3. 国际贸易仲裁程序
4. 国际贸易诉讼涉及的特别法律问题

第一节　概　述

一、国际贸易争议解决的概念与范围

国际贸易争议是指国际贸易活动主体在从事国际贸易活动中所产生的权利义务纠纷。与国内贸易争议相比，国际贸易争议具有如下性质和特点：

（1）国际贸易争议发生在国际贸易领域，如国际货物买卖、国际货物运输、国际货物运输保险、国际贸易支付等领域。

（2）国际贸易争议具有涉外性或国际性，即争议的主体、客体或内容至少含有一个国际因素或涉外因素，因而它与纯粹的国内贸易争议有所不同。

（3）国际贸易争议属于国际争议中的私法性质的争议，这与国家之间的国际公法上的贸易争议和 WTO 中的贸易争议是不同的。①

国际贸易争议的解决是指通过一定的方式和途径来解决当事人之间的国际贸易纠纷，以协调和平衡当事人之间的权利义务关系。国际贸易争议的解决通常包括以下几个方面的内容：

（1）争议解决方式。国际贸易争议的解决方式有很多种，实践中常用的有协商、调解、国际贸易仲裁和国际贸易诉讼等。这些方式可单独使用，也可能会混合使用。但是，每一种方式均有利弊，因此需要结合实际情况作出

---

① 左海聪主编：《国际商法》，法律出版社 2008 年版，第 19 页。

选择。

（2）争议解决所适用的法律。争议解决所适用的法律既包括实体法也包括程序法。实体法方面，各国大多遵循意思自治原则，只要当事人约定了适用的实体法，即应适用该法律。约定适用的法律可以是当事人的本国法、第三国的法律或者国际公约，当然这要受到争议解决所在地的强制性规范或公共秩序保留原则的约束。如果当事人对所适用的实体法没有明确约定或者约定无效的，则应依据争议所在地的冲突法规则来确定应适用的法律，这通常是指最密切联系的原则。

争议解决所适用的程序法主要是指各种争议解决方式的程序性规定，既包括仲裁法、诉讼法等法律或相关的国际公约，也包括仲裁机构的仲裁规则等。程序性法律通常适用属地法的原则来确定，即一般适用争议解决所在地的法律。而在仲裁规则方面，则通常适用所选定的仲裁机构的仲裁规则，不过有时也由当事人选择其他的仲裁规则进行仲裁。

（3）争议解决的承认与执行。由于国际贸易争议所具有的涉外性或国际性，通过争议解决方式所达成的和解或者裁决等可能需要到其他国家去执行，因此国际贸易争议的解决还会涉及仲裁裁决、法院判决等在他国的承认与执行问题。

二、国际贸易争议的解决方式

国际贸易争议的解决方式主要包括协商、调解、仲裁和诉讼等。其中，协商和调解属于非裁判性的解决方式，仲裁和诉讼则属于裁判性的解决方式；协商是当事人自行解决争议的方式，而调解、仲裁和诉讼则是由第三方参与的解决方式。下面主要介绍协商、调解以及新兴的 ADR 即替代性的争议解决方式，仲裁和诉讼则分专节进行阐述。

（一）协商

当事人在争议发生后通常会先选择协商的方式来解决彼此之间的纠纷，而且绝大多数争议是通过协商得以解决的。所谓协商，是指双方当事人在自愿的基础上，通过磋商或谈判，自行达成和解协议解决纠纷的一种方式。

协商具有明显的优点：首先，协商是在当事人自愿的基础上进行的，由于双方均有妥协和合作的意愿，因而既容易达成和解，又有利于和解协议的执行，更有利于双方日后的合作。其次，协商的程序简单、形式灵活，不仅不需要遵从严格的法律程序或形式要求，而且也没有诉讼费、仲裁费等的费用支出，因而可以节省当事人的人力、物力和时间。再次，协商中没有第三方的参加，皆可以节省相关的费用，也有利于商业秘密的保守。不过，协商方式也有其局限性：一方面，协商解决的结果往往取决于各方讨价还价的能力以及其所处的经济状况和经济实力，因而协商方式可能会损及弱势一方的利益；另一方面，当各方分歧严重、难以自己协商解决时，只能求助第三方帮助解决。

通过自愿协商达成的和解协议对双方均具有约束力，它通常构成一项新合同或对原合同的变更。当事人应严格执行和解协议，否则即为违约。不过，协商所达成的协议不能违反有关国家的强制性法律规范及社会公共利益，也不得损害第三人的合法权益。

（二）调解

调解，是当事人自愿将争议提交中立第三方，并在第三方的主持和推动下，达成和解协议、解决双方纠纷的一种方式。调解中的第三方通常称为"调解人或调解员"，有无第三方的介入和主持是区分调解和协商的主要标准。调解方式在我国比较盛行。近些年来，调解方式也开始得到国际上的重视，许多国家以及一些国际组织相继通过了一些调解的规则。如联合国国际贸易法委员会于 1980 年通过了《联合国国际贸易法委员会调解规则》，供当事人选用；国际商会也通过了《调解与仲裁规则》等。

调解通常有以下几种类型：

（1）民间调解。民间调解也称临时调解，是指由仲裁机构、法院或国家指定负责调解的机构以外的第三方主持的调解。民间调解人可以是个人，也可以是某一民间机构，通常由争议当事人临时选任。

（2）专门机构调解与联合调解。专门机构调解是指由专门的调解机构主持的调解。国际贸易纠纷的调解一般是由设在商会或仲裁机构内部的专门调解机构主持的，我国的专门调解机构主要有中国国际贸易促进委员会、中国国际商会调解中心及其各分会的调解中心。联合调解则是由两个国家的专门调解机构依据机构间的联合调解规则联合进行的调解，它是我国贸促会与美国仲裁协会于 1977 年共同开创的一种新方式。联合调解中，由争议一方向另一方发出书面通知，邀请他按照联合调解机构的联合调解规则调解争议，如另一方接受了调解邀请，调解程序开始。当事人可以协商选定两个调解机构秘书处中的任何一个作为案件的管理机构，如未选定，由被申请人所在国家的秘书处进行管理。

（3）仲裁调解和法院调解。仲裁调解和法院调解是在仲裁程序或诉讼程序中由仲裁庭或法庭主持进行的调解，调解可以由当事人提出，也可以由仲裁庭或法庭自行提出。

依据我国《仲裁法》第 51 ~ 52 条的规定，仲裁调解书与裁决书具有同样的法律效力；我国《民事诉讼法》第 89 条也规定，法院调解书经双方当事人签收后，即具有法律效力。不过，经由民间调解或专门机构调解达成的和解书、调解书则通常仅具有合同的效力，一方反悔或不履行协议的，应视为违约。

（三）ADR（Alternative Dispute Resolution）

ADR，即"替代性（或选择性）争议解决方式"，它是在 20 世纪 70 年代于美国形成的一个概念，有广义与狭义之分。广义上的 ADR 方式包括了所有的非诉讼纠纷解决方式，仲裁、调解等都包括在内，美国有关立法和多数学者都赞同这种广义的 ADR 概念。狭义上的 ADR 方式则将仲裁和诉讼排除在外，把 ADR 限定在"非诉讼非仲裁的纠纷解决方式"。在法国，ADR 是不包括仲裁在内的，是法院判决或仲裁裁决之外的解决争议的各种方法的总称。

ADR 在美国兴起是与当时美国的司法状况密切相关的。由于美国历来重视诉讼方式，因而导致案件数量剧增、诉讼费用高昂、诉讼程序迟延以及其他诉讼弊端，这使得美国司法面临严重危机。为建立各种更快捷的纠纷解决方式来分担诉讼压力，ADR 方式便应运而生，并迅速为其他国家所采用。

各国关于 ADR 的实践并不相同，其方式也并不一致。以主持纠纷解决的主体即 ADR 机关的不同，可将 ADR 分为：（1）法院附设 ADR 或司法 ADR，这是一种由法院主持但与诉讼程序截然不同的诉讼外纠纷解决制度。美国的"法院附设仲裁"和"法院附设调解"即属于这一类型。（2）由民间团体或组织主持的 ADR，各国的国际贸易仲裁、调解机构即属于这一类型。（3）由律师或类似的法律服务人员或机构主持的 ADR。这在性质上与民间团体或组织的 ADR 相近，不过由于主持者的职业特点和优势，使得其具有一定的特殊性。此外，还有由国家行政机关或类似行政机关所设或附设的纠纷解决机构，以及由国际组织（如 WTO）所建立的争议解决机制。在 ADR 的类型和方式上，除了仲裁以及调解外，还有其他的一些方式，例如司法和解会议、早期中立评估、微型审判、简易陪审团审理、出租法官等方式。①

---

① 范愉：《代替性纠纷解决方式（ADR）研究——兼论多元化纠纷解决机制》，载《法哲学与法社会学论丛》第 2 辑，中国政法大学出版社 2000 年版。

第二节　国际贸易仲裁

仲裁作为解决国际贸易争议的方法，是随着国际贸易的发展而由商人们在实践中开始运用的。1889 年，英国为了解决它和欧洲各国商人在国际贸易中发生的纠纷，公布了第一部仲裁法，首次通过立法确立了国际贸易中的仲裁制度。① 20 世纪以来，特别是 1958 年《承认和执行外国仲裁裁决公约》得到各国的普遍支持以来，仲裁更具有了诉讼所难以企及的优势，成为解决国际贸易争议最为普遍的方法。

国际贸易仲裁，是指利用仲裁的方式来解决国际贸易争议的一种手段。国际贸易仲裁属于国际商事仲裁或者国际经济仲裁的范畴，其解决的是国际性的或涉外性的贸易纠纷，这是它与国内贸易仲裁的区别。此外，虽然它与协商、调解一样，都是建立在自愿基础上的，但它是一种第三者程序，这使它区别于协商；它与调解一样都是一种第三方解决方式，但仲裁裁决却有着法律的强制执行力。

一、国际贸易仲裁机构

根据机构组织形式的不同，仲裁机构有临时仲裁庭和常设仲裁机构之分。临时仲裁庭，是指根据双方当事人的仲裁协议，在争议发生后由双方当事人推荐的仲裁员临时组成的，负责审理当事人之间的有关争议，并在审理终结作出裁决后即行解散的仲裁机构。临时仲裁庭没有固定的组织、规则和仲裁员等，是一种临时性的组织。许多国家的仲裁法都对这种临时仲裁作了规定，但是我国《仲裁法》未作规定。

常设仲裁机构，则是指依据一国国内立法或国际公约所成立的，有固定的名称、地址、组织形式、组织章程、仲裁规则和仲裁员名单，并具有完整办事机构和健全行政管理制度的仲裁机构。机构仲裁是仲裁的主要方式。不过，常设仲裁机构并不直接进行仲裁，而只是接受仲裁申请，并在其主持下，帮助争议双方组成仲裁庭，提供仲裁场所及其他行政管理方面的服务，如记录、送达文件等。②

---

① 韩德培主编：《国际私法》，高等教育出版社、北京大学出版社 2000 年版，第 483 页。

② 左海聪主编：《国际商法》，法律出版社 2008 年版，第 24 页。

国际上常设的仲裁机构主要有国际商会仲裁院、瑞典斯德哥尔摩商会仲裁院、瑞士苏黎世商会仲裁院、伦敦国际仲裁院以及美国仲裁协会等。

（一）国际商会仲裁院

国际商会仲裁院（The International Court of Arbitration of International Chamber of Commerce，ICC）成立于 1923 年，隶属于国际商会，秘书处设在巴黎，后改称为国际商会国际仲裁院。国际商会仲裁院是当今世界上提供国际经济贸易仲裁服务较多和具有广泛影响的国际仲裁机构。

（二）瑞典斯德哥尔摩商会仲裁院

瑞典斯德哥尔摩商会仲裁院（The Arbitration Institute of the Stockholm Chamber of Commerce，SCC）成立于 1917 年，隶属于斯德哥尔摩商会。该仲裁院不备有仲裁员名单，当事人可以自行指定仲裁员，也可以申请采用包括《联合国国际贸易法委员会仲裁规则》在内的多套仲裁规则。其现行的仲裁规则为 2007 年 1 月 1 日生效的仲裁规则。

（三）瑞士苏黎世商会仲裁院

瑞士苏黎世商会仲裁院（The Court of Arbitration of the Zurich Chamber of Commerce）成立于 1911 年。该仲裁院既受理国内商业和工业企业之间的争议案件，也受理涉外经济贸易争议案件。苏黎世商会仲裁院十分重视调解的作用，将调解贯穿于仲裁的全过程。由于瑞士在政治上是中立国，国际上较多的经贸纠纷都交给它仲裁。

（四）伦敦国际仲裁院

伦敦国际仲裁院（London Court of International Arbitration，LCIA）成立于 1892 年，原名为伦敦仲裁会，1903 年改为伦敦仲裁院，1981 年改为伦敦国际仲裁院。它是全世界最早创立的全国综合性的常设仲裁机构。

（五）美国仲裁协会

美国仲裁协会（American Arbitration Association，AAA）成立于 1926 年，其总部设在纽约市，并在美国的其他 24 个主要城市设有分会。协会制定有国际仲裁规则，也允许当事人可选择适用《联合国国际贸易法委员会仲裁规则》。

在我国，依法设立的仲裁机构均可以受理国际贸易纠纷，但是最有影响力的仍然是两个传统的涉外仲裁机构，即中国国际经济贸易仲裁委员会和中国海事仲裁委员会。

中国国际经济贸易仲裁委员会（China International Economic and Trade Arbitration Commission，CIETAC）是中国国际贸易促进委员会（简称贸促会）属下的一个民间性全国常设仲裁机构，该委员会成立于 1954 年，于 1956 年正式开始工作，总部设在北京，在上海和深圳也设有分支机构。自 2000 年 10 月 1 日起，中国国际经济贸易仲裁委员会同时使用"中国国际商会仲裁院"的名称。中国国际经济贸易仲裁委员会自成立以来曾数次修订其仲裁规则，现行规则为 2005 年 5 月 1 日起施行的新规则。中国国际经济贸易仲裁委员会已成为具有国际影响的常设仲裁机构。

中国海事仲裁委员会（China Maritime Arbitration Commission，CMAC）是中国国际贸易促进委员会属下的一个专门的民间性全国常设仲裁机构，总部设在北京，成立于 1959 年 1 月。中国海事仲裁委员会主要受理海商海事争议。中国海事仲裁委员会的仲裁规则曾数次修订，现行规则为 2001 年 1 月 1 日起施行的新规则。

二、国际贸易仲裁协议

（一）国际贸易仲裁协议的概念和内容

国际贸易仲裁协议是指双方当事人将其在国际贸易活动中已经发生或可能发生的一切或某些争议提交仲裁的协议。仲裁协议通常有两种类型：一是在合同中订立仲裁条款（arbitration clause），二是订立单独的仲裁协议（submission to arbitration agreement）。仲裁协议一般要求用书面形式做成，通过往来书信、电报、电传以及电子数据交换和电子邮件等方式订立的仲裁协议也应认为符合书面形式的要求。

国际贸易仲裁协议应包括哪些内容，各国立法及有关国际条约的规定各不相同。一般来说，一项国际贸易仲裁协议应具备以下几个方面的内容：

（1）仲裁意愿，即当事人一致同意将争议提交仲裁的意思表示。

（2）仲裁事项，即明确规定把什么样的国际贸易争议提交仲裁。

（3）仲裁机构，即明确、具体的仲裁机构。

除此之外，当事人还可以约定仲裁地点及/或开庭地点、仲裁规则、仲裁语言、仲裁员人数、仲裁员国籍、适用法律、适用普通程序或简易程序、裁决的效力等事项。

许多常设性仲裁机构都有自己的示范仲裁条款。例如，中国国际经济贸易仲裁委员会的示范仲裁条款为："凡因本合同引起的或与本合同有关的任何争议，均应提交中国国际经济贸易仲裁委员会，按照申请仲裁时该会现行有效的仲裁规则进行仲裁。仲裁裁决是终局的，对双方均有约束力。"国际商会仲裁院推荐的仲裁条款是："有关本合同所发生的一切争议应根据国际商会的仲裁规则由一名或多名仲裁员仲裁解决。"伦敦国际仲裁院推荐的仲裁条款是：

"由本合同所产生的或与本合同有关的任何争议，包括该合同的成立、效力和修正均应提交或最终根据伦敦国际仲裁院的仲裁规则解决，该规则应视为包括在本条款之中。"

（二）国际贸易仲裁协议的有效性

1. 仲裁协议的有效要件

对于仲裁协议的有效要件，各国仲裁立法和国际公约的规定不尽相同。不过，通常说来一项有效的仲裁协议应具备以下几个条件：

（1）仲裁协议应由合格的当事人签订，即仲裁协议的当事人必须具有行为能力，而且与相关争议具有法律上的利害关系。

（2）仲裁协议的内容应当具体、合法，并且是可仲裁的。首先，仲裁协议应有明确的仲裁意思表示以及明确、具体的仲裁机构。其次，仲裁协议的内容必须不违反有关国家法律的强制性规定，不具有无效、可撤销等情形。再次，约定提交仲裁的事项必须是有关国家的法律允许提交仲裁的事项。依照我国《仲裁法》的规定，婚姻、收养、监护、扶养、继承纠纷和依法应当由行政机关处理的行政争议是不能仲裁的。但是除此之外的其他争议，无论是合同争议还是非合同争议，原则上均可以提交仲裁。

（3）仲裁协议应具备法律所要求的形式，通常是指书面形式。书面形式要求是世界各国法律所普遍采用的做法，1985 年《联合国国际商事仲裁示范法》第 7 条第（2）项也规定，仲裁协议应是书面的；1958 年《承认及执行外国仲裁裁决公约》第 2 条也含有当事人以书面协定订立仲裁协议的意思。

（4）仲裁协议不具有无效、失效、不能实行或不能履行的情形。例如，仲裁协议应是在自愿基础上订立的，经欺诈、胁迫等违法情形订立的仲裁协议应认定为无效。约定的仲裁机构不再存在，或者未明确仲裁机构且未能最终达成一致的，则仲裁协议属于不能实行或不能履行的情形。

2. 仲裁协议有效性的认定

仲裁协议的有效性不仅关系到案件的管辖权，还会影响到仲裁裁决的承认与执行，因此仲裁协议的有效性是国际贸易争议仲裁中的重要问题。

【条文导读 6.1】

我国有关仲裁协议效力认定的规定

我国《仲裁法》第 20 条规定，当事人对仲裁协议的效力有异议的，可以请求仲裁委员会作出决定或者请求人民法院作出裁定。一方请求仲裁委员会作出决定，另一方请求人民法院作出裁定的，由人民法院裁定。

最高人民法院 1995 年 8 月 28 日《关于人民法院处理与涉外仲裁及外国仲裁事项有关问题的通知》规定，凡起诉到人民法院的涉外、涉港澳和涉台经济、海事海商纠纷案件，如果当事人在合同订立中订有仲裁条款或者事后达成仲裁协议，人民法院认为该仲裁条款或者仲裁协议无效、失效或者内容不明确无法执行的，在决定受理一方当事人起诉之前，必须报请本辖区所属高级人民法院进行审查；如果高级人民法院同意受理，应将其审查意见报最高人民法院。在最高人民法院未作答复前，可暂不予受理。

仲裁协议的有效性通常由仲裁庭或法院作出认定，而且法院通常具有最终的裁定权。仲裁庭与法院的有效性认定可以贯穿从仲裁开始到裁决执行的整个过程。

（1）在仲裁程序开始时，一方当事人可以仲裁协议无效为由，向仲裁庭提出管辖权异议；或者在仲裁程序开始之前，一方当事人无视仲裁协议的存在或以仲裁协议无效为由，率先向一国法院就仲裁协议项下的事项提起诉讼。在任何一种情况下，无论是法院还是仲裁机构，它们首先要解决的是对该案仲裁协议的有效性作出认定。

（2）即便仲裁程序开始后，并且仲裁机构或仲裁庭也作出了对所受理的案件有管辖权的决定，如果一方当事人对此项决定不服，仍然有权依照仲裁程序所适用的法律向对此有管辖权的法院就该项仲裁案件所依据的仲裁协议的有效性提出异议，请求法院对此作出最终的决定。

（3）当仲裁裁决作出后，当事人对此裁决不服时，也可以裁决根据无效的仲裁协议作出为由，请求裁决地法院撤销该仲裁裁决，或请求执行地法院拒绝执行仲裁裁决。按照《纽约公约》第 5 条第 1 款的规定，被请求撤销或拒绝执行仲裁裁决的法院可以审查仲裁协议的效力并作出相应裁定。

关于认定仲裁协议效力的依据，国际上通常都是按照普通合同的法律适用规则来决定。如果当事人在仲裁协议中就该协议应当适用的法律作出约定，则该法律应当得以适用。当事人未作出选择的，则通常按照最密切联系的原则，适用与仲裁协议有最密切联系的国家的法律。此外，在实践中，还应尽量适用使仲裁协议有效的法律，以鼓励仲裁方式的开展。①

3. 仲裁协议的效力与独立性

---

① 赵秀文编著：《国际商事仲裁法》，中国人民大学出版社 2004 年版，第 81～85 页。

（1）仲裁协议的效力。一项有效的仲裁协议会产生以下几个方面的法律效力：

首先，对双方当事人具有约束力，当事人有权要求通过仲裁而不是其他解决方式来解决争议。

其次，构成对有关仲裁机构行使仲裁管辖权的依据和限制。有效的仲裁协议，表明了当事人向特定仲裁机构提交仲裁的意愿，是仲裁机构行使仲裁管辖权的依据。如果没有仲裁协议或仲裁协议无效，仲裁机构即无权仲裁。同时，仲裁协议也构成对仲裁机构的约束和限制，仲裁机构超出仲裁协议范围的仲裁是无效的。

再次，构成对法院管辖权的排除。绝大多数国家的仲裁法规定，有效的仲裁协议在赋予仲裁机构管辖权的同时，排除了法院的管辖权。

最后，构成强制执行仲裁裁决的依据。有效的仲裁协议，在赋予仲裁机构管辖权的同时也使得仲裁裁决具有强制执行力。①

【条文导读 6.2】

《纽约公约》有关仲裁协议效力的规定

1958 年《承认及执行外国仲裁裁决公约》（《纽约公约》）第 2 条规定：

一、当事人以书面协定承允彼此间所发生或可能发生之一切或任何争议，如关涉可以仲裁解决事项之确定法律关系，不论为契约性质与否，应提交仲裁时，各缔约国应承认此项协定。

二、称"书面协定"者，谓当事人所签订或在互换函电中所载明之契约仲裁条款或仲裁协定。

三、当事人就诉讼事项订有本条所称之协定者，缔约国法院受理诉讼时应依当事人一造之请求，命当事人提交仲裁，但前述协定经法院认定无效、失效或不能实行者不在此限。

【司法应用 6.1】

江苏省物资集团轻工纺织总公司诉（香港）裕亿集团有限公司、（加拿大）太子发展有限公司侵权损害赔偿纠纷上诉案

1996 年 5 月 5 日，江苏省物资集团轻工纺织总公司（以下简称轻纺公司）

---

① 左海聪主编：《国际商法》，法律出版社 2008 年版，第 29 页。

与（香港）裕亿集团有限公司（以下简称裕亿公司）签订销售合同，约定由裕亿公司销售普通旧电机 5000 吨给轻纺公司。同年 5 月 6 日，轻纺公司与（加拿大）太子发展有限公司（以下简称太子公司）签订销售合同，约定由太子公司销售普通旧机电 5000 吨给轻纺公司。上述两份合同第 8 条均明确约定："凡因执行本合约所发生的或与本合约有关的一切争议，双方可以通过友好协商解决；如果协商不能解决，应提交中国国际经济贸易仲裁委员会，根据该会的仲裁规则进行仲裁。仲裁裁决是终局的，对双方均有约束力。"货物到港后，经查明货物总重量为 9586.323 吨，主要为各类废结构件、废钢管、废齿轮箱、废元钢等。轻纺公司遂以裕亿公司和太子公司侵权给其造成损失为由提起诉讼。裕亿公司和太子公司则提出管辖权异议，称本案已达成仲裁协议，人民法院依法不应受理。

江苏省高级人民法院一审认为：本案是因欺诈引起的侵权损害赔偿纠纷，买卖合同中虽订有仲裁条款，但由于被告是利用合同进行欺诈，已超出履行合同的范围，构成了侵权，故不受双方所订立的仲裁条款的约束，因而裁定驳回管辖权异议。

最高人民法院二审认为：本案争议的焦点在于仲裁机构是否有权对当事人之间的侵权纠纷作出裁决。《中华人民共和国仲裁法》第二条规定："平等主体的公民、法人和其他组织之间发生的合同纠纷和其他财产权益纠纷，可以仲裁"；第三条规定："下列纠纷不能仲裁：一、婚姻、收养、监护、抚养、继承纠纷；二、依法应当由行政机关处理的行政争议"。《中国国际经济贸易仲裁委员会仲裁规则》（以下简称仲裁规则）第二条也明确规定：该委员会"解决产生于国际或涉外的契约性或非契约性的经济贸易等争议……"根据我国《仲裁法》和仲裁规则的上述规定，中国国际经济贸易仲裁委员会有权受理侵权纠纷，因此本案应通过仲裁解决，人民法院无管辖权，故裁定撤销一审裁定、驳回起诉。

资料来源：《最高人民法院公报》1998 年第 3 期。

（2）仲裁协议的独立性。仲裁协议独立于主合同，合同的变更、解除、终止或者无效并不影响仲裁协议的效力，这就是仲裁协议的独立性原则，也是为各国立法和国际公约所承认的一项共同法则。我国《仲裁法》第 19 条、《联合国国际商事仲裁示范法》第 16 条等均有类似规定。

【司法应用 6.2】

德国某制造商与荷兰某公司仲裁协议效力案

德国一家制造商与荷兰一家公司签订有独家经销代理合同。该合同含有下列条款："本合同的各项争议如未能友好协商解决，则首先提交德荷商会（German-Dutch Chamber of Commerce）的仲裁庭仲裁。任何一方如不服该仲裁裁决，则原告可向有关法院起诉。"后在双方发生纠纷的情况下，德国制造商向德国一审法院起诉。被告荷兰公司提出因存在仲裁协议故应提交仲裁。德国一审法院认为，判定上述仲裁条款的效力时面临着准据法的确定问题。考虑到德国和荷兰都是《纽约公约》的缔约国，法院认为应类推适用公约第 5 条第 1 款（甲）项的冲突规范，即首先应适用当事人选择的法律；没有选择时，则适用裁决将要作出地国家的法律。法院据此进一步指出，本案当事人并未选择仲裁协议应适用的法律，也未选择仲裁地点，所以裁决将要作出地无法直接确定。但法院注意到，按照双方选择的德荷商会的仲裁规则，本案既可在德国进行仲裁也可以在荷兰进行仲裁，所以法院认为本案仲裁协议的有效性应按照德国和荷兰两个国家的法律加以确定。法院最后指出，荷兰和德国的法律都规定，仲裁与诉讼只能选择其一，而且公约第 2 条第 3 款也表明只有排除了法院诉讼的仲裁协议才是有效的。故法院判决仲裁协议无效，被告要求将本案提交仲裁的请求予以驳回。德国上诉法院维持了上述一审判决。

资料来源：转引自黄亚英：《论〈纽约公约〉与仲裁协议的法律适用——兼评中国加入公约二十年的实践》，载《仲裁与法律》第 111 期。

三、国际贸易仲裁程序

（一）仲裁申请与受理

当事人申请仲裁，如果双方选择的是常设仲裁机构，当事人应向该常设仲裁机构递交仲裁协议、仲裁申请书以及其他证明文件；如果双方当事人约定设立临时仲裁机构来审理有关争议，则当事人须将仲裁申请书直接送交另一方当事人，因为只有当双方当事人选出仲裁员以后才能组成受理争议的临时仲裁机构。仲裁申请书通常包含如下主要内容：（1）申请人和被申请人的名称、住所和联系方式等；（2）仲裁请求及所依据的事实和理由；（3）证据等证明文件。

仲裁机构在收到申请人提交的仲裁申请书及有关材料后，应进行初步审查以决定是否立案受理。一般来说，审查事项包括：（1）仲裁协议是否有效，该仲裁机构是否享有对该争议的管辖权；（2）请求仲裁事项是否属于仲裁协议范围或是否能进行仲裁；（3）仲裁申请书等文件以及仲裁手续是否完备等。审查不合格的，应通知不予受理或者要求补正；审查合格的，即正式立案受理。仲裁机构受理案件后，即向申请人发出受案通知，向被申请人发出仲裁通知。

被申请人在收到仲裁申请书后，应提出答辩书及有关证据材料。被申请人不提交答辩书的，不影响仲裁程序的进行。被申请人应在仲裁通知指定的期限内或在答辩书中指定仲裁员或委托仲裁机构代为指定。被申请人对申请人提请的仲裁，或对仲裁机构的管辖权有异议的，可在答辩期限内提出。被申请人还可以提出反请求，反请求可在答辩书中阐明，也可另行提出反请求书。反请求一般和申请人的请求合并审理，但通常分别裁决。

当事人也可以申请财产保全和证据保全。仲裁机构应将当事人的申请提交给主管法院，由主管法院审查后作出是否准予保全的裁定。

（二）仲裁庭的组成

各国仲裁立法和仲裁规则对仲裁员的指定均有明确规定。对于仲裁庭的人数，如果当事人没有作出约定，一般应由3人组成，当事人双方各指定1名仲裁员。对首席仲裁员的指定，各国仲裁立法和仲裁规则规定不尽相同，有的规定首席仲裁员由当事人双方指定的仲裁员协商确定，在协商不成的情况下，则由仲裁机构或其他有权机构指定；有的则直接规定首席仲裁员由仲裁机构或其他有权机构指定；也有的规定首席仲裁员由双方当事人共同选定或者共同委托仲裁委员会主任指定。对于独任仲裁员的指定，多数仲裁立法和仲裁规则承认仲裁当事人双方选定独任仲裁员的自主权。只有当事人双方在一定期限内不能达成一致意见时，才由仲裁机构或其他有权机构代为指定。

由于仲裁员与当事人之间的关系会直接影响仲裁案件的审理，因此各国仲裁立法和仲裁规则都对仲裁员的回避作了明确规定。当然，当事人申请回避应在一定期间内提出，否则将视为放弃申请回避的权利。

（三）仲裁审理

仲裁审理是对整个争议事项进行实质性审查的仲裁活动，在仲裁程序中占有重要地位。仲裁审理一般有两种，一种是口头审理，又称开庭审理；另一种是书面审理，又称不开庭审理。各国仲裁立法和仲裁规则大多规定；当事人双方可自由选择审理方式，但当事人没有约定时，则采用开庭审理的形式进行。

开庭审理的程序同诉讼程序大致相当。通常先由首席仲裁员宣布仲裁庭的组成人员，如果双方当事人对仲裁员没有异议，再由仲裁员宣读双方当事人出庭人员名单，当事人对对方出庭人员的身份如有异议，可以提出。如果没有异议，首席仲裁员就宣布庭审开始。先由申请人陈述案情，讲明事实，然后由被申请人答辩，再由仲裁庭提问。事实调查结束后，由当事人双方进行辩论。最后，由仲裁庭总结开庭情况。除当事人双方同意公开审理外，各国仲裁立法和仲裁规则大多规定，仲裁庭开庭审理应不公开进行。

书面审理则不同。书面审理中双方当事人或者他们的代理人可以不必亲自到庭，仲裁庭只根据双方当事人提供的书面证据材料，如仲裁申请书、答辩书、合同、双方往来函电以及证人、专家报告等文件，对争议案件进行审理。

（四）仲裁裁决

仲裁审理的结果，往往便是仲裁裁决的产生。仲裁裁决通常是终局的，这称为最后裁决或终局裁决，是仲裁庭或独任仲裁员在案件审理终结后，对争议的所有问题或最终问题所作出的最终裁决。除终局裁决外，实践中还有中间裁决和部分裁决等裁决类型。如果仲裁庭认为必要或者当事人提出请求经仲裁庭同意时，仲裁庭可以在作出最终仲裁裁决之前的任何时候，就案件的任何问题作出中间裁决或部分裁决。中间裁决和部分裁决通常是针对一些程序性事项或者部分已经查清的问题而作出的。任何一方当事人不履行中间裁决，不影响仲裁程序的继续进行，也不影响仲裁庭作出最终裁决。

无论什么类型的裁决，各国仲裁立法和仲裁规则都要求以书面形式做成，并有仲裁员的签名。不过，有的国家规定须有全体仲裁员的签名，有的国家则规定有多数仲裁员的签名即可。《中国国际经济贸易仲裁委员会仲裁规则》第42条规定，除非裁决依首席仲裁员意见或独任仲裁员意见作出，裁决应由多数仲裁员署名；持有不同意见的仲裁员可以在裁决书上署名，也可以不署名。《联合国国际商事仲裁示范法》第31条则规定，裁决应由一名或数名仲裁员签字；在有一名以上仲裁员的仲裁程序中，仲裁庭全体成员的多数签字即可，但须说明任何未签字的理由。

仲裁裁决一经作出，即具有法律约束力，当事人既不能向法院起诉，也不能请求其他机构变更仲裁裁决，对此各国立法和仲裁规则的规定是比较一致的。仲裁裁决书通常自作出之日起发生法律效力，一方当事人不履行仲裁裁决的，对方当事人即可以申请有关国家的法院强制执行。

不过，并非所有的仲裁裁决都具有法律效力。如果仲裁审理或仲裁裁决存在违法或不当情形，按照多数国家的法律和仲裁规则，一方当事人可以在一定期限内向裁决作出地法院申请撤销该仲裁裁决，或者向执行地法院申请拒绝承认和执行该裁决。虽然各国关于撤销仲裁裁决、拒绝承认和执行仲裁裁决的事由并不一致，但主要事由大致相同，这主要包括：（1）仲裁协议无效；（2）违反正当程序；（3）仲裁庭越权；（4）仲裁庭组成不当；（5）违背公共政策等。①

【条文导读6.3】

关于仲裁裁决的撤销

《联合国国际商事仲裁示范法》第34条"申请撤销作为对仲裁裁决唯一的追诉"（节选）：

（2）仲裁裁决仅在下列情况下才可以被第六条规定的法院撤销：

（A）提出申请的当事一方提出证据证明：（a）第七条所指仲裁协议之当事人有某种无行为能力情形；或根据当事各方所同意遵守的法律，或未指明何种法律，则根据本国法律，该协议是无效的；或（b）提出申请的当事一方未接获有关委任仲裁员或仲裁程序之适当通知，或因他故致其不能陈述案件；或（c）裁决所处理之争议非为提交仲裁之标的或不在其条款之列，或裁决载有关于交付仲裁范围以外事项之决定，但交付仲裁事项之决定可与未交付仲裁事项之决定划分时，仅可撤销对未交付仲裁事项所作决定之部分裁决；或（d）仲裁庭的组成或仲裁程序与当事各方的协议不一致，除非此种协议与当事各方不能背离之本法规定相抵触，或当事各方无此协议时，与本法不符；或

（B）法院认定：（a）根据本国的法律，争议事项不能通过仲裁解决；或（b）该裁决与本国的公共政策相抵触。

【条文导读6.4】

我国有关不予执行仲裁裁决情形的规定

《中华人民共和国民事诉讼法》第258条：

对中华人民共和国涉外仲裁机构作出的裁决，被申请人提出证据证明仲裁裁决有下列情形之一的，经人民法院组成合议庭审查核实，裁定不予执行：

（一）当事人在合同中没有订有仲裁条款或者事后没有达成书面仲裁协

---

① 赵秀文编著：《国际商事仲裁法》，中国人民大学出版社2004年版，第432～436页。

议的；

（二）被申请人没有得到指定仲裁员或者进行仲裁程序的通知，或者由于其他不属于被申请人负责的原因未能陈述意见的；

（三）仲裁庭的组成或者仲裁的程序与仲裁规则不符的；

（四）裁决的事项不属于仲裁协议的范围或者仲裁机构无权仲裁的。人民法院认定执行该裁决违背社会公共利益的，裁定不予执行。

四、国际贸易仲裁裁决的承认与执行

基于国际贸易的国际性或涉外性，国际贸易仲裁裁决往往需要在另一国得到承认与执行。为了解决国际商事仲裁裁决的承认与执行问题，国际上先后缔结了多个双边和多边国际条约，这其中，最重要、参加国最多、影响最广泛的是在联合国主持下，于 1958 年在纽约通过的《承认及执行外国仲裁裁决公约》（简称《纽约公约》）。《纽约公约》于 1959 年 6 月 7 日生效，目前已有 140 多个缔约国。

（一）《纽约公约》

《纽约公约》以促进国际商事纠纷的解决，便利仲裁裁决在世界范围内的强制执行，从而促进国际经济贸易的发展为目的，要求缔约国法院承认仲裁协议的效力，而且除某些有限的例外情形之外，缔约国法院应承认并执行在其他国家作出的仲裁裁决。《纽约公约》的内容主要包括：

1. 适用范围

《纽约公约》适用于外国仲裁裁决的承认及执行。《纽约公约》第 1 条第 1 款规定："因自然人或法人间之争议而产生且在申请承认及执行地所在国以外之国家领土内作成者，其承认及执行适用本公约。本公约对于仲裁裁决经申请承认及执行地所在国认为非内国裁决者，亦适用之。"由此可见，《纽约公约》实际上采用地域和非内国双重标准来判定一项仲裁裁决是否外国仲裁裁决；只要是在执行地所在国以外的国家领土内作出的仲裁裁决，或者执行地所在国认为非内国仲裁裁决的，皆属于外国仲裁裁决。

至于外国仲裁裁决的类型，按照《纽约公约》第 1 条第 2 款的规定，仲裁裁决不仅包括由为每一案件选定的仲裁员所作出的裁决，而且也包括由常设仲裁机构经当事人的提请而作出的裁决。由此可见，《纽约公约》中的外国仲裁裁决包括临时仲裁裁决和机构仲裁裁决，两种仲裁裁决在承认及执行程序中具有同等地位。

2. 适用条件和程序

按照《纽约公约》的规定，各缔约国应承认仲裁裁决具有拘束力，并依援引裁决地的程序规则及《纽约公约》所载条件予以执行，这是《纽约公约》确定的承认和执行外国仲裁裁决的基本原则。而且，各缔约国在承认或执行外国仲裁裁决时，不得比承认和执行国内仲裁裁决附加更为苛刻的条件或者征收过多的费用。此外，《纽约公约》规定，为了获得对仲裁裁决的承认和执行，申请承认和执行裁决的当事人应该在申请时提供：

（1）经正式认证的裁决正本或经正式证明的副本；

（2）属《纽约公约》范围的仲裁协议正本或经正式证明的副本；

（3）如果仲裁裁决或仲裁协议不是用裁决所需承认或执行的国家的官方文字写成，申请承认或执行裁决的当事人应当提供这些文件的此种文字译本，译本应由一个官方的或宣过誓的翻译员或外交或领事人员证明。

不过，并非所有的外国仲裁裁决均须承认和执行，只有有效的、不具有不予承认与执行的法定事由的仲裁裁决才在该公约的适用范围之内。因此，该公约还以排除的方式，从两个方面规定了不予承认和执行外国仲裁裁决的情形：

首先，《纽约公约》第5条第1项规定，一方当事人向主管法院提出证据证明有下列情形之一时，即可拒绝承认及执行：

（1）仲裁协议的当事人依对其适用的法律有某种无行为能力情形的，或该项仲裁协议依当事人作为协议准据的法律系属无效，或未指明以何法律为准时，依裁决地所在国法律系属无效的；

（2）一方当事人未接获关于指派仲裁员或仲裁程序的适当通知，或因他故，致未能申辩的；

（3）裁决所处理的争议并非交付仲裁的标的或不在其条款之列，或裁决载有关于交付仲裁范围以外事项的决定的，但交付仲裁事项的决定可与未交付仲裁的事项划分时，裁决中关于交付仲裁事项之决定部分得予承认及执行；

（4）仲裁机关的组成或仲裁程序与当事人之间的协议不符，或无协议而与仲裁地所在国法律不符的；

（5）裁决对各方当事人尚无拘束力，或业经裁决地所在国或裁决所依据法律的国家主管机关撤销或停止执行的。

其次，该公约第5条第2项还规定，如果被请求承认和执行仲裁裁决的国家主管当局查实有下列情形之一者，也可以拒绝承认和执行：

（1）依裁决执行地国的法律，争议的事项不得以仲裁方法解决的；

（2）承认或执行该项裁决将和该国的公共秩序相抵触的。

（二）我国对外国仲裁裁决的承认和执行

我国已经加入《纽约公约》，该公约于1987年4月22日对中国正式生效。因此，目前我国对外国仲裁裁决的承认及执行主要以《纽约公约》为依据。根据1986年12月2日全国人民代表大会常务委员会《关于我国加入〈承认及执行外国仲裁裁决公约〉的决定》、1987年4月10日最高人民法院《关于执行我国加入的〈承认及执行外国仲裁裁决公约〉的通知》等的规定，我国承认和执行外国仲裁裁决的现行法律制度包括以下内容：

（1）互惠保留与商事保留。我国在加入《纽约公约》时作了互惠保留和商事保留的声明。根据前者，我国仅对在公约成员国的领土内作出的仲裁裁决的承认和执行适用该公约；根据后者，我国仅对按照我国法律属于契约性和非契约性的商事法律关系所引起的争议适用该公约。

【司法应用6.3】

TH&T 国际公司与成都华龙汽车配件有限公司
关于申请承认和执行国际商会仲裁院裁决案

1993年6月3日，成都华龙汽车配件有限公司（以下简称华龙公司）与美国TH&T国际公司（以下简称TH&T公司）签订了一份生产销售合同。合同第32条约定："协议双方因生产方面产生的任何争端，由中国国际贸易促进委员会下的仲裁委员会在中国北京仲裁解决，因市场销售、货款支付等问题产生的商务争议，根据国际商会的调解和仲裁在洛杉矶进行仲裁。"1999年4月13日，TH&T公司以华龙公司具有提供不合格产品及将TH&T公司开发的产品交给第三者在北美地区进行销售等违约行为为由，向国际商会仲裁院（ICC）提出仲裁申请。国际商会仲裁院受理后，将关于指派仲裁员和进行仲裁程序的通知送达华龙公司。华龙公司表示无经济能力支付仲裁费用，不参与仲裁。国际商会仲裁院由独任仲裁员何炳在洛杉矶组成仲裁庭，于2002年1月8日作出裁决，判令华龙公司赔偿TH&T公司212440.32美元的损失。裁决作出后，华龙公司没有主动履行裁决，TH&T公司向成都中院申请承认及执行裁决，法院审查后于2002年7月31日受理。

华龙公司收到法院送达的强制执行申请书后进行了答辩，称本案仲裁程序违反《纽约公约》规定：（1）该公司未得到关于指派仲裁员或进行仲裁程序的适当通知，导致未能参加仲裁程序从而未能申辩，裁决构成对《纽约公约》第5条第1款（乙）项之违反；（2）国际商会仲裁院对双方争议事项中关于有瑕疵的货品处理问题没有管辖权,其作出的裁决属越权裁判。据此,认为应拒绝承认及执行涉案裁决。

成都市中级人民法院审理认为:我国与法国(正确的说法应是美国,因为裁决作出地为美国)均系 1958 年《纽约公约》的缔约国,且本案所涉仲裁裁决解决的是按照我国法律属于契约性商事法律关系所引起的争议,因此本案应适用 1958 年《纽约公约》。被申请人提出的两个事由并不构成《纽约公约》第 5 条所规定的拒绝承认及执行的情形:(1)国际仲裁院已将关于指派仲裁员和进行仲裁程序的适当通知送达华龙公司;(2)双方签订的合同中"生产"具有特定含义,而华龙公司已将有瑕疵的产品销售给了 TH&T 公司,该批产品已进入销售领域;仲裁院仲裁的是华龙公司是否向 TH&T 公司销售了有瑕疵的产品及相关退货或退款等问题,因此国际商会仲裁院对该争议事项具有管辖权。故裁定承认及执行涉案裁决。

资料来源:申请人 TH&T 国际公司与被申请人成都华龙汽车配件有限公司申请承认和执行国际商会仲裁院裁决一案(2002)成民初字第 531 号;齐湘泉:《外国仲裁裁决的界定》,载《仲裁与法律》总第 111 期。

(2)受理法院。仲裁裁决的一方当事人申请我国法院承认和执行在另一缔约国领土内作出的仲裁裁决的,应由我国下列地点的中级人民法院受理:

①被执行人为自然人的,为其住所地或其居住地;

②被执行人为法人的,为其主要办事机构所在地;

③被执行人在我国没有住所、居所或主要办事机构,但有财产在我国境内的,为其财产所在地的中级人民法院。

(3)审查与执行。有管辖权的人民法院接到一方当事人的申请后,应对申请承认及执行的仲裁裁决进行审查,如果认为不具有《纽约公约》第 5 条第 1、2 两项所列的情形,应当裁定承认其效力,并且依照《民事诉讼法》规定的程序执行;如果认定具有第 5 条第 2 项所列的情形之一,或者根据被执行人提供的证据证明具有第 5 条第 1 项所列的情形之一,应当裁定驳回申请,拒绝承认及执行。

(4)执行期限与执行措施。执行期限,按照《民事诉讼法》第 215 条的规定,为 2 年;具体执行措施则按照《民事诉讼法》第 21 章规定办理。

不过,由于我国在加入《纽约公约》时作了互惠保留,因此对于在非公约成员国境内作出的仲裁裁决不适用《纽约公约》的规定,而是按照我国《民事诉讼法》第 267 条规定的互惠原则等办理。

外国仲裁裁决在中国承认和执行的情况是比较好的，我国切实履行了公约义务。我国法院也依据《纽约公约》的规定及个案情况，拒绝承认和不予执行了一些外国仲裁机构的裁决，维护了当事人的合法权益。据统计，自 2000 年年初至 2007 年年底，有 12 个外国仲裁裁决被中国法院拒绝承认和执行。拒绝承认和执行的理由包括：承认和执行申请超过了法定期限，案例 4 起；当事人之间无仲裁协议或仲裁条款无效，案例 5 起；被执行人在中国境内无财产可执行，案例 1 起；被执行人未获得指定仲裁员和进行仲裁程序的通知，案例 1 起；仲裁庭重新指定仲裁员的行为与仲裁规则不符，案例 1 起。①

第三节 国际贸易诉讼

国际贸易诉讼是指通过法院诉讼方式来解决国际贸易争议的一种途径。在当事人双方不能通过协商或调解等方式解决争议，而又缺乏或无法达成仲裁协议的情况下，诉讼作为一种争端解决方式仍然具有重要意义。而且，有的当事人会更习惯或更信赖诉讼方式，因此实践中仍有相当多的国际贸易争议是通过民事诉讼方式得以解决的。

国际贸易诉讼属于国际民事诉讼的范畴，受各国国内立法、国际条约以及各国司法实践的约束。国际民事诉讼的特别法律问题主要包括：（1）外国当事人的诉讼地位；（2）国际民商事案件的管辖权；（3）司法协助以及外国判决的承认与执行等问题。

一、外国人的民事诉讼地位

外国人的民事诉讼地位是指外国人具有的民事诉讼权利能力和行为能力，即根据内国法或国际条约的规定，外国人在内国境内享有什么样的民事诉讼权利，承担什么样的民事诉讼义务，并能在多大程度上通过自己的行为行使民事诉讼权利和承担民事诉讼义务。

各国在外国人民事诉讼地位问题上的一般原则是给予外国人跟内国人同等的民事诉讼地位，即国民待遇原则。各国应避免对外国公民和法人在民事诉讼地位方面采取低于内国公民和法人的待遇，从而使其在诉讼中处于不利的境地。同时，为了保证本国国民在国外也能得到所在国的国民待遇，各国的民事

---

① 《〈纽约公约〉50 年，中国切实履行了〈纽约公约〉义务》，载《法制日报》2008 年 6 月 9 日。

诉讼立法一般都在赋予内国的外国人享有国民待遇的同时，也规定要以同等或互惠为条件。

在国际民事诉讼法上，解决外国人的民事诉讼权利能力和诉讼行为能力，跟国际私法上解决外国人的民事行为能力有相似之处，其所适用的准据法通常就是外国人的属人法。不过，有的国家还规定，如果根据法院地法有关外国人有民事诉讼行为能力，则即便其依其属人法没有民事诉讼行为能力，也认为该外国人有民事诉讼行为能力。我国《民事诉讼法》虽未对民事诉讼权利能力和诉讼行为能力作出明确规定，但司法实践与上述原则和规定基本相同。

各国立法通常都允许国际民事诉讼程序中的外国当事人委托诉讼代理人代为进行诉讼行为；不过，如果要委托律师进行诉讼代理，则只能委托在法院地国执业的律师。此外，还存在一种领事代理制度，即一个国家的领事可以依据有关国家的立法和有关国家的条约规定，在其管辖范围内的驻在国法院依职权代表其本国国民参与有关的诉讼，以保护有关个人或法人在驻在国的合法权益。1963年《维也纳领事关系公约》即肯定了领事代理制度。①

【条文导读6.5】

我国有关外国人民事诉讼地位的规定

《中华人民共和国民事诉讼法》第5条规定：

外国人、无国籍人、外国企业和组织在人民法院起诉、应诉，同中华人民共和国公民、法人和其他组织有同等的诉讼权利义务。

外国法院对中华人民共和国公民、法人和其他组织的民事诉讼权利加以限制的，中华人民共和国人民法院对该国公民、企业和组织的民事诉讼权利，实行对等原则。

二、国际民事管辖权

国际民事管辖权也称为涉外民事管辖权，是指一国法院根据本国缔结或参加的国际条约和国内法的规定，对特定涉外民事案件行使审判权的资格。国际民事管辖权解决的是国家之间对国际民事案件的管辖权划分，即由哪一国家的法院审理；至于由一国何地、何级法院审理，则应遵循内国国内法的有关规定。由于国际民事管辖直接关系到国家主权的行使，关系到本国公民、法人乃

---

① 左海聪主编：《国际商法》，法律出版社2008年版，第41~42页。

至国家的民事权益的保护，因此国际民事管辖权的确定具有重要的意义。

尽管各国关于国际民事管辖权的规定各不相同，但一般都是遵循如下原则来确定国际民事管辖权的：

（1）属地管辖原则：也称地域管辖原则，指采用与地域有关的因素来确定法院对国际民事案件的管辖权。具体来说，如果被告的住所、居所或营业地，或者是物之所在地（如诉讼标地所在地、财产所在地），或者法律事实和行为发生地（例如合同签订地、合同履行地、侵权行为发生地）位于法院所在国内，则该国法院就有管辖权。目前，多数国家采纳属地管辖原则。

（2）属人管辖原则：属人管辖是指根据当事人的国籍来确定管辖权，只要当事人具有某国国籍，该国法院就具有管辖权。

（3）协议管辖原则：协议管辖是指根据当事人协商选择管辖法院的协议来确定管辖权。目前，多数国家都承认协议管辖原则，但也有许多限制。

（4）专属管辖原则：专属管辖是指有关国家在特定范围内的民商事案件中无条件地保留其受理诉讼和作出裁决的权利，从而排除其他国家法院对这类民商事案件的管辖权。各国一般将不动产等案件列为专属管辖的范围。

我国《民事诉讼法》对涉外民事案件管辖权的确定，主要以地域管辖为原则，并规定了协议管辖原则和专属管辖制度。

（1）协议管辖。《民事诉讼法》第242条规定，涉外合同或者涉外财产权益纠纷的当事人，可以用书面协议选择与争议有实际联系的地点的法院管辖。选择我国法院管辖的，不得违反本法关于级别管辖和专属管辖的规定。

（2）专属管辖。《民事诉讼法》第244条规定，因在中华人民共和国履行中外合资经营企业合同、中外合作经营企业合同、中外合作勘探开发自然资源合同发生纠纷提起的诉讼，由我国法院管辖。《民事诉讼法》第34条还规定，因不动产纠纷提起的诉讼，由不动产所在地人民法院管辖；因港口作业中发生纠纷提起的诉讼，由港口所在地人民法院管辖；因继承遗产纠纷提起的诉讼，由被继承人死亡时住所地或者主要遗产所在地人民法院管辖。

（3）地域管辖。《民事诉讼法》第22条以被告住所地作为普通管辖的依据。在涉外民事案件中，对公民提起的民事诉讼，由被告住所地人民法院管辖；被告住所地与经常居住地不一致的，由经常居住地人民法院管辖；对法人或者其他组织提起的民事诉讼，由被告住所地人民法院管辖。

此外，《民事诉讼法》第24~33条关于特别地域管辖的一般规定，也可以适用于涉外案件，这主要包括：因合同纠纷提起的诉讼，由被告住所地或者合同履行地人民法院管辖；因保险合同纠纷提起的诉讼，由被告住所地或者保险标的物所在地人民法院管辖；因票据纠纷提起的诉讼，由票据支付地或者被告住所地人民法院管辖；因铁路、公路、水上、航空运输和联合运输合同纠纷提起的诉讼，由运输始发地、目的地或者被告住所地人民法院管辖。

三、国际司法协助

（一）国际司法协助的概念和途径

民事案件的国际司法协助，指一国法院或其他主管机关，应另一国法院或其他主管机关的请求，代为或协助进行某些民商事诉讼的行为。狭义的国际司法协助仅包括协助送达诉讼文书、传询证人和搜集证据，广义的国际司法协助除了上述内容之外，还包括外国法院判决和仲裁裁决的承认与执行。我国立法对国际司法协助作广义理解。

司法协助请求的提出一般通过以下几个途径：

（1）外交途径。即请求国司法机关把请求书及其所附文件交给本国的外交部，由本国外交部转交给被请求国的外交代表，再由该国外交代表转交给该国国内的主管司法机关，由该主管司法机关提供司法协助。这是比较普遍采用的一种方式，特别是在两国之间不存在司法协助条约的情况下，它几乎成为唯一可行的途径。

（2）使领馆途径。即请求国司法机关把请求书及其所附文件交给本国驻在被请求国的使领馆，再由使领馆直接把有关文件交给驻在国的主管司法机关，由该主管司法机关提供司法协助。

（3）法院途径。即由请求国法院直接委托被请求国法院进行司法协助。不过，采取这种做法必须以条约为基础。而且，在实践中采取这种做法的比较少。

（4）司法部途径。由请求国把请求书及其所附文件交给本国司法部，再由本国司法部直接寄交被请求国法院，或者寄交被请求国司法部，再由被请求国司法部寄交其本国主管法院，这种途径在双边司法协助协定中规定较多。①

在我国，《民事诉讼法》第260~264条规定了司法协助的一般途径和方法。按照其规定，根据我国缔结或者参加的国际条约，或者按照互惠原则，人民法院和外国法院可以相互请求，代为送达文书、调查取证以及进行其他诉讼行为。但是，外国法院请求协助的事项有损于我国的主权、安全或者社会公共利益的，人民法院不予执行。此外，请求和提供司法协助，应当依照我国缔结

---

① 单文华：《国际贸易法学》，北京大学出版社2000年版，第990~991页。

或者参加的国际条约所规定的途径进行；没有条约关系的，通过外交途径进行。外国驻我国的使领馆可以向该国公民送达文书和调查取证，但不得违反我国的法律，并不得采取强制措施。除此之外，未经我国主管机关准许，任何外国机关或者个人不得在我国领域内送达文书、调查取证。

外国法院请求人民法院提供司法协助的请求书及其所附文件，还应当附有中文译本或者国际条约规定的其他文字文本。人民法院请求外国法院提供司法协助的请求书及其所附文件，也应当附有该国文字译本或者国际条约规定的其他文字文本。人民法院提供司法协助，应依照我国法律规定的程序进行。如果外国法院请求采用特殊方式，也可以按照其请求的特殊方式进行，但请求采用的特殊方式不得违反我国法律。

（二）域外送达

域外送达是指一国法院根据国际条约或本国法律或按照互惠原则将司法文书和司法外文书送交居住在国外的诉讼当事人或其他诉讼参与人的行为。司法文书的送达是一国司法机关代表国家行使国家主权的一种表现，具有严格的属地性。一国的司法机关在未征得有关国家同意的情况下，不得在该国境内实施送达行为；内国也不承认外国司法机关在没有法律规定或条约依据的情况下在内国实施的送达。①

域外送达的请求，一般应用书面形式提出。而且，请求书及其所附文件应使用请求国的官方文字写成，并附有被请求国文字译本。域外送达的途径，除了国际司法协助的一般途径外，还可以使用以下方式：（1）邮寄送达；（2）个人送达；（3）公告送达；（4）按当事人协商的方式送达等。

目前，关于域外送达的国际立法最主要的有 1965 年在海牙订立的《关于向国外送达民事和商事司法文书和司法外文书公约》以及各国间大量的双边司法协助条约和领事条约。我国于 1991 年参加了 1965 年《关于向国外送达民事和商事司法文书和司法外文书公约》，并与多个国家签订了双边司法协助条约。

此外，我国《民事诉讼法》第 245 条对于域外送达也作了规定。按照该规定，人民法院对在我国领域内没有住所的当事人送达诉讼文书，可以采用下列方式：

（1）依照受送达人所在国与我国缔结或者共同参加的国际条约中规定的方式送达；

---

① 左海聪主编：《国际商法》，法律出版社 2008 年版，第 50 页。

（2）通过外交途径送达；

（3）对具有我国国籍的受送达人，可以委托我国驻受送达人所在国的使领馆代为送达；

（4）向受送达人委托的有权代其接受送达的诉讼代理人送达；

（5）向受送达人在我国领域内设立的代表机构或者有权接受送达的分支机构、业务代办人送达；

（6）受送达人所在国的法律允许邮寄送达的，可以邮寄送达，自邮寄之日起满6个月，送达回证没有退回，但根据各种情况足以认定已经送达的，期间届满之日视为送达；

（7）不能用上述方式送达的，公告送达，自公告之日起满6个月，即视为送达。

最高人民法院还根据与香港特别行政区、澳门特别行政区协商达成的一致意见，于1999年、2001年分别发布并实施《最高人民法院关于内地与香港特别行政区法院相互委托送达民商事司法文书的安排》，以及《最高人民法院关于内地与澳门特别行政区法院就民商事案件相互委托送达司法文书和调取证据的安排》。这样，内地法院与香港特别行政区法院、内地法院与澳门特别行政区法院可以相互委托送达民商事司法文书。双方委托送达司法文书，均须通过各高级人民法院和香港特别行政区高等法院或者澳门特别行政区终审法院进行。最高人民法院司法文书可以直接委托香港特别行政区高等法院或者澳门特别行政区终审法院送达。

（三）域外取证

域外取证是指一国的有关机构或人员为进行有关的国际民事诉讼程序而在外国提取证据的行为。

域外取证主要有以下几种方式：

（1）外交和领事人员取证。通过本国驻外国使领馆人员在驻在国直接调查取证，一般是向本国国民进行调查取证，但不得违反当地法律，也不得采取强制措施。这种方式为大多数国家所接受。

（2）当事人或诉讼代理人自行取证。这种方式主要存在于英美法系国家。这些国家的诉讼法要求当事人承担主要的举证责任，法院一般不调查取证。但不少其他国家对当事人或诉讼代理人自行取证持反对态度。

（3）特派员取证，即受诉法院委派专门的官员在外国调查取证。这一方式也主要存在于英美法系国家。我国原则上不允许特派员取证，但在特殊情况下例外。

（4）代为取证，即通过国际司法协助途径委托证据所在国法院取证。①

我国积极参与域外取证的国际合作，在1997年参加了《关于从外国获取民事或商事证据的公约》，在对外缔结的双边司法协助条约中也包含域外取证的规定。除此之外，还可以按照上述一般的司法协助途径和方式进行。

四、外国法院判决的承认与执行

外国法院判决的承认和执行是指一国法院依据有关国际条约或内国立法承认有关外国法院的判决在内国的效力，并在必要时依法予以强制执行的制度。一般来说，一国法院的判决原则上只能在该法院国境内发生效力，但为适应国际民商事发展的需要，促进各国的国际交流和合作，各国都加强了国际司法领域的合作，并在一定条件下承认和执行外国法院的判决。外国法院判决的承认和执行一般是以国内立法、国际条约以及互惠原则为依据的。

这里的外国法院判决系指所有外国法院代表其主权国家对有关案件所作出的判决的总称，对它可从三个层次上进行理解：

（1）这里所讲的"外国"与通常使用的"外国"的含义并不完全一样，它是针对不同法域而言的，实质上是"外法域"。

（2）这里所讲的"外国法院"亦应作广义理解，它既包括一般法院、专门法院和特别法庭，也包括被主权国家赋予一定司法审判权的公共机构。

（3）这里所讲的"判决"相当于裁决，包括外国法院的判决、裁定、决定、命令、执行令状、调解书等，而不局限于被称为"判决"的文件。②

外国法院的判决毕竟不同于内国法院的判决，因此各国对其的承认与执行都附有一定的条件，这主要有以下几个方面：

（1）作出判决的外国法院必须具有适格的管辖权；

（2）外国法院的判决必须是确定的判决；

（3）外国法院进行的诉讼程序是公正的；

（4）外国法院的判决必须是通过合法的手段取得的；

（5）内国未就同一标的案件作出判决或承认；

（6）外国法院的判决是已经生效的判决；

（7）判决地国与执行地国之间存在条约关系或互惠关系；

（8）外国法院的判决不与内国的公共政策相抵触等。

---

① 左海聪主编：《国际商法》，法律出版社2008年版，第51页。

② 单文华：《国际贸易法学》，北京大学出版社2000年版，第996页。

我国《民事诉讼法》第 265～266 条对承认和执行外国法院判决作了规定。根据该规定，外国法院作出的发生法律效力的判决、裁定，需要我国人民法院承认和执行的，可以由当事人直接向我国有管辖权的中级人民法院申请承认和执行，也可以由外国法院依照该国与我国缔结或者参加的国际条约的规定，或者按照互惠原则，请求人民法院承认和执行。人民法院对申请或者请求承认和执行的外国法院作出的发生法律效力的判决、裁定，依照我国缔结或者参加的国际条约，或者按照互惠原则进行审查后，认为不违反我国法律的基本原则或者国家主权、安全、社会公共利益的，裁定承认其效力，需要执行的，发出执行令，依照本法的有关规定执行。违反我国法律的基本原则或者国家主权、安全、社会公共利益的，不予承认和执行。

此外，最高人民法院与澳门特别行政区经协商，达成《内地与澳门特别行政区关于相互认可和执行民商事判决的安排》，并于 2006 年 4 月 1 日起生效。根据该安排，一方法院作出的具有给付内容的民商事案件生效判决，当事人可以向对方有管辖权的法院申请认可和执行。最高人民法院还与香港特别行政区协商，达成《关于内地与香港特别行政区法院相互认可和执行当事人协议管辖的民商事案件判决的安排》，并于 2008 年 8 月 1 日起生效。根据该安排，内地人民法院和香港特别行政区法院在具有书面管辖协议的民商事案件中作出的须支付款项的具有执行力的终审判决，当事人可以根据该安排规定向内地人民法院或者香港特别行政区法院申请认可和执行。

复 习 题

1. 国际贸易争议主要有哪些解决方式？
2. 国际常设仲裁机构有哪些？
3. 仲裁庭仲裁应遵守哪些规则？
4. 我国关于民商事管辖权的规定有哪些？
5. 试述国际司法协助的概念与途径。

思 考 题

1. 仲裁为什么能成为国际商事争议解决最常用的方式之一？
2. 如何理解国际贸易仲裁协议的有效性和独立性？
3. 《纽约公约》规定的承认与执行仲裁裁决的条件有哪些？

第三编

国际贸易管理法

第七章　货物贸易的多边体制

【要点提示】

1. GATT1947 的产生背景、基本内容、特征、成就与问题
2. WTO 法律框架体系
3. GATT 与 WTO 的关系
4. GATT1994 的主要原则与例外
5. 贸易救济措施的主要类型
6. 各项货物贸易多边协定的基本内容

第一节　从 GATT 到 WTO

一、GATT 的产生

从近现代国际贸易关系的发展历程看，在李嘉图的比较优势学说以及其他自由贸易理论的影响下，英国第一个实行了自由贸易政策，其重要突破是 1846 年该国政府废除了谷物法。此后它又单方面取消或者降低了进口关税，并将这种自由贸易政策一直坚持到 20 世纪早期。在英国经济增长的带动下，欧洲大陆国家纷纷开始奉行自由贸易政策。这一时期，英国、法国等欧洲国家缔结了一系列双边自由贸易协定。其中英国与法国于 1860 年签订的柯布登——切维勒尔（Cobden-Chevalier）条约是近代第一个包含无条件最惠国待遇条款的条约。通过这类条约，自由贸易的国际体制于 19 世纪在欧洲大陆产生和发展起来。虽然同一时期的美国奉行的是高关税政策，以保护该国相对落后的工业的发展，但总的来说，当时的国际贸易关系建立在自由贸易的基础之上。国际贸易法律体制以含有最惠国待遇条款的双边条约为主，很少有多边的贸易协定。

第一次世界大战中断了这种世界贸易体制以及国际贸易关系的正常发展，战后很快在 1929 年又发生了大萧条和席卷西方国家的经济危机。各国纷纷采

取竞争性外汇贬值、高关税壁垒、进口数量限制等措施，以极端的贸易保护主义维护本国生产和就业，采取的是"以邻为壑"政策。其标志之一是美国1930年通过的斯穆特—霍利关税法。该法将美国平均关税提高到了60%，并引发了其他各国的报复措施。1933年罗斯福当选美国总统后，开始实施新政。1934年他说服国会通过《互惠贸易协定法》，授权总统以降低关税的条件与贸易伙伴谈判双边贸易协定。

第二次世界大战再次破坏了国际贸易合作的条件。人们认识到，20世纪30年代世界经济危机以及各国的单边贸易政策是导致德意日法西斯政权上台、第二次世界大战爆发的原因之一，因此，当战争胜利的曙光初显、同盟国领导人开始考虑战后国际秩序蓝图之时，吸取教训、避免类似局面将来再次发生成为他们的共识。1941年，英美两国领导人在《大西洋宪章》中表达了战后建立自由贸易体制的愿望。1944年7月，联合国货币及金融会议在美国新罕布什尔州的小镇布雷顿森林召开，与会各国签订了《国际货币基金协定》和《国际复兴开发银行协定》。在两个协定的基础上建立了两个国际经济组织：国际货币基金组织负责国际货币制度的重建；国际复兴开发银行则应促进受到战争破坏的欧洲和日本的重建（后由于马歇尔计划的成功，在国际复兴开发银行基础上建立的世界银行组织转为向发展中国家的发展提供援助）。众所周知，这两个组织是战后布雷顿森林体制的主要支柱，迄今仍在国际经济秩序中发挥着重要作用。

按照原定设想，布雷顿森林体制还应该有第三个国际组织——国际贸易组织（ITO），负责管理一个多边的自由贸易体制。从1945年11月美国提出方案到1947年11月在哈瓦那召开联合国贸易与就业会议，经过多轮谈判和修改后，50多个国家同意通过《国际贸易组织宪章》（通称哈瓦那宪章），待各国批准后生效。这是一个雄心勃勃的文件，除了该组织的宗旨、组织机构以及争端解决机制外，条约既有降低关税、最惠国待遇等国际贸易规则，又包括了商品协定、国际投资、就业与发展政策等内容，是当时世界上拟定的内容最广泛的国际条约草案。但是，由于为达成草案作出了过多妥协，作为宪章首倡者的美国，其国会认为宪章已经不符合美国利益，而其中自由化程度最高的部分已作为GATT临时生效，因而拒绝批准哈瓦那宪章。其他国家随之也放弃了条约的批准，最终，国际贸易组织胎死腹中。

早在1946年10月，在伦敦召开的国际贸易组织第一次筹委会就决定，单独进行关税减让谈判，并将谈判成果以一个名为《关税与贸易总协定》（GATT）的多边协定的形式固定下来。1947年，美、英、法等23个国家进行了关税减让谈判，将减税协议与哈瓦那宪章中关于贸易政策部分合并，汇编成为 GATT。在美国的努力下，GATT 被设计为一个互惠贸易协定，这样美国政府就可以根据《互惠贸易协定法》的授权缔结该协定，而无需获得国会批准。相反，加入一个国际组织即签署《国际贸易组织宪章》必须经由美国国会批准。1947 年 10 月，23 个国家在日内瓦签署了关贸总协定。当时人们担心，如果 GATT 等待批准生效时间过长，关税减让承诺可能会先被披露出来，使企业产生观望情绪，影响贸易的正常运转。美国则希望 GATT 能在《互惠贸易协定法》的授权于 1948 年年中到期之前生效。而在另一些国家，GATT 必须经由国会批准方能生效，它们不希望 GATT 的提交影响日后《国际贸易组织宪章》的通过。基于上述原因，美英等国签署《临时适用议定书》，宣布 GATT 自 1948 年 1 月 1 日起临时生效，目的是在《国际贸易组织宪章》生效前，各国能够尽快享受削减关税的好处，待宪章生效后，GATT 就将并入其中。结果，哈瓦那宪章未能生效，关贸总协定却成为事实上代替《国际贸易组织宪章》的文件，一直"临时"适用到了世界贸易组织成立。

二、GATT 的基本内容及特点

（一）GATT 的基本内容

由于关贸总协定作为 GATT1994 已并入 WTO 法律体系之中，这里仅对 GATT1947 作一个简要的介绍。

GATT1947 由序言、4 个部分共 38 个条款组成。

第一部分（第 1 条和第 2 条）是 GATT 的核心，分别规定缔约方之间应相互给予无条件最惠国待遇，以及关税减让谈判达成的关税减让表列入 GATT 附件，成为其一部分。

第二部分（第 3 条至第 23 条）是对缔约国的国内贸易政策的具体规定，包括第 3 条的国民待遇、约束非关税贸易壁垒，以及第 22 条和第 23 条的争端解决机制。

第三部分（第 24 条至第 35 条）的规定包括关税同盟和自由贸易区与 GATT 的关系、GATT 的适用范围、生效方式、加入与退出程序等。

第四部分（第 36 条至第 38 条）以贸易和发展为题，规定发达国家缔约方应给予发展中国家缔约方非互惠的更优惠的待遇。这一部分在 1947 年缔结 GATT 时并不存在，而是 1966 年在发展中国家要求建立国际经济新秩序的背景下并入 GATT 的。

（二）GATT 法律框架的基本构思

GATT 在其序言中将提高生活水平、保证充分就业、保证实际收入和有效需求的大幅稳定增长、实现世界资源的充分利用以及扩大货物的生产和交换作为宗旨，实现这些目标的基本方法则是开放市场、贸易自由化，即"达成互惠互利安排，实质性削减关税和其他贸易壁垒，消除国际贸易中的歧视待遇"。

在促进市场开放、贸易自由化方面，GATT 遵循了一种"次优"选择的基本思路。在关税和以数量限制为代表的非关税措施中，原则上只允许使用关税作为政府限制贸易的唯一合法手段，因为关税是透明的和可计量的，可以通过谈判降低；关税的非歧视适用更容易得到保证；征收关税可以给政府带来财政收入。然后，通过互惠的多边谈判逐步降低关税，谈判结果即降低的关税税率将受到 GATT 义务的约束，一般不得超过该约束关税水平。这样，贸易自由化将得以逐步实现。根据经济学理论，如果能够取消关税，达到完全的贸易自由化，将增加世界整体福利，应该是最优选择。但是因为在国际政治和贸易现实中，这一点还不能实现，所以，GATT 的基本设计是退而求其次，是一种"次优"选择。

因此，GATT 规定的促进市场开放的规则，在逻辑上的运作顺序是：（1）通过第 11 条禁止数量限制等规则，使关税成为唯一合法的限制贸易、保护国内生产的手段；（2）通过第 2 条规定关税减让的有关规则，缔约方进行多边贸易谈判，作出降低关税的承诺；（3）通过第 3 条国民待遇的规定，使产品在进入进口国之后，不会受到国内税或其他管理措施上的歧视待遇，从而确保关税减让创造的市场准入机会。

与此同时，GATT 又规定了一系列的例外或免责条款，准许缔约方在特定情况下停止履行协定所规定的正常义务，为国内产业提供适度的保护，例如：

（1）第 6 条规定的反倾销、反补贴税；

（2）第 19 条规定的保障措施；

（3）第 12 条和第 18 条 B 节关于在外汇收支失衡时，可实施数量限制的规定；

（4）第 18 条 A 节和 C 节关于基于保护幼稚产业之目的而采取的限制贸易措施；

（5）第 20 条的基于公共道德、人类及动植物健康、防止自然资源用竭等需要的一般例外；

（6）第 21 条的基于国家安全需要的安全例外；

（7）第25条关于在例外情况下通过特定程序豁免缔约方义务的规定。

一方面，对于这些免责或者例外条款，都规定了适用的限制条件，必须在符合条件时有关缔约方才能援引，以防止例外的滥用破坏贸易自由化带来的市场准入机会。另一方面，这些例外条款是一种保险机制，发挥着安全阀的作用，因为它们的存在，使各国政府在遇到困难之时，可以暂时违背特定自由化承诺作出自我调整。如果没有这些条款，各国政府可能不愿签署大量削减保护措施的贸易协定。因此，免责或例外条款对于贸易自由化协定的生存和运转也具有十分重要的意义。①

（三）GATT 对利益平衡的强调

GATT 特别强调维持各方依据 GATT 所享有的利益的平衡。对利益平衡的强调是 GATT 区别于一般国际规则的独特之处。② 利益平衡指的是，GATT 规则以及通过多边贸易谈判达成的关税减让构成缔约方之间互惠互利的平衡的贸易关系，这种平衡以及各缔约方应从中获得的利益不应由于其他缔约方的措施遭受丧失或减损（nullified or impaired），而不论有关措施是否违反 GATT 规则。

具体而言，GATT 对利益平衡的强调体现在两个方面：

首先，虽然 GATT 未作明确规定，但多边贸易谈判遵循的是互惠原则，即谈判达成的关税减让承诺应是平衡的，一国要想使其产品获得实质性的出口机会，通常也需要给予其他缔约方大致相当的进入本国市场的机会。互惠原则在多边贸易谈判中具体体现为：

（1）通常由两个在不同产品上分别为主要供应国的缔约方进行谈判，达成关税减让，其结果应使两国各自获得的贸易机会大致相当，也就是说是互惠、对等的。举个简单的例子，甲、乙两国分别是汽车和家用电器的主要供应国，甲国要求乙国降低汽车关税 10%，若甲国汽车出口到乙国的总值为 10 亿美元，则甲国从关税减让中可获得的贸易利益为 1 亿美元；那么，若乙国出口至甲国的家用电器总值为 5 亿美元，乙国就可以要求甲国将其家用电器的关税降低 20%，使乙国从中也可获得 1 亿美元的贸易利益。

（2）两国的关税减让依据最惠国待遇原则将自动适用于所有其他缔约方。

（3）为了避免其他缔约方"免费搭车"（free riding），甲乙两国可要求其

---

① 参见赵维田著：《世界贸易组织（WTO）的法律制度》，吉林人民出版社 2000 年版，第 11 页。

② 王传丽主编：《国际贸易法》（第三版），法律出版社 2005 年版，第 465 页。

他获益的缔约方作出大致相当的关税减让。

（4）如此反复多次，最终达成所有缔约方之间的互惠的关税减让。

此外，一国在加入 GATT 时，因为它可以享受其他缔约方以前谈判达成的关税减让，所以该国要作出相应的减让承诺作为入门费。①

其次，多边谈判结束之后，如果一个缔约方采取的措施打破了预期的出口机会的平衡或权利义务的平衡，受到损害的成员可以启动 GATT 争端解决机制。GATT 第 23 条规定："如一缔约方认为，由于下列原因，它在本协定项下直接或间接获得的利益正在丧失或减损，或本协定任何目标的实现正在受到阻碍，（a）另一缔约方未能履行其在本协定项下的义务，或（b）另一缔约方实施任何措施，无论该措施是否与本协定的规定产生抵触，或（c）存在任何其他情况"，那么，该缔约方就可以为此向有关缔约方请求协商，以及请求GATT 争端解决机构作出裁定。"从第 23 条的规定，我们可以注意到，在GATT 体制下，一个缔约方的做法受到谴责的原因，是其致使另一缔约方的利益遭受丧失或者减损。对 GATT 规则的违反仅是一方利益丧失或减损的原因之一。此外，即使缔约方的做法和措施没有违反 GATT 规则，如果该措施给另一缔约方的利益造成了丧失或减损，影响了原有的平衡，后者仍可提请争议解决，此即所谓"非违法之诉"（non-violation complaints）。GATT 第 23 条所规定的提起争端解决的事由，从另一个方面体现了 GATT 对利益平衡的强调，也是 GATT 的独特之处。

【司法应用 7.1】

非违法之诉：澳大利亚化肥补贴案

第二次世界大战期间，为平抑物价，澳大利亚政府对购买硝酸铵和硝酸钠两种化肥的消费者都给予"战时消费"补贴。1947 年，澳大利亚在 GATT 第一轮关税减让谈判中，给予来自智利的硝酸钠关税优惠。1949 年，澳大利亚政府决定取消对智利进口的硝酸钠的补贴，但保留对硝酸铵的补贴。补贴政策的变化使得硝酸铵的销售大大超过硝酸钠。1949 年 7 月 27 日，智利政府向GATT 申诉，认为澳大利亚的新补贴政策违反了最惠国待遇义务。GATT 工作组认为，澳大利亚政府的行为不违反 GATT 义务，因为两种化肥在澳大利亚关税减让表以及各国关税税则中分属于不同类别，因而不被认为是"同类产

---

① 参见左海聪主编：《国际贸易法》，法律出版社 2004 年版，第 210 页。

品"，而最惠国待遇是要给予同类产品的。因此，澳大利亚政府给予两种化肥的不同待遇不被认为是违反了最惠国待遇原则。但是，GATT 工作组认为，澳大利亚政府的做法打乱了两种化肥的竞争关系，这是智利政府当初在进行关税减让谈判时无法合理预期的，使智利的利益遭受损害，因而适用 GATT 第 23 条"非违法之诉"的规定，建议澳大利亚政府重新考虑其政策。澳大利亚最终接受了工作组的报告与建议，与智利达成了解决问题的协议。该案是最早阐述利益平衡以及合理期待原则的 GATT 案例，"合理期待"一词后来成为"非违法之诉"广泛引用的标准，被赋予了特定的含义。

（四）GATT 的先天不足

从 GATT 产生的历史我们了解到，出于种种原因，GATT 从 1948 年 1 月 1 日起临时生效，并一直"临时"适用到 1995 年 WTO 成立。临时适用的依据是当时有关缔约国签署的《临时适用议定书》。这一做法与国际习惯并无不符，作为对习惯国际法规则的编纂的《维也纳条约法公约》第 25 条就规定，如条约本身规定或谈判国以其他方式协议如此处理，条约或条约的一部分可以在条约生效前临时适用。

根据《临时适用议定书》第 1 条第 2 款的规定，GATT 第二部分即关于国内贸易政策部分是在不违背现行立法的最大限度内临时适用的。也就是说，一国加入 GATT 时其国内法中业已存在的一些不符合 GATT 的规定，如果经缔约方全体批准，仍可继续保留和实施。因而，该条款的规定被称为"祖父条款"，直到世界贸易组织成立才被取消。虽然祖父条款是 1948 年 GATT 得以临时生效的一个不可或缺的条件，但该条款的存在，加上 GATT 始终未经过国内立法机关的批准，使 GATT 相对于国内法的效力地位一直存有争议，削弱了 GATT 的权威性和有效性。

基于 GATT 的临时适用性质，协定本身对 GATT 组织机构方面的规定极少。毕竟，GATT 产生之时，并未被设计为一个正式的国际组织，而是应由将要成立的国际贸易组织管理 GATT 的实施。因此，关贸总协定本身没有规定组织机构、章程等事项，缔约各方共同做出决定是以"缔约方全体"（用大写英文"CONTRACTING PARTIES"表示）而非一个正式组织的名义。在 GATT 诞生之初，各缔约国总是将其视为纯粹的贸易协定，以与国际贸易组织相区别。在后者成立无望之后，GATT 缔约方才开始考虑设立相应的组织机构来管理 GATT 的实施。

GATT 运行之初，借用的是为筹备国际贸易组织而设立的秘书处，之后才逐渐演变成 GATT 自己的秘书处。1960 年，在总协定并没有明确授权的情况下，GATT 缔约方决定设立理事会，在"缔约方全体"会议闭会期间处理 GATT 的日常事务、监督 GATT 的实施。此后，在理事会之下又设立了委员会、工作组等机构负责具体事项。最终，GATT 成为一个"事实上"管理多边贸易体制的国际组织，尽管从法律上，它从未取得正式的国际组织的法律地位，也不是联合国的下属机构。

三、GATT 的成就与问题

(一) GATT 取得的成就

GATT 在促进市场开放和贸易自由化方面做出了巨大贡献，主要体现在两个方面：一是通过其主持的多边贸易谈判大幅降低了各国关税，二是 GATT 规则的发展为国际贸易提供了稳定和可预见的竞争环境。

到世界贸易组织成立之前，GATT 共主持了八个回合的多边贸易谈判。在前五个回合，① 谈判只涉及关税减让。第六回合于 1964—1967 年在日内瓦举行，由于系由美国总统肯尼迪倡议举行，又称肯尼迪回合。由于参加的缔约方数目渐多，关税减让不再采用以前的产品对产品在双边基础上谈判的方式，而是改为公式减让方式，即规定一个各方应遵守的统一的降税水平，再允许各方提出少降税的例外清单。除了关税减让外，本次谈判还取得两项重要成果：一是达成了第一个非关税贸易壁垒协议——反倾销协议；二是增加了 GATT 第四部分。

1973—1979 年在日内瓦举行了第七回合的谈判，因谈判开始于东京，又称东京回合。这次谈判涉及范围广泛，特别是在非关税措施方面达成了 9 项协议，通称"守则"，涉及补贴、反倾销、政府采购等问题。但是该 9 项守则法律地位特殊，仅对守则签字国有效，而不要求所有 GATT 缔约方签署，同时它们也游离于 GATT 最惠国待遇原则之外。换句话说，因受到这些守则的约束而给其他缔约方带来的利益仅能由签字国享有，而非所有 GATT 缔约方。东京回合守则的达成，一方面使非关税贸易壁垒逐渐受到多边规则的制约，为日后有关 WTO 多边协定奠定了基础；另一方面却给多边贸易机制带来了"碎片化"（fragmentation）的消极影响。此外，在给予发展中国家更优惠待遇方面，东京

---

① 它们分别是：第一回合（1947 年于日内瓦，与 GATT 的缔结同时进行）、第二回合（1949 年于法国安纳西）、第三回合（1950 年于英国托奎）、第四回合（1956 年于日内瓦）以及第五回合（又称狄龙回合，1960—1961 年于日内瓦）。

回合通过了"授权条款"。

第八回合即乌拉圭回合于 1986—1994 年举行，其成果即为 WTO 的产生，故将在后面详细介绍。

经过上述 GATT 多边贸易谈判，世界工业制成品的平均关税从 1947 年的 40% 降到了 1994 年不到 5% 的水平。同期世界贸易流量得到巨大增加，且世界贸易增长值超过世界总产值增长的两倍，对世界经济的繁荣和国际和平的维持起到了重要作用。

除关税水平的下降之外，世界贸易的增长也得益于 GATT 多边贸易规则的发展为其提供的稳定和可预见的竞争环境。在肯尼迪回合与东京回合达成的有关非关税措施的各项协定发展了多边贸易规则，开始实现对各国非关税贸易壁垒的约束。GATT 还发展出了一个较为有效的争端解决机制，为 GATT 规则的解释和适用、缔约方之间争端的解决作出了贡献。

GATT 在 47 年中取得的成就，还可以用一个事实来证明：GATT 缔约方从最初的 23 个增加到了乌拉圭回合谈判的 123 个。缔约方数目大量增加的事实说明，GATT 多边贸易机制对发展的助推力以及对经济、贸易体制改革的促进得到了各国的认可。①

（二）GATT 面临的问题

由于 GATT 的先天不足，即总协定的临时适用性质、它不是一个正式的国际组织等，在 GATT 的运转过程中逐渐产生和积累了一些其自身难以解决的问题。

GATT 临时适用的法律地位以及其对利益平衡强调，一方面给 GATT 带来了活力，但另一方面，使人们在相当长的一段时间里对 GATT 的法律性质认识不足。甚至 GATT 总干事和秘书处的工作人员都认为，GATT 规定的并不是法律，而只是一种合同或者契约。法律人士也长时间在 GATT 中找不到位置，意见得不到倾听。这一现象有着深刻的历史渊源。在欧洲各国，传统上国际贸易被认为属于外交范畴，欧洲贸易界，包括有关政府官员，对法律界参与贸易事务抱有排斥心理，因为他们认为："并不透辟了解经济生活详情的法官们，他们常常喜欢用纯粹法律标准断案，其中对事实与技术的考虑占有主导地位。由

---

① http://www.wto.org/english/thewto_e/whatis_e/tif_e/fact4_e.htm, last visited Dec 10, 2008.

他们组成的机构似乎并不总能以令双方满意的方式工作。"①

上述种种原因使得 GATT 在运行中产生了一系列问题：

（1）基于《临时适用议定书》中"祖父条款"，一些与 GATT 规则不符的国内立法和措施得以保留和继续实施。

（2）农产品贸易、纺织品和服装贸易游离于 GATT 体制之外。在 GATT 产生之时，农产品、纺织品和服装并未被看做需要特殊对待的项目。GATT 第 11 条第 2 款关于在严格条件限制下允许对农产品贸易实施数量限制的例外规定，便证明了这一点。但是在 GATT 的运行过程中，发达国家缔约方出于自身利益的考虑，采取种种违背 GATT 基本原则的贸易限制措施，终使农产品贸易、纺织品和服装贸易脱离了 GATT 体制轨道。在农产品贸易上，首先是美国于 1955 年基于 GATT 第 25 条要求并获得了对农产品实施数量限制的豁免。1957 年欧共体建立之后，其所实施的共同农业政策对进口农产品征收"差价税"、② 提供出口补贴。日本也对农产品提供巨额国内支持。纺织品和服装生产是一些发展中国家具备比较优势的领域，也是不少国家工业化进程的切入点，但发达国家为了保护其国内产业以及相关就业采取措施限制进口。1955 年，当时还是一个发展中经济体以及纺织品和服装的主要出口国的日本加入 GATT，引发了所谓"市场扰乱"的争论。在发达国家缔约方主导下，先后谈判达成了《棉纺织品短期协定》（1961）、《长期纤维协定》（1962）以及四个《多种纤维安排》（1974—1994），将针对纺织品和服装贸易的歧视性的数量限制合法化，脱离了 GATT 规则的约束。

（3）欧共体与其前殖民地签订了大量的"联系协定"，给予这些与它有着传统的贸易、投资、移民等密切联系的国家特惠待遇，违背了 GATT 最惠国待遇原则。

（4）经过多轮多边贸易谈判，各国关税水平大幅下降，但从 20 世纪 80 年代起，非关税贸易壁垒逐渐泛滥。虽然东京回合为约束非关税壁垒制定了一些守则，但它们游离于 GATT 最惠国待遇原则之外，使多边贸易体制的"碎片化"愈演愈烈。

（5）GATT 的争端解决机制虽然取得了不可小视的成就，但存在着一些严

---

① 转引自赵维田著：《世界贸易组织（WTO）的法律制度》，吉林人民出版社 2000 年版，第 16 页。

② 即按世界市场低价与欧共体内高价之间的差额来确定征税额，旨在消除外国农产品的价格优势。

重缺陷，如争端当事国可以否决专家组报告的通过等。

在 20 世纪八九十年代，相当一部分发展中国家开始转向开放的市场经济体制，自主实施了贸易自由化。冷战的结束进一步促进了非市场经济体向市场经济的转轨。此外，发达国家希望在其具有比较优势的服务贸易和知识产权保护问题上达成新的法律框架。在这种历史背景下，为解决前述 GATT 存在的问题、续写 GATT 的成功篇章，在 GATT 主持下的第八轮多边贸易谈判举行并建立起一个新的国际贸易组织——WTO 及其统领的多边贸易体制。

第二节 WTO 体制

一、乌拉圭回合谈判

1986 年 9 月 15 日，GATT 缔约方部长级会议在乌拉圭的埃斯特角城召开。会议通过部长宣言，宣布开启 GATT 第八轮多边贸易谈判。先后有 125 个国家和地区参加了这次通称为乌拉圭回合的谈判。谈判原计划于 4 年结束，内容极为广泛，包括 15 个议题：关税、非关税壁垒、自然资源产品、纺织品和服装、农产品、热带产品、GATT 条款、东京回合守则、反倾销、补贴问题、与贸易有关的知识产权、与贸易有关的投资措施、争端解决机制、GATT 体制以及服务贸易。

人们很快发现，在四年内完成一个涵盖范围如此广泛的谈判可能性不大。1988 年在蒙特利尔举行的部长级中期审评会议便未能取得预期成果。特别是在农产品问题上，美国以及由其他农产品出口国组成的凯恩斯集团与欧共体之间存在严重分歧。最终谈判没能在 1990 年如期结束。但是在日内瓦，官员级的谈判仍在进行。1991 年，当时的 GATT 总干事阿瑟·邓克尔为推动谈判进展，提交了被称为"最后文件"的协议草案。文件反映了已取得的谈判成果以及在未决事项上的妥协建议，为谈判最终成功起到了重要作用，并成为此后整个 WTO 框架协议的基础。1992 年，欧共体改革了其共同农业政策，与美国达成"布莱尔宫协议"，解决了它们之间在农产品问题上的分歧，为谈判扫除了最大障碍。此后美欧又在新任 GATT 总干事彼得·萨瑟兰支持下解决了其他分歧。日本、加拿大以及其他一些国家在部分问题上也参与了谈判。虽然不少国家对于这种小范围的"秘密谈判"并不满意，但在别无更好选择的情况下还是接受了谈判结果。1994 年 4 月 15 日，乌拉圭回合谈判的最后一次会议在摩洛哥小城马拉喀什举行，各国政府以及欧共体代表签署了最后文件和《建立世界贸易组织协议》。在获得 70 多个成员国立法机关批准后，有关协议按预定时间于 1995 年 1 月 1 日生效，世界贸易组织宣告成立。历时 8 年（如加上前期准备工作则为 12 年）的乌拉圭回合谈判终于取得丰硕成果——这就是 WTO 体制。

二、WTO 条约体系

乌拉圭回合通过的最后文件是一个庞大的条约群，包括 28 项协定、谅解等，英文原文长达 600 多页。再加上关税减让表等文件，总页数超过 26000 页。

WTO 的多边贸易法律框架的主体是《建立世界贸易组织协议》及其附件所涵盖的多边和诸边协定，具体如下：

建立世界贸易组织协议

附件 1A：各项货物贸易多边协议：

1. 关贸总协定 1994，包括：（1）经过修订的 GATT1947 文本的各项条款；（2）在 WTO 协议生效前，依据 GATT1947 生效的有关文件的各条款，如关税减让的议定书、加入议定书等；（3）关于某些 GATT 条款的谅解；（4）GATT1994 马拉喀什议定书关于 GATT1994 的解释性说明。

2. 农产品协议。

3. 动植物卫生检疫措施协议。

4. 纺织品和服装协议（该协定于 2005 年 1 月 1 日终止）。

5. 技术贸易壁垒协议。

6. 与贸易有关的投资措施协议。

7. 关于实施 GATT1994 第 6 条的协议（即反倾销协议）。

8. 关于实施 GATT1994 第 7 条的协议（即海关估价协议）。

9. 装船前检验协议。

10. 原产地规则协议。

11. 进口许可程序协议。

12. 补贴和反补贴措施协议。

13. 保障措施协议。

附件 1B：服务贸易总协定

附件 1C：与贸易有关的知识产权协议

附件 2：关于争端解决的规则和程序的谅解

附件 3：贸易政策评审机制

附件 4：诸边贸易协议：

1. 民用航空器协议。

2. 政府采购协议。

3. 国际奶制品协议（该协议于 1997 年底终止）。

4. 国际牛肉协议（该协议于 1997 年底终止）。

WTO 多边贸易法律框架的核心是《建立世界贸易组织协议》（简称 WTO 协议），其主要内容是对世界贸易组织的成立、宗旨、职能、机构设置、决策方式、成员在组织方面的权利义务作出约定。所有其他协议被作为附件列入 WTO 协议之后，并被分为多边协议和诸边协议两大类。其中四个诸边贸易协定 WTO 成员可以有选择地自愿参加，其他包括《建立世界贸易组织协议》在内的所有协议，根据 WTO 协议第二条的规定，WTO 成员必须"一揽子接受"，简言之，WTO 协议与其所涵盖的全部多边贸易协议是不可分割的组成部分，WTO 成员必须一并接受，而不得将其中的任何一项协议单独排除在外，拒绝接受；否则它就不能成为 WTO 成员。

依据 WTO 协议的有关规定，当多边贸易协定之间发生冲突时，其效力关系分别为：当 WTO 协议与其涵盖的多边贸易协议不符时，在不符的范围内，WTO 协议优先适用；当 GATT1994 与其他附件 1A 下的多边货物贸易协议不符时，后者优先适用。

【司法应用 7.2】

欧共体诉阿根廷对鞋类产品进口保障措施案（WT/DS121）

该案涉及 GATT1994 第 19 条与新的保障措施协议的关系问题。针对阿根廷对进口鞋类产品采取的保障措施，欧共体认为，根据 GATT1994 第 19 条第 1 款（a），阿根廷没有审查受调查产品的进口趋势是"未预见的发展的结果"。阿根廷的反对意见主张，由于保障措施协议没有关于"未预见的发展"的规定，GATT1994 第 19 条第 1 款（a）与保障措施协议冲突，根据 GATT1994 说明解释部分，保障措施协议优先适用。专家组认为，由于保障措施协议是确立 GATT1994 第 19 条规定的保障措施适用的规则，而非 GATT1994 第 19 条的适用本身，因此 GATT1994 第 19 条所含的原始条件，应根据保障措施协议的更具体的规定理解。GATT1994 第 19 条和保障措施协议必须理解为代表了应一起考虑的不可分割的一揽子权利和约束，故新的保障措施协议中明示省略"未预见的发展"应是有意义的。基于此，专家组裁定，如果一项保障措施满足了新协议的要求，便满足了 GATT1994 第 19 条的要求。同时专家组强调，这里的问题并不真正是 GATT1994 第 19 条中"未预见的发展"标准与保障措施协议中规定的直接冲突问题,因为在国际法的解释规则中存在条约规定互不冲突的假定。欧共体对于专家组的这一裁定提出了上诉。上诉机构认为,GATT1994 在法律上不同于 GATT1947,GATT1994 与保障措施协议都是 WTO 协定不可分割的组成部分,同等适用并同等约束所有成员,专家组关于两者是一揽子权利纪律的裁定是正确的,WTO 成员实施的保障措施必须同时符合两者的规定。上诉机构推翻了专家组关于保障措施协议明示省略"未预见的发展"的裁定,因为协议并未明确说明该意图。上诉机构认为,这里不是两项协议中的具体规定冲突的问题,两者应累积适用,赋予法律效力。本案中,对于保障措施协议没有含有 GATT1994 第 19 条中规定的"未预见的发展"一词,尽管上诉机构做出了不同于专家组的解释,但它们都强调这里不是两个协议的具体规定冲突的问题,而是进行了协调性解释,使所有的条款都有效力。对于两者规定的不同,专家组裁定应赋予意义,保障措施协议应优先适用。上诉机构推翻了该裁定,认为"未预见的发展"一词仍有意义,不能以保障措施协议中的规定加以替代。

三、WTO 体制与 GATT 体制的关系

GATT 缔约方举行乌拉圭回合谈判,目的就在于一方面继续发扬 GATT 体制的成功之处,续写 GATT 成功的历史;另一方面力图解决 GATT 体制存在的问题。作为乌拉圭回合谈判的成果,新的多边贸易体制使得上述愿望基本得以实现——WTO 体制继承和发展了 GATT 体制。

首先,WTO 体制是对 GATT 体制的继承,具体体现在:

(1) 除《临时适用议定书》之外,1947 年的关贸总协定以及其后制定的解释和发展 GATT 规则的协议、守则,在经过乌拉圭回合谈判的进一步修订之后,演变成为 GATT1994 和其他相关多边货物贸易协定,被纳入 WTO 附件 1A 货物贸易框架之内。因此,WTO 全面接受了 GATT 体制的基本原则和货物贸易多边规则。

(2) WTO 体制全面接受了 GATT1947 确立的宗旨。依据 GATT 序言,各缔约方期望通过互惠互利安排、实质性削减关税和其他贸易壁垒、消除国际贸易关系中的歧视待遇,达到提高生活水平、保证充分就业、保证实际收入和有效需求的大幅稳定增长的目标。同样的宗旨在 WTO 协议的序言中得到规定。

必须说明的是,尽管关贸总协定的文本被纳入 WTO 框架之内,但

GATT1994 在法律上不同于 GATT1947。WTO 成立之后，缔结于 1947 年的最初的 GATT 文本被称为 GATT1947。在乌拉圭回合谈判前的近 40 年里，GATT1947 被多次修订补充，增加了一些解释性说明，乌拉圭回合谈判又通过一些谅解协议再次充实了总协定条款，经过此次更新后的 GATT 文本成为 GATT1994。GATT1994 是 GATT1947 以及此后形成的所有相关解释性说明、谅解、加入议定书、关税减让表的总和。WTO 框架内货物贸易多边协议是由 GATT1994 及其他单独协议构成的。

其次，WTO 体制是对 GATT 体制的改进与发展。WTO 体制的建立实现了人们克服 GATT 体制的先天不足、解决后者因此面临的种种困难并进一步发展多边贸易体制的愿望，其对 GATT 体制的改进与发展是全方位而且深刻的。具言之，多边贸易体制的改进与发展体现在以下几个方面：

（1）一个管理多边贸易体制的正式的国际组织得以建立，从而克服了 GATT 作为一个没有正式法律地位、事实上的国际组织的先天不足，为多边贸易体制的发展提供了一个良好的组织架构。WTO 协议对 WTO 的组织机构、决策和表决机制、多边贸易协定的修订和解释规则、成员资格和加入条件等重要内容作了规定，确立起了完备的 WTO 组织体制。

（2）除 GATT1947 原有的宗旨外，WTO 又将发展服务贸易、保护环境和资源、经济可持续发展、确保发展中国家国际贸易增长作为多边贸易体制的新目标，充分体现和适应了国际经济关系的发展。

（3）在 GATT 调整货物贸易关系的规则基础上，对货物贸易多边规则进行了全面修订，形成了附件 1A 下的 GATT1994 以及其他单独的货物贸易多边协议。新的货物贸易多边协议消除了 GATT1947 临时生效的先天不足，克服了东京回合守则所带来的多边货物贸易体制"碎片化"问题。

（4）纺织品和服装贸易回归到自由化轨道上来，有利于发展中国家比较优势的发挥。依据《纺织品和服装协议》，所有进口配额应在 1995 年 1 月 1 日至 2005 年 1 月 1 日期间，分四个阶段全部取消。这一任务已基本如期完成，实现了纺织品和服装贸易向多边贸易体制的回归，该协议随之于 2005 年 1 月 1 日终止。

（5）农产品贸易回归多边贸易体制，走上了逐步自由化的道路。《农产品协议》规定了非关税措施关税化、降低关税水平、削减国内支持总量和出口补贴等义务，开启了农产品贸易自由化的进程。不过，农产品贸易仍是贸易保护主义的重灾区，继续自由化的进程缓慢。有关问题是目前正在进行中的新一轮多边贸易谈判——多哈回合谈判的核心问题，也是难点症结所在。

（6）通过《服务贸易总协定》、《与贸易有关的知识产权协议》，WTO 将服务贸易、知识产权保护问题纳入多边贸易体制，并将 GATT1947 的基本原则引入这两个新领域之中。

（7）WTO 确立了一个改进和加强了的争端解决机制，克服了 GATT 争端解决机制的种种缺陷。例如，《关于争端解决规则与程序的谅解》确立了专家组的强制管辖权，引入了上诉审查程序，确立了专家组和上诉机构报告的自动通过制度，规定了更为详细的包括授权报复程序在内的执行程序，等等。这一独特司法体制的设立，使得多边贸易体制进入了法治时代。

（8）通过《贸易政策评审机制》，WTO 设立了审查各成员贸易法律和政策的机制，增加了这一领域的透明度。

四、WTO 机构体制

WTO 是一个正式的国际组织，具有法律人格。WTO 成员必须给予该组织履行职能所必需的权利能力、特权与豁免，组织的工作人员以及成员代表在履行 WTO 职能时同样享有必需的特权与豁免。与国际货币基金组织（IMF）和世界银行不同的是，WTO 并非联合国的下属机构。《建立世界贸易组织协议》对 WTO 的宗旨、职能、组织机构、决策方式等作了明确规定。

（一）WTO 的宗旨

WTO 协议的序言中规定，WTO 的宗旨和目标是：（1）提高生活水平，保证充分就业，保证实际收入和有效需求的大幅稳定增长以及扩大货物和服务的生产和贸易；（2）以可持续发展的方式，实现世界资源的最佳利用，保护环境；（3）积极努力，保证发展中国家在国际贸易中获得与其经济发展需要相当的份额；（4）通过达成互惠互利安排，实质性地削减关税和其他贸易壁垒，消除在国际贸易中的歧视待遇。

与 GATT 体制的宗旨相比，WTO 的宗旨增加了一些新的内容，特别是实现可持续发展、保护环境的目标，反映了国际社会对于发展模式转变的共识。

（二）WTO 的职能

依照 WTO 协议第 3 条的规定，WTO 拥有五个方面的职能：

（1）实施 WTO 协定：WTO 应便利 WTO 协议和多边贸易协议的实施、管理和运作，并促进其目标的实现；还应为诸边贸易协议的实施、管理和运作提供框架。

（2）谈判的场所：WTO 要为成员处理 WTO 多边贸易协议所涉事项的谈判提供场所；还应为成员处理协议未涉及事项的进一步谈判提供场所，并提供实施此类谈判结果的框架。

（3）解决争端：WTO 争端解决机构应负责解决成员之间在 WTO 协议项下产生的所有争端，所有争端解决都应依据《关于争端解决规则与程序的谅解》所确立的程序进行。

（4）评审成员贸易政策：依据《贸易政策评审机制》的规定，WTO 贸易审议机构应负责对各成员的贸易政策和做法及其对多边贸易体制运行的影响进行定期评估。审议的频率系按照各个成员在世界贸易中的份额确定。对前四大贸易实体（欧盟被视为一个实体）每 2 年审议一次，紧随其后的 16 个贸易实体每 4 年一次，其他成员每 6 年一次，对最不发达国家贸易政策的审议可间隔更长时间。贸易政策审议的目的在于提高 WTO 成员贸易政策和做法的透明度，并得到其他成员的更好理解，进而促进对 WTO 协议和承诺的遵守，促进多边贸易体制的平稳运行。因此，它不能作为争端解决程序的基础，也无意向各个成员强加新的政策承诺。不过，实践中，贸易政策的审议可以帮助其他成员（特别是发展中国家成员）更好地理解有关成员的贸易政策，为对有关不符政策和做法提起申诉有很大的帮助作用。

（5）与 IMF 和世界银行等相关国际组织合作，协调全球经济决策。为达到这一目的，世界贸易组织先后和一些国际组织签订协议，明确相互合作事项。

（三）WTO 的组织机构

WTO 设有部长级会议、总理事会、分理事会、专门委员会、工作组等四级机构，以及总干事和秘书处。

部长级会议是 WTO 的最高决策机构，由所有 WTO 成员的代表组成，至少每 2 年召开一次会议。部长级会议至今已召开过 6 次会议（分别为 1996 年于新加坡、1998 年于日内瓦、1999 年于西雅图、2001 年于卡塔尔多哈、2003年于墨西哥坎昆、2005 年于香港）。由于多哈回合谈判进展缓慢，下一次的部长级会议已数次推迟召开。部长级会议的职能是：

（1）履行世界贸易组织的职能，并为此采取必要行动；

（2）根据 WTO 成员的请求，有权依据 WTO 协议和多边贸易协议决策程序的具体要求，对任何多边贸易协议的所有事项作出决定。

总理事会是 WTO 的常设执行机构，在两届部长级会议之间主持 WTO 日常工作，代表部长级会议，履行部长级会议的职能，批准各个委员会的决议。总理事会同时也是 WTO 争端解决机构和贸易政策评审机构，即当总理事会为审议成员的贸易政策而召开会议时，它就是贸易政策审查机构；当它为了争端解决事宜召开会议时，就是争端解决机构。当它根据不同的职权范围召开会议、履行各自的职能的时候，是由各自的主席领导，适用各自不同的规则程序。上述三个机构由所有 WTO 成员的代表组成，向部长级会议报告。

第三级机构是在总理事会领导下运作的分理事会、专门委员会和工作组。对应于 WTO 三大实体法协议——GATT、GATS 和 TRIPS，WTO 设有三个分理事会，分别是货物贸易理事会、服务贸易理事会、与贸易有关的知识产权理事会，负责各有关协议的运作和实施。与分理事会相比，总理事会下设的六个专门委员会职责范围较小，分别负责贸易与发展、环境、区域贸易协定等专门事宜。① 此外，1996 年的新加坡部长级会议为推动新一轮多边贸易谈判，设立了四个工作组，分别负责讨论当时提出的四个谈判新议题：贸易与投资、贸易与竞争、政府采购透明度以及贸易便利。因谈判议程的变化，工作组多数已停止活动。

第四级机构是三个分理事会的下属委员会和工作组。货物贸易理事会设有下属委员会 11 个，该理事会管理的货物贸易多边协议多数设立了相应的委员会。② 服务贸易理事会的下设机构包括金融服务贸易委员会、具体承诺委员会、国内法规工作组以及 GATS 规则工作组。与贸易有关的知识产权理事会目前还没有设置下属委员会。

对于第三、第四级机构而言，其成员资格向所有 WTO 成员的代表开放。因此，WTO 的各级组织机构均由 WTO 全体成员组成。WTO 的运转是由全体成员驱动的——由全体成员组成的机构来解决争端、审查成员贸易政策和决定多边贸易谈判的议程。

世界贸易组织下设秘书处，由部长级会议任命的总干事和若干副总干事领导。秘书处设在日内瓦，有工作人员约 630 人。其职责是为 WTO 各代表机构（理事会、委员会、工作组等）进行谈判和执行协议提供行政和技术支持；为发展中国家特别是最不发达国家提供技术援助；由 WTO 的经济学家和统计专家对贸易实绩与贸易政策进行分析；由 WTO 法律工作人员为争端解决提供帮助，包括对 WTO 规则和惯例进行解释；处理成员的加入谈判，为准备加入的

---

① 这六个专门委员会是：贸易与环境委员会；贸易与发展委员会；最不发达国家小组委员会；区域贸易协定委员会；国际收支平衡委员会；预算、财务和行政委员会。

② 这 11 个下属委员会是：市场准入委员会；农产品委员会；动植物卫生检疫措施委员会；技术贸易壁垒委员会；补贴与反补贴措施委员会；反倾销措施委员会；海关估价委员会；原产地规则委员会；进口许可委员会；与贸易有关的投资措施委员会；保障措施委员会。此外，货物贸易理事会还下设国营贸易企业工作组。

国家提供咨询。WTO 的预算现有约 1.6 亿瑞士法郎，由 WTO 成员根据各自在成员贸易总额中的份额分摊。总干事是世界贸易组织规则监护人，通过对成员施加影响，促进规则的遵守和实施；他也是调停人和行政主管，帮助解决成员之间的争议，负责秘书处的工作，主持各种谈判。总干事和秘书处的工作人员的职责纯属国际性质，他们在履行职务时不得寻求或者接受来自 WTO 之外任何政府或者其他权力机关的指示，WTO 成员应该尊重这种国际性，不应对其施加影响。

从上述秘书处和总干事的职责范围可以看出，WTO 十分重视其"成员驱动"的组织性质。① 秘书处和总干事的职能仅限于执行和服务。另一方面，由于它们的常设机构性质以及专业技能的特长，秘书处和总干事在多边贸易体制中发挥着十分重要的作用。例如，在 WTO 成员形成共同意志、进行决策的过程中，秘书处不仅承担了文件草拟等工作，而且也可以提出建议。如前所述，在乌拉圭回合谈判中，邓克尔文本为谈判的最终成功起到了很大的推动作用。在争端解决机制中，基于专业能力，秘书处的法律工作人员也往往在法律适用问题上起着重大的作用。②

（四）WTO 的成员与决策机制

WTO 是一个政府间组织，其成员是国家或者在对外贸易方面有完全自主权的单独关税区，自然人、企业和非政府组织不能成为 WTO 成员。与其他政府间组织不同的是，WTO 成员除了国家外，还可以包括单独关税区，如中国香港、澳门和欧共体。

WTO 成员分为创始成员和加入成员。原 GATT1947 的缔约方和欧共体，一经接受 WTO 协议，就是 WTO 的创始成员。WTO 的创始成员有 123 个，包括美国、欧共体、加拿大、日本等主要发达国家和地区。非创始成员国要加入WTO，必须提出申请，谈判加入条件。有关加入的决定由部长级会议作出，加入议定书构成 WTO 协议的一部分。到 2008 年底，WTO 成员已达 153 个。

中国于 1986 年 7 月提出恢复在 GATT 的缔约方地位的申请。WTO 成立后，中国的复关谈判改为加入 WTO 的谈判。2001 年 11 月，在多哈举行的WTO 第四次部长级会议通过了《关于中华人民共和国加入的决定》和《中华人民共和国加入议定书》。同年 12 月 11 日，中国正式成为 WTO 成员。

① 这是 WTO 官方网站对其自身的定位，http://www.wto.org/english/thewto_e/whatis_e/tif_e/org1_e.htm, last visited Dec 10, 2008.

② 参见左海聪主编：《国际贸易法》，法律出版社 2004 年版，第 225 页。

WTO 的决策机制继续实行 GATT 所遵循的惯例，通常采用协商一致的方法做出决定。依照 WTO 协议的注释，协商一致是指在作出决定的会议上，如果出席会议的成员均未对所作决议提出正式反对意见，决议机构即被认为以协商一致的方式对提交审议的事项作出了决定。协商一致是 WTO 部长级会议和总理事会的主要决策方式，只有在协商一致不可能时才进行投票。在实践中，WTO 成员尽量避免采用投票方式作出决定，迄今为止 WTO 的决策基本上是以协商一致的形式作出的。尽管与当初 GATT 只有 23 个缔约方相比，在现有 150 多个 WTO 成员的情况下达成协商一致往往是困难的，也时常会有人提出改革决策机制的建议，但是，协商一致可以使所有成员的利益都得到适当的考虑，即使有时成员是为了维护多边贸易体制的整体利益而作出决定，也是如此。

如果需要以投票方式作出决定，WTO 协议为不同事项规定了不同的表决机制：

（1）一般情形下，部长级会议和总理事会的决定应以所投票数的简单多数通过。

（2）部长级会议和总理事会拥有通过对 WTO 协议及其他多边贸易协议所作解释的专有权力，它们有权根据有关分理事会的建议解释 WTO 协议附件 1 下多边贸易协议，对协议条款的解释需由成员四分之三多数通过。

（3）附件 1 所列多边贸易协议的一般条款可以三分之二多数票通过予以修改，但某些重要条款例如"最惠国待遇"的修改需经全体成员通过才有效。

（4）新成员加入的决定由三分之二多数通过。

（5）豁免某成员 WTO 义务需经四分之三多数票通过。

投票采取的是"一国一票制"。欧盟投票时，其拥有的票数应与其成员国的数目相同。

与有些国际组织如国际货币基金组织和世界银行的加权表决制相比，WTO 采取的协商一致、投票时"一国一票"的决策机制，通常被认为更符合国家平等原则，更具民主性。

第三节　GATT 的几个核心条款

一、最惠国待遇——GATT 的基本原则之一

（一）最惠国待遇的历史发展及基本内容

从最惠国待遇（most-favoured-nation treatment）的字面意义上看，它似乎

是一种最优惠的待遇，人们往往会有这种误解。但事实上最惠国待遇是一种非歧视待遇，是给惠国给予所有享有最惠国待遇的国家平等的待遇。因此，一国获得最惠国待遇，只是避免遭受歧视待遇，而优惠待遇是一种比最惠国待遇更优的待遇。

最惠国待遇的萌芽可以追溯到 11 世纪地中海沿岸各国和城邦的国际贸易实践。经过了几百年的曲折和发展，1860 年英法两国签订的柯布登—切维勒尔条约第一次规定了"相互给予无条件的最惠国待遇"这样一种现代国际贸易协定中的最惠国待遇模式。此后，无条件的最惠国待遇条款在欧洲各国签订的贸易协定中得到广泛应用。

最惠国待遇的无条件性，是又一个常常会让人误解的问题。理解"无条件"的含义，最佳途径是理解何谓有条件的最惠国待遇，因为加上"无条件"这个词，本身就是为了与有条件的最惠国待遇相对比。在 19 世纪，美国一直奉行有条件的最惠国待遇。有条件的最惠国待遇在 18 世纪时产生，但是在欧洲生存期很短，而美国在直到 1922 年的一个多世纪里，一直奉行有条件的最惠国待遇，并形成固定模式，因此通常所讲的有条件的最惠国待遇均系采用美国标准。

美国标准的有条件最惠国待遇反映在当时美国与其他国家签订的条约中，是其最惠国待遇条款里总是规定，如果优惠的给予是有条件的，则应以等量补偿（equivalent compensation）作为回报。下面一个简单的例子可以说明这种有条件最惠国待遇的含义：如果甲乙两国订有最惠国条款，甲国后来给予丙国新的优惠，如将从丙国进口的自行车的关税从 40% 降到 20%；乙国若想要依据一个有条件的最惠国待遇条款要求甲国给予同样减税，就必须向甲国提供"等量"于自行车减税 20% 的补偿给甲国作为回报，例如根据贸易额将从甲国进口的汽车的关税降低 25%，否则，乙国向甲国出口的自行车税率不会因为有最惠国待遇条款而自动降低。但是，在无条件的最惠国待遇条款下，乙国向甲国出口的自行车可以自动享有新的 20% 的降税待遇，不需要乙国另外再向甲国提供补偿。

有条件的最惠国待遇实际上并没有真正给予对方最惠国待遇，而仅是给了对方一个获得相关待遇的谈判机会，相当于进行"等量补偿"谈判的一种预约而已。对于何种"补偿"才算"等量"，双方常常还要经过旷日持久的谈判方能达成一致，美国当时的实践为此提供了大量例证。而这恰恰是最惠国待遇机制想要克服的问题。该机制就是要通过一次性的最惠国待遇约定，使得以后一方给予第三方的更优惠待遇可以自动地适用于另一方，进而免去此后不断签订同类协定的麻烦。但是，有条件的最惠国待遇正好在这个关键之处打进楔子，阻碍了最惠国待遇的顺利运行。而且，最惠国待遇的本质在于同等对待，有条件的最惠国待遇本质上还是一种歧视方式，是对最惠国待遇本身的一种否定。无条件的最惠国待遇就是在批判否定有条件的最惠国待遇基础上出现的，通常在条文中使用"立即地和无条件地"这样的词语作为标准表述。"无条件"就是作为有条件的最惠国待遇的反义词来使用的，虽然美国有条件的最惠国待遇现在已经不复为各国所采用，但是它在给无条件的最惠国待遇中的"无条件"提供准确定义上功不可没，因此，有学者说："美国标准的相当补偿观念，仍在其为与之对立的'无条件'概念提供解释的意义上保留着其价值。"①

总之，无条件最惠国待遇的"无条件"有上述特定的法律含义，不能以日常所说的有无条件来理解和解释。"无条件"概括的是最惠国待遇的内在特征，不能与最惠国待遇赖以存在和适用的外在条件（如最惠国待遇需是条约约定的义务）相混淆。

GATT 是第一次在世界范围内将最惠国待遇原则纳入多边体制之中，将它置于更广泛和稳定的基础之上，可以说是一次飞跃。而"最惠国待遇长期以来是 GATT 的基石，并且是 WTO 贸易体制的支柱之一"。② 通过 GATT 的规定，该原则已成为当今国际贸易赖以进行的基础。

（二）GATT 最惠国待遇条款的宗旨与作用

【条文导读 7.1】

GATT 第 1 条第 1 款规定的最惠国待遇

"在对进口或出口、有关进口或出口或对进口或出口产品的国际支付转移所征收的关税和费用方面，在征收此类关税和费用的方法方面，在有关进口和出口的全部规章手续方面，以及在第 3 条第 2 款和第 4 款所指的所有事项方面，任何缔约方给予来自或运往任何其他国家任何产品的利益、优惠、特权或豁免应立即无条件地给予来自或运往所有其他缔约方领土的同类产品。"

关于 GATT 第 1 条第 1 款的目标和宗旨，WTO 上诉机构在加拿大汽车案

---

① 赵维田著：《世界贸易组织（WTO）的法律制度》，吉林人民出版社 2000 年版，第 63～64 页。

② Appellate Body Report on Canada-Autos, para. 69.

中指出，它首先是禁止在产自或运往不同国家的同类产品间的歧视。① 这是最惠国待遇的基本目的。其次，禁止歧视还可以使通过互惠谈判达成的减让在最惠国待遇的基础上扩展到所有 WTO 成员。这种自动传导作用正是最惠国待遇机制的意义所在。

在加拿大汽车案中，上诉机构还指出，GATT 第 1 条第 1 款禁止的歧视既包括法律上（de jure）的歧视，也包括事实上（de facto）的歧视。② 法律上的歧视是指在有关法律法规中明文规定给予某一国产品较差待遇，事实上的歧视则是法律法规中并无此种明文规定，所采取的措施是一种表面上"产地中性"的措施，但该措施可能事实上使一国产品得到的待遇低于其他国家产品所得待遇。一个很有名的事实上歧视的例子是，1904 年德国—瑞士条约规定，对于"至少在海拔 300 米以上地区饲养而每年至少有一个月在海拔 800 米以上地区放牧的大花斑牛或棕色牛"降低关税。虽然它没有明确规定只降低对产自瑞士的牛肉的关税，但事实上确是如此，因为人们一眼就可以看出，唯独瑞士产的牛才符合这种标准。在 GATT 时期，也有一个例子涉及牛肉和最惠国待遇。在欧共体从加拿大进口牛肉案中，欧共体规定，只要获得美国农业部认证的牛肉都可以进口。单从这项规定看，欧共体似乎对各国的牛肉一视同仁，在法律上可以说是非歧视的。但是，美国农业部的实际做法是只认证美国产的牛肉，而不认证其他国家的牛肉。因此，欧共体的规定实际上是给予了美国产的牛肉一种其他国家的牛肉不能享有的利益，对于后者来说是一种事实上的歧视。

（三）GATT 最惠国待遇条款的适用范围及例外

依据 GATT 第 1 条第 1 款的规定，最惠国待遇条款的适用范围包括：（1）关税；（2）与进出口有关的任何其他费用；（3）征收关税和其他费用的方法；（4）与进出口有关的规章和手续；（5）国内税和其他国内费用（即 GATT 第 3 条第 2 款所指事项）；（6）其他国内管理措施，包括有关影响产品销售、购买、运输、分销和使用的所有法律法规和要求（即 GATT 第 3 条第 4 款）。

由上述规定可以看出，GATT 最惠国待遇的适用范围十分广泛。在 GATT 时期，曾有一些案件对该条款的适用范围问题作出解释。

在西班牙对未烘烤咖啡的关税待遇案中，西班牙的未烘烤咖啡的关税税率并未受到 GATT 的约束，但专家组指出，GATT 第 1 条第 1 款平等地适用于约

---

① Appellate Body Report on Canada-Autos, para. 84.

② Appellate Body Report on Canada-Autos, para. 78.

束关税产品和非约束关税产品。

在 GATT 实践中，曾提出过一个问题：出口国对于本国出口产品实行退税，是否属于 GATT 第 1 条第 1 款适用范围。这种退税是有充分理由的，因为该产品没有在国内市场销售，不应该征收有关国内税；何况产品进入进口国市场，该国还要征收该国的国内税。1948 年 GATT 运行伊始，便发生了一起"印度出口退税案"。印度对其出口的烟草、茶叶和糖等均退还本国征收的消费税，但唯独对向巴基斯坦出口的产品不退税。对于这种明显的歧视做法，巴向 GATT 投诉后，缔约方全体主席当场就裁定，GATT 第 1 条第 1 款当然适用于出口退税。

在美国对巴西非橡胶鞋拒绝最惠国待遇案中，专家组裁定，适用反补贴税的规则和程序，包括适用于撤销反补贴税的规则和程序，是 GATT 第 1 条第 1 款意义上的与进口有关的规则和程序。

总体上，在 WTO 成立之后有关 GATT 最惠国待遇的案例并不多，与 GATT 时期的情况形成对比。这首先是因为，经过几十年的发展和解释实践，作为 GATT 的首要义务，最惠国待遇的问题多已得到澄清，该原则已经为各成员所接受。

其次，GATT 规定了一系列最惠国待遇的例外，成员可以通过援引这些例外规定区别对待产自不同国家的产品。这些例外主要包括反倾销和反补贴措施、边境贸易、区域贸易安排以及对发展中国家的特殊优惠待遇等。

（四）几个关键词的解释

1. 来自（originating）

"来自"（任何其他国家/所有缔约方）是一种更符合中文习惯的表述，但其更确切的意思应是"原产自"。两个词的区别体现在转口贸易上。GATT 最惠国待遇是给予各成员的产品的，而不是非成员的产品。简言之，凡是原产自 GATT 成员的产品，即使转经非成员方的关境进入另一成员境内，仍然享受最惠国待遇；但如果是原产自非成员方的产品，即使通过另一成员进入进口成员关境内，还是享受不到最惠国待遇。因此，产品进口前地理上最后经过的国家和地区并不是决定性的，关键是根据原产地规则确定的原产地。

2. 任何其他国家（any other country）

"任何其他国家"一词表明，不仅任何 GATT 成员之间相互给予的优惠待遇应该立即无条件地给予其他成员，而且一个 GATT 成员给予非成员方的优惠待遇，也应立即无条件地给予 GATT 其他成员。

3. 无条件地（unconditionally）

如上所述，"立即无条件地"是无条件最惠国待遇的标准用语，而后者又是与有条件的最惠国待遇相对；"无条件"是有特殊的法律意义的词语，不能与日常生活中的"无条件"相等同。关于 GATT 第 1 条第 1 款中的"无条件"一词的含义，在 WTO 成立后的案例中还引起过争议。

　　在印度尼西亚汽车案中，专家组提出："GATT 判例法已经明确，任何优惠都不能依据与进口产品无关的标准。"① 在之后的加拿大汽车案中，加拿大对某些特定进口商进口的汽车免征进口税，申诉方之一日本以上述专家组的论断为依据，并引用字典中对于"无条件"一词的解释，指控加拿大的进口免税违反了最惠国待遇义务，因为该免税依据的是与进口产品无关的标准（即进口商标准）。本案专家组指出，日本错误地解释了"无条件"。虽然该词的通常含义是"不受条件限制"，但是在 GATT 第 1 条第 1 款中的"无条件"不是抽象的无条件的意思，不能脱离上下文理解。专家组回顾了上述有条件与无条件最惠国待遇的历史发展，指出"无条件"一词和最惠国待遇联系在一起时的特殊含义。对于 GATT 第 1 条第 1 款，专家组认为，对该条款下的优势、好处是否"无条件"的授予这个问题的回答，不能独立于对是否存在歧视的审查。在专家组看来，要注意下面两种情况之间的区别：一种情况是，GATT 第 1 条第 1 款意义上的好处、优惠是否受到条件的限制；另一种情况是，优惠一旦给予任何国家的产品，该优惠是否应无条件地给予所有其他成员的同类产品。优惠可以按某些条件授予，即第一种情形，并不必然意味着没有无条件地给予其他成员的同类产品。进一步来说，附着在这种优惠上的条件与进口产品本身无关的事实，并不必然意味着该条件对进口产品的产地是歧视的。因此，专家组不支持日本的主张。②

　　4. 同类产品（like product）

　　GATT 多个条款包含"同类产品"一词，但 GATT 并没有给出明确的定义，因此它是 GATT 中最难以解释、引起争议最多、涉及案例最多的法律概念之一。这个概念之所以重要，是因为最惠国待遇和国民待遇都是相对的待遇标准。"相对"指的是进口产品应该享受的待遇，并没有一个绝对的标准，而是取决于同类的第三国或者国内产品享受到的待遇。例如最惠国待遇本身并不规定对某种产品征收关税的具体水平，而只要求对来自所有成员的同类产品征收相同水平的关税。对不同产品给予不同待遇是合情合理的，若一国鼓励牛肉的

----

① Panel Report on Indonesia-Autos, para. 14. 143.

② Panel Report on Canada-Autos, paras. 10. 18-10. 30.

进口，禁止进口武器，没有人会要求牛肉和武器应该得到同样的待遇。另一方面，很多产品既具有相同或类似之处，同时又有这样或者那样的差别，如铅笔和圆珠笔都是书写工具，但材质不同；玻璃杯和纸杯使用了不同的原材料，但都可以用来装水。因此，如何确定同类产品的范围，对于判断进口产品根据最惠国待遇原则具体可以享受何种待遇而言，便是一个极端重要的问题。问题的复杂之处还在于，不同条款中的"同类产品"，虽然是同一个词，却可能有不同的含义，在解释时要考虑其上下文以及条款的宗旨。

长期的 GATT/WTO 争端解决实践发展出了一些标准，用以判断两个产品是否"同类"，因其与 GATT 第 3 条密切相关，下文再做详细介绍。对于 GATT 第 1 条第 1 款而言，最初人们认为该条款是为征关税而设，因此应将"同类产品"与关税税则及其分类联系起来。在起草 GATT 时澳大利亚的代表曾说过："稍微熟悉海关管理的人都知道如何处理'同类产品'问题。实际上是用关税分类表来调整的；虽天天发生把一件东西归入哪一类才对的争论，但只要设有投诉程序，问题就会解决。"① 由于这种办法实际可行，故而被人们在 GATT 断案时接受。在前述澳大利亚化肥补贴案中，澳大利亚取消对从智利进口的硝酸钠的补贴，仍保留对硝酸铵的补贴，被认为没有违反最惠国待遇，原因便在于两种产品在关税税则中分列不同项下，不被认为是同类产品，故而不要求必须给予同样的待遇。在西班牙对未烘烤咖啡的关税待遇案中，西班牙在其关税税则中将咖啡再细分为几种，分别征收不同的关税，特别是对来自巴西的咖啡种类征收高关税，但其他国家关税税则一般不会作出如此细的划分，因此，在参照多数国家关税税则并考虑其他因素的基础上，如不同种类咖啡的物理特性、消费的用途等，专家小组裁定这些咖啡是同类产品，应享受最惠国待遇。

二、国民待遇——GATT 的基本原则之二

GATT 第 3 条国民待遇共有 10 款，是 GATT 中最复杂的条款之一。其中第 1 款是原则性规定，第 2 款规定国内税问题，第 4 款是对其他国内管理措施的规定，这几款是 GATT 第 3 条的核心条款。

---

① 赵维田著：《世界贸易组织（WTO）的法律制度》，吉林人民出版社 2000 年版，第 78～79 页。

【条文导读 7.2】

GATT 第 3 条 国内税和国内法规的国民待遇

1. 各缔约方认识到，国内税和其他国内费用、影响产品的国内销售、标价出售、购买、运输、分销或使用的法律、法规和规定以及要求产品的混合、加工或使用的特定数量或比例的国内数量法规，不得以为国内生产提供保护的目的对进口产品或国产品适用。

2. 任何缔约方领土的产品进口至任何其他缔约方领土时，不得对其直接或间接征收超过对同类国产品直接或间接征收的任何种类的国内税或其他国内费用。此外，缔约方不得以违反第 1 款所列原则的方式，对进口产品或国产品实施国内税和其他国内费用。

……

4. 任何缔约方领土的产品进口至任何其他缔约方领土时，在有关影响其国内销售、标价出售、购买、运输、分销或使用的所有法律、法规和规定方面，所享受的待遇不得低于同类国产品所享受的待遇……

（一）GATT 第 3 条的宗旨

根据 WTO 上诉机构在有关案例中所作裁决，GATT 第 3 条的宗旨是：避免在国内措施实施上的贸易保护主义。在日本酒类税案中，上诉机构总结了GATT 争端解决实践对 GATT 第 3 条的认识并指出："GATT 第 3 条广泛和根本的目的是避免在实施国内税收和管理措施上的贸易保护主义。具体地说，第 3 条的目的是'确保在对进口产品或国内产品实施国内措施时不得对国内生产提供保护'。针对这一目的，GATT 第 3 条要求 WTO 的成员对相关的国内产品和进口产品提供平等的竞争条件。'很明显 GATT 起草者的意图是，进口产品一旦清关入境后就应该得到与国内同类产品同样的对待。不然的话，就会给予国内同类产品间接的保护'。"① 在此后的韩国酒类税案、加拿大期刊案中，上诉机构都重复了这一观点。

上诉机构的这一观点表明，国民待遇是一个与最惠国待遇类似的相对的待遇标准，其基本内容是要求 GATT 成员对进口产品和国内产品给予相同及非歧视的待遇。国民待遇和最惠国待遇一道，是非歧视原则的具体体现，是该原则的两个方面，都是为了保证各国同类产品能有一个平等的竞争环境。这是它们

---

① Appellate Body Report on Japan-Alcoholic Beverages Ⅱ, p. 16.

的"广泛的和根本的目的"。

　　基于 GATT 的产生历史及基本构思，也有观点认为在 GATT 中国民待遇和最惠国待遇有着不同的地位和作用。如上所述，GATT 的基本构思是禁止数量限制，以关税为唯一合法的保护手段，约束关税水平作为次优选择，并通过国民待遇规定保护关税减让的效果不会受到削弱。相应的，最惠国待遇被规定在 GATT 的第一部分，赋予其第 1 条开宗明义的地位；国民待遇则在第二部分，而且用《临时适用议定书》中的"祖父条款"部分抵消其效力。因此，国民待遇的宗旨被认为（主要）是保证关税减让义务带来的预期的贸易机会不受影响，是 GATT 市场准入规则体系中重要的一环。在日本酒类税案中，上诉机构肯定了 GATT 第 3 条的这一目标，但同时指出，不能过分强调 GATT 第 3 条对关税减让的保障作用；GATT 第 3 条的谈判历史也证明，该条款的覆盖范围并不限于关税减让表中的产品，而是还适用于不受关税减让约束的产品。WTO 争端解决实践也从一个侧面印证了这一点。随着国际贸易自由化进程的发展，关税受到的约束越来越多，国内措施对贸易的限制作用日益显著，约束国内措施的国民待遇条款的重要性早已上升至与最惠国待遇一样的高度，甚至更重要，体现在 WTO 争端解决实践中，便是涉及最惠国待遇的案例已少于涉及国民待遇的案例。

　　GATT 第 3 条的宗旨在其第 1 款中得到明确的阐释。该款的最后的一句规定，实施国内措施不得以向国内生产提供保护为目的。因此，第 1 款规定了第 3 条的基本原则，规范其他各款。它确立了作为指导理解和解释其他各款中的规定的具体义务的一般原则，同时应尊重而不是削弱其他各款中使用的用语的含义。概括地说，第 1 款构成 GATT 第 3 条其他条款，特别是第 2 款和第 4 条的组成部分即上下文。

　　（二）在国内税和其他国内费用方面的国民待遇

　　GATT 第 3 条第 2 款规定了关于国内税和其他国内费用方面的国民待遇，可以说是 GATT 中最复杂难解的条款。上诉机构在日本酒类税案中对该条款的第 1 句和第 2 句分别作了教科书式的解释。①

　　1. 第 1 句——同类产品的国内税和其他国内费用问题

　　虽然都是关于国内税和其他国内费用方面的国民待遇规定，但第 3 条第 2 款第 1 句适用于同类产品，而第 2 句适用于直接竞争或可替代产品。两种产品的关系或者划分标准很重要，因为审查第 1 句和第 2 句时考虑的问题不同，要

---

　　①　Appellate Body Report on Japan-Alcoholic Beverages Ⅱ, pp. 18-31.

求的举证责任也不一样，致使证明有关措施与条款不符的难度或难点有所不同。一般而言，所有的同类产品当然是直接竞争或可替代产品，但并非所有的直接竞争或可替代产品都是同类产品。具体的划分是一个依个案酌情判断但不是武断的问题。上诉机构用了一个很形象的词——"手风琴"来描述同类产品在不同的案件、涉及不同条款时的判断，据此，同类性在不同的地方会被延伸或者挤压。

在审查一项措施是否违反第 1 句时，需要运用两步分析法：（1）进口产品与国内产品是否同类产品；（2）对进口产品征收的税负是否超过对国内同类产品所征收的税负。如果两个问题的答案都是肯定的，就足以判定违反了国民待遇，而无须再去考察这种税负是否构成对国内产品的保护。

第一个问题中的"同类产品"应作狭义的理解，即"手风琴"在这里被挤压得很窄。在随后的加拿大期刊案中，上诉机构明确地概括道："为 GATT 第 3 条第 2 款第 1 句的目的，'同类产品'在个案基础上作狭义解释，解释时应考虑的相关因素包括：（1）产品在特定市场的最终用途；（2）消费者的品位和习惯；以及（3）产品的特点、性质和品质。"① 对判断最惠国待遇条款中同类产品具有特别意义的关税分类，上诉机构在日本酒类税案中指出："如果产品的关税分类足够具体，则可以成为产品的同类性的标志。在以前通过的几个专家组报告中，关税分类就被用作确定'同类产品'的标准。"在 GATT1947 的实践中，基于协调制度（HS）的统一的关税分类作为确定产品"同类性"的基础得到认可。比较而言，各成员在关税减让中所作的产品分类却不尽相同。对于后者在确定"同类产品"时的作用，上诉机构认为，如果关税约束对产品的描述十分明确，则可以为确定"同类产品"提供重要指导，但仍应结合个案的具体情况作决定。但是，若关税约束包括的只是对产品的宽泛描述，它就不能作为确定"同类产品"的可靠标准。

第二个问题的分析和判断相对简单，只要确定对进口产品征收的税负确实超过国内产品的税负，就足以认定构成对 GATT 第 3 条的违反，即使是最小的"超过"也是如此。第 1 句的禁止税收歧视不以贸易效果标准为条件，也不能因为微量标准而免责。

2. 第 2 句——直接竞争或可替代产品的国内税和其他国内费用问题

第 3 条第 2 款第 2 句本身并没有提及"直接竞争或可替代产品"，但与 GATT 正文具有同等法律地位的 GATT 关于第 3 条的注释规定，符合第 2 款第

---

① Appellate Body Report on Canada-Periodicals, p. 21.

1 句要求的国内税，只有在已税产品与未同样征税的直接竞争或替代产品之间存在竞争的情况下，方被视为与第二句的规定不一致。

在日本酒类税案中，上诉机构认为，在审查一项措施是否违反了第 3 条第 2 款第 2 句时，需要将第 3 条第 1 款作为其上下文组成部分。具体而言，应考虑三个独立的问题：（1）进口产品与国内产品是直接竞争或可替代产品；（2）直接竞争或可替代的进口产品与国内产品"未同样征税"；以及（3）这种不同征税是为保护国内生产之目的而实施。

对于第一个问题，上诉机构在日本酒类税案和加拿大期刊案中都强调，这也应依个案案情酌情判断；产品之间在特定市场的竞争关系是一个重要因素，若产品可以互换，或者说能够提供不同的选择以满足消费者特定消费需求或品位，这样的产品便是直接竞争或可替代产品。

第二个问题的"未同样征税"，因其不同于第 1 句中的"超过"用语，所以它不仅指对进口产品征收的税负超过国内产品的税负，而且还要超过微量标准。至于何种税负构成超过微量标准，则需要在个案的基础上斟酌确定。

在第三个问题中，如何确定保护国内产业的目的是关键。上诉机构特别强调"目的"与"意图"的区分。目的具有客观性，保护国内产业的目的，是一个税收措施如何实施的问题；虽然确定一项措施的目的并不容易，但通过对措施的设计、构造以及显示出的结构进行考察，通常还是可以发现该措施实施的保护性质。立法者的意图则是另一个问题，立法者认为其并没有相关意图不能影响对保护目的的客观认定。当然，如果立法者的意图也有保护的因素，可以成为具有保护目的的一个佐证。上诉机构的这一区分旨在避免被诉成员以其自身意图的主观性来进行抗辩。此外，上诉机构指出，确定保护的目的时，税负差别是一个可考虑的因素。税负差别的幅度在个案中可以成为具有保护目的的证据，税负差别的幅度应该超过微量标准；专家组还应该结合其他因素进行全面考察。

（三）其他国内法律、法规和规定方面的国民待遇

GATT 第 3 条第 4 款规定了在其他国内法律、法规和规定方面给予国民待遇的义务。在韩国牛肉案中，上诉机构认为，审查一项措施违反第 4 款，需要满足三个因素：（1）进口产品和国内产品是同类产品；（2）涉及措施是影响有关产品的国内销售、购买等的法律、法规和规定；（3）给予进口产品的待遇低于同类国内产品所享受的待遇。① 对于第 4 款中的"同类产品"的范围，

---

① Appellate Body Report on Korea-Beef, para. 133.

上诉机构认为，第 4 款和第 2 款都要实现第 1 款的基本原则，两款适用的产品范围因此不应有很大差别。这便意味着，第 4 款的"同类产品"的范围应大于第 2 款第 1 句中的"同类产品"，产品的"同类性"这架手风琴在第 4 款中要比第 2 款第 1 句宽一些。①

【司法应用 7.3】

日本酒类税案

本案中，欧共体、美国以及加拿大针对日本的《酒类税法》提起申诉，依据该法，日本对各种类型的进口酒征收的国内税大大高于对日本清酒的征税。专家组和上诉机构都裁定日本酒类税制与 GATT 义务不符：清酒和伏特加被认定为"同类产品"，对其不同的征税违反了 GATT 第 3 条第 2 款第 1 句；清酒与其他种类的进口酒，如白兰地、威士忌、兰姆酒、杜松子酒等，构成直接竞争或可替代产品，对它们的不同征税违反了第 3 条第 2 款第 2 句。

三、援引次数最多的 GATT 基本原则的例外条款——GATT 第 20 条

【条文导读 7.3】

第 20 条　一般例外

在遵守关于此类措施的实施不在情形相同的国家之间构成任意或不合理歧视的手段或构成对国际贸易的变相限制的要求前提下，本协定的任何规定不得解释为阻止任何缔约方采取或实施以下措施：

（a）为保护公共道德所必需的措施；

（b）为保护人类、动物或植物的生命或健康所必需的措施；

（c）与黄金或白银进出口有关的措施；

（d）为保证与本协定规定不相抵触的法律或法规得到遵守所必需的措施，包括与海关执法、根据第 2 条第 4 款和第 17 条实行有关垄断、保护专利权、商标和版权以及防止欺诈行为有关的措施；

（e）与监狱囚犯产品有关的措施；

（f）为保护具有艺术、历史或考古价值的国宝所采取的措施；

---

① Appellate Body Report on EC-Asbestos, paras. 93-99.

（g）与保护可用尽的自然资源有关的措施，如此类措施与限制国内生产或消费一同实施；

………

GATT 第 20 条规定了 GATT 基本原则的一般例外，由序言和（a）到（j）共 10 项例外情形组成，后者包含的措施被承认为 GATT 的实体法义务的例外，因为这些措施体现了国内政策，在性质上被承认为重要而合法。

第 20 条是在 GATT/WTO 争端解决实践中引用最为频繁，因此也最为重要的例外条款。在美国汽油标准案中，上诉机构确立了适用第 20 条的两步分析法：援引第 20 条时，抗辩方必须证明：（1）该项措施至少属于第 20 条所列 10 种例外情形中的一种，获得临时正当性；（2）该项措施满足第 20 条序言部分的要求，即"此类措施的实施不在情形相同的国家之间构成任意或不合理歧视的手段或构成对国际贸易的变相限制"。① 在此后的虾龟案中，专家组没有遵循上述顺序，而是先审查序言部分，再审查有关措施是否属于第（b）项或第（g）项。上诉机构推翻了专家组的这一裁定，明确表示："专家组在分析与裁定方面的缺陷，是忽视了作此解释分析时必须遵循的先后次序步骤的必然结果"。② 现在该两步分析法已成惯例。

应该注意到，第 20 条所列 10 种例外情形对于有关措施与其追求的政策目标之间的联系规定不一。其中，第（a）、（b）、（d）项规定的是为实现目标所"必需"的措施，而第（c）、（e）、（g）项的措施只要与政策目标"有关"即可。显然，证明"有关"要比证明"必需"容易许多。

【司法应用 7.4】

美国汽油标准案

为实施旨在防止和控制空气污染的《空气清洁法》，美国政府制定了一项汽油规则。针对美国国内汽油提炼商和外国汽油的进口商，该汽油规则规定了不同的符合空气清洁法的汽油标准。委内瑞拉和巴西对美国的汽油规则提起申诉。专家组裁定，该规则与 GATT 第 3 条第 4 款不符，并且不能根据第 20 条例外受益。美国对专家组就第 20 条的裁定提出上诉。上诉机构修正

---

① Appellate Body Report on US-Gasoline, p. 22.
② Appellate Body Report on US-Shrimp, para. 117.

了专家组对第 20 条第（g）项的解释，但认为美国措施不能根据第 20 条获得正当性。

第四节 贸易救济措施

一、反倾销

（一）概况

关于倾销和反倾销，GATT 第 6 条作了原则性的规定：如果用倾销的手段将一国产品以低于正常价值的价格输入另一国，对进口国已建立的产业造成实质性损害或实质性损害的威胁，或实质性阻碍一国内产业的建立，则应予以谴责。为完善反倾销的多边规则、使上述原则规定具有可操作性，早在 20 世纪 60 年代 GATT 成员就缔结了解释第 6 条的协定，后经过数次修订，并纳入 WTO 框架下，成为今天的《关于实施关贸总协定 1994 第六条的协议》，以下简称《协议》。

《协议》共分三个部分，18 个条款。其中第二、三部分分别涉及争议解决、条约的生效等问题。第一部分（第 1~15 条）是《协议》的主体，对反倾销的实施条件和程序作出了详细规定，在此作一简要介绍。

（二）倾销的定义及其三个构成条件

按照 GATT 第 6 条，倾销可以定义为：一国产品以低于正常价值的价格进入另一国市场，如因此对某一缔约方领土内已经建立的某项产业造成实质性损害或实质性损害威胁，或实质性阻碍一国内产业的新建，就构成倾销。

因此构成倾销有三个条件：（1）产品价格低于正常价值；（2）造成实质性损害、实质性损害威胁或者实质性阻碍；（3）低于正常价值的销售与损害之间存在因果关系。为了简便起见，我们常常用三个词来概括：倾销（在最初意义上的）、损害、因果关系。

（三）倾销的确定（《协议》第 2 条）

确定倾销，就是确定产品出口价格低于正常价值。这里包括三个问题：正常价值的确定、出口价格的确定以及两者的比较。

1. 正常价值的确定

依照《协议》第 2 条，正常价值通常是指产品在正常贸易过程中出口国供消费的同类产品的可比价格。它又称为国内市场价格，是确定正常价值的最基本方法。其中两个重要概念的含义是：

（1）同类产品：依照《协议》第2.6条，指的是相同的产品，即与考虑中的产品在各方面都相同的产品，或如果无此种产品，则为尽管并非在各方面都相同，但具有与考虑中的产品极为相似特点的另一种产品。

（2）正常贸易过程：指的是出口商与进口商或与第三者之间没有关联关系或者补偿性安排的销售。

如果出口国国内市场上在正常贸易过程中不存在同类产品，或者销售量过低，根据《协议》的规定，是指国内同类产品的销售量低于销往进口国的销售量的5%，那么，就无法进行适当比较。这时可以采用：（1）第三国价格，即同类产品向第三国出口的可比价格；或（2）结构价格（又叫推定价格、推算价格），即产品在原产国的生产成本加上合理的管理费、销售费、一般费用和利润之和。

国内市场价格、第三国价格和结构价格是三种确定正常价值的一般方法。其中国内市场价格是基本方法，只有在不存在这种"可比价格"时，才可以用第二或第三种方法。

此外，《协议》还规定了两种特殊情况下正常价值的确定方法：

（1）低于成本销售：《协议》规定，如果有关当局确定此类销售是在一段持续时间内大量的销售，而且价格不能在一段合理时间内收回成本时，可以将其视为未在正常贸易过程中进行的销售，在确定正常价值时对该销售价格不予考虑。

所谓在一段持续时间内大量的销售是指通常在一年、无论如何不少于6个月的时间内，加权平均销售价格低于加权平均单位成本；或者低于单位成本的销售不低于为确定正常价值所考虑的销售总额的20%。

（2）产品不是从原产国直接进口，而是从一中间国出口：通常用产品从出口国销往进口国的价格与出口国的可比价格相比较。但是在以下情况下也可以用原产国国内价格进行比较：①产品仅仅是通过出口国过境运输；②产品在出口国没有生产；③在出口国不存在此类产品的可比价格。

一般来说，出口价格比较容易确定，弹性较小，而正常价值比较复杂，弹性较大。因此，正常价值的确定对于倾销以及倾销幅度的确定影响较大，关于正常价值的争论，也是各国矛盾和争议的"集中地"。其中对我国影响较大的是非市场经济国家问题。

对于来自非市场经济国家的进口产品，如何确定正常价值，GATT和反倾销协议并没有直接规定，而是在GATT附件9的关于第6条的注释中提到：认识到对全部或大体上全部由国家垄断贸易并由国家规定国内价格的国家进口的货物，在决定可比价格时，可能存在特殊困难，在这种情况下，进口缔约国可能发现有必要考虑这种可能性：与这种国家的国内价格作严格的比较不一定经常适当。

据此，来自非市场经济国家的进口产品正常价值的确定，协议没有明确的规则加以规范，实践中完全是由各国的国内立法来解决的。例如欧盟的规定是，对来自非市场经济国家的产品，其正常价值以下列几个为准：（1）一个市场经济第三国的同类产品的国内市场价格；（2）市场经济的第三国向其他国家（包括欧盟）销售的价格；（3）构成价格；（4）如上述价格不能确定，则采用任何其他合理方法"计算正常价格"，包括欧盟国内市场同类产品实际支付价格等。在选择作为替代国的市场经济第三国时不强调经济可比性。

实践中，所选择的替代国有关的产品或原材料的市场价格往往高于，甚至大大高于我国国内市场价格，致使所确定的正常价值远远高于我国国内市场价格，因而要确定倾销以及较大的倾销幅度，相比于一般情况（即市场经济国家）而言，要容易得多，这也是我国目前成为世界上产品遭受反倾销调查数量最多的国家的原因之一。

2. 出口价格的确定

出口价格指的是在正常贸易情况下，进口商向出口商购买商品所实际支付的价格。也就是说，一般是实际支付价格。但是在特殊情况下，如果不存在出口价格，或者出口商与进口商或者第三者之间有关联关系或补偿安排，即在非正常贸易情况下，出口价格应在首次转售给独立购买者的价格的基础上推定。如果该产品没有转售给独立购买者或者不是以进口时的状态转售的，则由有关当局在合理基础上推定。

概括地说，确定出口价格的方法有三种：实际支付价格、首次转售给独立购买者的价格、推定价格。这三种方法是依次采用的，即只有在不能采用第一种方法的情况下，才能采用第二种方法；同样，只有在不能采用第二种方法时，才可以第三种方法确定出口价格。

3. 出口价格和正常价值的比较

《协议》第一次确定了出口价格与正常价值进行比较的基本原则和方法。

基本原则是要进行公平比较。具体而言，比较应在相同贸易水平（通常是出厂价的水平）上进行，并且尽可能地针对相同的时间内发生的交易。根据每一案件的具体情况，对影响价格可比性的差异，如销售情况和条件、税收、销售数量、商品物理特性等，应作出相应的调整。

《协议》明确规定了三种比较方法：

（1）平均对平均比较法，即用加权平均正常价值与所有可比出口交易加权平均价格相比较；

（2）个别对个别比较法，即每笔交易的正常价值与每笔交易的出口价格进行比较；

（3）在特殊情况下，如果有关当局认为一种出口价格结构在不同购买者、地区或时间之间差异很大，而且对使用平均对平均或个别对个别比较法不能适当考虑这些差异，有关当局作出了说明之后，它可以用在加权平均基础上确定的正常价值与单笔出口交易的价格进行比较（平均对个别比较法）。

在反倾销实践中，多数使用的是平均对平均比较法。

根据这些原则和方法进行公平比较，当产品出口价格低于正常价值时，就存在倾销，两者之间的差额，就是倾销幅度。如果倾销幅度是微量的，即小于出口价格的2%时，可以忽略不计。

4. 归零法问题

某些 WTO 成员（如美国）的反倾销调查机构在计算倾销幅度时采用一种名为"归零"的计算方法：在产品出口价格高于正常价值，即倾销幅度为负值时，直接将该负数归为零（归零法的名称由此而来），而不是与其他正的倾销幅度相互抵消。出现这种方法，是因为在实践中，有关当局常常将所确定的调查期限分为若干时间段，分别计算各时间段涉案产品的倾销幅度，或者将产品分为不同型号，分别计算各个型号的倾销幅度，然后在加权平均的基础上计算出整个倾销幅度。归零法的影响举例见表7.1。

表 7.1　　　　　　　　　　　　归零法的影响举例

产品型号	正常价值（美元）	出口价格（美元）	无归零法的倾销幅度	用归零法的倾销幅度
A	100	120	–20%	0
B	100	100	0	0
C	100	100	0	0
D	100	80	20%	20%

显然，假设各型号产品的权重相同，没有采用归零法时，计算出来的整个产品的倾销幅度为0；采用了归零法，整个产品的倾销幅度就变为20%。由此

可见，归零法提高了涉案产品的倾销幅度，或使有关当局更容易确定倾销的存在。由于《协议》对于归零法没有明文规定，因而已经多次引起 WTO 成员之间的争端。目前，WTO 争端解决机构已多次裁定归零法与《反倾销协议》不符。

（四）损害的确定（《协议》第 3 条）

损害是对国内产业的实质性损害、实质性损害威胁或者实质性阻碍国内产业的建立三种情况的一个统称。

1. 国内产业的界定

确定损害的发生，首先必须界定国内产业的范围。《协议》第 4 条首先给出了一个一般性的定义：国内产业是指同类产品的国内生产者全体，或指总产量构成同类产品国内总产量主要部分的国内生产者。随之又规定了被排除在外的生产者，包括：（1）生产者与进口商或者出口商有关联，或（2）生产者就是倾销产品的进口商；国内产业只包括其余的生产者。协议进一步解释了"生产者与进口商或出口商有关联"的含义，它是指：（1）一方直接或间接控制他方；（2）他们都直接或间接接受某一第三方控制；（3）他们共同直接或间接控制某一第三方，如果有理由相信或者怀疑这种关系使得生产者的行为与其他无关系的生产者不同。而"控制"的含义是，当一方在法律上或经营活动中能对另一方实施限制或指导时，就视为前者控制了后者。

此外还有一个区域市场中的生产者的概念。在特殊情况下，如果一个产品的生产把一成员国境内分成两个或更多的竞争性市场时，每个市场内的生产者可以被看作一个单独的产业，只要满足如下两个条件：（1）该市场的生产者在本市场区域内销售全部或者几乎全部产品；（2）该市场的需求在很大程度上不是由境内其他地区的生产者供应。在这种情况下，如果倾销产品集中进入某一个独立的市场，并对其中所有或几乎所有生产者造成损害，那么，即使整个国内产业的大部分并未受到损害，也可以确认为发生了损害。

最后，当两个或者两个以上国家达到了 GATT 第 24 条所指的一体化水平，具有单一市场特征时，则整个一体化区域内的产业被视为"国内产业"。这主要是指欧盟。

2. 确定损害时应考虑的因素

《协议》说明了必须考虑的三个方面的因素：

（1）倾销产品的数量，包括进口产品的绝对数量或者相对于进口国中生产或消费的数量是否大幅增加。

（2）对国内市场同类产品价格的影响，包括倾销产品是否大幅削低价格，或者抑制了本应发生的价格上升。

（3）对国内产业的影响。《协议》要求考虑影响产业状况的所有有关经济因素和指标，例如销售、利润、产量、市场份额、生产率、投资收益或设备利用率实际和潜在的下降；影响国内价格的因素；倾销幅度大小；对现金流动、库存、就业、工资、增长、筹措资金或投资能力的实际和潜在的消极影响。《协议》申明这一列举不是穷尽的，且其中的一个或多个因素都不是必然起到决定性作用的。

根据 WTO 争端解决机构的判例，上述三个方面的事项必须逐一考虑，否则就不能做出关于损害的肯定性判断。

3. 评估损害时应遵循的原则

（1）在确定倾销对国内产业造成的损害时，应当依据肯定性证据，并且进行客观的审查。

（2）对实质性损害威胁的确定，应当依据事实，不得仅依据指控、推测或者极小的可能性；而且，如果不采取措施，倾销对进口国国内产业的损害将是可预见的和迫在眉睫的。在考虑和决定采取反倾销措施时，应慎重行事。

（3）累积评估。有时单独评估某些小量进口并不会得出损害的结论，但它们的累加可能造成对国内产业的损害，因而有关当局常常将同时来自于几个不同国家的进口产品作为一个整体来考虑，考察其对国内产业的影响，旨在强化损害的认定，防止这些进口逃避反倾销措施。《协议》认可此种累计评估的做法，但为其规定了如下条件：

①来自不同国家的进口系同时受到反倾销指控；

②来自每一国家的进口的倾销幅度不小于第 5 条第 8 款规定的微量标准 2%；

③来自每一国家的进口量也不属于微量，即来自每一国家的进口产品数量占进口国同类产品进口的 3% 以上，或来自几个国家的进口量分别不足 3% 但合计超过 7%；

④根据进口产品之间的竞争条件和进口产品与国内同类产品之间的竞争条件，进行累积评估是适当的，不过这一条件极具弹性，进口国当局有充分的自由裁量权。

（五）因果关系的确定（《协议》第 3 条）

有关当局必须有充分的证据，证明倾销与国内产业的损害之间存在因果关系。但是对倾销应该在多大程度上是损害产生的原因（例如，占 50% 以上的原因，或是比其他原因更重要，或只要是原因之一就可以了），《协议》没有明确规定，而是规定了一个不得归咎原则。依据该原则，除了上述确定损害的三个方面的因素——倾销产品的数量、对国内同类产品的价格以及对国内产业的影响之外，有关当局要审查那些倾销进口之外的、同时也在损害国内产业的已知因素，并不得将造成损害的非倾销因素归因于倾销，例如，非倾销产品进口的数量和价格；国内需求的减少；消费模式的改变；限制性贸易做法；外国生产者和国内生产者之间的竞争；技术的发展等。

（六）反倾销调查的程序规则（《协议》第5～6条）

1. 国内产业的申请

一般情况下，反倾销调查是经由进口国生产同类产品的国内产业代表提出申请而发起的。为此，《协议》规定了申请人的资格标准。进口国当局判断申请人是否足以代表生产同类产品的国内产业，应依据国内同类产品的生产者对申请表示支持或者反对的程度，标准是：（1）支持申请的国内同类产品生产者的产量至少占该产品总产量的25%；且（2）表示支持的国内同类产品生产者的总产量超过国内产业中对申请表态（支持或反对）的那部分生产总产量的50%。

申请人提交的申请书应当详尽说明申请人、进口产品、国内同类产品、进口产品的数量和价格对国内产业的影响等内容，并附有能证明倾销、损害及因果关系的证据。

2. 调查的发起

调查机构应审查申请中提供的证据的准确性和充分性，以确定是否有足够的证据证明发起调查是正当的。特殊情况下，在没有收到申请的时候，有关当局可以自行发起调查，但也要有充分证据证明发起调查的正当性。

一经决定发起调查，调查当局就应该予以公告，并通知申请人、已知的出口商和进口商、出口国政府以及其他有利害关系的组织、个人（统称利害关系方）。申请书文本应该提供给已知的出口商和出口国政府。

3. 调查

（1）调查方式包括问卷、抽样、听证会、现场核查。有必要时，有关当局可以在其他成员关境内进行实地核查，前提是与有关企业达成协议，通知该成员政府并得到其同意。

（2）应给予出口商或外国生产者收到调查问卷后至少30天时间作出答复，并且只要可行，应同意延长期限的请求。

调查当局应为有关利害关系方提供陈述意见和论据的机会，申请人和利害关系方有权查阅与案件有关的资料。

（3）利害关系方认为其提供的资料泄露后会产生严重不利影响，可以申请对有关资料作保密处理。调查机构认为理由正当的，应予同意，但可要求其提供此类信息的非机密摘要。

（4）如果利害关系方没有提供、允许使用或者没有在合理时间内提供必要信息，或者以其他方式严重妨碍调查，调查当局可以根据可获得的最佳信息作出裁定。

（5）通常应对每一已知出口商或生产者分别确定其倾销幅度。在涉及人数或产品种类特别多而不能分别确定的情况下，调查当局可以使用抽样方法，将审查范围限定在：①合理数量的利害关系方或产品上；或②可进行合理调查的来自所涉国出口量的最大百分比上。

（6）调查应当在发起调查决定公告之日起 12 个月内结束，最长不得超过 18 个月。

（7）在下列情况下有关当局应终止调查：①在缺乏倾销和损害的充分证据时，应尽快结束调查；②在倾销幅度是微量，或者倾销数量或者损害可以忽略不计时，应立即终止。

（七）反倾销措施（《协议》第 7 ~ 11 条）

1. 临时反倾销措施

在对倾销以及损害作出初步肯定性裁定后，有关当局可以采取临时反倾销措施，包括临时反倾销税，或者更为可取的是，要求提供现金保证金、保函或其他形式的担保。税额或保证金数额不能超过初裁的倾销幅度。自发起反倾销调查决定公布之日起 60 天内，不得采取临时反倾销措施。

从期限上来看，原则上，临时措施的实施时间应该尽可能短；自实施之日起，不超过 4 个月，在特殊情况下可以延长到 9 个月。如果规定的期限届满，有关当局还未作出征收反倾销税的终裁，那么，所征收的临时反倾销税应尽快退还给进口商。

2. 价格承诺

出口商可以在调查期间向调查机构做出改变价格或者停止以倾销价格出口的价格承诺。价格提高的幅度不应超过需要抵消的倾销幅度。进口国有关当局可以提出价格承诺的建议，但不得强迫出口商做出承诺。

调查机构认为可以接受价格承诺的，可以中止或者终止调查，不采取临时措施或者征收反倾销税；如不接受，应当向有关出口商说明理由，例如实际或潜在的出口商数目过大，使得接受价格承诺是不可行的。只有在已经做出倾销和损害的初步裁定之后，有关当局才能寻求或者接受出口商的价格承诺。接受价格承诺之后，基于出口商的意愿或调查机构的决定，可以继续完成关于倾销和损害的调查。如果最终作出了否定性裁决，则价格承诺自动失效。如果裁决是肯定性的，则承诺继续有效。

如出口商违反价格承诺，有关当局可立即恢复调查，可依据可获得的最佳信息立即采取临时措施，并可以对实施临时措施前90天内进口的产品追溯征收反倾销税，但这种追溯征税不得适用于违反价格承诺之前的进口。

3. 反倾销税

当终裁确定征收反倾销税的所有条件已经满足，即存在倾销、损害及因果关系三要素时，可以征收反倾销税。而是否征税、征收的反倾销税金额是否应等于或小于倾销幅度，均由进口国的主管当局决定。如果按倾销幅度部分征税就足以消除损害，则最好征收小于倾销幅度的反倾销税。除了已接受价格承诺的产品外，应当在无歧视的基础上对构成倾销并造成损害的所有进口征收反倾销税。

反倾销税的纳税人是进口国涉案产品的进口商。

原则上，反倾销税适用于有关当局作出征税决定生效后进入消费领域的产品，但在有些情况下可以追溯征税：

（1）反倾销税可对采取临时措施的期间追溯征收。在临时反倾销税（初裁）和最终反倾销税（终裁）结果不一致时，采取"高退低不补"的原则，即临时反倾销税高于最终反倾销税时，差额部分应予退还；若临时反倾销税低于最终反倾销税，差额部分不予收取。

（2）在满足以下两个条件的情况下，可以对实施临时措施之日前90天内进口的产品追溯征收反倾销税：

①倾销产品有对国内产业造成损害的历史，或者进口商知道或者应当知道出口商在进行倾销并且对国内产业将造成损害的；

②倾销产品在短期内大量进口，可能会严重破坏即将实施的反倾销税的补救效果的。

依据GATT的有关规定，对一个进口产品不得同时征收反倾销税和反补贴税以补偿倾销或出口补贴所造成的相同情况。

4. 反倾销税和价格承诺的期限

《协议》规定，反倾销税应仅在抵消造成损害的倾销所必需的时间和限度内实施，反倾销税的征收期限或者价格承诺的履行期限不超过5年。这一条款又称"日落条款"。但是，经复审确定终止反倾销税可能导致倾销或损害的继续或再度发生的，征收期限可以适当延长。

5. 复审

为确定是否有必要继续征收反倾销税或者履行价格承诺，调查当局可以自行决定或者在一段合理时间后应利害关系方的请求进行复审。如果确定继续征税已不再合理，应终止有关措施。

二、反补贴

《补贴与反补贴措施协议》（以下简称《协议》）有 32 个条款，其中第 10 ~ 23 条涉及 WTO 成员采取反补贴措施的程序以及对损害的认定，其规定与《反倾销协议》大体相同，此处不再赘述。《协议》第 1 ~ 9 条对补贴的概念、各种类型补贴的认定作了十分详细的规定，是我们了解的重点。

（一）补贴的概念

《协议》第 1 条对补贴的概念作了规定：补贴是指政府或公共机构提供的并且带来利益的财政支持、任何形式的收入支持或者价格支持。

（二）专向性补贴

《协议》将补贴分为专向性补贴和非专向性补贴。专向性是对补贴作出某种反应（如征收反补贴税或者采取其他措施）的一个先决条件。也就是说，只有当补贴具有专向性时，才能对其采取反补贴税等措施。《协议》作此规定的理由有两个。其一是非专向性的补贴不具有扭曲市场竞争的作用，或者说扭曲作用很小，因而没有对其加以限制的理由。其二是人们大多承认，需要把所有国家政府都普遍进行的一些活动，如修路、办学校等这样一些基础设施建设，排除在可申诉的补贴之外，专向性的规定就为实现这一点提供了有用的工具。

《协议》第 2 条规定了判断补贴的专向性的原则：

（1）如授予补贴的机构或其据以行动的立法将补贴的获得明确限于某些企业，则该补贴具有专向性。相反，如授予补贴的机构或其据以行动的立法制订了适用于获得补贴资格和补贴数量的客观标准或条件，一旦符合标准或条件就自动取得资格，则不存在专向性。有关的标准或条件必须在法律、法规或其他官方文件中明确说明，以便能够进行核实。这里讲的是法律上的专向性。

（2）如果按照上述规定而表现为非专向性补贴，也就是从文字上看补贴似乎是非专向性的，但是有理由认为补贴可能事实上属专向性补贴，则还应考虑其他因素，包括：有限数量的特定企业使用补贴、以特定企业为主使用补贴、给予特定企业不成比例的大量补贴、授予补贴的机构以任意的方式作出给予补贴的决定。这里所针对的是事实上的专向性。

（3）如一项补贴限于授予机关管辖范围内指定地理区域的某些企业使用，则属专向性补贴。但是不得将各级政府所采取的确定或改变普遍适用的税率的行为视为专向性补贴。

（4）《协议》规定的所有禁止性补贴均被视作专向性补贴。

《协议》将补贴分为禁止性补贴、可申诉的补贴和不可申诉的补贴，分别规定了可以与反补贴措施平行使用的救济方法。

（三）禁止性补贴

禁止性补贴（又称红灯补贴）是成员不得授予和维持的补贴，具体规定在《协议》第3条中，包括两种：

第一类是出口补贴，也就是政府法律上或者事实上以出口实绩为条件给予的补贴，《协议》附录1列出了12种具体形式：

（1）政府根据出口实绩给予某一公司或产业的直接补贴；

（2）外汇留成或类似的出口奖励做法；

（3）由政府提供或授权，出口货物享有的较内销货物更优惠的国内运输及运费；

（4）对在生产出口产品中使用的进口或国产货物或服务，政府或其授权的代理机构所提供的条件比用于内销产品生产的货物或服务更为优惠，且优于出口商在世界市场上可获得的商业条件；

（5）减免、退还或缓征企业已缴或应缴的与出口相关的直接税或社会福利费用；

（6）在计算直接税税基时，给予出口生产比内销生产更高的折扣；

（7）为出口生产在间接税上提供比内销生产更优惠的减免或退税待遇；

（8）在前阶段累计间接税的减免、退税或缓征上，对出口生产使用的货物或服务提供的待遇优于用于内销生产的货物或服务；

（9）对出口生产中使用的进口原材料，减免或退还的进口费用超过进口关税的实际征收额；

（10）政府或其控制的专门机构提供的出口信贷担保或保险、针对出口产品成本增加或外汇风险的保险或担保，其保险费率不足以弥补长期营业成本和亏损；

（11）政府或其控制的专门机构提供的出口信贷，其利率低于实际用款应付利率或它们支付的出口商或金融机构为获得信贷所产生的全部或部分费用，只要这些费用是用以获得出口信贷方面的实质性优势；

（12）构成GATT1994第16条意义上的出口补贴的公共账户上的任何其他

费用。

第二类是进口替代行为，也就是以使用国产品而不是进口品为条件给予的补贴。

对于一个成员实施和维持禁止性补贴的，其他成员可采取的补救方法有两种。一是采取反补贴措施；二是在 WTO 争端解决机制下按照《协议》第 4 条规定的程序解决，该程序所规定的时间限制比《争端解决谅解》的有关时限更短。

（四）可申诉的补贴

可申诉的补贴（又称黄灯补贴）是那些给其他成员造成不利影响的补贴措施。

依照《协议》第 5 条的规定，所谓"不利影响"有三种：（1）损害其他成员的国内产业；（2）使其他成员依据 GATT1994 直接或间接获得的利益，特别是在其第 2 条下的关税减让的利益丧失或减损；（3）严重侵害其他成员的利益。

对上述第三种的"严重侵害"，《协议》第 6 条作了详细规定。如果造成下列一种或多种结果，则存在严重侵害：

（1）取代或阻碍另一成员同类产品进入提供补贴成员的市场；

（2）在第三国市场中取代或阻碍另一成员同类产品的出口；

（3）在同一市场上与另一成员同类产品的价格相比，补贴产品造成大幅价格削低，或在同一市场中大幅抑制、压低价格、造成销售损失；

（4）与以往 3 年的平均市场份额相比，接受补贴的初级产品或商品在世界市场上的份额增加，并且这一增加在补贴期间呈一贯趋势。

如果存在下列情形，即可推定存在严重侵害：（1）对某一产品的从价补贴总额超过 5%；（2）用以弥补某一产业承受的经营亏损的补贴；（3）用以弥补某一企业承受的经营亏损的补贴，但不包括仅为制定长期解决办法提供时间和避免严重社会问题而给予的非经常性的和非重复使用的一次性措施；（4）直接免除对政府的债务。但是，如果提供补贴的成员能够证明其补贴没有造成前面列举的任何结果，则不得视为存在严重侵害。

针对可申诉补贴，受损害成员可采取的补救方法也是二选一：反补贴措施，或者依照《协议》第 7 条的程序诉诸 WTO 争端解决机制。

（五）不可申诉的补贴

不可申诉的补贴（又称绿灯补贴）是一般不会引起其他成员反对和采取反补贴措施的补贴。

根据《协议》第 8 条的规定，不可申诉的补贴主要包括不具有专向性的补贴。而下列三种补贴尽管具有专向性，也属于不可申诉的补贴：

（1）对公司开展研究活动或者对高等教育或研究机构与公司签约开展研究活动的资助，但不得超过工业研究费用的 75% 或开发费用的 50%；

（2）按照地区发展总体规划，为促进落后地区发展而在一定的地理区域内对一切企业提供的资助；

（3）对企业为适应法律规定的新环保要求而承担更大的财政负担所提供的资助，而且这种资助必须是一次性的临时措施；并限于适应所需费用的 20%。

如果一个 WTO 成员有理由认为一种不可申诉的补贴对其国内产业造成严重的不利影响，如造成难以补救的损害，它可以依照《协议》第 9 条的规定将争议交由 WTO 补贴与反补贴措施委员会解决，但不能采取反补贴措施。

三、保障措施

（一）保障措施的概念和性质

GATT 第 19 条允许缔约方采取保障措施保护本国产业。依照该条的规定，如果因为不能预见的情况和一缔约方履行包括关税减让在内 GATT 义务的影响，进口至该缔约方领土的产品数量大量增加，以致对国内同类产品或直接竞争产品的国内生产者造成严重损害或严重损害威胁，则进口国可以对该产品全部或部分中止义务或撤销或修改减让。

对于保障措施的性质，GATT 第三任秘书长 Oliver Long 曾指出："保障措施代表了两种相反目标之间的联系，一个目标是各国政府对放松贸易限制承诺的尊重，一个目标是各国政府希望保持国内市场。"因此，保障措施制度增加了成员方在国际贸易中的回旋余地，使其在经济形势需要时，能够采取柔和的方式解决国内的经济压力，避免破坏整个自由贸易体制。保障措施作为 GATT 的例外，可以协调各成员方共同的和长远的利益与某些成员方眼前利益之间的矛盾和冲突，平衡各方利益，因而它被称为"为保证 GATT 多边贸易体制的稳定运行而设立的安全阀"。①

保障措施是一种在紧急情况下采取的非常补救措施，是以进口限制的方式在没有任何不公平贸易指控的情况下采取的，在这一点上区别于反倾销和反补

---

① 转引自赵维田著：《世界贸易组织（WTO）的法律制度》，吉林人民出版社 2000 年版，第 208 页。

贴，后两者都是针对不公平贸易做法的。如果满足有关条件，保障措施可以适用于其他成员方的"公平贸易"，限制它们的进口，阻止其享有 GATT 项下的利益。

虽然依据 GATT 第 19 条的规定，一成员可以采取保障措施，但是因为该条款有很多模糊之处，适用起来难度较大，特别是由于它必须在非歧视的基础上对所有进口产品一律实施，所以在 GATT 时期较少被采用。各国宁愿通过采用"灰色区域措施"来保护国内产业，即通过双边谈判，说服出口国"自愿"限制出口或者达成其他划分市场份额的协议。由于此类安排在 GATT 中没有明确的法律地位，因而被称为"灰色区域措施"。20 世纪七八十年代，钢铁、汽车、家电和鞋类贸易领域灰色区域措施盛行。为了澄清有关保障措施的规则，重构对保障措施的多边控制并消除灰色区域措施，乌拉圭回合制订了《保障措施协议》（以下简称《协议》）。该协议规定任何成员都不能寻求、采取或维持自动出口限制、有秩序的市场安排或任何其他类似措施，即禁止使用灰色区域措施，并为保障措施的实施规定了时间限制。

《协议》有 14 个条款，内容涉及总则、实施保障措施的条件、保障措施调查、严重损害或严重损害威胁的确定、保障措施的实施、临时保障措施、保障措施的期限和审议、减让和其他义务的水平、对发展中国家的特殊待遇、先前存在的 GATT 第 19 条措施、某些措施的禁止和取消、通知和磋商、多边监督及争端解决。保障措施的实施及程序与反倾销、反补贴有许多类似之处，但也有重要的差异，为便于理解，下面将采取与反倾销、反补贴相比较的方式介绍保障措施。

（二）保障措施实施的条件

依据《协议》第 2 条第 1 款，保障措施的实施需要满足四个条件：

（1）进口产品数量的增加，包括其与国内生产相比绝对或相对的增加；

（2）对生产同类或直接竞争产品的国内产业造成了严重损害或严重损害威胁；

（3）增加的进口和严重损害或严重损害威胁之间存在因果关系；

（4）非歧视实施，即保障措施应针对正在进口的产品实施，而不考虑产品的来源国。

首先，如上所述，反倾销、反补贴针对的是不公平贸易做法，而保障措施针对的是进口产品数量的绝对或相对增加，不论是否公平贸易。其次，在国内产业的界定上，保障措施中的"国内产业"不仅包括同类产品，而且包括直接竞争产品的生产者，因而其范围比两反（即反倾销、反补贴）中的国内产业更广。最后，保障措施的实施必须是非歧视的，针对所有有关进口产品，不论来自哪个国家。这是与针对特定国家进口的两反措施之间的显著区别。

（三）保障措施的调查程序和方式

《协议》在这个方面仅做了原则性的规定，从各国国内立法来看，保障措施的调查程序规则与两反措施大体上相同。

（四）可采用的保障措施

1. 临时保障措施

在迟延会造成难以弥补的损害的紧急情况下，进口成员可依据肯定性的初步裁定，采取临时保障措施。临时保障措施应采取提高关税的形式，期限不得超过 200 天。

2. 保障措施

保障措施只应在防止或补救严重损害并便利国内产业调整所必需的限度内实施。实施的方式包括提高关税和实施数量限制。与反倾销税、反补贴税相比，保障措施多了数量限制的手段，这比起提高关税更能起到限制进口的作用。

对于使用数量限制，《协议》制定了应遵循的规则：

（1）该措施不得使进口量减少至低于最近三个有代表性年度的平均进口水平，除非有明确、正当的理由表明为防止或补救严重损害而有必要采用较低水平。

（2）如需要在供应国之间进行数量分配，实施限制的成员应与在供应有关产品方面具有实质利益的所有其他成员，就配额的分配达成协议。如果达成协议并不可行，实施限制成员应根据有关供应国在以往有代表性的一段时期内的市场份额，进行配额分配，同时适当考虑可能已经或正在影响该产品贸易的任何特殊因素。

（3）在特殊情况下也可以背离第（2）项的规定，即实施限制成员在保障措施委员会主持下进行磋商，并向委员会证明：①在有代表性的时期内，来自某些成员的进口增长率与有关产品进口的总增长率不成比例；②此种背离有正当理由；③此种背离对产品的所有供应者是公平的。此外，这种背离不能在严重损害威胁的情况下使用。

保障措施的实施只应在防止或补救严重损害并便利产业调整所必需的时限内，该期限一般不能超过 4 年，特殊情况下可以延长，最多不超过 8 年。

（五）补偿和接受报复

依据 GATT 第 19 条和《保障措施协议》的规定，任何保障措施的实施必须付出代价。提出实施或者寻求延长保障措施的成员，应努力维持其与可能受到影响的出口成员之间与现存水平相当的减让和其他义务水平，为它们提供磋商的机会，商议进行贸易补偿的方式。如果磋商不能在 30 天内达成协议，出口国可以在通知货物贸易理事会，且理事会没有表示反对的情况下实施报复，即对实施限制成员中止相当的减让和其他义务。但是，如果保障措施是由于进口的绝对增长引起的，报复不得在保障措施有效的前 3 年内采取。提供补偿或接受报复的规定旨在恢复各成员之间权利义务的平衡。

由于反倾销和反补贴针对的是不公平贸易做法，所以没有实施措施的成员提供补偿和接受报复的问题。

（六）司法审查

《反倾销协议》和《补贴与反补贴措施协议》都规定，国内立法包含两反措施的每一成员应设有司法、仲裁或行政仲裁庭或程序，审查与最终裁定有关的行政行为。但是在保障措施方面没有司法审查的规定。对此《保障措施协议》的起草者没有解释原因。我们似乎可以理解为，保障措施是在非歧视的基础上实施的，损害的更主要是成员在 GATT 中享有的利益，而不是具体生产有关产品的个人、企业；而且由于涉及国家众多，不大可能允许所有国家受影响的企业、个人在实施限制成员国提起诉讼，成本太高。

第五节　其他货物贸易协议

一、农产品协议

《农产品协议》（以下简称《协议》）是乌拉圭回合谈判的重要成果之一，使农产品贸易重新回到多边贸易自由化轨道。《协议》从市场准入、国内支持和出口补贴三个方面规定了农产品贸易自由化措施。

市场准入包括关税化和关税削减。首先，成员应将数量限制以及其他非关税措施折算成等量关税，加到已有的固定关税上，实现对农产品进口限制的关税化。这使得进口限制更加透明，并为其后的关税削减创造了条件。其次，各成员承诺约束关税水平并按一定百分比削减关税，其中发达国家承诺平均削减36% 的关税，在 6 年内完成；发展中国家的削减承诺为发达国家的三分之二；最不发达国家可以不削减关税，但应承担约束义务。此外，《协议》还规定了最低市场准入和特别保障措施。

《协议》将国内支持分为两大类。一类是没有贸易扭曲作用或不影响生产，或者此类影响很小的国内支持，又被称为绿箱补贴，对此类补贴免除削减义务。《协议》规定了符合绿箱补贴的两个标准：（1）应通过公共基金供资的政府计划提供（包括放弃的政府税收），而不涉及来自消费者的转让；（2）不具有对生产者提供价格支持的作用。《协议》附件2列举了下述绿箱补贴：一般服务（包括研究、病虫害控制、培训服务、推广和咨询服务、检验服务、营销和促销服务、基础设施服务）、为粮食安全目的的公共储备、国内粮食援助、对生产者的直接支付、不挂钩的收入支持、收入保险和收入安全网计划、自然灾害救济、结构调整援助、环境计划、地区援助计划。除此之外的其他补贴对贸易有扭曲作用，属于应予削减的范畴，又称黄箱补贴。应削减的补贴价值以"综合支持总量"（AMS）表示，即对各个产品的支持加上对非特定产品的支持。《协议》分别规定了发达国家和发展中国家应削减的综合支持总量水平。但是这里有三种例外情况，所涉补贴无需削减：

（1）发展中国家为鼓励农业和农村发展的措施。

（2）微量支持。对于发达国家，支持水平不超过一种产品生产总值的5%，对非特定产品的支持水平不超过农业生产总值的5%；对发展中国家的标准为10%。

（3）限产计划下给予的某些直接支付，如按固定面积和产量或固定牲畜头数给予的支付，这类补贴又被称为蓝箱补贴。

虽然绿箱补贴和蓝箱补贴均免于削减，但其性质并不相同。绿箱补贴对贸易的扭曲作用并不显著，而蓝箱补贴本属于应予削减的具有贸易扭曲作用的补贴，只不过由于美欧妥协的原因被作为例外免于削减。

在出口补贴问题上，《协议》禁止成员提供新的出口补贴，要求成员对现有的出口补贴作出削减承诺。应削减的补贴包括：依出口实绩而提供的直接补贴；政府为出口而以低于国内市场的价格销售或处理非商业性农产品库存；由政府对农产品出口的支付提供融资；为降低出口农产品的营销成本而提供的补贴；降低出口农产品的运输费用；根据出口产品所含农产品的情况而对该农产品提供的补贴。《协议》对发达国家和发展中国家补贴削减的水平分别作了规定。

农产品贸易自由化是一个渐进的过程，《协议》规定，WTO成员应进一步谈判，以实现实质性逐步削减农业支持和保护的长期目标。在正在进行的新一轮多边贸易谈判中，农产品问题是谈判的核心议题和困难所在。

二、动植物卫生检疫措施协议

动植物卫生检疫措施指的是用于下列目的的任何措施：（1）保护动植物的生命或健康免受虫害、病害、带病有机体或致病有机体的传入、定居或传播所产生的风险；（2）保护人类或动物的生命或健康免受食品、饮料或饲料中的添加剂、污染物、毒素或致病有机体所产生的风险；（3）保护人类的生命或健康免受动植物或动植物产品携带的病害或虫害的传入、定居或传播所产生的风险；或（4）防止或控制因虫害的传入、定居或传播所产生的其他损害。此类措施包括所有相关法律、法令、法规、要求和程序。

GATT 第 20 条第 1 款第（b）项允许各成员为保护人类、动植物的生命和健康采取与 GATT 不符的措施。防止成员滥用这一例外条款，进一步阐释 GATT 相关规则，使有关措施的实施建立在科学基础上，是《动植物卫生检疫措施协议》（以下简称《协议》）的宗旨和目标。

《协议》第 2 条规定了成员的基本权利与义务，其他条款又进一步说明了这些权利义务，以实现采取合法措施保护生命健康与防止隐蔽的贸易保护之间的平衡：

（1）采取卫生措施的权利：各成员有权采取为保护人类、动植物的生命健康所必需的动植物卫生措施，只要此类措施与本协议的规定不相抵触；

（2）采取卫生措施的限度：成员应保证卫生措施仅在为保护生命健康所必需的限度内实施，并根据科学原理，如无充分的科学证据则不再维持，但在有关科学证据不充分的情况下，成员可根据可获得的信息，包括来自国际组织以及其他成员实施有关措施的信息，临时采取卫生措施；

（3）非歧视：各成员应保证其卫生措施不在情形相同或相似的成员之间，包括在成员自己领土和其他成员的领土之间构成任意或不合理的歧视，卫生措施的实施方式不得构成对国际贸易的变相限制；

（4）接受等效的卫生措施：如果出口成员可以证明其卫生措施达到进口成员适当的卫生保护水平，则各成员应将其他成员的措施作为等效措施予以接受，即使这些措施不同于自己或其他成员的措施；鼓励各成员之间就等效性问题达成双边或多边协议。

《协议》要求各成员的卫生措施应根据现有的国际标准、指南或建议制定，在尽可能广泛的基础上协议各国卫生措施。符合国际标准、指南或建议的卫生措施应被视作为保护人类、动植物生命健康所必需的，并被视为与本协议和 GATT1994 的有关规定相一致。如果存在科学理由，或一成员依照第 5 条的有关规定确定动植物卫生的保护水平是适当的，则成员可采用或维持比根据有关国际标准、指南或建议制定的措施所可能达到的保护水平更高的卫生措施。由于符合国际标准的产品被认为初步证明了其 GATT 合法性，一成员如打算以更高的标准来阻止该产品的进口，它就必须证明其高标准的合理性，即提出科学证据或者经过第 5 条规定的风险评估。

《协议》第 5 条规定了成员为确定适当的（主要指高于国际标准的）卫生保护水平进行风险评估的要求。据此，成员应保证其卫生措施以风险评估为基础，在评估时考虑《协议》列举的可获得的科学证据，并将对贸易的消极影响减少到最低程度。

【司法应用 7.5】

欧共体荷尔蒙案

该案是欧美之间持续时间最长、影响最大的贸易争端之一。欧共体禁止为促进牲畜生长目的而使用六种荷尔蒙，并禁止销售或进出口使用这些物质的牛肉或牛肉制品。美国、加拿大向 WTO 提出申诉，认为欧共体的进口禁令违反了《动植物卫生检疫措施协议》。专家组认为，由于欧共体采取的卫生保护水平与国际标准不符，同时既不能提供科学证据证明其高标准的合理性（该协议第 3 条第 3 款），也不能证明其措施是基于第 5 条所规定的风险评估，因而违反了该协议第 3 条第 1 款、第 5 条第 1 款及第 5 款。上诉机构虽然维持了有关措施违反该协议第 3 条和第 5 条的裁定，但是在多处条款的解释上采取了更宽松的立场，减轻了对实施卫生措施的成员的限制。例如，专家组将"based on"（根据）解释为意义上等同于"conform to"（一致），上诉机构推翻了这一裁定，因为这种解释要求成员现在就将其措施与国际标准保持一致，而第 3 条是将标准的协调作为长远目标的。对于如何执行专家组和上诉机构的裁决，欧美一直存有争议，迄今未能解决。

三、技术贸易壁垒协议

各国为了保护国家安全、保护人类以及动植物的生命安全和健康、保护环境、防止欺诈，都会制定和实施某些技术法规与标准，这得到了各国的普遍承认。但是这些措施不应给国际贸易造成不必要的障碍，不应在情形相同的国家之间造成不合理的歧视。《技术贸易壁垒协议》（以下简称《协议》）为实现这两个方面的目标，规定了各成员在技术法规、技术标准和合格评定程序的制定与实施方面的权利义务。

技术法规是指规定产品特性或与其有关的工艺和生产方法，包括应适用的管理规定，并强制要求与其相符合的文件。它还可包括或专门涉及术语、符号、包装、标记或标签要求。技术标准指的是由公认的为产品或有关的工艺和生产方法规定规则、指南或特性的机构所核准、供共同和反复使用的、不强制要求与其一致的文件。合格评定程序则是任何直接或间接用以确定是否满足技术法规或标准的有关要求的程序。

《协议》规定，各成员应在技术法规方面给予从任何成员进口的产品不低于其给予国内相同产品和其他任何国家相同产品的待遇（国民待遇和最惠国待遇）。技术法规的制定和实施不应给国际贸易造成不必要的障碍。为此，技术法规对贸易的限制不应超过为实现合理目标所必需的程度，并考虑未能实现这些合理目标所带来的风险。此类合理目标特别是指国家安全、防止欺诈行为、保护人类及动植物的生命安全和健康以及保护环境。在评估有关风险时，应特别考虑可获得的科学和技术信息、有关的工艺技术或产品的最终用途。如果导致采用技术法规的情形或目标已不复存在，或者情况的改变使得可采用对贸易限制较小的方式处理，则不得维持这些技术法规。制定技术法规应以已有的国际标准为基础。目前世界上制定国际技术标准的机构主要有国际标准化组织（ISO）和国际电工委员会（IEC）等。

在技术标准问题上，《协议》制定了《关于标准的制定、实施和采用的良好行为守则》（以下简称《良好行为守则》），向成员境内的各类标准化机构开放，不论它们是政府性质的还是非政府机构。各机构应就它们已经接受或退出该守则的事实通告 ISO/IEC。同时，《协议》第 4 条规定，成员中央政府的标准化机构有义务接受并遵守《良好行为守则》，其他地方政府和非政府的标准化机构则可以自愿选择参加，但各成员应尽最大努力、采取合理措施确保这些机构接受和遵守守则。截至 2008 年 12 月，已有 125 个国家的 165 个标准化机构接受了守则。① 从守则的实质性规定来看，其内容与《协议》所规定的技术法规实施方面的要求多有相似之处，如国民待遇、最惠国待遇、不应造成不必要的障碍等。

---

① ISO 定期更新并公布接受守则的标准化机构名录，available at http：// www. standardsinfo. net/info/livelink/fetch/2000/ 148478/6301438/inttrade. html #4，last visited Dec. 10，2008.

在合格评定程序方面，《协议》要求各成员中央政府的标准化机构在进行合格评定时应遵循的原则是：合格评定应在国民待遇和最惠国待遇基础上进行；不应给国际贸易造成不必要的障碍。为此，《协议》进一步规定了透明度、合格评定程序应迅速进行、费用合理等具体义务。此外，各成员应尽可能地采取合理措施，使其境内的地方政府和非政府的标准化机构也遵守上述各项义务。《协议》还鼓励各成员通过谈判和磋商，建立多边或双边的相互承认机制，承认对方的合格评定程序的评定结果，以便利国际贸易的运行。

《技术贸易壁垒协议》与《动植物卫生检疫措施协议》是相互关联的多边货物贸易协议。它们都涉及与产品标准有关的贸易措施，但范围大小有所不同：后者规范的是各成员采取的与产品卫生标准有关的措施，而前者涉及产品的技术、质量、安全标准与法规。《技术贸易壁垒协议》明确规定其不适用于动植物卫生检疫措施，《动植物卫生检疫措施协议》则声明其不影响属于《技术贸易壁垒协议》调整的非本协议范围的各成员的权利，由此可见，两个协议是一般法与特别法之间的关系。

四、海关估价协议

海关估价是指海关为征收进口货物的从价关税目的而使用的货物的价格，该价格被称为完税价格。按从价税征收关税时，实际征收的税额既取决于适用的关税税率，又是以海关所确定的完税价格为基础的。因此，为了约束缔约方海关的估价行为，避免随意估价构成的贸易障碍抵消关税减让创造的贸易机会，GATT 第 7 条规定了海关估价的一般原则：对进口商品的海关估价应根据进口商品或同类商品的实际价格，而不是国产商品的价格或任意或虚构的价格；实际价格应是在正常贸易过程中和充分竞争条件下，此类或同类商品销售的价格。为了有效实施 GATT 第 7 条，GATT 缔约方达成了《关于履行GATT1994 第 7 条的协议》，通称《海关估价协议》。

《海关估价协议》（以下简称《协议》）的核心内容是海关估价的标准。依据该协议，海关确定完税价格的首要依据应是成交价格，即货物进口时由进口商实付或应付的价格（通常为发票价格）。为取得成交价格，应加入一些在第 8 条中列举的特定费用，如除购买佣金外的佣金和经纪费、包装费用等。①各国立法还应明确规定，是否将货物运往进口国的运费、保险费以及装卸费计

---

① 购买佣金指的是进口商向其代理人为代表他在国外购买被估价货物所提供的服务而支付的费用，是进口商自己的经营成本，与进口货物无关，所以应排除在完税价格之外。

入完税价格。

如果在《协议》规定的特殊情况下不能依据成交价格，应依次采用下述方法确定完税价格：

（1）相同货物的成交价格，即与被估价货物同时或大约同时出口销售至进口国的相同货物的成交价格。

（2）类似货物的成交价格，即与被估价货物同时或大约同时出口销售至进口国的类似货物的成交价格；以上"相同货物"或"类似货物"必须与被估价货物在同一国家生产。

（3）进口后的转卖价格，即货物（或相同或类似货物）在进口国出售给无关联关系的购买者的价格，并扣除佣金、国内运输和保险费用、关税和国内税等。

（4）计算价格，即根据货物的生产成本加上利润、销售费用计算出来的价格；如果进口商提出请求，第（3）项和第（4）项方法可以颠倒使用。

（5）如果上述方法均不可行，则可依据可获得的数据，以合理的方法确定价格。

《协议》规定，无论如何，海关不得以下列情况作为依据确定完税价格：（1）进口国中生产的货物在该国的销售价格；（2）规定为估价目的而采用两种备选价格中的较高价格的制度；（3）出口国国内市场上的货物价格；（4）依照第6条的规定为相同或类似货物确定的计算价格以外的生产成本；（5）出口至进口国以外国家的货物的价格；（6）海关最低限价；或（7）任意或虚构的价格。

此外，《协议》对海关与进口商的程序性权利义务、海关估价方面的争端解决等作出了规定。

五、装船前检验协议

装船前检验是指在出口国境内货物装船之前，由进口国政府委托的检验实体对出口货物的质量、数量、价格，包括汇率和融资条件，以及海关归类进行核实的活动。一些发展中国家求助于装船前检验活动，因为其国内管理当局能力不足，不能在进口时作相应检验。① 检验的目的是为了防止欺诈；保证关税收入不会由于虚假的申报而流失，维护国家的财政利益。另一方面，出口商担

---

① 该协议因此实际上具有过渡性质，各国应在条件具备时改为采取常规的由本国海关检验的方法。

心这种检验会造成延误及成本增加，影响正常的国际货物买卖活动。

《装船前检验协议》（以下简称《协议》）的主要内容是与装船前检验有关的用户成员和出口成员的义务。用户成员系指委托检验实体进行装船前检验的进口成员。它承担的义务主要有非歧视、透明度、避免无理延迟、保护机密商业信息、保证检验实体设立处理出口商申诉的程序等（《协议》第2条）。依据这些规定，装运前检验应在出口国进行，如果商品性质复杂而无法在出口国检验，或经双方同意，可在生产国进行。关于货物数量和质量的检验应依照买卖合同约定的标准实施，如无约定则适用国际标准。关于价格的核实，只有在检验实体可证明其关于价格不符要求的调查结果是根据第2条所列标准作出的情况下，方能拒绝出口商和进口商之间议定的合同价格。为核实价格而进行的价格比较应根据相同或大致相同时间自同一出口国供出口的相同或类似货物的价格进行，并作适当扣减。依据《协议》第3条，出口成员的义务有：非歧视、透明度以及提供技术援助。

如果检验实体和出口商不能解决某一争端，每方均可将争议提交《协议》第4条规定的独立审查程序。由代表出口商的国际商会和代表检验实体的国际检验机构联盟（International Federation of Inspection Agencies）组成的一个独立实体，在货物贸易理事会下负责管理这一程序。

六、原产地规则协议

原产地规则是指一国为确定货物的原产地而制定的法律法规以及行政措施。原产地是货物的经济国籍，通过实行原产地规则，可以针对来自不同国家的货物分别给予不同待遇。原产地规则分为优惠性原产地规则和非优惠性原产地规则两类。前者主要是为了辨别货物的不同来源以便实施不同的优惠待遇；后者的作用则在于确定对货物的非优惠待遇，主要包括：仅针对特定国家及其货物的贸易措施，如反倾销、反补贴措施；海关统计。

目前国际上没有统一的原产地规则。对于完全在一国收获、出产或者制造的产品，各国普遍采用"完全获得标准"确定其原产地，被公认为完全获得的有十种情形，包括在一国收获的植物、出生及饲养的活动物、开采的矿产品等。对于含有国际因素（包括使用国外原材料或在国外加工）的产品，各国大多采用"最后实质性改变标准"。根据这一标准，如果产品的性质和特性在某国经过加工或制造得到了其最后的实质性改变，产品的原产地则在该国。实质性改变的判断标准可有以下几种：

（1）税号变更标准，即如果产品的税号与其加工生产中使用的进口原材料及中间产品的税号相比发生了变化，该加工国则为产品的原产地；

（2）制造或加工工序标准，即按照特定的制造或加工工序在哪国实施来确定产品的原产地；

（3）增值标准（又称从价百分比标准），即按照产品在加工制造国的增值百分比确定该国是否产品的原产地。

《原产地规则协议》（以下简称《协议》）的主要内容是建立新的协调原产地规则的工作计划。协调工作应遵循下述原则：

（1）平等地实施原产地规则；

（2）应采用"完全获得标准"或"最后实质性改变标准"；

（3）原产地规则应当是客观的、可理解和可预见的，并基于肯定性标准；

（4）原产地规则不得用作贸易政策工具；

（5）原产地规则的实施应连贯一致。

工作计划分为三步：首先确定完全获得标准；确定税号变更作为判断实质性改变的主要标准；确定其他判断实质性改变的补充标准，如制造或加工工序标准或从价百分比标准。该工作计划原定在 3 年内完成，但目前仍在进行中。

对工作计划完成之前的过渡时期，《协议》还规定了体现上述原则的各成员应遵守的义务，包括原产地规则不得用作贸易政策工具、应给予肯定性标准、一致地实施等。

七、进口许可程序协议

进口许可是指一国政府规定的对某些商品的进口必须领取政府颁发的许可方可进口的制度，进口许可程序则是为实施进口许可制度而采用的行政管理程序。进口许可分为自动许可和非自动许可两类。自动许可是指在所有情况下均能获得批准和签发的进口许可，一般用于海关统计等目的。各成员均认可为这些目的实行自动进口许可的有效性，但强调其不应用以限制贸易。非自动许可则是并非所有申请均能获得批准的许可，一般用于管理数量限制。各成员承认非自动许可程序不应超出管理有关措施的必要限度而成为更大的行政负担。因此，为防止不恰当地使用许可程序阻碍贸易的流动，《进口许可程序协议》（以下简称《协议》）规定了适用于两种许可的一般规则和特殊规则。

依据《协议》，进口许可程序规则的适用应当不偏不倚，管理应公平公正。所有有关的规定和信息，包括进口许可申请人的资格条件、管理机关以及需申领许可的产品清单等，应在可行的情况下，在其生效之前 21 天对外公布，但无论如何不得迟于生效之日。申请表格应尽量简化。如果申请有截止日期，该期限不应少于 21 天。需要接洽的管理机构通常应只有一个，最多不能超过三个。申请不得因为单证的微小错误而遭受拒绝或受到不恰当的处罚。得到许可的产品不得因为实际价值与许可价值的细微差别而被拒绝进口。持有许可证的进口商应与无须进口许可的货物进口商在同等基础上获得所需外汇。

除上述一般规则外，《协议》又规定了分别适用于两种不同许可的特殊规则。自动许可应符合的条件有：自动许可程序的实施方式不应构成进口限制；符合从事许可产品进口业务条件的任何个人、公司和机构均可申请并获得许可；申请可在货物结关前任一工作日呈交；符合要求的申请，在管理上可行的限度内应在收到后立即批准，最多不超过 10 个工作日。对于非自动进口许可，《协议》要求不得在数量限制之外产生额外的限制作用。为实现这一目标，《协议》规定了一系列透明度的要求。例如，在出于实施数量限制目的之外规定许可要求的情况下，成员政府应公布充分信息，使其他成员及贸易商了解批准或分配许可证的依据；如果用许可方式实施配额分配，成员则必须公布配额的数量或价值、申请的日期等。

复 习 题

1. WTO 条约体系包含哪些规则？
2. WTO 的宗旨和职能是什么？
3. 试述 GATT 最惠国待遇的适用范围和例外。
4. 如何理解 GATT 所规定的国民待遇原则？
5. 试述《反倾销协定》中倾销的构成条件。
6. 试述保障措施实施的条件。

思 考 题

1. WTO 对 GATT 的继承和发展体现在哪些方面？
2. 如何看待"WTO 是一座例外的迷宫"这句话？
3. 如何理解贸易救济措施在 WTO 法中的性质和作用？

第八章　服务贸易多边体制

【要点提示】

1. GATS 规定的四种服务提供方式
2. 国际服务贸易壁垒的基本特征
3. 服务贸易多边规则的基本框架
4. GATS 中的一般义务和具体承诺
5. 具体承诺减让表的基本内容

第一节　服务贸易多边体制的发展背景

一、国际服务贸易及其提供方式

服务是劳动者以提供活劳动（包括体力和脑力劳动）的形式来满足消费者生产或消费需要并索取相应报酬的一种商业行为。① 服务作为一种商品，具有无形性、不可储存性、服务的生产和消费同步进行等不同于其他商品的固有特性，因此，以服务为交易对象的服务贸易与货物贸易及技术贸易相比具有不同的特点。

对服务进行分类的方法很多，如以"移动"为标准划分为分离式服务、需要者所在地服务、提供者所在地服务、流动的服务；以生产过程为标准划分为生产前服务、生产服务、生产后服务；以要素密集度为标准划分为资本密集型服务、技术与知识密集型服务、劳动密集型服务；以是否伴随有形商品贸易为标准划分为国际追加服务和国际核心服务。乌拉圭回合服务贸易谈判小组在对以商品为中心的服务贸易分类的基础上，结合服务贸易统计和服务贸易部门开放的要求，提出了以部门为中心的服务贸易分类方法，根据《联合国核心产品分类系统》（Central Product Classification，CPC）将所有服务分为 12 大类

---

① 翁国民编著：《国际贸易法导读》，浙江大学出版社 2001 年版，第 79 页。

160 小类，即：（1）商品服务，包括医生、会计师、律师等职业服务，计算机服务，研究和开发服务，房地产服务，租赁服务，广告与科技咨询服务等；（2）通信服务，包括邮件、电话、电报、传真等电讯服务，电视、电影、录音录像等视听服务；（3）建筑服务；（4）分销服务；（5）教育服务；（6）环境服务；（7）金融服务；（8）医疗和社会保障服务；（9）旅游及相关服务；（10）娱乐、文化和体育服务；（11）运输服务；（12）其他服务。

各种类型服务的跨国交易被称为国际服务贸易，它们既可以发生在不同国家国民之间，也可以发生在不同的国土之间。服务贸易的确认始于 20 世纪 70 年代，1972 年 10 月，经合组织（OECD）最先在一份报告中正式使用服务贸易这一概念，1974 年美国贸易法第 301 条款中第一次提出"世界服务贸易"的概念，服务贸易在这一阶段随人们的重视程度的提高而快速发展。1994 年乌拉圭回合所达成的《服务贸易总协定》（General Agreement on Trade in Services，GATS）规定了国际服务贸易的四种提供方式：

（1）过境交付（cross-border supply），从一成员方的境内向任何其他成员方的境内提供服务；例如，在美国的律师为在英国的客户提供法律咨询服务。这种服务提供方式特别强调卖方和买方在地理上的界限，跨越国境和边界的只是服务本身。

（2）境外消费（consumption abroad），在一成员方的领土内向任何其他成员方的服务消费者提供服务；这种服务提供方式的主要特点是，消费者到境外去享用境外服务提供者提供的服务，如旅游、求学等。

（3）商业存在（commercial presence），通过一成员方的（服务提供实体）法人在另一成员方境内的商业存在提供服务，如一成员的银行或保险公司到另一成员领土内开设分行或分公司，提供金融、保险服务。

（4）自然人流动（movement of natural persons），由一成员方的自然人在任何其他成员方境内提供服务，如境外劳务服务等。

二、国际服务贸易的发展概况

经济全球化表现为贸易与市场的全球化，各国的商品不仅在本国，而且在国外与本国及其他国家的竞争者进行竞争。这种竞争最初是在有形商品之间展开的，随着经济与贸易的不断发展，进而在无形商品之间展开。因此，贸易的全球化首先是货物贸易的全球化，然后才是服务贸易的全球化。

第二次世界大战前，服务贸易随着交通、金融、通信等行业的发展已有所发展，但与传统货物贸易相比，服务贸易的发展规模和速度，及其在世界经济中所占的地位和作用都是微不足道的，主要是以货物贸易附属的形式进行。第二次世界大战后，尤其是 20 世纪六七十年代以来，在全球产业结构加快调整和经济全球化空前发展的有力推动下，全球服务业步入快速发展的轨道，在世界经济中的地位持续攀升，正日益成为新一轮全球经济发展的动力和引擎。世界各国在服务生产上的资源禀赋、技术条件、资本数量和生产规模的差异，决定了服务的质量与数量不同，因而需要在国家之间大力发展服务贸易，进行服务交换，互惠互利。伴随服务型经济的突飞猛进，各国参与国际经济竞争的重心正从货物贸易转向服务贸易。国际服务贸易迅猛发展，并出现了空前的国际化浪潮和趋势，这主要表现在国际服务贸易额和增长率的快速增加以及服务业跨国直接投资的迅速增长等方面。

国际服务贸易在国际贸易市场上占据了越来越重要的地位。据统计，1980—2005 年的 25 年间，世界服务贸易出口额由 3650 亿美元扩大到 24147 亿美元，增长了 5.7 倍，占世界贸易出口总额的比重从 1/7 增加至近 1/5。① 全球外国直接投资的重点转向服务业，通过商业存在实现的服务贸易规模扩大。根据联合国贸易与发展会议发布的《2006 年世界投资报告》，目前，外国直接投资的重点已转向服务业。20 世纪 80 年代初期，全球服务业外国直接投资存量仅占全世界外国直接投资存量的 1/4，1990 年这一占比不到一半，到 2004 年已上升到 62.8%，估计为 9.4 万亿美元。与跨国投资和经营活动有关的金融、保险、运输、通信、信息咨询等服务贸易也得到了迅速发展。

在快速发展的同时，国际服务贸易呈现出鲜明的特征：、

（一）服务贸易发展的地理和行业分布不均衡

发达国家与新兴工业化国家和地区在国际服务贸易中占据主导地位，发展中国家和地区整体地位持续上升，在旅游、运输等传统服务贸易领域和其他新兴服务贸易领域所占份额有所增加，但在知识产权等服务贸易领域仍处于比较劣势，并在整体上处于逆差状态。在产品结构方面，广大发展中国家出口的服务产品主要是劳动密集型的，如劳务输出等；而发达国家和新兴工业化国家与地区出口的则主要是知识、技术和资本密集型的服务产品，如专业咨询、计算机软件设计等。从行业分布来讲，国际服务贸易的发展也很不均衡，其中金额较大的项目有旅游、运输、保险、金融和电信等。

（二）高新技术的发展和应用，推动了新兴服务贸易的发展

新兴服务贸易是指除了旅游、运输等传统型服务以外的，包括通信、广

---

① 中华人民共和国商务部服务贸易司编：《中国服务贸易发展报告·2006》序。

告、设计、咨询、金融、技术信息、专利等服务的提供。科学技术的发展和应用，改变了国际服务贸易的传统方式、内容和构成，在一定程度上增加了服务的可贸易性，推动了服务贸易结构的变化。以劳动密集型、自然资源密集型为特征的传统服务贸易地位逐渐下降，以资本密集、技术密集和知识密集为特征的新兴服务贸易逐渐发展壮大。例如，现代的电信和传递技术，使时间和空间这样的距离概念在经济生活中逐渐失去了它们本来带有的制约性色彩，导致服务的不可储存性和运输的传统特性都发生了改变。从而，许多生产和消费原来需要同步进行的服务，现在可以实现生产与消费的分离。银行、保险、医疗、咨询和教育等原来需要供需双方直接接触的服务，现在可以采用远距离信息传递的方式。同时，信息技术在国际服务贸易中的广泛运用，把一系列关系国家经济命脉、主权、安全的关键领域引入国际市场，这使得各国不得不把以信息流动为主的国际服务贸易作为战略问题加以处理，实行有效监督和管理，服务贸易日渐成为衡量一国国际竞争力的重要指标。

（三）国际服务贸易的自由化已是大势所趋

所谓服务贸易自由化，就是国际社会各成员通过多边贸易谈判，降低和约束关税，取消其他的服务贸易中的壁垒，消除国际服务贸易中的歧视待遇，提高国际服务贸易的市场准入水平。科学技术的进步为国际服务贸易创造了良好的外部技术环境，经济全球化则为服务贸易的进一步迅猛发展提供了千载难逢的机会。随着服务贸易的强劲发展和服务贸易在世界各国经济中的重要性日益提高，世界服务贸易市场的竞争不断加剧，客观上也促使各国对服务贸易自由化问题给予高度的关注。当然，由于服务贸易本身的特殊性以及各种贸易壁垒的大量存在，国际服务贸易自由化的进程并非一帆风顺。

三、国际服务贸易壁垒

所谓服务贸易壁垒，概言之即一国政府对外国服务提供者及其服务所设置的具有障碍作用的政策措施。服务贸易壁垒的目的，一方面在于保护本国服务市场，扶植本国服务部门，增强其竞争力；另一方面在于抵御外国服务进入，削弱其竞争力。

国际服务贸易是存在最严重壁垒的贸易部门之一。各国基于各种政治和经济上的理由对服务贸易进行了严格的管制，设置了众多的服务贸易壁垒。服务贸易壁垒不仅来自于服务业处于相对不利地位的发展中国家，发达国家出于本国利益，也对某些服务行业严加保护，这使得服务贸易的壁垒变得越来越普遍，保护手段越来越高明。加上服务贸易重心由传统行业转向新兴行业，非关税壁垒的层次也更高了。各国政府动用各种法律的、行政的手段对服务进口实行各种限制，使非关税壁垒日益法律化、制度化，越来越不易被识别。特别是20世纪80年代中后期以来，在科技革命、国际分工和跨国公司的作用下，服务贸易取得了巨大的发展，全球出现了服务贸易自由化趋势。由于服务贸易长期以来没有受到国际多边体制的重视，GATT主持的前七轮多边贸易谈判都是旨在扩大货物贸易的自由化，没有服务贸易可适用的原则和规则，与迅速发展的服务贸易不相适应，也不利于服务贸易的进一步发展。

服务贸易壁垒种类繁多，西方学者曾将之划分为如下4类：①

（1）直接明显的歧视性壁垒，即直接针对服务业的明显的贸易壁垒，如电视和广播中对国内内容的管制、外国人建立和拥有金融机构的限制等；

（2）间接但明显的歧视性壁垒，指不是专门针对服务业但明显歧视外国人或要素在国际流动的贸易壁垒，如对移民或以工作为目的的暂时入境的限制、并非专门针对服务业的对外国投资的限制、向国外汇款和支付的限制等；

（3）直接但明显中性的壁垒，即对国内外单位和个人都限制的服务业管制，如铁路和电信的国家垄断；

（4）间接和明显中性的壁垒，指并非针对服务业也并非针对外国人的壁垒，如国内标准、职业服务中的许可证、文凭或凭证规定等。

与货物贸易壁垒相比，服务贸易壁垒无论从形式上还是内容上都更为复杂，具有如下特征：

（1）以国内法律法规和规章制度为主要限制手段而非关税等边境措施；

（2）以对人（服务提供者）的资格和活动的限制为主而非以对货物的数量、质量等限制为主；

（3）包括产品移动壁垒、资本移动壁垒、人员移动壁垒、开业权壁垒等多种形式；

（4）灵活隐蔽、选择性强而非固定公开、统一透明；

（5）广泛涉及国家安全、政治稳定等多样化的保护目标，而非仅以商业利益为目标。

四、国际服务贸易自由化的多边谈判

早在20世纪40年代筹备国际贸易组织（ITO）之初，就有代表提出服务

---

① See M. J. Trebilcock and R. Howse: *The Regulation of International Trade* (3d ed), Routledge, 2005.

贸易是国际贸易的重要组成部分，建议禁止任何对外国服务进入的限制性商业做法，并明文列入《哈瓦那宪章》。当时的服务贸易主要是指运输、保险、银行和通信，但结果未能实现。1948年生效的《关贸总协定》只是就货物贸易的自由化问题达成了协议，没有将服务贸易列入规范的范围之内。以后的历次多边贸易谈判也再未涉及服务贸易问题。

关贸总协定在乌拉圭回合谈判时，就是否要将服务贸易列入谈判议题这一问题产生了激烈的争论，以美国为首的发达国家考虑到：服务贸易的发展越来越快，已经逐渐赶上并有超过货物贸易的趋势，而当时关贸总协定中却没有任何关于服务贸易方面的规则，如果不尽快制定统一的国际规则，服务贸易自由化的进一步开展将是十分困难的过程。因此，发达国家坚决要求将服务贸易作为新回合谈判的重点议题。尤其是服务贸易大国美国，以讨论服务贸易作为参加谈判的条件。而与发达国家的强烈要求形成反差的是发展中国家的强烈反对。因为发展中国家在服务产业方面的竞争能力很薄弱，出于国内现状的考虑，往往对国内的服务产业采取种种保护政策，所以以巴西、印度为首的发展中国家强烈反对讨论服务贸易，强调只有在尊重各国有关服务贸易法律法规的前提下，才能够把服务贸易作为单独的议题进行讨论。

由于发展中国家的激烈反对，埃斯特角部长级会议宣言只能规定了例外的做法，即乌拉圭回合具体谈判分成货物和服务两个领域。正因为发达国家与发展中国家在服务贸易领域的利益、立场差异很大，服务贸易谈判的波折很多，经过一轮轮的讨价还价，谈判各方将讨论的重点放在了"协定框架"、"最初承担义务"和"部门附件"上。最终，在GATT总干事提交的《实施乌拉圭回合多边贸易谈判成果的最终方案》（《邓克尔方案》）的基础上，于1993年12月乌拉圭回合闭幕时达成了作为乌拉圭回合多边贸易谈判成果之一的《服务贸易总协定》，并在1994年4月的马拉喀什部长级会议上正式签署。该协定是世界贸易组织的法律体系的重要组成部分，是在世界范围内推动服务贸易自由化进程的重要法律文件。

《服务贸易总协定》首次制定了一套为参与服务贸易的国家可资共同遵循的国际准则，它要求各成员削减或降低贸易壁垒，各国服务贸易政策应从保护转向开放，逐步实现服务贸易的自由化，促进服务在各国和地区之间自由流动。在尊重国家政策目标的情况下，通过旨在促进所有缔约方的互惠利益和确保权利与义务总体平衡的连续性多边谈判工作，为服务贸易逐步达到更高水平的自由化奠定基础。GATS通过最惠国待遇、透明度、发展中国家更多参与、一体化以及商业惯例等原则，使其宗旨具体落实到各项条款中去。同时，运用市场准入、国民待遇等具体承诺以及执行条款，来保证服务贸易自由化的逐步实施。GATS 的签署和实施为参与服务贸易的国家提供了服务贸易国际管理和监督的约束机制，是国际多边贸易体制推动服务贸易自由化的一个重大突破，标志着服务贸易逐步自由化原则已被世界各国接受，促进了各国逐步开放国内服务市场，扩大了人员、技术、信息等服务要素在国家之间的自由移动。

《服务贸易总协定》的诞生只是国际服务贸易统一规则的一个开端，在此之后世界贸易组织有关服务贸易的后续谈判仍继续进行，并已就自然人流动、金融服务、基础电信和信息技术产品等事项分别达成具体协定，构成 GATS 不可分割的组成部分。在新一轮 WTO 谈判（即多哈回合）中，有关服务贸易谈判主要围绕紧急保障措施、最惠国待遇的豁免、自主自由化（autonomous liberalization）问题、国内管制的涵盖范围、服务部门的分类等问题而展开。

第二节　服务贸易多边体制的主要内容

一、服务贸易多边体制的法律框架

从整体来看，《服务贸易总协定》由正文、附件、具体承诺表、部长级会议决议及谅解 4 个部分构成。

GATS 的正文包括序言和六个部分共 29 个条款。序言部分主要阐明了发展服务贸易的重要性，发展服务贸易的目的，实现服务贸易的途径，以及对不发达国家的特殊考虑。《服务贸易总协定》的宗旨是在透明度和逐步自由化的条件下，扩大全球服务贸易，并促进各成员的经济增长和发展中国家成员服务业的发展。协定考虑到各成员服务贸易发展的不平衡，允许各成员对服务贸易进行必要的管理，鼓励发展中国家成员通过提高其国内服务能力、效率和竞争力，更多地参与世界服务贸易。

正文第一部分为"范围和定义"（第 1 条），规定了 GATS 适用于成员方为影响服务贸易所采取的各项措施，并将服务贸易定义为通过"过境提供"、"境外消费"、"商业存在"以及"自然人流动"四种方式提供的服务；第二部分"一般责任和纪律"，共有 14 个条款（第 2～15 条），包括最惠国待遇、透明度及机密信息的披露、发展中国家的更多参与、经济一体化及劳动力市场一体化协定、国内法规、对服务提供者资格的承认、垄断与专营服务提供者、商业惯例、紧急保障措施、支付与转移、保障国际收支的限制、政府采购、一般例外及安全例外、补贴等内容，这些内容构成协定的核心部分；第三部分

"具体承诺"有3个条款（第16～18条），包括市场准入、国民待遇、附加承担义务等内容；第四部分"逐步自由化"（第19～21条），包括具体承诺的谈判、具体承诺减让表和减让表的修改；第五部分为"机构条款"（第22～26条），主要规定了磋商、争端解决和执行、服务贸易理事会、技术合作、与其他国际组织的关系；第六部分为"最后条款"，有3个条款（第27～29条），主要规定了成员方可拒绝给予协定项下利益的若干情况，对协议中的关键词语下了定义，指出附件为协定的组成部分。

第二部分是GATS的八个附件。根据GATS第29条的规定，GATS的附件为协定不可分割的组成部分。这些附件包括：关于第2条豁免的附件、关于本协定项下提供服务的自然人流动的附件、关于空运服务的附件、关于金融服务的附件、关于金融服务的第二附件、关于海运服务谈判的附件、关于电信服务的附件和关于基础电信谈判的附件。

第三部分是成员方关于市场准入和国民待遇义务的承诺表，包括水平承诺（horizontal commitments）和部门承诺（sectoral commitments）两部分。在市场准入和国民待遇方面，GATS采取的是由各成员经过谈判使用肯定式清单（positive lists）的列举方式，即列举在表内的为开放的服务部门或分部门，适用市场准入和国民待遇原则；没有列举的为不开放的部门，不适用市场准入和国民待遇原则。同时GATS还规定即使列举在内的开放部门或分部门，也可以就该部门再列举所承担的具体义务和限制的条件，这就是所谓的"具体承诺减让表"（schedule of specific commitments）。每个成员根据自己的具体承诺细目表承担的义务可能有所不同，但是一旦承诺某项义务，则应遵循一些共同原则，GATS正文的第三部分就是关于这些共同原则的规定。

第四部分为部长级会议决议及谅解。主要包括关于GATS机构安排的决议、关于GATS若干争端解决程序的决议、关于服务贸易与环境的决议、关于自然人流动谈判的决议、关于金融服务的决议、关于海运服务的决议、关于基础电信谈判的决议、关于专业服务的决议、关于加入政府采购协议的决议、关于实施与审议《争端解决规则与程序的谅解》的决议、关于金融服务承诺的谅解等。

二、《服务贸易总协定》的主要内容

（一）一般义务（普遍义务）

即各成员方都应该无条件遵守的义务，主要包括：

1. 最惠国待遇义务

这一原则是多边贸易体制的基本原则，也是《服务贸易总协定》所规定的一般义务之一。《服务贸易总协定》第2条第1款规定，每一成员方给予其他成员方的服务或服务提供者的待遇，应立即无条件地以不低于这样的待遇方式给予任何其他成员方相同的服务或服务提供者。第2条第2、3款分别规定了最惠国待遇原则的两项例外：

（1）申请义务豁免的例外，成员方在谈判中可提出要求免除最惠国待遇义务的部门措施，但这种免除最惠国待遇的期限原则上不能超过10年；

（2）边境地区交换服务的例外，即一成员对邻国提供了优惠待遇可不必依最惠国待遇给予其他成员，以便利仅限于当地生产和消费的服务所提供或授予的利益。

此外，GATS第5条还规定了最惠国待遇的区域一体化例外，即成员方为了达到经济和劳动力市场一体化目标，可以签订双边或多边的自由化服务贸易协定和劳动力市场一体化协定，并作出某些特殊的安排，这些特殊的安排不受最惠国待遇义务的约束；第13条规定了最惠国待遇的政府采购例外，即一成员以政府运作为目的而对政府机构提供的服务，只要这种服务不是为了商业性转售，或在用于商业性销售的服务提供中使用，该项采购服务则不受最惠国待遇义务的影响。

需要注意的是，服务贸易总协定中的最惠国待遇概念与关贸总协定中的最惠国待遇概念并不完全相同。关贸总协定中的最惠国待遇只给其他缔约方的产品，而不给生产者。但服务贸易总协定中的最惠国待遇则不仅给予服务（等于货物贸易中的产品），而且给予服务提供者（等于货物贸易中的生产者）。

2. 透明度义务

《服务贸易总协定》第3条规定各成员方应遵循以下透明度义务：

（1）除紧急情况外，每一成员应迅速公布有关或影响本协定运用的所有普遍适用的国内措施，最迟应在此类措施生效之时。一成员为签署方的有关或影响服务贸易的国际协定也应予以公布。

（2）如第1款所指的公布不可行，则应以其他方式使此类信息可公开获得。

（3）每一成员应迅速并至少每年向服务贸易理事会通知对本协定项下具体承诺所涵盖的服务贸易有重大影响的任何新的法律、法规、行政准则或现有法律、法规、行政准则的任何变更。

（4）每一成员对于任何其他成员关于提供属第1款范围内的任何普遍适用的措施或国际协定的具体信息的所有请求应迅速予以答复。每一成员还应设立一个或多个咨询点，以应请求就所有此类事项和需遵守第3款中的通知要求的事项向其他成员提供具体信息。

（5）任何成员可将其认为影响本协定运用的、任何其他成员采取的任何措施通知服务贸易理事会。

此外，透明度原则有一个例外的规定，即对于任何一成员方的那些一旦公布即会妨碍其法律的实施，或对公共利益不利或将损害具体企业的正当商业利益的机密资料，可以不予公布。

3. 发展中国家更多地参与

《服务贸易总协定》第4条规定，各成员方通过对承担特定义务的磋商，促使发展中国家更多地参与世界服务贸易。主要通过以下方式来实现：（1）增强其国内服务能力、效率和竞争力，特别是通过在商业基础上获得技术；（2）改善其进入分销渠道和利用信息网络的机会；以及（3）在对其有出口利益的部门和服务提供方式方面实现市场准入自由化。此外还要求发达国家建立查询点和联络点，以向发展中国家的服务出口商提供有关商业信息和协助等便利。该条还特别关注到了最不发达国家的服务贸易发展。第4条的目的在于增加发展中国家对世界服务贸易的参与程度，扩大它们的服务出口，加强它们国内服务的能力和向它们提供实际进入市场的机会。但不足的是没有较多硬性规定来保证这一原则的实施。

4. 国内法规合理性义务

《服务贸易总协定》第6条对各成员有关服务贸易的国内规章的实施提出了一系列的要求，具体包括：

（1）合理、客观和公正的实施方式要求，即各成员在已作出具体承诺的部门中，应确保所有影响服务贸易的普遍适用的措施以合理、客观和公正的方式实施；

（2）迅速审查的要求，即各成员应维持或尽快设立司法、仲裁或行政机构或程序，根据受影响的服务贸易提供者的请求，对影响服务贸易的行政决定进行迅速审查，并在请求被证明合理的情况下提供适当的补偿；

（3）不构成不必要的服务贸易壁垒，即任何成员实施的有关资格条件和程序、技术标准和许可要求不致构成不必要的服务贸易壁垒；

（4）及时通知的要求，即各成员的主管机关在对已作出具体承诺的某项服务进行批准时，应在合理的时间内，将有关申请的决定通知申请人。

5. 对其他成员的服务提供者任职资格的承认

服务贸易涉及领域非常广泛，服务质量往往取决于服务提供者的学历、职称和从事专业的经验、能力和语言水平等。各国对这些任职资格所实施的限制不同，从而构成对服务贸易自由化的障碍。因此，《服务贸易总协定》第6条第4款要求，服务贸易理事会得设立适当机构制定必要的纪律，确保有关资格要求和程序、技术标准、许可要求不至构成不必要的服务贸易壁垒。第7条专门就各成员间在服务提供者资格的相互承认方面的合作方式作出了规定，具体可采用的承认方式包括协调方式、与有关国家签订协议或安排、自动给予承认等。此外，GATS 还要求各成员为建立和采纳关于承认的共同的国际标准而努力。

6. 垄断与专营服务

GATS 要求成员应确保境内的任何垄断及专营服务提供者在相关市场上提供垄断服务时，不以违反其最惠国待遇与特别承诺义务的方式活动。另外，垄断和专营服务提供者不能滥用其垄断地位，在其垄断权之外进行竞争并影响到该成员所作出的具体承诺。

GATS 所规定的一般义务还涉及商业惯例、紧急保障措施、支付和转移等条款。鉴于服务贸易是一个特殊的贸易领域，许多措施涉及国家主权安全、政治经济稳定、公共道德等关系到国计民生的重大问题，因此，GATS 就以上所有一般纪律条款规定了例外条款，包括一般例外和安全例外。

一般例外主要包括成员基于下列原因而对服务贸易所采取的必要限制措施：

（1）为保护公共道德或维护公共秩序所必需的措施；

（2）为保护人类、动物或植物的生命或健康所必需的措施；

（3）为使与本协定的规定不相抵触的法律或法规得到遵守所必需的措施；

（4）与国民待遇条款不一致的措施，只要待遇方面的差别国保证对其他成员的服务或服务提供者公平或有效地课征或收取直接税；

（5）与最惠国待遇条款不一致的措施，只要待遇方面的差别是约束该成员的避免双重征税的协定或任何其他国际协定或安排中关于避免双重征税的规定的结果。

安全例外是指 GATS 规定不能根据本协定：

（1）要求任何成员提供其认为如披露则会违背其根本安全利益的任何信息；

（2）阻止任何成员采取其认为对保护其根本安全利益所必需的任何行动；

（3）阻止任何成员为履行其在《联合国宪章》项下的维护国际和平与安全的义务而采取的任何行动。

（二）特定义务（具体承诺）

特定义务即各成员方通过列举清单的方式应予遵守的义务，主要包括：

1. 市场准入

GATS 第 16 条规定，对于市场准入，每一成员方给予其他成员方的服务提供者的待遇，应不低于根据其具体承诺清单所同意和列明的期限、限制与条件，并且列出各成员方不得在其境内或某一地区维持或采取的六项准入限制措施：

（1）无论以数量配额、垄断、专营服务提供者的形式，还是以经济需求测试要求的形式，限制服务提供者的数量；

（2）以数量配额或经济需求测试要求的形式限制服务交易或资产总值；

（3）以配额或经济需求测试要求的形式，限制服务业务总数或以指定数量单位表示的服务产出总量；

（4）以数量配额或经济需求测试要求的形式，限制特定服务部门或服务提供者可雇用的、提供具体服务所必需且直接有关的自然人总数；

（5）限定服务提供者需通过特定的法人实体或合营企业才可提供服务；

（6）以限制外国股权最高百分比或限制单个或总体外国投资总额的方式限制外国资本的参与。

根据以上规定，在市场准入方面，成员方承担的义务有两点：一是通过承诺减让表来承担特定的市场准入义务；二是在承诺市场准入的部门里，除减让表另有规定外，不得采取上述六种限制性措施。

2. 国民待遇

GATS 第 17 条规定：

（1）对于列入减让表的部门，在遵守其中所列任何条件和资格的前提下，每一成员在影响服务提供的所有措施方面给予任何其他成员的服务和服务提供者的待遇，不得低于其给予本国同类服务和服务提供者的待遇；

（2）一成员可通过对任何其他成员的服务或服务提供者给予与其本国同类服务或服务提供者的待遇形式上相同或不同的待遇，满足第 5 款的要求；

（3）如形式上相同或不同的待遇改变竞争条件，与任何其他成员的同类服务或服务提供者相比，有利于该成员的服务或服务提供者，则此类待遇应被视为较为不利的待遇。

根据以上规定可以看出，GATS 有关国民待遇的规定，具有以下特点：

首先，它并不当然适用于所有服务部门，而仅适用于成员方在其承诺表中所列的部门，这显然是一项有限制的国民待遇规定，这也是《服务贸易总协定》国民待遇与货物贸易中的国民待遇的根本区别。

其次，GATS 的国民待遇规定，允许一成员给予任何其他成员的服务或服务提供者以"不低于"其给予本国同类服务和服务提供者的待遇，换言之即这种待遇可等同甚至高于国民的待遇。

此外，GATS 的国民待遇原则是从实施的结果来评估的，不管其给予外国服务或服务提供者的待遇形式是否与本国同类服务和服务提供者相同，只要实施的结果相同即可。任何成员方对国民待遇措施的修改如果有利于其本国服务企业，则不管形式上相同或不同，都是违背国民待遇原则的。当然，如果外国服务提供者本身竞争力较弱，而在享受同等竞争条件时受到损失，不能要求给予赔偿。

3. 附加承诺

附加承诺是指成员方应将其影响服务贸易而又在市场准入和国民待遇义务之外承担的义务，包括与资格、标准或许可证有关的义务列入其具体承诺表。这一规定扩展了服务贸易的具体承诺范围，具有较大的随意性，内容也比较含糊，因此大多数成员方已提交的具体承诺表中未列入附加承诺。

（三）附件

由于不同服务部门在各成员间存在着巨大差异，一个适用于所有服务部门的框架性协定不可能对各个部门的特殊情况完全予以兼顾，因此，建立具体服务部门特别规范的重要性不言而喻。1986 年 9 月《乌拉圭回合部长宣言》为服务贸易谈判所制定的目标之一便是"在各个部门制定可能的规则"。GATS 最终分别就最惠国待遇的豁免、自然人流动、金融、电信、海运服务谈判、基础电信谈判等制定了八个附件。从内容来看，GATS 的八个附件可大致分为四种类型。其中有关特定服务部门的规定总体来看过于概要、偏于抽象，达不到特定部门规范所应有的水平。

1. 对 GATS 规范适用的除外规定

包括《关于第 2 条豁免的附件》和《关于空运服务的附件》。

《关于第 2 条豁免的附件》是关于最惠国待遇豁免的规定，主要涉及一个成员在《服务贸易总协定》生效时可免除第 2 条第 1 款规定的义务条件。由于最惠国待遇第 2 条第 1 款规定了有寻求豁免的无限可能性，《服务贸易总协定》的普遍适用范围必将受到破坏。对可能任意提出豁免的限制只涉及现行措施。第 2 款规定在《世界贸易组织协定》生效后适用的任何新豁免事项将在该协定第 9 条第 3 款中做出规定。该第 9 条第 3 款是关于豁免权利的授予和审查的规定，即规定"在特殊情况下，部长级会议可决定豁免一个成员承担本协定或任何多边贸易协定的义务，但此决定应由四分之三成员批准……部长级会议或总理事会应该每年对豁免权利进行审查"。根据上述规定，如果发展中国家在 1993 年 12 月 15 日以前不能确定它们需要豁免的事项，它们就要满足《世界贸易组织协定》第 9 条的严格条件。几乎所有成员方都开列了最惠国待遇例外清单，例如美国明确通知其他成员方，最惠国待遇不适用于海运、民航运输、基础电信和金融服务，美国希望通过双边互惠安排给予其他成员方市场准入，防止"免费搭车"。① 该附件第 6 段规定，一成员方可以在 10 年过渡期内维持与最惠国待遇原则不符的措施，但要将这些措施列入一个例外清单，且"此类豁免应在以后进行的各轮贸易自由化谈判中商定"。相对于具体承诺表而言，豁免清单的结构较为简单，包括豁免适用的部门、对要求豁免的措施描述、不适用最惠国待遇的理由、针对的成员以及措施拟持续的时间等。

关于航空运输服务，根据《关于空运服务的附件》，空中交通权及与其直接相关的活动被排除在 GATS 管辖范围之外，而由其他双边协定处理。但是，飞机维修和保养服务、空运服务的营销和计算机预定系统的服务仍受 GATS 管辖。

2. 针对特定服务提供方式作出的规定

自然人流动是 GATS 所规定的四种服务提供方式之一，是指个人为提供服务而进入某一国家作短期停留，与那些寻求在某一国家长期就业或长期居留的情况无关。乌拉圭回合谈判中达成的各国的减让表虽然已经包括一些这方面的承诺，但是各国还是同意在 WTO 成立后 6 个月内继续进行谈判，以对承诺做出进一步的改进。1995 年 7 月 28 日达成的《关于本协定项下提供服务的自然人流动的附件》仅就继续谈判等事项作出规定，在自由化方面所取得的进展不大。

3. 针对特定服务部门作出的规定

包括《关于金融服务的附件》和《关于电信服务的附件》。

为进一步改善各国在乌拉圭回合减让表中的相关承诺，金融服务和电信服务被预定为继续进行谈判的两个重要领域。关于金融服务的谈判原定于 1995 年 7 月完成，最终于 1997 年 12 月才告结束。金融服务附件规定，政府有采取审慎措施、保证金融体系完整和稳定的权利，如为保护投资者、储户和保险投保人而采取的措施。该附件排除了与政府对金融体系行使权力有关的服务，如

---

① 王传丽主编：《国际贸易法》，法律出版社 1998 年版，第 739 页。

中央银行的服务。《关于电信服务的附件》则对有关电信服务的范围、定义、透明度、公共电信传输网及其服务的进入和使用、技术合作以及有关国际组织和协议等做了规定，要求成员方在公共电信传输网及其服务的准入和使用方面承担合理和非歧视性的义务。各国新的承诺于 1998 年 1 月开始生效。根据电信服务附件规定，成员方政府应该保证外国服务提供者可以不受歧视地接入公共电信网。

4. 对具体服务部门后续谈判的进一步安排

包括《关于金融服务的第二附件》、《关于基础电信谈判的附件》和《关于海运服务谈判的附件》。

在乌拉圭回合谈判即将结束时，已有许多国家按照 GATS 第三部分的规定和程序，在金融服务部门作了具体承诺，而美国等发达国家对部分发展中国家的承诺不满足，声明除非这些国家修改承诺，否则将在更多的金融服务领域作出最惠国待遇保留，阻止其"免费搭车"。为促成谈判各方继续协商，部长会议通过了《关于金融服务的第二附件》，授予谈判各方在 WTO 协议生效后第 4 至第 6 个月的两个月内修改和作出最惠国待遇保留的权利；允许各成员在这一期间继续谈判、修改、完善或撤销原来作出的金融服务具体承诺。

在基础电信领域，各国在乌拉圭回合中没有做出过任何承诺，其原因主要是政府垄断部门的私有化在许多国家都是一个十分棘手的问题。而增值电信服务通常由私营部门经营，所以包括在了许多国家最初的服务贸易减让表中。基础电信谈判于 1997 年 2 月结束，达成了《基础电信协议》（Agreement on Basic Tele-communications）并于 1998 年 1 月 1 日正式生效，由各成员提交的具体承诺减让表被视为 GATS 的组成部分之一。此次达成的《基础电信协议》是以取消垄断，对外国服务及服务提供者开放市场为目的，69 个缔约方承诺通过各种方式，在不同程度上向其他 WTO 成员的电信服务提供者开放市场，而不需衡量其他成员是否提供相同的开放市场。① 海运谈判原定于 1996 年 6 月结束，但参加方最后未能就一揽子承诺达成协议。一些国家现有的减让表中已经包括了部分关于海运服务的承诺，特别是在三个主要领域，即港口的进入和使用权、海运附属服务以及远洋运输服务。

---

① 按照 1998 年的市场规模计算，缔约方占据了全球 93% 的市场份额，可见该协议对全球电信服务市场的影响。

【司法应用8.1】

美国诉墨西哥电信服务案（WT/DS204）

1997 年之前，墨西哥的国内长途和国际电信服务一直由 Telmex 公司所垄断。1997 年之后，墨西哥政府授权多个电信运营商可以提供国际电信服务，但根据墨西哥国内法，在国际电信市场上对外呼叫业务最多的运营商有权与境外运营商谈判线路对接条件，而 Telmex 公司作为墨西哥对外呼叫业务最多的运营商，自然就享有了该项谈判权，事实上就拥有了排除外部竞争者的权力，从而引发了希望大举进入墨西哥市场的美国电信业巨头的不满。

2000 年美国以墨西哥的基础电信规则和增值电信规则违背了墨西哥在GATS 中的承诺为由，向 DSB 提出与墨西哥的磋商请求。2004 年墨西哥放弃了上诉，接受了专家组的最终报告，并就此电信服务争端与美国达成协议。协议中，墨西哥同意废除本国法律中引起争议的条款，并同意在 2005 年引进用于转售的国际电信服务；美国同意墨西哥继续对国际简式电信服务进行严格限制以组织非授权的电信传输。

本案涉及的电信服务是 WTO 体制的重要服务贸易领域，它不仅涉及微观层面的两成员电信商之间的贸易条件，也涉及宏观层面一成员调整其引进国外电信服务的许可、竞争等方面的政策。本案专家组报告对 GATS 及其《关于电信服务的附件》、《基础电信协议》及其参考文件（reference paper）的诸多条款进行了详尽解释，对于理解 WTO 服务贸易规则特别是贸易与竞争的关系具有重要的启示意义。

（四）具体承诺表

GATS 第三部分有关市场准入、国民待遇和附加承诺的义务规定并不自动适用于各服务部门，而是要通过谈判由各成员方加以具体确定。因此，其适用需要直接依赖各成员的具体承诺，与各成员的具体承诺表相挂钩。

各成员的具体承诺表应列明的事项包括：（1）市场准入的期限、限制和条件；（2）国民待遇的条件和限制；（3）与附加承诺有关的承诺；（4）在适当时，实施此类承诺的期限；（5）此类承诺生效的日期。

根据各项具体承诺的适用范围，可以将它们分为适用于所有服务部门的水平承诺和仅适用于特定服务部门的部门具体承诺。承诺表记录的是成员在每一服务部门的具有法律约束力的承诺，因此承诺表所载明事项必须清楚、准确和统一。根据承诺的水平，可以将具体承诺分为完全承诺（full commitment）、有限制的承诺（partial commitment）和没有承诺（unbound/no commitment）三类。

节选的中国具体承诺表见表 8.1。

表 8.1 　　　　　　　　　　　中国具体承诺表（节选）

服务提供方式：（1）跨境交付；（2）境外消费；（3）商业存在；（4）自然人流动。

部门或分部门	市场准入限制	国民待遇限制	其他承诺
一、水平承诺			
本减让表中包括的所有部门	（3）股权式合资企业中的外资比例不得少于该合资企业注册资本的 25% 由于关于外国企业分支机构的法律和法规正在制定中，因此对于外国企业在中国设立分支机构不作承诺，除非在具体分部门中另有标明 允许在中国设立外国企业的代表处，但代表处不得从事任何营利性活动，在 CPC861、862、863、865 下部门具体承诺中的代表处除外	（3）对于给予视听服务、空运服务和医疗服务部门中的国内服务提供者的所有现有补贴不作承诺 （4）除与市场准入栏中所指类别的自然人入境和临时居留有关的措施外，不作承诺	
二、部门承诺			
A. 专业服务 a. 法律服务 （CPC861，不含中国法律业务）	（1）没有限制 （2）没有限制 （3）一外国律师事务所只能设立一个驻华代表处。上述地域限制和数量限制将在中国加入 WTO 后 1 年内取消 外国代表处的业务范围仅限于下列内容： （a）就该律师事务所律师允许从事律师业务的国家/地区的法律及就国际公约和惯例向客户提供咨询…… （4）除水平承诺中内容外，不作承诺	（1）没有限制 （2）没有限制 （3）所有代表在华居留时间每年不得少于 6 个月。代表处不得雇佣中国国家注册律师 （4）除水平承诺中内容外，不作承诺	

三、《服务贸易总协定》的积极意义

GATS 的制定是国际社会自关贸总协定成立以来在推动国际贸易自由化发展上的一个重大突破，对于全球贸易发展的促进作用是毋庸置疑的。其积极意义主要表现在：

（一）促进了国际贸易体制的进一步完善

GATS 的制定是世界贸易自由化的一个重大突破，使传统多边贸易体制由货物贸易延伸到服务贸易领域，标志着当代国际贸易体制日趋完善。自 GATT 产生 40 多年来，商品贸易自由化取得了突破性的进展，但服务贸易一直没有受到有关方面足够的重视。而当代国际服务贸易的发展，在形式和内容上都有了新的变化，服务业在世界经济活动乃至生活中正发挥着越来越重要的作用。尽管服务贸易的发展十分迅速，由于各国生产结构和经济发展阶段的差异，服务贸易发展极不平衡，国际长期以来并没有形成规范和约束国际服务贸易的规则。GATS 的出现适应了世界范围内服务贸易发展的客观要求，为各国参与国际服务贸易提供了一套可循的国际准则，也对各国有关国际服务贸易的国内立法有示范作用。

（二）推动国际服务贸易乃至国际贸易整体实现持续健康快速的发展

服务贸易总协定的宗旨是实现国际服务贸易的自由化。GATS 在最惠国待遇、透明度、发展中国家的参与、市场准入和国民待遇等主要原则上沿用了 GATT 的相关规则，使存在于服务贸易各个领域和各个方面的保护主义得到抑制，贸易自由化的趋势得以加强，在极大地推动世界服务贸易不断增长的同时，必然也会推动与服务贸易密切相关的国际贸易发展，从而使国际贸易整体上实现持续健康快速的发展。GATS 的产生是经济生活国际化向纵深方向发展的必然趋势，也是国际贸易史上的重大进步。

（三）体现了服务贸易多边规则统一化趋势中的务实性和灵活性

GATS 规定了各成员方承担的一般义务与纪律，同时也将各成员方承诺的具体义务巧妙地结合了起来，既指明了实现国际服务贸易自由化的目标，也考虑到了各方的经济发展水平和服务贸易状况，并给予发展中国家适当的灵活性，从而为今后多边服务贸易自由化谈判奠定了基础。

（四）适当考虑了发展中国家在国际服务贸易中所处的不利地位

为了给发展中国家更多地参与国际服务贸易创设有利条件，GATS 在国民待遇、最惠国待遇、透明度、市场准入和逐步自由化、对发展中国家的经济技术援助等方面作出了诸多保留和例外，给予发展中国家差别待遇和一些特殊的

国际贸易法新编

利益。例如在"逐步自由化"方面，自由化的进程取决于各缔约方相应的国家政策目标，以及各缔约方的整体和个别服务部门的发展水平；规定由发达国家对发展中国家承担技术援助的义务，对最不发达国家在发展经济贸易和财政需要方面给予特殊的考虑等。这些都为发展中国家发展服务贸易提供了必要条件，使之能够在激烈的竞争中得到保护和发展，也有助于充分发挥发展中国家在国际服务贸易领域中的作用。

当然，《服务贸易总协定》虽然具有上述积极意义，但它毕竟是第一个有关服务贸易的全球性多边规则，仍存在一些明显的不足和缺陷，有待于进一步的多边谈判解决。服务贸易较之货物贸易所具有的复杂性和敏感性，曾客观地反映在20世纪80年代进行相关贸易谈判时各方所存在的疑虑和争论之中。尽管 GATS 终于被制定出来，但是在协定框架和内容上仍存在高度的灵活性，这种高度的灵活性同时又带来极大的不确定性，使得《服务贸易总协定》在实际执行中会遇到这样或那样的困难。近年来，国际服务贸易的快速发展也带来一些新的挑战。例如，科学技术尤其是网络技术的迅猛发展，日益涌现出越来越多以互联网电子手段为传输媒介的跨境提供的服务，这些跨境电子服务使 GATS 缺陷进一步暴露，也引发了越来越多有关服务贸易监管方面的争议。

【司法应用 8.2】

安提瓜诉美国赌博服务案（WT/DS285）

网络赌博是近年来兴起的一种通过互联网在虚拟环境下进行的新赌博方式，由于其投注便捷、易于规避管制，吸引了越来越多的赌徒。作为加勒比海岛国，安提瓜与巴布达岛为减少国民经济对旅游业的依赖，近年来一直致力于发展电子商务。受到相关政策的鼓励和支持，大批的网络赌博公司来到当地注册，并成为当地的主要收入来源。1999 年，安提瓜政府收取的年度许可证费用占到当年国内生产总值的 10% 左右。2000 年后，美国加强了对网络赌博活动的限制，使安提瓜一度繁荣的网络赌博服务产业日渐衰落。2003 年，安提瓜与巴布达以美国限制网上赌博的相关法律违反其在 WTO 所作出的承诺为由，向 DSB 提起磋商请求。上诉机构于 2005 年作出裁决，认为美国已经证明其 1961 年颁布的《有线通信法案》（该法案最初旨在限制美国居民通过电话进行体育类赌博，后来也被延用到网上赌博领域）"对维护公共道德和维持公共秩序来说是必要的"；但是美国的《州际赛马法案》并没有平等地适用于本国和外国网上赌博经营者，因而违反了相关国际贸易准则。

此案是 WTO 成立以来在服务贸易领域的首例经由上诉机构对案件进行审理的案件。案件不仅涉及服务贸易市场准入规则的解释和澄清问题，而且涉及主权国家是否可以公共道德豁免其市场准入承诺问题，因而备受关注。此外，由于美国在具体承诺表中对不同服务部门（体育服务和除体育外的其他休闲服务）作出了不同承诺，赌博服务作为一种"新兴服务"，究竟属于具体承诺表中的哪一个分部门抑或是一类独特的活动，在本案中也进行了集中的讨论。

复 习 题

1. GATS 所规定的国际服务贸易提供方式有哪些？
2. 试比较服务贸易壁垒与货物贸易壁垒的差异。
3. 试述 GATS 的基本框架。
4. GATS 所规定的一般义务和特定义务有哪些？
5. 试述 GATS 的积极意义。

思 考 题

1. 试述 GATS 的成就与不足。
2. 试述 GATS 第 16 条市场准入与第 17 条国民待遇之间的关系。
3. WTO 多边服务贸易谈判的难点在哪些方面？

第九章　国际贸易与知识产权

【要点提示】
1. 技术的含义与种类
2. 国际技术贸易的主要方式
3. 国际许可证协议的主要类型
4. 有关知识产权保护的主要国际公约
5.《与贸易有关的知识产权协议》的主要内容

第一节　国际技术贸易

一、国际技术贸易的概念

（一）技术

国际技术贸易是以技术为标的的贸易。什么是技术？按中文含义，技是技艺、工匠的意思。术是学术、手段、方法的意思。英文中的 technology 有两种含义：一是指技术学或工艺学的意思；二是指制造物品或进行工作的手段与方法、进行物质生产的程序，等等。世界知识产权组织（WIPO）于1977年出版的《供发展中国家使用的许可证贸易手册》一书中对"技术"作出如下定义："技术是一种制造一种产品的系统知识，所采用的一种工艺或提供的一项服务，不论这种知识是否反映在一项发明、一项外形设计、一项实用新型或者一种植物新品种，或者反映在技术情报或技能中，或者反映在专家为设计、安装、开办或维修一个工厂或为管理一个工商业或其活动而提供的服务或协助等方面。"根据该定义，它将技术分为如下三部分：制造产品的系统知识；一项工艺的系统知识；有关服务的系统知识。现在看来，这一定义作为技术贸易的标的来讲，已显得过于狭窄，不能满足现代技术贸易的需要。

作为技术贸易标的的技术不仅包括上述定义中所包含的专利或专有技术知识，还包含商标、版权等。具体地说，技术包括专有技术、商业秘密、专利、商标（商品商标和服务商标）、版权及邻接权、集成电路等，还包括提供的相关服务。

（二）国际技术贸易

国际技术贸易与国际货物贸易不同，国际货物贸易的标的是货物，是有形的商品，人们用五官就可以感觉到它的存在，如电冰箱、彩色电视机、棉花等。国际技术贸易的标的虽然包括技术的所有权的转让（即技术的买卖），但主要不是技术的所有权的转让，而是技术的使用权。例如，制造飞机发动机的技术、新产品的设计方案、某种新药的材料配方以及企业经营管理技术和经验的使用权等。这些技术知识和经验往往是体现在纸上，记载在文件上，它不具有一定的物体形态，它是无形、无体、不占据空间的无形财产。

关于国际技术贸易的国际性，各国的法律有各种不同的解释。有的以当事人的营业地或惯常住所地在不同的国家为标准，有的以当事人的国籍为标准。而国际上普遍的看法是国际技术贸易是指跨越国境的技术转让。"跨越国境"是指转让技术作跨越国境的移动，而不是单纯看技术转让方和受让方的住所或国籍是否不同国家。双方为不同国家的当事人，但如果其营业地在同一国家境内，其技术转让并没有跨越国境，因此不构成国际技术转让。例如，在一国境内，本国公司向外国母公司设在该国的分支机构转让一项技术，转让方和受让方是属于不同国籍的法人，但这种技术转让并没有跨越国界，因而不属于国际技术转让，而是国内技术转让。根据我国《技术引进合同管理条例》的规定，技术引进的判断标准是我国境内公司、企业、团体或个人从中国境外获得技术，即在判断涉外性或国际性时，是以转让技术作跨国移动或当事人营业地处于不同国家为标准的。

国际技术贸易与国际货物贸易、国际服务贸易关系密切。初级产品的贸易不涉及技术，成套设备的贸易既是货物贸易又是技术贸易，而提供技术服务或咨询又属于服务贸易的范围。至于归于哪一类贸易，主要视该类贸易所占比例，是货物比重大、技术比重大还是服务比重大。①

二、国际技术贸易的几种主要方式

国际技术贸易主要是技术使用权的转让，而且国际技术贸易涉及的问题多、交易过程一般都比较长，交易达成后，技术转让方和技术受让方还需要进一步合作。因此，国际技术贸易的方式较之于货物贸易的方式更为复杂、灵

---

① 郭寿康、韩立余著：《国际贸易法》，中国人民大学出版社2000年版，第128页。

活、多样。

目前，国际技术贸易通常所采用的方式主要有：

（一）国际技术的买卖

国际技术的买卖是指技术所有人的全部权利或独占权利发生转移，形成技术的买断。这种情况一般在现实中很少发生。技术买卖常用于对产品使用难于控制的情形，如数量多或成本低，或用于制造产品的技术难于商业化经营。

（二）许可贸易

许可贸易又称许可证贸易，是国际技术转让的基本形式，指技术出让方将其技术使用权通过许可协议出售给技术受让方，许可其在确定期限内在一国或一定区域内从事技术出让方的独占权所包括的一项或多项行为（如制造或使用产品）。

按许可贸易标的的不同，许可贸易可分为四种类型：专利许可、专有技术许可、商标许可、计算机软件许可。

（三）技术咨询服务

技术咨询服务是指当事一方用自己的技术和劳力，为当事人完成某一项咨询服务工作，获取一定报酬的一种技术贸易方式。提供技术和劳力的一方叫咨询方，有的也叫供方，接受工作成果和支付报酬的一方叫委托方，有的也叫受方。咨询服务的内容包括有关技术的建议、调研、设计等。提供咨询方对结果一般不负责任。

（四）国际工程承包

国际工程承包又称交钥匙工程项目，是指项目方（发包人）委托工程承包人按约定条件完成整个工程项目，承包人负责项目的设计、施工、设备供应、安装、调试，提供技术培训、质量管理服务，其设计、建设和运营都涉及技术供应或服务。对承包人来说，国际工程承包责任很大。

（五）合营

国际技术贸易可以通过合营的方式进行。合营方以某种特定方式结合其资源，以制造、生产或销售产品或提供服务，并以某种特定方式共享利润、共担风险。利用合营可以提供发展所需的后续资金或其他资源。一方知识产权独占权的转让可以构成向合营公司的出资部分，也可以是一方向合营企业授予许可。合营有两种基本方式：股权式合营和契约式合营。

（六）补偿贸易

补偿贸易是技术引进和资金借贷相结合的一种形式。它是指一方（设备出口方）向另一方（设备进口方）提供机器设备、技术，也可以辅以必要的原材料、劳务，在一定期限内由设备进口方用进口设备所制造的产品或所得收益进行偿还的一种贸易方式。补偿贸易大致可分为两种基本形式。一种是产品返销，又称直接补偿。另一种是抵偿贸易，也称回购或间接补偿。

（七）特许专营

特许专营是指取得成功经验的企业，将其商标、商号、服务标志、专利、专有技术以及经营管理方法或经验的使用权转让给另一家企业的一种技术贸易方式。

三、国际许可证协议

（一）国际许可证协议的概念和特征

许可证协议是指出让方将其技术使用权在一定条件下让渡给受让方，而由受让方支付使用费的合同。国际许可证协议就是指位于不同国家境内的当事人之间以让渡技术使用权为目的签订的合同。

许可证协议有以下特征：

（1）许可证协议的标的是无形的。虽然在交易中，许可方也要向被许可方交付一些图纸、文件等，但这些有体物本身并不是技术转让的标的，真正的标的是这些文件中所包含的技术内容。

（2）许可证协议的客体是知识产权的使用权，并且作跨越国境的移动，即从一个国家转移到另一个国家。

（3）许可证协议内容复杂，涉及面广，很多属于混合性协议，多与机器设备的买卖、工程承包、咨询服务等方式结合在一起。

（4）许可证协议具有较强的时间性和地域性。知识产权的时间性和地域性使得许可证协议也具有这两种特性。

（5）许可证协议是有偿合同。政府与政府之间，或者企业与企业之间出于某种特定目的，将知识产权等无形财产的使用权无偿让渡所签订的协议，不属于国际许可证协议的范围。

（二）国际许可证协议的种类

国际许可证协议可以按不同的标准进行各种分类。

根据许可证协议标的的不同，国际许可证协议可分为五种类型：（1）专利许可证协议；（2）商标许可证协议；（3）版权许可证协议；（4）专有技术许可证协议；（5）混合许可证协议，即转让专利、商标、版权和专有技术中的任何两种技术使用权，其中，最常见的是专利和专有技术混合许可证协议。

根据许可证协议许可使用地域范围以及使用权范围的大小，可将其分为以下五种类型：

（1）独占许可证协议。即根据协议，受让方在协议规定的期限和地域内对被许可的技术享有独占性的使用权，未经其许可，许可方和任何第三方都不得在该地域内使用该项技术。

（2）排他许可证协议。即根据协议，受让方在协议规定的期限和地域内对被许可的技术享有排他性的使用权，任何第三方都不得在该地域内使用该项技术，但许可方自己仍保留在该时间和地域范围内的使用权。

（3）普通许可证协议。即根据协议，受让方在协议规定的期限和地域内对被许可的技术享有使用权，但不能以此排斥许可方或许可方所特许的第三方在该地域内使用该项技术的权利。

（4）交叉许可证协议。即许可方和受让方将各自拥有的专利权、商标权或专有技术、计算机软件的使用权相互交换，供对方使用。双方的权利可以是独占的，也可以是非独占的；可以有偿，也可以无偿。

（5）分许可证协议。即在许可方的特许下，受让方又以自己的名义将该项技术的使用权转让给第三方。在一般情况下，第三方已与原技术许可方无合同关系，不过原技术受让方要对原许可方负责，如保证正确使用原技术许可方的技术，生产出合格的产品等。

在国际技术贸易中，双方当事人究竟签订哪种类型的许可证协议，取决于多种因素。通常技术许可方和受让方都要考虑价格、市场、技术的性能等方面的问题。

（三）国际许可证协议的主要条款

在许可证贸易中，许可证协议的内容是双方履行合同以及解决合同纠纷的依据。不同目的的许可，其合同条款也不尽相同。一个国际许可证协议一般应包括以下主要条款：

1. 当事人身份

包括当事人名称、国籍、法律形式等。

2. 鉴于条款

鉴于条款即叙述性条款，主要作用在于阐明交易双方订立合同的愿望以及技术引进方的目的、条件与技术转让方转让技术的状况和合法性。

3. 定义条款

定义条款是对合同中的一些关键性的、容易产生不同解释和引起争议的词语与句子进行定义和解释，以防止双方在履行合同的过程中因对个别词句的不同理解而产生争议。在许可证协议中，通常对"专利"、"商标"、"技术资料"、"合同产品"等规定定义。

4. 合同内容条款

合同内容条款是用以规定所转让的技术的内容、技术指标、许可方所提供的设备等内容的条款。该条款是整个合同的核心部分，是合同中确定当事人双方各项责任、权利和义务的基础，一般条文较多，技术性较强。

5. 价格和支付条款

价格和支付条款是用以规定所转让的技术的价格及其支付方式的条款。主要包括支付方式、时间、币种等。

6. 担保和保证条款

本条款是国际许可贸易合同的核心条款之一。主要用于许可方对其所转让的技术所做的权利担保和技术保证。权利担保是许可方应担保它对技术拥有所有权或许可权，该技术不侵犯第三者的权利。技术保证是指许可方应当保证它所提供的技术和技术资料完整、准确、有效，受让方按照合同规定的条件实施该技术能够达到合同规定的技术指标和参数。

7. 改进技术的归属和交换条款

本条款对许可方或受让方就技术改进的取得或使用，是否相互免费使用，向第三方许可利益的共享、方式和数额，技术的专利申请权等进行规定。按照国际惯例，在改进技术的归属权问题上，一般按照"谁改进，归属谁"的原则，即哪一方作出的改进，该改进技术就归改进方所有。在交换改进技术的问题上，一般只要遵循"对等互惠"的原则进行交换即可。

8. 专有技术的保密条款

专有技术之所以具有经济价值，其根本原因在于不公开性，因此，在包括专有技术许可的合同中，应包括保密条款。在合同中一般对受让方承担的保密义务在以下方面做出规定：保密范围、保密期限和保密手段等。保密义务在下列情况下存在例外：非违约的原因导致技术向公众公开，在披露之前已为接受方占有，第三方未加保密地向接受方披露。

9. 合同的有效期条款

该条款规定许可合同的有效期限。合同的有效期限实际上就是合同的当事人双方承担合同规定的权利和义务的期限。合同的有效期按照国际惯例，一般以 10～30 年为宜。在进行知识产权许可时，许可期限应符合知识产权权利期限。

10. 其他条款

包括税收、不可抗力、合同的生效、续展、争议的解决和法律适用等条款。

(四) 限制性商业条款

1. 限制性商业条款的概念

限制性商业条款与限制性贸易做法具有密切联系。限制性贸易做法，指通过滥用或谋取滥用市场力量的支配地位，限制进入市场，或以其他方式不适当地限制竞争，对国际贸易特别是发展中国家的国际贸易及其经济发展造成或可能造成不利影响，或者通过企业间的正式或非正式的、书面或非书面的协议以及其他安排，造成了同样影响的一切行为。

限制性贸易做法在国际贸易中有各种各样的表现形式，如卡特尔协议；利用转移定价限制竞争；通过合并、接收、合营等形式垄断市场；许可证贸易中的限制性商业条款等。

许可证贸易中的限制性商业条款是指在许可证协议中由技术出让方对技术受让方施加的、造成不合理并妨碍公平竞争的条款，如搭售条款，不竞争条款，对研究、发展和改进技术的限制条款，限制产品销售区域的条款，工业产权失效后的支付和其他义务条款等。

由于许可证贸易转让的客体是技术，与普通商品相比，耗费的人力、财力、时间都多得多。出让方既想通过出让技术使用权收回其投资并获得一定利润，又希望在出让技术使用权后，以种种方式限制技术受让方对技术的利用，以求在较长时期内维持对该项技术的垄断和支配地位。因此，在许可证贸易中，许可方往往对受让方采取不适当的限制，而这种种不合理的限制，严重妨碍了公平竞争原则，特别是对技术引进国家的经济发展造成不利影响。为此，许多国家通过国内立法或双边或多边国际公约形式，对某些限制性商业条款进行管制。

2. 对许可证协议中限制性商业条款的国际管制

各国都有管理限制性商业条款的立法、规定。但不同国家管理的侧重点不同，有的侧重于权利保护，有的侧重于自由竞争。由于各国规定的标准的不确定性，是否构成限制性贸易条款就往往成为许可证协议当事人争议的焦点。

(1)《联合国国际技术转让行为守则》（草案）。联合国贸发会拟订的《联合国国际技术转让行为守则》（草案），尽管不是正式文本，但对限制性条款的规范具有重要的指导意义。草案第四章列举了应予禁止列入许可证协议中的 20 种限制性贸易条款，它们是：单方回授；限制对效力提出异议；独家经营；限制受让方研究与开发技术；限制受让方雇用本地人员；限制受让方改进供方提供的技术；包销和独家代理；搭卖或搭买；出口限制；限制价格；共享专利或交换许可证协定；对广告宣传的限制；工业产权期满后的限制；技术转让安排期满后的限制；限制生产的能力；限制质量控制方法的使用；限制商标的使用；要求合股经营或参与管理；合同期限限制；限制使用范围的扩大。

（2）WTO《与贸易有关的知识产权协议》。协议明确禁止独占性的回授许可、阻止对效力提出异议以及强迫性一揽子许可。协议还规定一国可通过立法，规定在特定情况下可能构成对知识产权滥用并对相关市场上的竞争产生不利影响的许可做法或条件。

3. 我国对技术转让中限制性商业条款的法律管制

我国的《反不正当竞争法》和《技术引进合同管理条例》都对技术转让中限制性商业条款作出了相关规定。

我国《技术引进合同管理条例》规定，供方不得强使受方接受不合理的限制性要求，未经审批机关特殊批准，合同不得含有下列限制性条款：

（1）要求受方接受同技术引进无关的附带条件，包括购买不需要的技术、技术服务、原材料、设备或产品；

（2）限制受方自由选择从不同来源购买原材料、零部件或设备；

（3）限制受方发展和改进所引进的技术；

（4）限制受方从其他来源获得类似技术或与之竞争的同类技术；

（5）双方交换改进技术的条件不对等；

（6）限制受方利用引进的技术生产产品的数量、品种或销售价格；

（7）不合理地限制受方的销售渠道或出口市场；

（8）禁止受方在合同期满后，继续使用引进的技术；

（9）要求受方为不使用的或失效的专利支付报酬或承担义务。

我国《技术引进合同管理条例》对以上九种限制性商业条款的规定采取了灵活的态度，并非一律禁止，有个别条款为非强制性条款，如果受让方经过分析和比较，认为接受后对受让方仍然是利大于弊，可以考虑接受。例如在遇到搭售条款时，如果没有对引进方利益造成实际损害（如出于技术原因或可免去使用费），或者实际上有利于引进方（如按国际市场价格进口），又为双方合作、互利互便所必需时，就可以考虑给予豁免。在对待出口限制、回授、资本货物、中间货物和原材料及零部件的来源限制等条款时，均可以考虑接受，当然，必须经国家审批机关的批准。

第二节 有关知识产权保护的国际条约

一、概述

知识产权是基于人类智力的创造性活动所产生的权利。知识产权具有严格的地域性，根据一国法律取得的知识产权，只在该国领域内有效，在无条约或协议规定的情况下，其他国家不给予法律保护，如果知识产权所有人要想使其知识产权在其他国家也得到承认，则必须分别向有关国家提出申请并得到其批准，授予专有权。但是，随着国际经济技术交流的大规模发展，知识产品的国际市场逐步形成，使得知识产权逐步突破了传统地域性。一国产生的专有权，迫切需要得到其他国家的承认和保护。这就相应需要建立知识产权的国际保护制度。解决知识产权的国际保护问题，主要通过缔结各种知识产权的国际保护公约的途径来实现。

从 19 世纪开始，各国开始致力于签订知识产权保护方面的双边或多边协定或公约。迄今为止，就已缔结的保护知识产权的国际公约而言，主要的全球性多边条约有《保护工业产权巴黎公约》、《保护文学艺术作品伯尔尼公约》、《商标国际注册马德里协定》、《商标法条约》、《专利合作条约》、《世界版权公约》、《保护表演者、录音制品制作者和广播组织罗马公约》、《关于播送由人造卫星传播的载有节目信号的布鲁塞尔公约》、《与贸易有关的知识产权协议》，还有 2 个尚未生效的公约，即 1996 年日内瓦通过的《世界知识产权组织版权条约》和《世界知识产权组织表演和录音制品条约》。主要的区域性多边国际条约有《欧洲专利公约》、《欧洲共同体专利公约》、《非洲知识产权公约》等。

二、《保护工业产权巴黎公约》

《保护工业产权巴黎公约》简称《巴黎公约》，是当今国际社会保护工业产权最基本、最重要的一个全球性多边国际条约。该公约是 1883 年 3 月 20 日，法国、比利时、荷兰、意大利、瑞士、西班牙、葡萄牙、巴西、危地马拉、萨尔瓦多和塞尔维亚 11 国在巴黎缔结的。该公约于 1884 年 7 月 7 日开始生效。它经过了 8 次修订，目前大多数国家采用的是 1967 年在瑞典斯德哥尔摩修订的文本。《巴黎公约》是一个开放性的国际条约，对所有参加国的效力都是无限期的。至 1999 年 5 月止，已有 155 个国家加入《巴黎公约》。我国于

1985年3月19日正式成为该公约成员国，但是我国在参加《巴黎公约》时有保留声明，即如果我国对《巴黎公约》的解释问题或适用问题与其他国家发生争议，我国将不按照国际法院规约将争议提交国际法院解决。

《巴黎公约》（以下简称《公约》）现行文本共30条，就其内容可分为实质性法律条款、行政性条款和最后条款三类。《公约》的主要内容如下：

（一）工业产权的保护范围

《公约》规定，工业产权的保护范围包括：发明、实用新型、外观设计、商标、服务标志、厂商名称、产地标记或原产地名称以及制止不正当竞争。公约所指的工业产权应作最广义的理解，即不仅适用于工商业本身，而且也应同样适用于农业、采掘业以及工业制成品或天然产品；专利权应包括各成员国法律上承认的各种工业专利权，如输入专利权、改进专利权、补充专利权和补充证书等。

（二）国民待遇原则

《公约》规定，在保护工业产权方面，公约成员国的国民在其他成员国境内应享有各该国法律现在或将来给予各该国国民的各种利益，而不管他们在该国是否有住所或营业所。即令是非公约成员国的公民，只要他在公约任一成员国境内有住所或有真实的、有效的工商业营业所，也可享有与公约成员国国民同样的待遇。对公约成员国的国民，则不要求其在成员国内有居住地或营业所。例如，我国参加巴黎公约之后，居住在印度（非巴黎公约成员国）的我国国民，在各成员国申请和获得专利方面，均能享有国民待遇。

《公约》规定了实行国民待遇时允许保留的范围，即凡涉及保护工业产权的有关司法及行政程序、司法管辖权、文件送达地址、代理人资格等问题的法律，都可以声明保留。例如，要求外国人只能由本国律师代理等。

（三）优先权原则

《公约》规定，对发明、实用新型、外观设计和商标的申请人给予优先权。优先权是指申请人自首次向任一公约成员国提出申请之日起，可以在一定的期限内（发明和实用新型为12个月，外观设计和商标为6个月），以同一发明或商标向其他成员国提出申请，而以第一次申请日为以后提出的申请的日期。优先权的作用主要是使申请人在第一次提出申请后，可慎重选择在哪些成员国再提出申请，也有充足的时间选择代理人以及办理有关申请手续，而不必担心第三人就同一发明或商标在其他成员国抢先申请专利或注册商标。

（四）强制许可原则

为了防止专利权人可能对专利权加以滥用，《公约》第5条规定，各成员国可以采取立法措施，规定在一定条件下可以核准强制许可。颁发强制许可证必须符合以下条件：

（1）专利权人自提出申请日起满 5 年或自批准专利日起满 3 年未实施专利且又提不出正当理由；

（2）强制许可证不具有专有性，除了取得强制许可的第三人外，专利权人仍可自己使用、制造、销售专利发明，仍有权发放专利实施许可证；

（3）强制许可证不可转让；

（4）取得强制许可证的第三人还得向专利权人支付使用费。

在颁发第一个强制许可证届满 2 年后，如果专利权人仍无正当理由而不实施或不充分实施专利，主管部门则可撤销该项专利。

（五）临时性保护

《公约》规定，各成员国必须依本国法律，对于在任何一个成员国内举办的、经官方承认的国际展览会上展出的商品中可以申请专利的发明、实用新型或外观设计的，可以申请注册的商标的，给予临时保护。保护期限与优先权期限相同。在临时保护期内，各国均不允许展品所有人之外的人以展出的任何内容申请工业产权。如果展品所有人在临时保护期内申请了专利或商标注册，则申请案的优先权日就不再从第一次提交申请案起算，而从展品公开展出之日起算。

（六）宽限期

《公约》就撤销一项工业产权时给予一定宽限期进行规定。例如，未按时交专利年费，或注册商标的续展费，就将被撤销有关专利或有关注册。公约要求各成员国在这类期限届满后，再提供 6 个月宽限期；只有过了宽限期仍未交付有关费用，才能宣布撤销有关的专有权。又如，有的国家要求注册商标必须在贸易活动中使用，否则也将撤销其注册。公约要求只有连续不使用一定期限（3 年或 5 年）后，才能予以撤销。

（七）专利权、商标权独立性原则

专利权独立性原则是指在巴黎公约成员国内享有国民待遇的人，就其同一项发明在不同成员国内享有的专利权，彼此是互相独立、互不影响的。也就是说，同一发明在某一个成员国被授予了专利权后，并不要求其他成员国也必须授予其专利权；某一个成员国驳回了某项专利申请，并不能排除其他成员国批准该项专利申请的可能性；某一个成员国撤销了某项专利申请，或者作了专利权的无效宣告，并不影响其他成员国承认该项专利权继续有效。

商标权独立原则是指对成员国国民在任何成员国中提出的商标注册申请，

不能以未在本国申请、注册或续展为理由而加以拒绝或使其注册失效。就商标独立性原则，《公约》还作出了以下特别规定：

（1）如果一项商标在其本国已获得了合法注册，那么在一般情况下，它在其他巴黎公约成员国的申请就不应当被拒绝。

（2）在任何情况下，都不允许成员国以商品的性质、质量为理由，拒绝给有关商品注册商标。

（3）对驰名商标进行特别保护。公约规定，各成员国的国内法，都必须禁止使用与成员国中的任何已经驰名的商标相同或近似的标记，并应拒绝这种标记的注册申请；如已批准其注册，则一旦发现其与已驰名商标相重复，应予撤销。

（4）要求成员国禁止使用以下两种标记当做商标使用：一是外国（仅仅包括公约成员国）国家的国徽、国旗或其他象征国家的标记，二是政府间（仅仅包括成员国政府之间）国际组织的旗帜、徽记、名称及其缩略语。

三、《专利合作条约》

为了简化专利申请和审批手续，加快国际科技情报的交流，在美国的倡议下，于 1970 年 6 月 19 日在华盛顿签订了《专利合作条约》，该条约于 1978 年 6 月 1 日生效。到 1999 年 5 月，已有 103 个成员国。我国于 1993 年 9 月加入该条约，1994 年 1 月 1 日起条约对我国生效。该条约的行政工作委托世界知识产权组织国际局办理，并成立了"国际专利合作联盟"。

《专利合作条约》是在《巴黎公约》的原则指导下产生的关于统一国际专利申请的专门性公约。该条约实际上是一部程序法，它不涉及专利的批准问题，因此不影响它的成员国的专利法。但是，参加它的国家应当依照它的原则调整国内专利申请的程序。

《专利合作条约》共有八章，有以下几个特点：

（1）确立了"一项发明一次申请制度"，即条约成员国的任何居民或国民只需向受理国际专利申请的本国专利机关提出一次申请，并且指明自己的发明拟获得哪些国家的专利权。此种国际申请的效力跟申请人分别向每个国家提出专利保护申请的效力完全相同。

（2）延长了申请人享有的优先权期限，达 20 个月，如果申请人要求一份"国际初审报告"，则优先权期限可达 30 个月。

（3）规定实行专利申请案的"国际公布"，以加速国际科技情报的交流。从专利申请的优先权日算起满 18 个月，国际局应公布国际申请。

《专利合作条约》是推进专利制度进一步统一化的重要尝试，但它是一个非开放性的国际条约，即它只对《巴黎公约》成员国开放，一个国家只有在参加了《巴黎公约》之后方可申请加入《专利合作条约》。

四、《商标国际注册马德里协定》

为了简化商标国际注册手续并减少注册费用，1891 年 4 月 14 日，由法国、瑞士等国倡议，缔结了《商标国际注册马德里协定》。该协定是在遵循《巴黎公约》基本原则的基础上，对《巴黎公约》中有关商标国际保护的补充规定。该协定于 1892 年生效，而后又经 6 次修订，最后修订的文本称为斯德哥尔摩文本。到 1999 年 5 月，协定的成员国已达 51 个。我国于 1989 年 7 月14 日决定加入该协定，同年 10 月 4 日协定对我国正式生效。

《马德里协定》共 18 条，主要内容如下：

（一）商标的国际注册程序

（1）商标注册的申请人在其国内获得商标注册后，向本国主管商标的机关提交商标国际注册申请案（不能直接向世界知识产权组织国际局提交），并缴纳有关费用；

（2）本国商标主管部门审查核实，确认国际申请案中的商标与申请人在国内已经获得注册的商标完全一致后，转至世界知识产权国际局；

（3）国际局对该申请进行形式审查，认为符合要求的，就给予公告并通知申请人要求其商标保护的有关缔约国。有关缔约国若在得到国际局通知 1 年内未向国际局提出驳回注册商标声明的，便视为该国已接受了该商标的注册申请。

（二）国际注册的效力

协定指出，国际局通过审查之日起，便产生了商标注册的法律效力。办理国际注册的每个商标，享有《巴黎公约》规定的优先权，不必再履行有关手续，国际局的审查日为优先权日。

（三）国际注册的期限

协定规定，经国际局注册的商标，其有效期均为 20 年，续展时限也是 20年。这一规定不受任何成员国商标法规定期限的影响。在 20 年期满前 6 个月，国际局将向商标权人明示商标权即将到期。商标期满时没有提出续展的，可再给予 6 个月的宽限期，在宽限期内提出续展的，需缴纳一定数额的罚款。

（四）国际注册的独立性

从国际注册日起算的五年内，如果商标在本国的注册被撤销，则它在其他各指定国的注册也将随之撤销。但满 5 年后，国际注册即与在所属国原先注册的国家商标保持相对独立性，不再因商标在本国的注册被撤销而被撤销。

《马德里协定》的签订，为商标国际注册简化了手续、节省了费用、提供了方便，但是，由于它的某些规定，如必须在原所属国注册、5 年内国际注册不具独立性、审查过于简单及必须使用法语等，使得参加该协定的国家并不广泛。

五、《保护文学艺术作品伯尔尼公约》

《保护文学艺术作品伯尔尼公约》（简称《伯尔尼公约》）是世界上第一个保护文学、艺术和科学作品的国际公约，也是最重要的、影响最大的保护著作权的国际公约。《伯尔尼公约》于 1886 年订立，1887 年 12 月 5 日生效，历经 8 次修订，现行文本是 1971 年的巴黎文本。截至 1999 年 5 月，共有 140 个国家参加了《伯尔尼公约》。我国于 1992 年 7 月 1 日加入该公约。《伯尔尼公约》在产生时，由其成员国组成了伯尔尼同盟。目前，该公约由世界知识产权组织管理。

《伯尔尼公约》共计 44 条，其中正文 38 条，附件 6 条。公约主要就著作权国际保护的基本原则、受保护作品的范围、最低限度保护标准以及对发展中国家有限的特殊待遇等问题作了较为详尽的规定。

（一）国民待遇原则

《伯尔尼公约》规定，作者在起源国以外的公约成员国中享有该国法律现在给予和今后可能给予其国民的权利，以及公约特别授予的权利。公约确立了"双国籍国民待遇"原则。双国籍是指作者国籍和作品国籍，即如果作者为某一成员国的国民，则无论其作品在哪个国家出版，或者如果作品首次出版是在某一成员国，则无论作者是哪一国的国民，在上述两种情况下出版的作品，在其他成员国均享有各该成员国给予其本国国民作品的同等保护。

国民待遇原则也适用于在任何成员国设有住所或习惯居所的不具有成员国国籍的作者。

（二）自动保护原则

《伯尔尼公约》规定，该公约成员国的作者及在成员国有惯常居所的作者的作品一经产生，便自动享有版权，非成员国国民又在成员国无惯常居所者，其作品首先在成员国出版时即自动享有版权，不必登记注册，不必送交样本，也不需在作品上刊载任何形式的标记。

（三）版权独立原则

《伯尔尼公约》规定，各成员国给予其他成员国作品的法律保护，不以该作品起源国是否存在保护为条件。在符合公约规定的最低要求的前提下，该作者的权利受到保护的水平、司法救济方式等，均受提供保护的成员国的法律支配。

（四）作者权利

《伯尔尼公约》要求各成员国至少须保护下列经济权利：（1）翻译权；（2）复制权；（3）表演权；（4）无线广播与有线传播权；（5）公开朗诵权；（6）改编权；（7）录制权；（8）制片权。《伯尔尼公约》还提出了可以对"追续权"给予保护，追续权指的是作者就其艺术作品原件或文字、音乐作品手稿的再次转售，有权获得一定比例的报酬。该公约成员国中保护这项权利的国家并不多。

《伯尔尼公约》要求成员国应保护的精神权利为：（1）署名权；（2）保护作品完整权。作者享有的精神权利不受经济权利的影响，甚至在经济权利转让之后，作者仍享有要求其作品作者身份的权利，并有权反对对其作品的任何有损其声誉的歪曲、割裂或其他更改，以及其他损害行为。

（五）权利保护期

《伯尔尼公约》要求对一般作品的经济权利保护期，不少于作者有生之年加死后50年；摄影作品及实用艺术作品，不少于作品完成后25年；电影作品不少于同观众见面后50年或摄制完成后50年；匿名或假名作品不少于出版后50年；合作作品不少于最后一个去世的作者死后50年。精神权利的保护期至少要与经济权利的保护期相等，也可以提供无限期。

（六）对发展中国家的优惠

《伯尔尼公约》1971年巴黎文本在其附件中规定了对按照联合国大会惯例被认为是发展中国家的国家，给予有限的特殊待遇的条款，即在受公约严格约束的条件下（诸如翻译和复制的作品不得出口，以国际可兑换货币支付版税等），在作者拒绝发放翻译许可证时，发展中国家可以向发展中国家的国民颁发翻译或复制受保护作品的强制许可证，但此种许可证的颁发只限于发展中国家的学校进行教学或研究之用。我国虽然仍属于发展中国家，但在1996年后，由于忽视了某些程序上的要求，已不能借助《伯尔尼公约》的附件颁发强制许可证。

六、《世界版权公约》

《世界版权公约》是在联合国教科文组织的推动下，于 1952 年 9 月在日内瓦签订，于 1955 年 9 月 16 日开始生效，生效后在 1971 年于巴黎修订过一次。目前，公约的大多数成员国采用的是 1971 年的巴黎文本。到 1995 年 3 月为止，有 95 个国家成为该公约的成员国。我国于 1992 年 7 月 1 日加入该公约，同年 10 月 30 日该公约对我国正式生效。《世界版权公约》的日常事务由联合国教科文组织管理。

《世界版权公约》共有 21 条，另外还有 1 个附加声明和两个议定书。其主要内容如下：

（一）国民待遇原则

该公约的规定与《伯尔尼公约》有关规定大体一致，即任何缔约国国民出版的作品及在该国首先出版的作品，在其他各缔约国中均享有其他缔约国给予其本国国民在本国首先出版之作品的同等保护，以及公约特许的保护。任何缔约国国民未出版的作品，在其他各缔约国中，享有该其他缔约国给予其国民未出版之作品的同等保护，以及公约特许的保护。但在对该原则的例外规定上，两个公约的规定有所不同。《伯尔尼公约》中可以用互惠原则代替国民待遇原则的例外情况较多，而《世界版权公约》认为过多的例外规定允许以互惠原则代替国民待遇原则，对版权保护水平较低的国家不利，因此只规定了一条例外。

（二）附条件的自动保护原则

根据《世界版权公约》规定，受保护的作品只要具备一定形式，便可在其他公约成员国自动受到保护，而不必履行任何登记注册之类的手续。与《伯尔尼公约》不同，《世界版权公约》规定的是附条件的自动保护原则，依公约规定，作品首次出版时，必须在作品的版权页上标有三项内容；其一是版权标记©；其二是首次出版的年份；其三是版权所有人的姓名。

（三）对作者权利的保护

该公约只规定了对作者经济权利保护的基本内容，对作者的精神权利未作明确规定。

（四）权利的保护期

公约规定，版权的保护期一般不得少于作者有生之年加死后 25 年，或者作品发表后 25 年；摄影作品和实用艺术作品的保护期不得少于 10 年，与《伯尔尼公约》相比，该公约规定的版权保护期较短。

（五）与《伯尔尼公约》的关系

《世界版权公约》与《伯尔尼公约》同是保护版权的两个重要国际公约，之所以在《伯尔尼公约》之后又产生了《世界版权公约》，是为了将美国及泛美地区的一批国家纳入世界性版权保护范围内。由于两大法律制度的差别较大，《世界版权公约》的缔结并没有能够取代《伯尔尼公约》以及美洲国家间地区性的版权公约，但是，《世界版权公约》将美洲国家拉入世界版权保护的阵营，大大减少了两种版权法律制度之间的冲突。为了处理好与《伯尔尼公约》的关系，《世界版权公约》第 17 条规定，本公约不影响已经参加了《伯尔尼公约》的成员国资格，已经参加《伯尔尼公约》的国家，可以再参加《世界版权公约》，但不得因此而退出《伯尔尼公约》，否则，其作品在《伯尔尼公约》成员国内将不受《世界版权公约》的保护。

七、《保护表演者、录音制品制作者和广播组织罗马公约》

《保护表演者、录音制品制作者和广播组织罗马公约》简称《罗马公约》，于 1961 年在罗马缔结，1964 年生效。该公约是版权邻接权国际保护的第一个世界性公约，由联合国国际劳工组织、教科文组织及世界知识产权组织共同发起并管理。到 1997 年 1 月，共有 52 个国家参加了这一公约。《罗马公约》是非开放性公约，只有参加了《伯尔尼公约》或《世界版权公约》的国家，才能参加这个公约。

《罗马公约》共 34 条，主要内容如下：

（一）国民待遇原则

（1）表演者享有国民待遇的前提是下列三条中任何一条：一是表演活动发生在罗马公约的成员国中；二是表演活动已被录制在依照罗马公约受到保护的录制品上；三是表演活动未被录制，但在罗马公约所保护的广播节目中播放了。

（2）录音制品录制者享有国民待遇的前提可以是下列三条中任何一条：①该录制者系罗马公约成员国国民，即"国籍标准"；②录音制品系首先在罗马公约成员国中录制，即"录制标准"；③录音制品系首先在罗马公约成员国中发行，即"发行标准"，对于发行于非成员国的录音制品，如在 30 日内在某成员国内发行，可视为在成员国发行。

（3）广播组织享有国民待遇的前提可以是下列两条中任何一条：①该广播组织的总部设在罗马公约成员国中；②有关的广播节目是从罗马公约成员国中的发射台首先播出的。

（二）邻接权的内容

《罗马公约》未涉及任何受保护主体的精神权利，只规定了经济权利。

（1）表演者权包括：①防止他人未经许可而广播或向公众传播其表演（但专为广播目的而演出者除外）；②防止他人未经许可而录制其未被录制过的表演；③防止他人未经许可而复制载有其表演内容的录制品（公约另有规定除外）。

（2）录制者权包括：许可或禁止他人直接或间接复制其制品。

（3）广播组织权包括：①许可或禁止同时转播其广播节目；②许可或禁止他人将其广播节目固定在物质形式上（包括录音、录像等）；③许可或禁止他人复制固定后的节目载体。

（三）录制者权的非自动保护原则

《罗马公约》对录制者就其录制品享有邻接权提出了形式上的要求，要求受保护的录音制品的一切复制件上，都必须标有：（1）表示"录制品邻接权保留"的符号，即字母 P 外加一圆圈；（2）首次发行年份；（3）主要表演者及权利人姓名，如果录制品的包装上或其他地方已注明了表演者及其他权利，则该项可免去。

（四）权利保护期

《罗马公约》规定成员国提供的最短保护期均不得少于 20 年。这 20 年的起算日，因保护客体的不同而有所不同。对于录音制品及已载于录音制品中的表演来说，自录制之日起；对于未录制在录音制品中的表演，从表演活动发生之日起；对于广播节目，则从播出之日起。

（五）对权利保护的限制

《罗马公约》规定了在下列四种情况下，利用他人的邻接权时可以不经权利人许可，也不需支付报酬：

（1）私人使用；

（2）在时事报道中有限地引用；

（3）广播组织为便于广播而暂时将受保护客体固定在物质形式上；

（4）仅为教学、科研目的而使用。

《罗马公约》允许成员国对邻接权颁发强制许可证。

八、《与贸易有关的知识产权协议》

该协议的内容详见第三节。

第三节　与贸易有关的知识产权协议

一、《与贸易有关的知识产权协议》的产生背景

在世界随着技术、交通、信息和通信的发展已变成一个全球性的经济联盟的时候，建立完善的国际知识产权的法律制度的必要性凸显。已有的国际性公约对于知识产权的国际保护起到很大的作用，但存在很多不足，首先，现有国际条约的影响范围有限，且相关内容已跟不上世界新技术和新情况的发展；其次，没有相应的解决争端的机构，并制定有效的解决争端的办法；此外，已经制定的国际条约对假冒商品打击不力，引起贸易扭曲，影响国际贸易的发展。为了防止跨国界的侵犯版权和伪造假冒，减少对国际贸易的扭曲和障碍，考虑到充分有效地保护知识产权的必要，在美国的强烈要求下，再加上欧共体各国和日本的支持，在关贸总协定乌拉圭回合的谈判中，将有关知识产权的问题列入了会谈的内容。经发达国家和发展中国家反复磋商谈判，于 1993 年 12 月乌拉圭回合闭幕时达成《与贸易有关的知识产权协议》（简称 TRIPs 协议），表明知识产权的国际保护进入了一个新的历史发展时期。

TRIPs 协议作为世界贸易组织协议的重要组成部分，是迄今有关知识产权的最广泛的多边协议，它全面规定了知识产权的保护标准，对知识产权执法和救济提出了要求，并且为知识产权国际争端的解决提供了途径，规定成员之间的知识产权争端交由争端解决机构解决。此外，TRIPs 协议对原有国际公约还有一些突破，例如，扩大了专利保护领域，主要包括了对药品和化工品的保护，统一了发明专利的保护期为 20 年。

二、《与贸易有关的知识产权协议》的基本内容

TRIPs 协议除序言外包括七部分，共 73 条条款，其主要内容包括：

（一）总则和基本原则

1. 适用范围

TRIPs 协议第 1 条第 2 款界定了"知识产权"的范围，包括版权及邻接权、专利及植物新品种、商标、地理标志、工业品外观设计、集成电路布图设计、商业秘密、对许可合同中限制竞争行为的控制。需要指出的是，TRIPs 着重于知识产权对贸易的影响。因此，知识产权中的科学发现权、与民间文学有关的权利、实用技术专有权（例如实用新型）、创作者的精神权利等，被认为

与贸易无关而没有包括在 TRIPs 协议范围内。

2. 与其他知识产权国际公约的关系

TRIPs 协议第 2 条规定："本协定第一部分至第四部分的任何规定不得背离成员国可能在《保护工业产权巴黎公约》、《保护文学作品伯尔尼公约》、《保护表演者、录音制作者与广播组织罗马公约》、《保护集成电路知识产权华盛顿条约》项下相互承担的义务。"可见，TRIPs 协议的有关规定并不取代或抵消成员根据这四个公约所承担的义务，如果 TRIPs 协议有关规定与其抵触，成员仍应履行这四个公约规定的义务。

3. 国民待遇原则

各成员在知识产权保护上，对其他成员之国民提供的待遇，不得低于其本国国民。国民待遇原则中的"国民"，在世界贸易组织成员是独立关税区的情况下，系指居住在该区内，有实际有效的工商业所的自然人和法人。《巴黎公约》1967 年文本、《伯尔尼公约》1971 年文本、《罗马公约》及《集成电路知识产权条约》中的各自的例外规定除外。

4. 最惠国待遇原则

在知识产权保护上，某一成员提供其他国国民的任何利益、优惠、特权或豁免，均应立即无条件地给予其他国家的国民。然而，在遵守最惠国待遇原则时允许存在以下例外：

（1）由一般性司法协助及法律实施的国际协定引申出且并非专为保护知识产权的；

（2）《伯尔尼公约》1971 年文本或《罗马公约》所允许的不按国民待遇而按互惠原则提供的；

（3）本协定中未加规定的表演者权、录音制品制作者权及广播组织权；

（4）《建立世界贸易组织协定》生效之前业已生效的知识产权保护国际协定中产生的，且已将该协定通知与贸易有关的知识产权理事会，并对其他成员之国民不构成随意的或不公平的歧视。

（二）有关知识产权的效力、范围及使用标准

1. 版权及相关权利

在保护范围方面，TRIPs 协议规定，全体成员都应遵守《伯尔尼公约》（1971 年文本）第 1 条至第 21 条和公约附件的规定，即将《伯尔尼公约》的实质内容纳入其中，但排除了《伯尔尼公约》规定的精神权利，同时扩大了版权客体，将版权范围扩展至计算机程序及数据汇编。

在权利内容方面，TRIPs 协议就计算机程序和电影作品第一次规定了作者

的出租权。协定要求各成员方应准予作者或其合法继承人有权允许或禁止其作品的原件或复制件向公众进行商业性出租。对于表演者，协定规定若把演唱录制在唱片上，表演者应有权禁止下列未经其许可的行为：录制其未录制过的表演和翻录这些录制品；将其实况表演用无线电方式广播和传播于众。唱片制作者享有准许或禁止其唱片直接或间接翻录的权利。广播机构有权阻止下列未经其许可的行为：录制其广播及其复制品；通过无线电方式对其广播进行重播；将其广播电视向公众重新进行播放。值得注意的是，对于上述表演者权、录音制品制作者权和广播组织权的保护，TRIPs 协议允许成员在《罗马公约》允许的范围内规定条件、限制和保留。

在保护期限方面，TRIPs 协议规定，除摄影作品或实用艺术作品外，如果某作品的保护期并非按自然人有生之年计算，则保护期不得少于经许可而出版之年年终起 50 年，如果作品自完成起 50 年内未被许可出版，则保护期应不少于作品完成之年年终起 50 年。对表演者和录音制品制作者的保护期限，应从该录音制品的演唱、广播的那一年底起算，至少为 50 年；对广播机构权利的保护期限，应从开始广播的那一年底起算，至少为 20 年。

2. 商标

TRIPs 协议规定商标是指任何能够将一企业的商品或服务与其他企业的商品或服务区分开的标记或标记组合。包括文字（包括人名）字母、数字、图形要素、色彩的组合，以及上述内容的任何组合，均能够作为商标获得注册，取得商标权。即使有的标记本来不能区分有关商品或服务，成员亦可依据其经过使用而获得的识别性，确认其可否注册。成员可要求把"标记应系视觉可感知"作为注册条件，只要理由未背离巴黎公约 1967 文本的规定。成员可将"使用"作为可注册的依据，但不得将商标的实际使用作为提交注册申请的条件，不得仅因为自申请日起满 3 年期不主动使用而驳回注册申请。在有关商标获注册之前或即在注册之后，成员应予以公告，并应提供请求撤销该注册的合理机会。

商标所有人享有专有权，可以防止任何第三方未经许可而在贸易活动中使用与注册商标相同或近似的标记去标示相同或类似的商品或服务。但该权利不应损害任何现存的优先权利，也不应影响成员的国民可能在已使用的基础上获得的注册商标权。依据巴黎公约 1967 年文本，商标权的保护适用于服务商标和驰名商标。是否驰名的认定，要以公众对其知晓程度，包括在该成员地域内因宣传该商标而使公众知晓的程度为标准。

商标的首期注册及各次续展注册的保护期，均不得少于 7 年。商标的续展注册次数没有限制。

注册商标必须使用。如果商标至少 3 年连续不使用，商标所有人又未出示妨碍使用的有效理由，可以撤销其注册。如果因不依赖商标所有人意愿的情况而构成使用商标的障碍，诸如进口限制或政府对该商标所标示的商品或服务的其他要求，则应承认其为"不使用"的有效理由。

3. 地理标志

地理标志是指标示出某商品来源于某成员地域内，或来源于该地域中的某地区或某地方，该商品的特定质量、信誉或其他特征，主要与该地理来源相关联的标志。

TRIPs 协议要求成员对地理标志提供法律保护，以任何方式，在商品的称谓或表达上，明示或暗示有关商品来源于并非其真正来源地，并足以使公众对该商品来源产生误解的；或者构成不正当竞争的任何方式，都是 TRIPs 协议所阻止的行为。对葡萄酒和白酒，TRIPs 协议提供更为严格的保护，要求各成员为利害关系人提供法律措施，以制止用地理标志去标示并非来源于该标志所指的地方的葡萄酒或白酒，即使在这种场合也同时标出了商品的真正来源地，即使该地理标志使用的是翻译文字，或即使伴有某某"种"、某某"型"、某某"式"、某某"类"，或相同的表达方式，也在制止之列。

4. 工业品外观设计

工业品外观设计是指对产品的形状、图案、色彩或其组合所作出的富有美感并适合工业上应用的新设计。对独立创作的、具有新颖性或原创性的工业品外观设计，全体成员均应提供保护。而非新颖或非原创不加以保护。外观设计之保护，不得延及主要由技术因素或功能因素构成的设计。

受保护的工业品外观设计所有人，应有权制止第三方未经许可而为商业目的制造、销售或进口带有或体现有受保护设计的复制品或实质性复制品之物品。

成员可以自行确定运用工业品外观设计法或版权法对工业品外观设计提供保护，但保护期不少于 10 年。

5. 专利

TRIPs 协议第 27 条规定，一切技术领域中的任何发明，无论产品发明或方法发明，只要其新颖、含创造性并可付诸工业应用，均可以获得专利及享有专利权，不得因发明地点不同、技术领域不同及产品之系进口或系本地制造之不同而给予歧视。

如果为保护公共秩序或公德，包括保护人类、动物或植物的生命与健康，或为避免对环境的严重破坏所必需，各成员均可不授予专利，制止在该成员地域内就这类发明进行商业性使用。成员国还可以将"诊治人类或动物的诊断方法、治疗方法及外科手术方法；除微生物之外的动、植物，以及生产动、植物的主要是生物的方法（生产动、植物的非生物方法及微生物方法除外）"排除于可获专利之外。但是，成员方应对植物新品种提供，无论是以专利形式，或是以一种特殊有效的专门制度或是以任何组合形式提供保护。

专利权人对专利具有以下独占权：（1）如果该专利所保护的是产品，则有权制止未经许可的第三方制造、使用、提供销售、销售，或为上述目的而进口该产品。（2）如果该专利保护的是方法，则有权制止未经许可的第三方使用该方法以及使用、提供销售、销售或为上述目的进口至少是依照该方法而直接获得的产品。

专利的保护期限自登记之日起不得少于20年。

6. 集成电路布图设计（拓扑图）

TRIPs协议要求成员依照《集成电路知识产权条约》第2条至第7条（其中第6条第3款除外）、第12条及第16条第3款，为集成电路布图设计（即拓扑图，下称"布图设计"）提供保护。除此之外，TRIPs协议认为未经权利持有人许可而从事的下列活动视为非法活动：（1）为商业目的进口、销售或以其他方式发行受保护的布图设计；（2）为商业目的进口、销售或以其他方式发行含有受保护布图设计的集成电路；（3）为商业目的进口、销售或以其他方式发行含有上述集成电路的物品（仅以其持续包含非法复制的布图设计为限）。但是，善意使用不属违法，如果从事或提供该活动者，在获得该物品时不知也无合理根据应知有关物品中含有非法复制的布图设计，则不论如何，任何成员均不得认为该活动非法。

对于保护期限，TRIPs协议规定以注册为保护条件的成员，布图设计的保护期限从填写注册申请表之日或首次在世界上任何地方将其作商业应用之时起，不少于10年；不以注册为保护条件的成员，布图设计的保护期限从首次在世界上任何地方将其作商业应用之时起，不少于10年。不过，成员也可规定自布图设计创作之日起保护期限为15年。

7. 未披露过的信息的保护

TRIPs协议要求成员方在遵守《巴黎公约》中为反不正当竞争提供有效保护的过程中，遵守协议第39条第2款的规定，保护未披露过的信息。合法拥有未披露信息的人有权防止他人未经许可而以"违背诚实商业行为"的方式对该未披露信息的侵害。TRIPs协议所指的未披露过的信息是指：

（1）信息是秘密的，其作为一个整体或其组成部分的组合和精确排列方式，不为接触该信息的公众所知晓或容易获取；

（2）信息具有商业价值；

（3）合法控制该信息之人，为保密已经根据有关情况采取了合理措施。

如果成员要求以提交未披露过的实验数据或其他数据，作为批准采用新化学成分的医药用或农用化工产品上市的条件时，只有在"出于保护公众的需要，或除非已采取措施保证对该数据的保护、防止不正当的商业使用"的前提下，才可以要求提交上述数据。

8. 对许可协议中限制竞争行为的控制

在限制与知识产权有关的某些妨碍竞争的许可证贸易活动或条件方面，TRIPs 协议允许成员方可在国内立法中详细规定可能构成滥用知识产权并对有关市场的竞争产生负效应的许可合同或条件。

（三）有关知识产权的执法措施

TRIPs 协议第 3 部分对各成员方为保护与贸易有关的知识产权而应采取的执法程序作出了规定。

1. 总义务

成员方应保证 TRIPs 协议所规定的执法程序在国内立法中生效。知识产权的执法程序应公平合理。但是，TRIPs 协议并不要求各成员建立一套不同于一般执法体系的知识产权法体系，也不影响各成员执行其国内法的能力。

2. 民事与行政程序及救济

TRIPs 协议要求成员方"提供本协议所包括的任何知识产权的执法的民事司法程序"以保护权利持有人及其他当事人的合法权益。相关程序包括：有关当事人有权聘请律师、出示所有相关证据、进行陈述等；司法机构应通过颁发禁令，责令侵权人停止侵权并支付足够的损害赔偿及有关费用，将侵权产品逐出市场、拆除侵权商标、销毁侵权产品等。

3. 临时措施

司法机构有权采取及时、有效的临时措施，以防止任何知识产权侵权行为的发生或保护相关证据。

司法机构应有权在开庭前依照一方当事人请求，采取临时措施，以防止证据被销毁；司法机构应有权要求申请临时措施的当事人提供任何可以合法获得的证据，以确认该申请人系权利人，确认其权利正在被侵犯或侵权活动发生在即；司法机构应有权责令申请人提供足以保护被告和防止申请人滥用权利的诉讼保证金，或与之相当的担保。

司法机构应尽快将采取临时措施一事通知受影响的各方当事人。在发出通知后的一段合理时间内，应被申请人的请求，对临时措施进行审查，以便确定是否修正、撤销或确认这类措施。如果临时措施被撤销，或如果因申请人的任何行为或疏忽失效，或如果事后发现始终不存在对知识产权的侵犯或侵犯威胁，则根据被告的请求，司法机构应有权责令申请人就有关的临时措施给被告造成的任何损害向被告提供适当赔偿。

4. 有关边境措施的特殊要求

权利持有人在有正当理由怀疑仿冒商标的冒牌货或盗版商品有可能进口时，有权向行政或司法机构提出书面申请，由海关暂停此类商品的放行。申请人应提供保证金或类似担保，以防止申请人滥用此项程序。申请人对因错误扣押商品而造成的进口方的损失应予以赔偿。

5. 刑事程序

TRIPs 协议要求成员方应提供刑事程序及刑事惩罚，至少对于有意以商业规模假冒商标或对版权盗版的情况应如此。可以采用的救济应包括处以足够起威慑作用的监禁，或处以罚金，或二者并处，以符合适用于相应严重罪行的惩罚标准为限。

（四）知识产权的取得和保持及相关程序

成员方可以要求 TRIPs 协议中规定的知识产权的取得或保持应符合合理的程序和手续。如果知识产权须经授权或注册取得，成员方应依据取得知识产权的实质性要件，确立授予或注册的程序，以保证在合理期限内批准授权或注册，以免保护期限被不适当地剥夺。

（五）争端的防止与解决

TRIPs 协议要求成员应公布其所实施的与本协议内容（即知识产权之效力、范围、获得、执法及防止滥用）有关的法律、条例，以及普遍适用的终审司法判决和终局行政裁决以保持其透明度。

关于争端解决的方式，TRIPs 协议规定，1994 年《货物贸易总协定》文本就解释及适用总协定第 22 条及第 23 条而达成的"解决争端的规则和程序的谅解协议"，应适用于就本协议而产生的争端，其方法包括协商、中止履行、交叉报复等。

（六）过渡协议与机构安排

TRIPs 协议规定了各成员国适用本协议的过渡期。任何成员均无义务在《建立世界贸易组织协定》生效之日后 1 年内适用本协议的规定；发展中国家的成员方有权再延迟 4 年适用本协议；正处于由中央计划经济向市场经济转化的过程中，且正着手知识产权体系上的改革，并在实施知识产权法的过程中遇到特殊困难者，也可以再延迟 4 年适用。如果某发展中国家成员按照本协议有义务将产品专利的保护扩大到其适用本协议之日前在其地域内不受保护的技术领域，则其在该技术领域适用本协议关于专利保护的规定可再延迟 5 年；最不发达国家可将协议的适用推迟至 10 年。上述延迟均不适用于本协议第 3 条至第 5 条的规定。

《与贸易有关的知识产权协议》的实施由与贸易有关的知识产权委员会负责监督。

复 习 题

1. 国际技术贸易的主要方式有哪些？
2. 国际许可证协议应包括哪些主要内容？
3. 简述国际技术贸易中的限制性商业条款的含义与法律特点。
4. 简述《巴黎公约》的优先权原则。
5. 在知识产权的执法措施方面，WTO 成员应承担哪些基本义务？

思 考 题

1. 试述《保护文学艺术作品伯尔尼公约》和《世界版权公约》所确立的共同原则及主要差别。
2. 试析《与贸易有关的知识产权协议》与以往知识产权国际公约的区别和联系。

第十章 区域贸易安排

【要点提示】
1. 区域贸易安排的主要模式
2. 关税同盟与自由贸易区
3. 区域贸易安排的法理基础
4. 区域贸易安排的发展趋势

第一节 区域贸易安排概述

一、区域经济一体化与区域贸易安排

经济全球化促进了全球经济整体性和统一性的进一步加强，同时，这一趋势也刺激了区域经济整合趋势的增强。20世纪80—90年代以来，作为经济一体化的一个阶段，各种区域经济整合大量涌现，至今已遍及全球各个地区，并正在向大洲域及跨洲域化方向发展。区域经济一体化是经济全球化的一部分，也是与经济全球化相对应的一个地域概念和法律概念。区域经济一体化和经济全球化已经成为当今世界经济发展的两大趋势和重要特色。

区域经济一体化，是指在一特定区域内以条约为依据对跨国界的特定经济领域所实施的统一的法律制度。① 从动态的角度看，它是一个过程，即特定区域在经济上结合起来形成一个区域性经济发展联合体的过程。参加区域经济一体化运作的既有发达国家，也有发展中国家，从目前的状况看，几乎所有的世界贸易组织成员都参与了一个或多个区域经济一体化组织或区域贸易协定。②

区域贸易安排是区域经济一体化的重要表现形式和内容之一，实施区域经济一体化的重要标志之一就是区域贸易协定（Regional Trade Agreement，RTA）

---

① 杨丽艳：《区域经济一体化法律制度研究》，法律出版社2004年版，第97页。
② 作为一个主管贸易问题的国际组织，WTO仅要求登记区域贸易协定。

的缔结。各国和地区通过对区域贸易安排的积极参与，也推动了区域经济一体化的蓬勃发展。区域贸易协定的缔结，使得成员方之间结合为经济紧密程度不一的一体化实体。依照区域贸易协定而形成的区域经济合作实体通常被称为"区域贸易集团"或"区域贸易安排"。① 广义的区域概念既包括两个或两个以上国家所组成的一定范围的地域，也包括根据 WTO 协定的规定，不同的关税地区组成的地域。因而，所谓的区域贸易协定，是指两个或两个以上的国家，或者不同关税地区之间，为了消除成员间的各种贸易壁垒，规范彼此之间贸易合作关系而缔结的国际条约。所谓的区域贸易安排，即区域内国家和地区之间通过签订区域贸易协定等方式，使得在区域内进行的贸易比在区域外的自由化程度高，简言之就是特定国家或地区之间的优惠贸易安排。当代的区域贸易安排也被称为"WTO 增强型"（WTO-plus），从这个名称可以看出，区域贸易安排其实早已经超越了传统的关税减让范围，甚至超过了现有的多边贸易体制规范的范围。②

二、区域贸易安排的主要法律模式

根据成员之间贸易自由化程度的不同，区域贸易安排可以采取多种形式。安排水平的不同，也决定了其可以依次构成区域经济一体化的不同阶段。主要包括：

（1）优惠贸易安排/优惠贸易区，这是市场经济一体化最低级和最松散的一种表现形式，在优惠贸易安排成员国间通过协定等方式，对全部商品或一部分商品规定其特别的优惠关税。

（2）单一商品的经济一体化，是指把某一特定工业部门置于一个超国家的高级管理机构控制之下。其权力包括为所有成员国规定生产配额，为多余工人的重新培训提供必要的资金，并且制定一些规则来防止不公平的竞争，例如，欧洲煤钢共同体、美加汽车产品协定、非洲木材组织等。

（3）自由贸易区，是指成员国之间废除全部贸易障碍，实现贸易自由化，但各成员国享有自决权，例如，欧洲自由贸易联盟、拉丁美洲自由贸易区。

（4）关税同盟，是指两个或两个以上国家完全取消关税等贸易壁垒，在各成员国实行自由贸易政策。关税同盟类似于自由贸易区，前者与后者不同的是对来自非成员国的进口商品，采取共同关税，实行统一对外贸易政策，例

---

① 左海聪主编：《国际贸易法》，法律出版社 2004 年版，第 354 页。

② 钟立国：《WTO 对区域贸易协定的规制及其完善》，载《法学家》2003 年第 4 期。

如，东非共同市场。

（5）共同市场，是指以关税同盟作为基础，不仅在成员国间消除贸易障碍，实行贸易自由化，而且还允许技术、劳动力、资金等生产要素在成员国间流动，并制定共同的经济政策。

（6）经济同盟，各成员国间不但商品与生产要素可以完全自由移动，建立对外共同关税，还要求各成员国制定和实行统一的货币金融政策、财政政策与社会政策，通过实行统一的经贸政策，逐步废除政策方面的差异，协调各成员国的经济发展，并使之形成一个庞大的经济实体，例如，欧洲经济共同体。

（7）政治同盟或完全经济一体化，是经济一体化的最高形式也是其最后阶段。在此阶段，区域内各国真正成为一个国家，一体化中央当局不仅统制货币与财政政策，而且还有一个中央议会，它拥有一个国家政府的全部权力。欧洲经济共同体 1988 年提出在 1992 年实现"大市场"的目标，就是向这种一体化方向发展。另外，还有些区域性集团组织形式，例如，东南亚联盟就是一个经济、政治、社会和文化合作的组织。

可见，根据经济一体化程度的不同，区域贸易安排的主要法律模式也呈现出不同的类型，各种类型协定的内容也不尽相同。自由贸易协定的内容取决于成员国选择的自由化领域。作为基本要求，自由贸易协定要包括削减和取消关税及限制贸易法规所涵盖的产品范围、逐步取消贸易壁垒的时间表、原产地规则、贸易救济措施的适用等。关税同盟协定则还要包括对外实施统一关税和贸易政策的内容。此外，成员还可选择在投资及服务贸易、知识产权、政府采购、竞争政策等更深层次上实施一体化。有些成员甚至还增加了关于环保和劳工标准等方面的内容。

总之，不同的区域贸易安排形式会给成员国带来不同收益，但也需要其让渡不同程度的国家主权，因此，各成员国会谨慎权衡自己的利弊得失，相互协调以做出抉择。

三、区域贸易安排的历史发展

历史上最早的 RTA，应当说自国家有贸易政策起就有了：几个国家之间相互给予优惠而不给予他国。① 19 世纪，德、奥、英帝国的一些国家之间签订

---

① Jeffrey A. Frankel: *Regional Trading Blocs in the World Economic System*, Washington, DC: Institute for International Economics, 1997, p. 1.

条约，成立了关税联盟。① RTA 的大发展，则始于 20 世纪 80 年代：欧洲经济共同体加快了建立单一市场的步伐，最终成立了欧洲联盟（EU）；美国在"美加自由贸易协定"的基础上成立了北美自由贸易区（NAFTA）；东南亚国家联盟（ASEAN）向自由贸易协定的方向发展；亚太经合组织（APEC）宣布成立。现在，几乎所有的国家都参加了某种 RTA。

在当代，推动全球贸易自由化的主要力量已经从单纯的多边贸易体制转向了多边和区域自由贸易齐头并进的双轨制。尽管多边贸易谈判一直以来受到各国的重视与期盼，然而，继西雅图会议之后，WTO 第五次部长级会议在墨西哥的坎昆再次以失败告终，WTO 多哈发展议程（Doha Development Agenda）因此停滞不前。能够直接影响谈判进程的贸易大国和集团如美国、欧盟纷纷表示将把重心投入到双边和区域贸易协定方面，分散了参与多哈回合的精力，使多边贸易体制遭到重创，步履维艰。多边体制发展上的不顺利从某种程度上推动了区域贸易安排的强劲发展趋势：一是区域贸易安排迅猛发展。截至 2005 年 1 月，实际有效的区域贸易安排共有 162 个，其中 80% 以上是近 10 年内建立的。二是主要贸易大国都在追求区域贸易安排的主导权。美国在推动建立美洲自贸区的同时，还在与韩国、南非等 10 多个国家商谈自由贸易区；日本已经与新加坡签署了自由贸易协定，正在与韩国、泰国商谈自由贸易事宜。三是区域贸易安排成员间的贸易比重进一步上升。四是国家之间的竞争正在向区域经济集团之间的竞争转变。区域贸易安排已经成为各国争取市场资源、扩大发展空间的战略手段。区域贸易安排的发展对世界经济和贸易已经产生了并将必然持续产生重要而深远的影响。

近年来兴起的区域贸易安排主要呈现以下发展特征：

（一）区域贸易安排的数量急剧增加

据 WTO 统计，从 1983 年澳大利亚与新西兰的首个双边自由贸易协定签订到 2002 年 12 月，总共有 259 项区域贸易协定在 GATT/WTO 登记备案，其中有 176 项已处于实施阶段。截至 2007 年 3 月，向世贸组织通报、仍然有效的区域贸易安排有 216 个。现今世界上大部分国家热衷于签订区域贸易协定。除中国的三个单独关税区香港、澳门和台湾省尚未正式签署区域贸易协定之外，WTO 的每个成员均至少参加了一个区域贸易一体化组织，多者则达 30 个以上，直接的结果就是各种区域性贸易集团所涵盖的贸易量已占全球贸易量的

---

① 　John H. Jackson：*Legal Problems of International Economic Relations*（*Third Edition*）. West Publishing Co. , 1995, p. 464.

50%以上。

（二）区域贸易安排已突破了地理位置和经济发展水平的限制

地理位置毗邻是传统的区域贸易安排在成员结构上的一个主要特点。这是因为国土毗邻的区位因素可降低交易成本，因而在经济一体化产生与发展进程中发挥着重要作用，如欧共体。而当前，尽管许多区域贸易安排仍然保持着这一传统特色，但是，其他跨地区、跨洲甚至跨洋的 RTA 也比比皆是，地理位置不再是障碍。如2005 年 11 月中国与智利签订了自由贸易协定，两国从2006年下半年全面启动货物贸易的关税减让进程。现今国家签订 RTA 考虑更多的还在于经济的互补性、市场与夹杂在其中的复杂的经济政治利益。

传统区域贸易安排的成员国或地区，在经济发展水平、市场运行机制、社会经济制度甚至文化环境上也相差不远。这主要是因为形成区域贸易组织集团的成员国的社会制度和对外经贸政策以及长远的战略利益基本一致。然而新近的发展则在此问题上有了新的突破。经济发展水平存在明显差距的发达国家与发展中国家之间的 RTA 越来越普遍，如美国、加拿大与墨西哥之间签订的《北美自由贸易协定》、日本与墨西哥的 RTA、加拿大与智利的 RTA 等。

（三）区域贸易协定签订的区域不平衡性相当严重

欧洲是 RTAs 最集中的地区，目前占全球已实施数量的一半以上。20 世纪 90 年代以来，美洲是区域经济合作发展最快的地区，目前美洲自由贸易区的谈判已经初步完成，美洲大陆不久将成为统一的自由贸易区。相比之下，亚太地区的区域经济合作发展水平较为滞后，东盟的实际效果不尽如人意。

（四）区域贸易安排内容的扩充与加深

区域经济一体化所涉及的领域也不断扩大，内容不断加深。首先是关税减让所涉及的产品种类更为广泛，从货物贸易涉及的产品分析，农产品这一被经常视为最敏感的贸易自由化的对象，也被包含在自由贸易的产品范围之中；随着区域一体化的发展，许多 RTA 从原先 GATT 时期的货物贸易向服务贸易领域扩展：在 GATT 时期，仅欧共体和美加自由贸易协定等少数区域贸易安排中涉及服务贸易。而如今，在 WTO 成员间的区域贸易一体化中，截至 2002 年 7 月 1 日，包含服务贸易安排的达到 21 件，占区域贸易一体化总数的 12.2%，并且这一趋势将随着服务经济的发展和服务贸易规模的不断扩大而进一步发展。其他方面，其所涉及的范围也逐渐扩展到投资领域、知识产权、环境政策等与贸易直接或间接相关的领域，甚至其触角还伸向了经济领域以外的社会政治领域。

（五）新型的 RTA 构成方式的出现

从 GATT/WTO 接到登记备案的 RTA 的组合方式来看，双边的 RTA 和优惠贸易区是 20 世纪 90 年代以来 RTA 的主要形式。值得关注的是，集团与集团之间签订协议的新趋势开始。典型的例子就是东盟与澳大利亚—新西兰紧密联系经济关系之间的 RTA 和南部非洲发展共同体、南方共同市场之间的 RTA。另外，交叉重叠的自由贸易协定格局正在形成。两国之间达成复杂的特惠贸易协定后，又会分别与不同国家达成新的双边自由贸易协定，而后者又会继续与别的国家达成双边协定，以此类推，最终，不同的贸易协定相互交织在一起，变为一个错综复杂的贸易协定网。

第二节　区域贸易安排与多边贸易体制

一、典型区域贸易安排

根据 WTO 的规定，区域性贸易安排主要包括两种形式：

关税同盟（custom union）以单一关税领域代替了两个或两个以上的关税领域，对来自非成员国的进口征收相同税率的关税，即关税同盟的两大要素在于：取消内部贸易壁垒，对外实行统一的保护性措施。典型代表如欧盟。

自由贸易区（free trade area）破除内部相互间的贸易障碍，对外则维持各自实施的关税税率，各自仍然保留其对于非成员国的保护贸易政策与相应措施。可见自由贸易区并非一个新建的关税领域，对外也没有统一要求，其缔约国各自按照 WTO 规范与其他 WTO 成员方进行贸易。典型代表如 NAFTA。[1]

也有学者认为区域性贸易安排有三种形式，即除了以上两种还包括旨在过渡到这两种形式之一的"临时协定"（interim agreement）。过渡性的临时协定是指：组成关税同盟或自由贸易区需要一定的时间，在完成这些过渡性安排时，各组成的关税领土不必立即取消所有内部贸易壁垒，而可以在一定时期内逐步过渡。[2]

关税同盟与自由贸易区的区别在于：前者对内没有关税，对外则有一个统

---

[1]　胡振杰：《区域性贸易安排及其对世贸组织的影响》，载《国际法与比较法论丛》，中国方正出版社 2003 版，第 447 页。

[2]　John H. Jackson: *The World Trading System: Law and Policy of International Economic Relations* (2nd *Edition*), Cambridge: The MIT Press, 1997, p. 165.

一的关税制度和关税税境；后者的各参加国仍然保持自己的关税制度和关税税境，但对区域内成员国的产品实行免税或减税，其待遇优于最惠国待遇。

自由贸易区是区域经济一体化最普遍、最基本的合作形式。据 WTO 统计，截至 2002 年 3 月 1 日，正在实施的区域贸易一体化中，绝大多数是自由贸易协定，占所有区域贸易安排的 72%，共有 175 个，关税同盟 22 个，占 9%，服务贸易协议及部分授权条款实施的区域贸易一体化共 46 个，占总区域贸易一体化的 19%，其中除货物外，还涉及服务贸易的有 17 个自由贸易协议和 1 个关税同盟安排。目前，区域贸易协定除了传统的双边、复边的形式以外，还出现了区域贸易集团之间正在谈判签订协议，如欧盟—南方共同市场。

二、建立区域贸易安排的法律依据

全球经济一体化和区域经济一体化是当今世界经济发展的两大潮流。区域贸易协定作为最惠国待遇最大的例外，已明确规定在 GATT/WTO 的法律条款中，由此产生了这样的法律效果，即：区域贸易安排在区域内部产生的贸易优惠是区域外的国家所不能享有的，直接的结果就是造成了区域内和区域外国家间的歧视。这原本不符合 GATT 和 WTO 所一贯主张的最惠国待遇原则。但这种不符合性却由于 GATT 第 24 条"适用的领土范围—边境贸易—关税同盟和自由贸易区"、《关于解释 1994 年关税与贸易总协定第 24 条的谅解》、GATS 第 5 条"经济一体化"及 1979 年"差别与更优惠待遇，互惠及发展中国家更充分参与"决议中的"授权条款"，而成为最惠国待遇原则的合法例外。WTO 成员根据此类法律依据，可以进行相关领域的区域贸易安排，只要符合条件，其行为并不违反它们所承担的国际义务。

WTO 之所以对于区域贸易协定给予充分的肯定，认为区域间签订优惠性的贸易协定，使得区域内进行贸易较区域外自由化程度高，该措施是非歧视性待遇的例外，其原因在于区域贸易协定与 WTO 具有同样的贸易自由化的追寻目标，只是范围较小，当然其必须符合 WTO 相关规定且应受到 WTO 诸协议的规范。换句话说，WTO 规则及其前身关贸总协定的相关规定，以肯定的态度赋予了区域贸易安排的正当性，并进一步通过立法为区域贸易安排的建立和存在提供了法律依据，以及要求了这类安排所必须符合的某些具体条件。在这样的法律前提之下，这些区域一体化措施就可以与 GATT/WTO 多边贸易体制长期并存。

WTO 有关 RTA 的现有规则包括：GATT 第 24 条及关于解释第 24 条的谅解、授权条款和适用于服务贸易领域经济一体化的《服务贸易总协定》

（GATS）第 5 条。其中 GATT 第 24 条是 WTO 关于区域贸易协定多边规制的基础与核心。

（一）GATT 第 24 条

第 24 条的标题是"适用的领土范围—边境贸易—关税同盟和自由贸易区"。因此，这一条文涉及三个问题：第 1、2 款是关于 GATT 所适用领土范围的规定；第 3 款是关于边境贸易的规定；而更多的内容，即第 4～12 款，是对关税同盟和自由贸易区作出了规定。这些内容确定了关税同盟和自由贸易区（包括为成立关税同盟和自由贸易区而签订的临时协定）的基本概念和纪律。

（1）根据 GATT 第 24 条的规定，关贸总协定的任何规定不得妨碍、阻止关税联盟或自由贸易区的建立或为成立关税联盟或自由贸易区而订立的临时协议的安排。因此，已经建立和正在建立过程中的关税联盟和自由贸易区，是 GATT 最惠国待遇条款的合法例外。第 24 条规定的宗旨就是在缔约方之间实现真正的贸易自由，并给予贸易利益受到损害的其他缔约方以适当的补偿。

（2）根据第 24 条第 4 款的规定，各缔约方承认国家之间通过自愿协议使其经济更加一体化、增强贸易自由化的愿望。关税同盟或自由贸易区的目的，应该为便利其成员国之间的贸易，而非增加其他缔约方与此类领土之间的贸易壁垒。其他几款则对其应当符合的具体标准作了规定。

（3）根据第 24 条第 5 款的规定，要求这类联盟或临时协定对非缔约国所实施的关税和其他贸易规章，总体上（on the whole）不得高于或严于未建立联盟或达成临时协议时各组成领土所实施的关税和贸易规章的"综合影响程度"，如果其建立导致了对非成员国适用的关税有所提高，就必须给予补偿；临时协定的时间长度应合理，并且有最终形成关税同盟或自由贸易区的计划和时间表。这也构成 RTA 合理存在的基本纪律和前提条件。

（4）根据第 24 条第 6 款的规定，如果关税同盟准备提高关税，应当与 WTO 其他成员进行谈判，即就有关义务重新谈判（renegotiation）；如果谈判涉及补偿，应当考虑同盟成员已经作出的相应关税减让。

（5）根据第 24 条第 8 项的规定，对成员国之间实质上所有贸易取消关税和其他限制措施，以实现真正便利 RTA 成员之间贸易的目标，而非变相限制非成员的贸易。但如有必要的话，《关贸总协定》第 11 条至第 15 条和第 20 条允许的关税和其他限制性贸易法规除外。

（二）关于 GATT 第 24 条的谅解

在乌拉圭回合谈判结束前，区域贸易安排仅由 GATT 第 24 条进行规范。根据本条规定对区域贸易协定进行的审查产生了大量问题，仅有 1/8 审查过的协定完全与其规定一致，但没有发现一个协定与其规定不一致，这种两难的状况就使第 24 条作为谈判议题列入了乌拉圭回合的议程。换言之，为了澄清审议 RTA 的标准和程序，提高透明度，乌拉圭回合谈判最终所达成了《关于解释 GATT1994 第 24 条的谅解》（以下简称《谅解》）。其主要内容就是在要求关税同盟和自由贸易区必须满足 GATT 第 24 条第 5~8 款的规定的基础上，着眼于对第 24 条的补充和完善，对部分规定进行了解释，对未予明确规定的某些问题则进行了补充。

（1）根据第 24 条第 5 款第（a）项评估一关税同盟形成前后适用关税和其他贸易法规的总体影响范围时，应根据加权平均关税税率和实征的关税进行全面评估；全面评估难以量化的其他贸易法规的影响范围时，可能审议单项措施、法规、所涉产品及受影响的贸易流量。评估由世贸组织秘书处负责进行。

（2）第 24 条第 5 款第（c）项所指的建立关税同盟或自由贸易区的"合理持续时间"（within a reasonable length of time），一般不得超过 10 年。也就是说，建立同盟或贸易区的计划和时间表，规定逐步取消成员国之间的贸易壁垒，仅在例外情况下才可超过 10 年，但另一方面，又带来了新的问题，例如，何种情况可以成为例外，又成为一个界定模糊的问题。

（3）对第 6 款的解释。《谅解》对本款"补偿性调整"问题引发的争议作了澄清。如果形成关税同盟的成员拟提高约束关税，与非缔约方产生争议，则应按 GATT 第 28 条规定的程序与非关税同盟成员进行补偿性调整的谈判。它明确规定，补偿性调整谈判必须发生在同盟成立前或对外共同关税实施前，补偿是否足够应首先考虑同盟其他成员在降低相应关税方面已提供的补偿。

（4）对第 7 款的解释。《谅解》明确规定所有区域贸易协定必须依第 24 条的规定进行通知，由 WTO 总理事会成立相应工作组进行审查，并将审查报告提交给货物贸易理事会，以便其提出建议。重申 1971 年的规则：区域贸易协定执行情况应每隔两年定期向货物贸易理事会提交报告。

（5）对于实施 GATT1994 第 24 条过程中产生的任何事项，可援引争端解决程序。

乌拉圭回合谈判期间，GATT 依据以往实践与经验，通过《谅解》澄清第 24 条的一些疑义，以强化 WTO 对区域经济安排之规范。这些法律规定在一定程度上强化了 WTO 作为现今唯一的多边贸易法律体制对关税同盟与自由贸易区的管理。

（三）《服务贸易总协定》第 5 条

GATS 第 5 条规定，本协定不得阻止任何成员参加或达成使服务贸易自由化的协定，只要此类自由化协定涵盖大部分服务部门，并且在这些部门不实行或取消在国民待遇方面的实质上所有的歧视。与 GATT 第 24 条相似，GATS 第 5 条规定成员签订服务贸易自由化协定的目的应是便利参加方之间的贸易，与签订协定之前的适用水平相比，对于该协定外的成员，不得提高相应服务部门或分部门内的服务贸易壁垒的总体水平。因此，也使得成员在缔结服务贸易方面的区域贸易协定成为合法。①

（四）授权条款

1979 年 11 月总协定缔约国大会采纳了"差别与更优惠待遇，互惠及发展中国家更充分参与"原则，达成了一项授权发达国家给予发展中国家长期优惠待遇和建立发展中国家之间优惠安排的法律条款，此即"授权条款"。授权条款要求发达国家在以下几个方面给予发展中国家以不同程度的优惠：

（1）重申在关税上发达国家按"普惠制"给予来自发展中国家的产品以优惠关税待遇，并为最初 10 周年之后继续延长普惠制奠定了法律基础；

（2）对于在多边贸易谈判中达成的关于非关税措施的协议，给予发展中国家差别的和更加优惠的待遇；

（3）对于发展中国家之间相互给予的关税和非关税优惠待遇，可按区域性或全球性贸易安排的框架办理；

（4）给予最不发达国家特殊优惠待遇。

"授权条款"是为扶持发展中国家进行区域经济一体化，使发展中国家得到更优惠待遇和互惠的决定。其主要解决是 WTO 的发展中成员在货物贸易领域的优惠贸易安排问题。根据规定，发展中国家在建立区域贸易安排上，不一定要满足 GATT 第 24 条的有关条款，只需要促进贸易的发展即可。发展中国家之间、发展中国家和发达国家之间根据"授权条款"可建立任何形式的区域贸易安排，且不需将此类安排按第 24 条规定来审批，或按第 25 条"豁免义务"程序来审批。

【司法应用 10.1】

印度诉土耳其影响纺织品进口措施案

GATT 第 24 条是在 GATT/WTO 中被援用最多、影响最大的例外规则之一。在 GATT 时期，根据土耳其及欧盟成立关税同盟的协议，土耳其在纺织品和服

---

① 左海聪主编：《国际贸易法》，法律出版社 2004 年版。

装产品上与欧盟一样实行"大体上相同"的贸易政策。政策结果即为土耳其对印度的 19 个种类的纺织品与服装实行了数量限制。印度因此向 WTO 争端解决机构（DSB）申诉土耳其。

1998 年 3 月 13 日，DSB 成立专家小组对此案进行调查。印度认为，土耳其实施的数量限制违背了 1994 年 GATT 第 11 条"普遍取消数量限制原则"、第 13 条"非歧视数量限制原则"和《纺织品与服装协议》的规定。土耳其则争辩说，它在成立关税同盟时实施的数量限制符合 1994 年 GATT 第 24 条的规定。

专家小组经过调查后，在 1999 年 5 月 31 日分发的报告中裁定，土耳其对印度纺织品与服装实施的数量限制不符合 1994 年 GATT 的相关规定；否决了土耳其关于 1994 年 GATT 第 24 条授予它在与欧盟成立关税同盟后可以违背 1994 年 GATT 及《纺织品与服装协议》有关规定实行数量限制的辩护。土耳其没有上诉专家小组关于其数量限制措施不符合规定的裁定，只上诉专家小组裁定它不能依据 1994 年 GATT 第 24 条规定实施的数量限制措施是合理的。上诉机构维持专家小组的裁定，然而却推翻了专家小组对第 24 条作出的解释。上诉机构裁定，辩护方可以根据第 24 条认定限制措施是合理的，但必须满足两个条件：

（1）在关税同盟成立时，这样的限制措施必须完全符合 GATT 第 24 条的规定，特别是符合该条第 5 款及第 8 款的规定；对于这个条件，上诉机构认为，在此案中专家小组做出了土耳其及欧盟成立关税同盟的安排完全满足 1994 年 GATT 第 24 条的假定。然而，这个假定没有被土耳其上诉，因而没有在上诉机构按程序讨论。上诉机构对专家小组进行了批评，认为专家小组在审查措施是否应根据 1994 年第 24 条来判决时，需要 WTO 成员证明这个措施在关税同盟成立时完全满足关税同盟的要求。

（2）成员必须证明如果成员没有被允许实施这一措施，关税同盟的成立已经受到阻碍。对于这个条件，上诉机构裁定，土耳其没有证明它与欧盟之间关税同盟的成立在没有采取数量限制措施时会受到阻碍，土耳其还可以利用可替代措施，如原产地规则来证明达到限制的目的。

本案申诉的问题属于非歧视原则的范畴，并主要涉及在关税同盟中对第三方采取数量限制的问题。非关税壁垒主要体现在数量限制措施、海关估价的方法、贸易技术壁垒的规定、原产地规则及装船前检验的规则等方面，其中最显著的是数量限制。这种贸易壁垒实施起来较容易、简单，效果明显，长期为各国所利用来保护受到进口冲击的国内工业，但是，相对其他措施，数量限制的保护效果代价较高，缺少透明度，成本难以估量，对国际贸易扭曲较大。

三、区域贸易安排与多边贸易体制的互动关系

近年来，贸易自由化的发展主要是通过区域贸易安排来完成的，区域贸易安排的发展步伐在实质上已经超过了多边贸易自由化的进程。作为多边贸易协定以外的又一种选择，区域贸易协定对于想继续推动贸易自由化的各国来说，具有更大的吸引力。一方面是区域贸易协议国内部之间贸易壁垒的降低，资本流动的加快；另一方面则是协议方与外部世界之间较高的贸易壁垒。尽管如此，经合组织（OECD）在1995年的一份报告中曾指出，区域集团的形成只会推动而不会挫败多边贸易体制。但不排除世贸组织的各成员在纷纷选择区域贸易协定后，在多哈回合的贸易谈判中做出让步的意愿会受到一定的影响。①这种笼统的说法触及了一个关键的问题，就是区域性的一体化到底是作为多边贸易的补充还是阻碍了它的发展。换言之，相对于多边贸易体制，RTA 是垫脚石（building blocks）还是绊脚石（stumbling blocks）。

总的来看，区域贸易安排的蓬勃发展，使其与多边贸易体制形成一种互相影响的关系，这种影响包括了积极和消极两方面的作用。

（一）消极的影响

一个区域贸易协定的达成意味着：它并不将成员国的经济对全面的国际竞争开放，而是只对毗邻国或是缔约国开放。但这些毗邻国或缔约国并不一定是某些商品和服务的最有效的供应者，只是它们有着更为紧密的联系或者近似的背景。WTO 的规则规定，参与一项地区贸易协定的国家的关税保护的整体水平不能被提高。即使在这项要求被严格遵守的情况下，一项区域性协议的制定通常意味着一系列的行政程序（包括区域性的规则），这将加重对非缔约国的歧视，并为缔约国自身带来新的复杂性。而且，不同程度的区域贸易安排形成后，集团组织将更趋向于内部保护，区内成员获益，区外成员受损。更为关键的是，不同层次的区域贸易安排导致全球范围内自由贸易标准和程度的不一，加大了未来全球贸易一体化发展标准的统一难度。

（二）积极的推动

能够肯定的是，区域贸易协议对多边贸易体系有所贡献，因为无论是跨境

---

① OECD: *Regional Integration and the Multilateral Trading System*, *Synergy and Divergence*, Paris, 1995, p. 14, pp. 62-65.

贸易活动还是随之而展开的投资活动，如果通过双边或区域的方式进行，将较多边贸易体系方式易于推动。同时，在区域一体化方面先行一步，能为全球一体化打好基础。例如对产品或服务的符合性标准评估，可先于区域或双边场合进行讨论，待到有所进展或在一定程度上达成一致意见，再移至多边贸易体系场合继续推动。区域贸易安排还有利于促进各成员国内改革，并且成员们团结起来，不仅促进了区域内的贸易自由化，而且对于推动更大区域的经济一体化都有着积极的作用。

同样重要的还有，区域贸易协定的自由化进程为现有的多边贸易和投资自由化的法制都起到了一定的示范作用，也为规则的制定提供了新的思考方式。

（三）持续性的监督

作为致力于全球贸易自由化推动和贸易管理最大的平台，无论区域贸易安排的影响力如何，WTO 成员从未放弃过关注多边贸易体系和区域贸易安排之间的关系，并且也一直力促 WTO 规则的进一步澄清与完善，从而能够加强对区域贸易安排的监督与适当的规制。多哈部长宣言第 29 段授权进行谈判，以澄清和改进现有的适用于 RTA 的 WTO 纪律和程序，谈判并应考虑发展问题。作为规范 RTA 纪律的核心规则，GATT 第 24 条的体例与结构日趋完善，既确定了对区域贸易协定的实体审查标准，又制定了审查监督程序规则。

总之，当今区域贸易安排的参加国几乎都是 WTO 的成员国，这使得它们同时负有履行区域组织的承诺以及 WTO 义务的双重责任，世界贸易组织的目的与宗旨就是约束各成员国将其贸易政策限制在议定的范围内。同时，仅仅区域贸易协议单独发挥作用所产生的效益不可能很大，仍需依赖于多边贸易体系继续推动贸易自由化。关键在于，要降低区域贸易协议对全球贸易制度产生的不利影响，使 RTAs 的发展更加符合多边贸易体制的目标，就必须降低对区域外国家的歧视待遇标准，并将自由化之效益延伸适用于区域外国家和地区。因此，从法律角度上来说，区域贸易安排理应成为世界贸易自由化法律制度的有力补充，同时也具备其与生俱来的例外性或超前性。

第三节　主要的区域贸易安排制度

在各类区域性经济组织中，规模最大、影响最深、地位最重要的包括北美自由贸易区（NAFTA）、欧洲联盟（EU）、东南亚联盟（ASEAN）、南锥体共同市场（MERCOSUR）、亚太经合组织（APEC）等。

一、北美自由贸易区的组织制度与法律框架

（一）北美自由贸易区的建立

北美自由贸易区是以《北美自由贸易协定》（North American Free Trade Agreement, NAFTA）为法律依据而建立的。该协定由美国、加拿大和墨西哥三国在美加自由贸易协定的基础上缔结，并于 1994 年 1 月 1 日生效。由此形成的北美自由贸易区当时拥有 3.6 亿人口，GDP7 万多亿美元，年贸易总额 1.38 万亿美元，与欧盟自由贸易区并列为全球两大自由贸易区之一。根据协议，缔约国将在 15 年内逐步削减直至取消所有货物贸易关税，取消货物和服务贸易、对外投资的非关税壁垒，实现商品、服务、投资资本的自由流动。①

北美自由贸易区建立的意义在于：一方面，它标志着又一个新的具有一定硬法机制的区域经济一体化形式出现；② 另一方面，它成为第一个包括了发达国家和发展中国家，并且试图使它们紧密联系的自由贸易集团。这种类型的自由贸易协定的结构也意味着一种重要的潜力：较落后的国家（这里指墨西哥）的低工资的产品，有可能打入较先进国家的市场。由于 NAFTA 的主要目标是降低乃至最终消除关税和非关税贸易壁垒，同时包括了服务、资本、人员自由流动等更为广泛的内容，因而不限于严格意义上的自由贸易区，而带有了一定共同市场的因素。

（二）NAFTA 的主要内容与特点

如前所述，NAFTA 是北美自由贸易区建立的法律依据和基础性法律文件。该协定提出的基本法律要求是：第一，在成员国内取消产品的贸易关税和其他限制性贸易法规；第二，在运作时要遵循一定的法律限制条件，包括 GATT 的相关约束；第三，自由贸易区建立的法律要求并不需要像关税同盟那样，必须制定一致的关税税率。

NAFTA 第二部分（第三章至第八章）是全面的有关货物贸易的规则。主要涉及：

（1）关税及非关税措施。如协定规定在 NAFTA 生效后的 15 年过渡期内，三成员国间的货物贸易将分阶段、分类别取消所有原产于三国的货物的进、出口关税。数量和许可证也必须消除。

（2）国民待遇。NAFTA 的国民待遇条款基本并入 GATT 条款，理解上也

---

① 王传丽：《国际贸易法》，法律出版社 2004 年版，第 584 页。

② 杨丽艳：《区域经济一体化法律制度研究》，法律出版社 2004 年版，第 167 页。

与 GATT 相符。

（3）原产地规则。为了防止第三国产品通过在 NAFTA 缔约国（主要是指借具有廉价劳动力的墨西哥之道）加工产品而享受 NAFTA 缔约国的关税和贸易待遇（"免费搭车"现象），协定还强调了严格的以北美自由贸易区为原产地的判断标准。

（4）农产品贸易。NAFTA 在第七章专门规定了农产品贸易的问题。根据协议以及三国农产品的具体承诺，成员间大部分农产品关税要分阶段削减直至完全取消。

NAFTA 的第十章涉及政府采购问题。该章是以 GATT《政府采购协定》、《美加自由贸易协定》的相关规则为基础制定的，其中尤其强调了国民待遇非歧视原则，保证政府采购机会的公平获得。

在乌拉圭回合中，发展中国家与发达国家就与贸易有关的投资措施（Trade-related Investment Measures, TRIMs）谈判达成了 TRIMs 协议。目的在于禁止那些对贸易产生严重扭曲和限制作用的 TRIMs，便利投资，促进世界贸易的扩大和逐步自由化。NAFTA 同样涉及了区域内的投资问题。该协议第十一章对投资以及与贸易有关的投资作出了相应的规定，包含四个组成部分：适用范围、投资自由化、投资保护和争端解决。由于贸易与投资有着十分密切的联系，协议要求各成员不得实施与 GATT1994 国民待遇原则和取消数量限制原则相违背的 TRIMs，并在协议后附录了一份示例清单。同多数涉及美国参与的双边投资协定一样，投资者可以享受到国民和最惠国待遇，包括拟议投资（进入前）以及在 NAFTA 国家已有投资（进入后）。自由化承诺包括设立前阶段，这是 NAFTA 一个不同于其他国际协定的特点。NAFTA 自由化承诺还包括完全限制其成员使用一些业绩要求。在这方面，可以说 NAFTA 条款超越了 TRIMs 条款。例如 NAFTA 条款 1106 规定：任何缔约方不能要求其他缔约方或非缔约方投资者在其领土内的投资"必须购买和使用本国产品和服务，或为这些产品和服务提供优惠"，"要求企业担任特定地区或世界市场的独占型产品生产者或服务提供者"和"必须转让技术、生产工艺或其他专利知识给本国自然人或法人"。

NAFTA 第十二章至第十六章主要构成了 NAFTA 的区域服务贸易规则，具体规定包含了服务贸易以及服务投资在内的广泛内容，并以最惠国待遇和国民待遇作为基础性的非歧视待遇原则。规则突出体现了美国推进服务贸易自由化的主张和愿望，在内容上与 GATS 有很多相似之处，例如，都规定最惠国待遇条款不仅适用于服务产品，也适用于服务提供者。同时，NAFTA 对服务贸易的范围和定义具有自己的特点。首先，就服务部门而言，协定覆盖的服务部门相当广泛。第十二章"跨境服务贸易"建立了旨在实现跨境服务贸易自由化的规则和原则框架，包括过境服务、电信、金融服务、服务业投资、商务人员临时入境、陆上运输服务、职业服务等；其次，协定采用"否定清单"的列举方式来规定其适用的服务部门的范围，即如果一个服务部门没有被明确排除在协定调整范围之外，那么该服务部门就会自动地适用。该章同时也明确规定不适用于下列服务和活动：（1）金融服务、与能源或基础石油化工有关的服务；（2）航空服务及其支持服务（除航空器维修服务和特种航空服务之外）；（3）跨境劳工贸易、政府采购、政府补贴、成员国政府所进行的与法律执行、收入保障、社会福利和国家安全有关的活动。至于其他部门，允许各成员方作出不同程度或全部或部分的保留。通过"否定清单"的列举方式，NAFTA 使北美形成了一个较为开放的服务贸易市场，在许多复杂和高度控制的服务部门取得了较大的自由化进展，其服务贸易市场的自由化程度超过了国际多边服务贸易谈判所能达到的程度。

二、欧盟的组织制度与法律框架

（一）欧盟的建立

欧洲联盟（European Union，简称欧盟或 EU）是建立在欧洲经济共同体、欧洲煤钢共同体和欧洲原子能共同体基础上的。1992 年，欧洲共同体马斯特里赫特首脑会议通过《欧洲联盟条约》，通称《马斯特里赫特条约》（简称《马约》）。1993 年 1 月 1 日，《马约》正式生效，欧盟正式诞生，总部设在比利时首都布鲁塞尔。这标志着欧共体从经济实体向经济政治实体过渡。至2007 年，罗马尼亚和保加利亚两国加入欧盟，欧盟经历了 6 次扩张，成为一个涵盖 27 个国家，国民生产总值高达 12 万亿美元，世界上经济实力最强、一体化程度最高的国家联合体。

欧盟代表了区域经济一体化的另外一种重要模式。它是一个集政治实体和经济实体于一身、在世界上具有重要影响的区域一体化组织。它以共同市场为起点（这一基本目标已在 1992 年基本实现），以后的发展则早已超越单纯的共同市场，在共同的历史文化传统的基础上形成了现在兼具经济同盟、货币同盟以及政治和安全同盟的全面一体化组织，带有一定的"超国家"色彩。相较之下，以美国为核心的北美自由贸易区则是较单纯的共同市场，贸易区成员国之间的关系限于经贸往来、给予和享受特殊优惠待遇以及贸易纠纷的协调解决。

（二）欧盟主要的贸易一体化法律措施

《欧洲联盟条约》为欧共体建立政治联盟和经济与货币联盟确立了目标与步骤，是欧洲联盟成立的基础。欧盟的整个法律制度框架由三根支柱（pillar）组成：第一支柱是原欧洲共同体，第二支柱由共同外交和安全政策构成，第三支柱由司法与内务领域的合作政策组成。在第一支柱内，共同体有权进行直接立法。

1. 货物贸易的关税与国内税措施

欧盟内部所有货物贸易自由流动的机制是以关税同盟为基础的。《欧共体条约》第 23～39 条（按照新编号）是有关货物的自由流动规定，在关税同盟的内在法律要求下，首先，要在成员国之间的货物贸易中逐步削减直到取消所有进出口关税，并保证不再增加实施新的关税；不仅如此，还要在成员国与第三国进行贸易时，采取共同一致的关税，即对原产于共同体以外的其他国家产品进口实行统一的欧共体关税税则。共同关税制度的建立具有深远意义，它标志着成员国将本国关税自主权交由联盟行使。

2. 非关税措施方面

为了保证货物贸易除了关税减让以外的公平，欧盟也通过《欧共体条约》进行了相关规定，取消了数量限制的各种形式。例如，第 28 条规定："成员国间对进口施加的数量限制和一切具有同等作用的措施，应在不妨碍下述规定的前提下予以禁止。并且应避免在成员国之间引入任何新的数量限制或具有同等作用的措施。"

3. 服务贸易措施

欧盟的服务贸易规范的制订起步较早，从 1957 年《欧洲经济共同体条约》到 1992 年《欧洲联盟条约》以及后来修改过的欧共体条约中都有关于服务贸易的条款，当今服务贸易的相当部分内容都被囊括。由于在欧盟形成共同市场前，各成员国参与进行的服务贸易自由化已经具备了较高层次的发展水平，所以，联盟建成后，此时的国际服务贸易的概念应更多地指向联盟与第三方的服务贸易关系。

欧盟是一个已经实现了经济、货币联盟的区域组织，它的经济一体化是全方位的。欧盟已经逐步在农业、渔业、交通、竞争、环境和科技等领域实行共同的对外关系制度，并采取了有关单一货币的一系列政策和法律规则。它的一体化进程也是各成员国采取强有力的立法和司法措施推进与保证的。

三、东盟的组织制度与法律框架

（一）东盟的建立

东南亚国家联盟，简称东盟（ASEAN），最早启动了亚洲区域一体化的进程。它经历了从特惠贸易安排到自由贸易区的发展、再向经济共同体迈进的过程。自 1978 年起，东盟特惠贸易安排实施了 15 年的时间。从 1993 年起东盟自由贸易区的进程正式启动，随后这一进程不断加速，东盟自由贸易区的成员不断扩大，涵盖的领域逐步深化。东盟自由贸易区的成员国由 6 个增加到 10 个，自由贸易区也逐步从贸易扩展至服务、投资以及其他经济合作领域。2003 年 10 月，在第 9 次东盟领导人会议上，各国同意在 2020 年建立东盟经济共同体，加速推进自身区域经济一体化。根据实现东盟经济共同体的行动计划，东盟将全面推进和落实自由贸易区、服务贸易协定和投资区计划。

东盟自由贸易区的建成有力促进了成员国经济的相互联系，为共同市场的建立铺平了道路，使一体化的程度大大提高。在随后的几年内，通过几次东盟首脑会议决定建成东盟共同体。该共同体包括经济共同体、安全共同体以及社会和文化共同体，同时把建立经济共同体的时间提前到 2015 年。东盟共同体的实现将意味着东南亚地区一体化的程度将达到相当高的程度。

（二）东盟的相关法律制度框架

1992 年 1 月的东盟首脑会议，通过了建立东盟自由贸易区的《新加坡宣言》和《东盟加强经济合作框架协定》，与此同时，还通过了作为东盟自由贸易区建设的主要措施的《东盟自由贸易区共同有效普惠关税安排协定》（Agreement on the Common Effective Preferential Tariff Scheme for AFTA，CEPT）。上述文件，加上 1994 年的《建立东南亚十国共同体设想声明》，构成自由贸易区的纲领性或称基础性文件。

在当前的东盟自由贸易区内，根据 CEPT 的计划，关税减让依然是货物贸易规则的主要内容。最初的目标是从 1992 年自由贸易区建立开始的 15 年时间内，将其成员国的关税减让到 5% 至 0 税率。到目前为止，东盟在削减关税方面进展顺利，正在朝着零关税的最终目标努力。至于对非东盟成员国的关税，则仍由东盟各成员国自行决定。东盟规定的保障措施采取的条件与 GATT 第 19 条基本一致。① CEPT 规定，如果：（1）由于执行 CEPT 减税计划，某成员国某项产品进口的增加导致或极可能导致对该生产部门的严重损害，或对其产

---

① 1992 年《东盟自由贸易区共同有效普惠关税安排协定》第 6 条。

品造成直接的竞争，该进口国可以在一定程度和必要时期内暂时延缓优惠，以防止或弥补损害；或者（2）为了预防或制止货币储备的严重下降，一国可以在不违背现行国际规定的前提下对进口采取数量限制或其他限制措施。

在东盟，最初集中在关税减让上的一体化措施，现已扩展到投资、金融、服务贸易等方面，具体的法律文件依据包括《河内行动计划》、《东盟敏感产品特别安排议定书》等。它的区域经济一体化范围也已经覆盖了除上述领域外的金融、农业、林业、能源、旅游等诸多方面。

综上所述，在几个典型的区域集团中，无论是关税同盟还是自由贸易区类型，都非常重视以法律制度的形式规范货物的自由流通。其进行关税减让和取消、加强对非关税措施管制的宗旨是基本一致的；同时，在对区域外部第三方的关税态度和非关税措施的采取上则有所区别。

传统的区域贸易安排强调改善成员国的贸易条件，而现今的国家则开始寻求在贸易自由化方面以外的一些利益，另一些国家则把区域贸易安排作为增强其市场影响力或规避世贸组织非歧视性要求的一种手段；另外，通过区域贸易的各种法律实践，也有助于增强对国际经济规则制定的影响力进而影响更大领域的国际事务。如欧盟这个最具代表性的共同市场，在经济高度一体化之后，尝试向政治一体化目标迈进的努力有目共睹，虽然在其前进的道路上暂时受到了阻碍，但是其作为世界经济政治领域唯一可以与美国相抗衡的力量的地位是公认的。欧盟的发展形式在一定程度上代表了区域贸易合作发展的未来趋势。

第四节　中国参加区域贸易安排的实践与法律对策

一、中国参与区域贸易安排的实践

1991 年中国参加了亚太经合组织（APEC），这是中国参加的第一个区域经济论坛，也是参与区域经济合作的开端。中国在 2001 年加入了《曼谷协定》（现更名为《亚太贸易协定》），是中国参与的第一个区域贸易安排。

欧盟和北美自由贸易区所取得的巨大成就，大大激发了东亚国家加强区域合作的积极性，增强了它们对区域合作的信心。现在东亚区域合作的形式是"10＋3"模式，即东盟 10 国与中日韩三国的交互合作方式。中国签署的第一个真正意义上的自由贸易协定也是 2004 年 11 月与东盟十国签署的自由贸易区《货物贸易协议》。当然，这种合作方式仅仅只是区域经济一体化进程的过渡阶段，并非真正地实现了区域经济一体化。

中国在参加区域一体化进程方面的努力不限于此，近年来，我国与多个国家和区域组织的双边自由贸易协定谈判已经启动或已取得成果。2004 年 6 月，中国和南非政府正式宣布启动中国—南部非洲关税同盟自由贸易区谈判；同年 7 月，中国和海湾合作委员会正式宣布启动中国—海湾合作委员会自由贸易区谈判；2006 年 10 月 1 日，中国与拉美国家签署的第一个自由贸易协定——中国—智利自贸协定正式生效，双方同时正式启动服务贸易和投资谈判；近期，中国还与巴基斯坦、新西兰、新加坡、秘鲁等国签订了自由贸易协定，与澳大利亚、印度等国的自由贸易协定也正在研究或谈判之中。

此外，2003 年 6 月和 10 月中国内地与香港特别行政区、澳门特别行政区分别签订了《内地与香港建立更紧密经贸关系的安排》、《内地与澳门建立更紧密经贸关系的安排》（Closer Economic Partnership Agreement，CEPA），从 2004 年 1 月执行 CEPA 有关贸易安排。CEPA 在遵循"一国两制"方针的前提下，以互利互惠为基本原则，逐步减少或取消各方之间实质上所有货物贸易的关税和非关税壁垒，逐步实现服务贸易的自由化，减少或取消各方之间实质上所有歧视性措施，促进贸易投资便利化。这既遵守了世界贸易组织的规则，又符合三地经贸交流与合作的实际，对于促进三地经济优势互补，共同发展，保持香港特别行政区、澳门特别行政区的长期繁荣与稳定，具有现实和深远的意义。

二、中国参与区域贸易安排的法律对策

面对全球经济一体化和区域经济一体化所带来的机遇与挑战，我国应当进一步调整参与区域贸易安排的法律对策，选择阶段性目标模式和优先顺序。

第一，我国应借鉴和吸收全球区域经济一体化的发展经验与教训，根据我国的经济、政治和外交利益，参照合作伙伴的区域化战略的优先顺序，调整我国的区域经济一体化战略，全方位、多层次和有步骤地推进参与区域化的进程。例如开展与我国重要贸易伙伴或具有一定国际经济地位的国家的贸易自由化谈判；与国际资源战略相结合，推动与某些石油、特殊金属矿生产地关税主体的贸易自由化谈判。

第二，我国应进一步推动多层次的区域经济一体化的发展，一方面推动现有区域贸易安排形式，进行调整与程度上的"升级"；另一方面尝试新型合作方式，如论坛性的区域化组织（如亚太经合组织）、制度性的区域贸易协定（如中国—东盟自由贸易区、《曼谷协定》以及其他双边自由贸易协定等）以及战略性和松散型的区域合作组织（如上海合作组织）等。目前，我国推进的区域贸易自由化以南南合作型居多，同时，应尽早与欧盟国家、北美自由贸易区以及其他发达国家等建立南北合作型的区域贸易自由此。

第三，认真借鉴全球区域经济一体化的经验，选择我国的发展模式。与以往区域贸易自由化形式不同，新兴的区域贸易自由化形式的目标和内容更为广泛而多样，服务贸易和投资自由化成为重点，它突破地区和距离的限制，协调双方的非对称性，并在强调与 WTO 规则相一致的基础上，在内容上超越 WTO 的范围。在区域贸易自由化的理论与实践中，仍存在诸多关键性的问题。例如，参与多少 RTAs 为好，如何处理重叠式 RTAs 带来的问题。我国在选择区域贸易安排对象时，应注意考虑这些问题。

多边贸易体制、区域贸易安排和双边贸易协定都是世界各国可以采用的自由贸易制度。在今后相当长的时期内，利用区域贸易安排不仅可以获得一体化内部优惠，而且可以提高对外的影响，增强交易能力。从法律的角度说，允许和鼓励区域贸易一体化的发展也是在 WTO 多边贸易体制下实现全球贸易自由化的一种必然选择。中国应该以努力维护多边贸易体制为主，同时也应该积极发展适合自己的区域性和双边性的贸易安排，寻找自己的战略组合，把参与区域贸易协定作为促进自身发展的一种工具和机遇，形成一个有利于我国持续发展的经济合作格局。

复 习 题

1. 简述区域贸易协定的定义。
2. 简述区域经济一体化的主要法律模式。
3. 试比较关税同盟与自由贸易区。
4. 简述 GATT 第 24 条对建立区域贸易安排的法律态度。
5. 简述多边贸易体系对区域贸易安排的监督措施改进。

思 考 题

1. 区域贸易安排在蓬勃发展的进程中体现出什么特点？
2. 如何理解区域贸易安排与多边贸易体制之间复杂的关系？
3. 如何理解区域经济一体化在未来的发展趋势？

第十一章　WTO 争端解决机制

【要点提示】

1. WTO 争端解决机制的法律渊源
2. WTO 争端解决机制的一般原则
3. WTO 争端解决机制的主要机构、基本方法和程序
4. WTO 争端解决机制的性质、特点与面临的挑战

第一节　WTO 争端解决机制的基本制度

一、争端解决机制的法律渊源

争端解决机制作为 WTO 引以为自豪的标志，首先体现在缔造者们为该体制确立的法律基础上。当初 GATT 有关争端解决的规定只有短短的 3 个条款。尽管 GATT 在其后几十年的实践中逐步形成了一套解决争端的程序和方法，但是这些程序和方法分散在不同的子协定中，没有形成统一的有机体制。随着时间的推移和贸易纠纷的日趋复杂，GATT 的争端越积越多，其既定的争端解决程序和方法则显得越来越力不从心，这无不与其法律基础的先天不足有着直接的重要关系。为避免重蹈覆辙，WTO 从一开始就为其争端解决打下了颇为坚实的法律基础。

（一）WTO 争端解决机制的主要渊源

1.《关于争端解决规则与程序谅解》

WTO 的争端解决机制集中规定于 WTO 章程的附件二《关于争端解决规则与程序谅解》（Understanding on Rules and Procedures Governing the Settlement of Disputes, DSU）（以下简称《谅解》）之中。《谅解》共 27 条，另有 4 个附件，主要是 WTO 争端解决机制在程序和组织方面的规则。《谅解》及其附件就 WTO 争端解决机制的适用与范围、管理与运作、一般原则、基本程序、建议与裁决的实施和监督、补偿与减让的中止、涉及最不发达成员国的特殊程序、

专家组的工作程序、专家复审等，分别作出了较为系统的规定。有关这些基本问题将在以下内容中予以阐述。

2. 除《谅解》外 WTO 协定的有关规定

WTO 争端解决机制所适用的法律受其争端解决程序法《关于争端解决规则与程序谅解》相关规定的限制。《谅解》第 7 条第 1 款规定，通常专家组将拥有《谅解》所规定的标准职权范围，即"依据（争端当事方援引的 WTO 协定的）有关规定，审查由（争端方）在（……）文件中所提交的事项并作出裁定以协助争端解决机构作出这一/这些有关协定所规定的建议或裁决"。但是，如果争端当事方在决定成立专家组后 20 天内已就专家组的一个非标准职权范围达成一致，则专家组将拥有该非标准职权范围。

"依据（争端当事方援引的 WTO 协定的）有关规定"这一短语的通常意义很清楚：专家组适用的法律就是 WTO 协定的有关规定。从 WTO 成立以来的实践来看，WTO 专家组设立时都拥有标准的职权范围，都是"依据（争端当事方援引的 WTO 协定的）有关规定"来审案的。这种适用条约的实践也进一步确认了这种文义解释。《谅解》第 17 条第 6 款规定，上诉事项仅限于专家组报告中所涉及的法律问题和专家组作出的法律解释。也就是说，上诉机构适用的法律也是《谅解》第 7 条第 1 款所规定的"（争端当事方援引的 WTO 协定的）有关规定"。因此，从《谅解》的法律适用规定来看，涉讼的 WTO 协定的有关规定是专家组和上诉机构正式适用的法律。

（二）WTO 争端解决机制的辅助渊源

这里所说的辅助渊源并不是说这些辅助渊源可以填补 WTO 协定的空白，而是说它们可以成为专家组和上诉机构解释 WTO 协定的辅助资料，可以作为专家组和上诉机构观点的佐证或论据。具体来说，这些辅助渊源有：

1. 司法判例——专家组和上诉机构的报告

按照一般国际法原则，国际法庭或国际仲裁庭的判决或裁决只对该个案所涉及的当事国有效，对其他案件、其他国家并无约束力，因此，从法律上看，专家组和上诉机构对 WTO 协定涉案条款的解释对以后的案件并无约束力。但是在实践中，先前的专家组和上诉机构报告事实上起到了英美法中先例的作用。专家组和上诉机构在进行 WTO 条款的解释和推理时，无一例外地援引以前专家组和上诉机构报告中的解释和推理，而且往往是将以前所有的相关专家组和上诉机构报告全部加以列举，甚至还上溯到 GATT 时期专家组的报告。专家组和上诉机构在判案时事实上是依循先例的。这种依循先例在 GATT 时期就已成为惯例，WTO 开始运作时自然地将其承袭下来。

事实上的依循先例对 WTO 的争端解决和 WTO 法的发展有利而无弊。

（1）有利于发展出具有一致性和可操作性的 WTO 司法解释，弥补 WTO 协定的不足。WTO 协定是一个自足的或者说自我包容的国际条约群，WTO 协定的规定是具体明确的。但是，同其他任何国际条约及国内立法一样，这种具体明确是相对的，在适用于具体案件时，仍需要进行司法解释，使其对该具体案件具有可操作性。另一方面，如果对同一性质的案件，不同的专家组和上诉机构成员因法律解释上的差异而导致不同的审查结果，WTO 法的一致性将被破坏，WTO 法的可预见性也将丧失，进而动摇整个 WTO 体制的可预见性和安全性。反过来，事实上的依循先例则可以确保 WTO 法的一致解释和适用，确保争端解决机制为多边贸易体制提供可预见性和安全性。长期坚持这种依循先例，就可以发展出并进而维持系统的、具有一致性和可操作性的 WTO 法。

（2）有利于提高办案效率和不断积累法律解释与分析方法。依循先例，使专家组和上诉机构成员不必对已有先例的法律问题再多费心思，而专注于案件中的新问题，自然可以缩短审查时间。这对于审查期限较短的专家组和上诉审查来说，尤为重要。同时，专家组和上诉机构成员对每一/每些新法律问题的解释和推理又成为以后专家组和上诉机构成员依循的先例。专家组和上诉机构的审查也随之成为一种有一定创造性的高度职业化的工作。这样日积月累，不同的专家组和上诉机构成员的法律解释便汇集成系统的 WTO 司法解释库。

（3）可以加强审查结果的说服力。援引以前专家组和上诉机构成员的解释和推理，还可以起到加强有关解释和推理的说服力，使当事国更为信服的作用。

2. 国际习惯

"国际习惯是国际法的最古老、最原始的渊源……在一定意义上，国际习惯也可以说是最重要的国际法渊源"，然而在 WTO 法中，国际习惯却没有这样高的地位。究其原因，主要是 WTO 和 GATT 一样本身是国际条约法体系，它们是建立在国际条约而不是国际习惯基础上的。例如，作为 WTO 体制基石的最惠国待遇原则不是国际习惯，因为"习惯造法的一个主要特点，同时也是它最大的一个优点在于经由习惯途径所形成的国际法规范具有普遍的约束力"。① 而最惠国待遇是以条约为基础的，它规定的权利和义务只及于 WTO 的缔约方，对非缔约方无法律效力。

---

① 姜文忠：《习惯和条约的国际造法功能比较》，载《法学》2001 年第 4 期，第 4 页。

在 WTO 协议中对国际习惯作出的最重要的规定是 DSU 第 3 条第 2 款，该条款规定：DSB 要"按照国际公法解释条约的习惯规则来阐明各适用协议的现有规定"。因此，WTO 专家组和上诉机构在审理实践中多次运用《维也纳条约法公法》第 31 条和第 32 条中"对例外的狭义解释原则"和"根据条文本身和上下文，订立时的目的和目标来解释"等原则。

【条文导读 11.1】

DSU 第 3 条第 2 款

DSU 第 3 条第 2 款规定："WTO 各成员认识到该体制（WTO 争端解决制度，编者注）适于维护各成员在适用协定项下的权利和义务，及依照解释国际公法的惯例澄清这些协定的现有规定。"

实践中，专家组和上诉机构经常援引的"解释国际公法的惯例"是《维也纳条约法公约》第 31 条和第 32 条，即解释应当首先从协定用语的通常含义开始；用语应按照其上下文解释，并参照协定的整体目的和宗旨，还应考虑嗣后惯例；只有在特殊情况下，才可以使用补充资料的解释方法。值得提及的是，GATT 时期使用的也是同样的方法。

对于协定中某个用语的含义，专家组和上诉机构常常先查词典。这种做法非常普遍，似乎协定的用语都是含糊不清的，惟有词典才是明确的。事实上，在词典中，某个词的含义常常有多个；要确定其在协定中的确切含义，往往要看该用语的上下文，以及协定的宗旨和目的。

当然，在专家组和上诉机构审理案件过程中，对这条澄清协定的规定进行了进一步的澄清，并且发展出了诸多解释原则。例如，在"美国棉纱案"中，专家组在解释《纺织品与服装协定》第 6 条时，认为该协定属于 WTO 协定的组成部分，因此第 6 条的上下文是 WTO 协定整体。

3. 一般法律原则

WTO 专家组和上诉机构的报告中有时会引用一般法律原则。正如《奥本海国际法》所讲的："在所有或大多数国家的国内法律体系中占有地位的法律原则自然地为各国所称许而在国际法律体系中加以适用，作为各国经验内任何法律体系中所几乎必然固有的原则。"① 与国际法院一样，WTO 争端解决机构也很少适用一般法律原则。例如，在"海龟"案中，上诉机构援引"善意原则"对 1994 年 GATT 第 20 条的引言中所体现的保持 WTO 成员相互间权利与义务的平衡的含义作了阐述。它指出，"第 20 条的引言实际上是对善意原则的表述。这个原则既是一般法律原则又是国际法的一般原则，控制着国家对权利的行使"，从而要求国家应合理地行使权利，而不能滥用权利。在举证责任的问题上，各个法律体系一般都坚持"谁主张，谁举证"。在"印度与美国关于限制针织羊毛上衣进口纠纷"案中，上诉机构认为：如果提出诉请就等于提出了证明，那么没有哪一个争端解决程序可以实际运转。所以，所有的法庭，包括海牙国际法庭，都要求提出诉请的一方负有举证责任，这也是大多数国家普遍接受的原则。如果诉请方提出的证据可以初步证明其诉请，此时举证责任转移到对方，如果对方不能反驳这些证据就会败诉。

4. 权威最高的公法学家的学说

在 GATT 专家组的报告中，很少引用权威最高的公法学家的学说和著作来支持其观点，这种状况主要是由 GATT 歧视法律界人士的传统造成的。与GATT 的专家组相比，WTO 的专家组和上诉机构在其报告中更多地援引了那些权威最高的公法学家（包括在 WTO 领域有权威的国际法学者）的学说。特别是上诉机构，由于其权限只能对专家组报告中涉及的法律问题和专家组所作的法律解释进行审查，援引各国权威最高的公法学家的学说来审查这些法律问题和法律解释无疑具有更大的权威性。例如，在"海龟"案中，在解释"善意原则"时，上诉机构就援引著名国际法学者郑斌教授的著作《国际性法院与法庭所适用的一般法律原则》中的论述：当权利的主张"侵犯了条约义务所涉及的领域时，行使该权利就必须诚实守信亦即合量"。同时在该注解中上诉机构又列举了詹宁斯、瓦茨在《奥本海国际法》中对几个著名的国际法案件的阐述来进一步说明这个问题。粗略统计，在该案中被引用的论著至少十本以上。上诉机构在法律适用上的这一进步，反映了 WTO 争端解决机制对法律特别是国际法在争端解决中的重要性的认可，同时也使上诉机构在审案中的灵活性得到了加强。

---

① ［英］詹宁斯·瓦茨，王铁崖等译：《奥本海国际法》（第一卷第一分册），中国大百科全书出版社 1995 年版，第 23 页。

二、争端解决机制的一般原则

WTO 的争端解决机制的一般原则，是该机制赖以建立的基本原则，是指导该机制运作的一般性规定。这些原则集中规定在《谅解》的第 3 条中，其主要精神可概括为如下几个方面：

（一）继续遵循 1947 年 GATT 有关处理争端的各项原则

《谅解》第 3 条第 1 款规定："各成员国确认，坚持在此之前依照 1947 年 GATT 第 22 条和第 23 条及其进一步完善与修订的各项规则和程序所适用的处理争端之各项原则。"这一规定表明：《谅解》和 WTO 各项文件的生效不是使 GATT 关于争端解决的原则当然失效，而是前者的继续和完善。此外，根据《谅解》第 3 条第 11 款的规定，《谅解》仅适用于 WTO 协定生效之日或其后依据有关协定的协商规定而作出的协商请求。至于 WTO 协定生效之前依照 1947 年 GATT 或有关协定的任何先前协定作出协商请求的争端，应继续适用 WTO 协定生效之前及时有效的有关争端解决规定和程序。①

（二）确保成员国之间在多边贸易制度中的各项权利和义务的平衡

WTO 的争端解决机制是向多边贸易制度提供安全和预见性的一种核心要素，是确保 WTO 有效运作所必不可少的。其作用是维护各成员国在各项协定下的权利和义务，并根据国际公法解释的习惯规则澄清此等协定的各项既存规定。因此，争端解决机构的各项建议和裁定不得增加或减少有关协定的权利义务，而应维护各成员国的权利和义务之间的适当平衡。争端解决机构作出的建议和裁定，应旨在按照本谅解与有关协定下的权利和义务就所涉事项取得满意的解决。所有的解决方法，包括仲裁裁决，应与有关协定相符，不应使任何成员国依这些协定而取得的利益受到损害或丧失，亦不应阻碍这些协定目标的实现。

（三）自愿选择、善意使用和依次采用争端的解决程序

一成员国在提交指控之前应就争端解决机制各种程序下的行动是否能取得成效作出判断。既然争端解决机制的目标是积极地解决某一争端，争端当事方相互接受且符合有关协定的解决办法显然是优先的。在相互不能达成解决办法的情况下，争端解决机制的首要目的通常是促使有关措施的撤销，如果此等措

---

① 但是，如果这种指控是由某一发展中成员国针对某一发达成员国提出的，指控一方有权援引本谅解的有关规定作为替代。参见《关于争端解决规则与程序谅解》第 3 条第 12 款。

施被认为不符合有关协定的任何规定。只有当立即撤销有关措施不可行和作为撤销此等措施期间的一种临时办法不符合某一所涉及的协定，才应诉诸补偿措施。谅解提供给援引争端解决程序之成员国的最后补救，是针对另一成员国在歧视的基础上中止实施有关协定的减让或其他义务的可能性，但此等措施须经争端解决机构的授权。无论如何，请求调解和使用各争端解决程序不应被用作或被视为诉讼行为。当一项争端引起时，所有成员国将善意参与这些程序，力求解决有关争端。投诉和有关不同事项的反诉不应联系在一起。

（四）涉及最不发达成员国的特别程序

根据《谅解》第24条的规定，在涉及某一最不发达成员国之争端起因的确立的任何阶段和争端解决程序的任何阶段，都应特别考虑到最不发达成员国的特殊情势。为此，各成员国应适当限制将涉及某一最不发达成员国的事项依这些争端解决程序提出来。如果发现利益的损害与丧失为某一最不发达成员国所采取的措施所致，指控方应适当限制依这些程序寻求补偿或寻求授权中止实施减让或其他义务。当争端解决案件牵涉及某一最不发达成员国，且在协商过程中未能取得满意的解决，总干事或争端解决机构的主席，经该最不发达成员国的请求，应在请求专家组程序之前提供斡旋、调停和调解，以协助当事方解决争端。

【条文导读 11.2】

DSU 第 24 条

DSU 第24条第1款规定：在确定涉及一最不发达国家成员争端的起因和争端解决程序的所有阶段，应特别考虑最不发达国家的特殊情况。在此方面，各成员在根据这些程序提出涉及最不发达国家的事项时应表现适当的克制。如认定利益的抵消或减损归因于最不发达国家成员所采取的措施，则起诉方在依照这些程序请求补偿或寻求中止实施减让或其他义务的授权时，应表现适当的克制。

第2款规定：在涉及一最不发达国家成员的争端解决案件中，如在磋商中未能找到令人满意的解决办法，则应最不发达国家成员请求，总干事或DSB主席应进行斡旋、调解和调停，以期在提出设立专家组的请求前，协助各方解决争端。总干事或DSB主席在提供以上协助时，可向自己认为适当的任何来源进行咨询。

鉴于最不发达国家的困境，为了保证它们有效参与世界贸易体制和采取进一步措施改善它们的贸易机会，乌拉圭回合谈判专门通过了《关于有利于最不发达国家措施的决定》的部长决定，对最不发达国家作出了一些优惠安排，例如给予它们更为优惠的市场准入机会，改善普惠制等。

在最不发达国家参与争端解决机制方面，本谅解也提出了一些原则性的要求。在确定涉及它们的争端的原因和争端解决程序的所有阶段，都应当考虑它们的特殊情况。具体地说，在针对这些国家提起争端解决时，应当进行适当的克制；在它们采取的措施被认定影响了其他成员的利益，而其他成员要求补偿或实施报复时，也应当进行适当的克制。另外，在涉及最不发达国家的案件中，如果双方磋商没有达成协议，则应最不发达国家请求，WTO 总干事或DSB 主席应当进行斡旋、调解和调停，以便在提出设立专家组的请求前，协助双方解决争端。而且，总干事或 DSB 主席在进行斡旋、调解和调停时，可以从任何来源寻求信息。此处与普通斡旋、调解和调停的不同之处在于，普通斡旋、调解和调停是双方自愿的，而在涉及最不发达国家的案件中，只要最不发达国家要求，总干事或 DSB 主席就必须从事这种活动，并且不论对方是否同意。另外，既然总干事或 DSB 主席可以从任何来源寻求信息，当然也可以要求最不发达国家的对方提供信息，而对方应当提供这种信息。

三、争端解决机制的主要机构

根据《争端解决规则与程序谅解》，WTO 中参与争端解决的机构主要是：

（一）WTO 争端解决机构

《谅解》第 2 条规定："特此设立争端解决机构（Dispute Settlement Body, DSB）来管理这些规则和程序，并管理所涉各协定的协商与争端解决规定，除非某一所涉及协定另有规定。"必须注意的是，争端解决机构是世贸组织总理事会在行使争端解决机制的管理职能时的专门称呼，并不是世贸组织的一个单独的主要机关，尽管争端解决机构可以单独设立主席，也可以有自己的工作人员和文件编号。

争端解决机构的主要职权有：

（1）批准设立专家小组，协助争端各方确定专家小组的人选、工作性质、范围和任务；

（2）审议和批准专家小组的调查报告、裁决或建议；

（3）对生效的专家小组的裁定和建议之实施情况进行监督；

（4）在生效的专家小组建议得不到执行的情况下，授权进行贸易报复；

（5）设立常设上诉机构，指定常设上诉机构的人选；

（6）审议和通过上诉机构裁决贸易争端的报告；

（7）监督生效的上诉机构报告的执行情况，在其得不到执行时，授权进行贸易报复。

此外，争端解决机构应就涉及有关协定之规定的争端进展通知相应的世贸组织理事会和委员会。

争端解决机构应经常召开为行使争端解决职能所必需的会议。此等会议通常由全体成员出席。但是，如果争端解决机构所管理的争端涉及某一诸边协定，只能由那些为该协定缔约方的成员参与决策。争端解决机构的决定有严格的时限，其他的决定应以协商一致为之，即在作出决定时，若出席管理机构的成员对拟订的决定无正式反对意见，即称为协商一致通过。

（二）专家小组

专家小组是在争端发生后，如果经争端各方协商而未能解决争端，则经争端中任何一方申请，由 WTO 争端解决机构决定设立。专家小组针对每个案件而设立，属于临时性机构。每个专家小组由 3 名专家组成，争端各方可以分别选择 1 名专家，然后由这两名专家共同选举另一名专家作为专家小组的主席。WTO 秘书处负责向贸易争端双方推荐专家调查员名单，争端各方无令人信服之证据和理由不得反对秘书处的提名。WTO 秘书处的专家调查员名单是经各成员国向争端解决机构推荐的国际贸易与法律领域的专家，各成员国都有这种推荐权。一个专家小组的存续时间一般为半年。

专家调查员是以个人身份开展调查工作的，不能接受任何国家政府、国际组织或个人的授意，并且要遵守争端解决机构为《争端解决规则与程序谅解》而制定的行为准则。

（三）上诉机构

上诉机构是由 WTO 争端解决机构所建立的。上诉机构由 7 名国际贸易和法律方面的专家组成。这 7 名专家的国籍背景应在 WTO 成员国中有广泛的代表性。每届专家任期 4 年，可以连选连任。专家以独立的个人身份工作，不得为任何国家的附庸。上诉机构在审理案件时由 3 名专家组成合议庭。他们有权对专家小组的报告中所涉及的法律问题或结论进行支持、修改或推翻原判。

（四）WTO 总干事

WTO 总干事参与争端解决的法律依据是《争端解决规则与程序谅解》第5 条第 6 款。第 5 条是关于斡旋、和解与调解程序。其中第 6 款规定：“WTO 总干事以其身份当然地可以提供斡旋、和解与调解程序，以期协助成员解决争端。"

WTO 总干事参与斡旋、和解与调解程序，继承了 GATT 总干事参与同类争端解决程序的成功经验。斡旋、和解与调解程序是完全出于争端各方自愿的，争端各方诉诸这种程序，说明它们都有解决争端之诚意。它们争执的焦点，往往是一些事实上的误会或法律解释上的分歧，总干事凭借其对事实和法律知识的权威，参与斡旋、和解与调解程序颇有成效。

（五）WTO 秘书处

根据《谅解》第 27 条的规定，WTO 秘书处在争端解决机制中也有一定的职责，主要有：

（1）协助专家组，特别是在所处理之事项的法律、历史和程序方面，以及提供秘书和技术支持；

（2）为发展中成员国在争端解决方面提供额外的法律咨询的协助；

（3）向感兴趣的成员国就争端解决程序与实践方面开设专门培训课程，使成员国的专家们更好地熟悉这些程序和实践。

根据《谅解》第 27 条第 1 款，WTO 秘书处是直接参与争端解决过程的。这种做法来自 GATT 的长期实践活动。在 GATT 专家小组工作时通常秘书处指派两名人员协助专家小组工作。一名工作人员从事秘书工作，他来自与贸易争端有关的部门，对争端事实比较了解。他的主要职责是协助专家小组起草调查报告的事实部分。另一名工作人员来自秘书处的法律部，他的职责是向专家小组提供法律咨询，并帮助起草调查报告的裁决部分。秘书处的这种人员协助给专家小组工作提供了巨大便利，并有利于维护法律适用的统一性、公正性。因此，WTO 沿袭了 GATT 的实践经验，并用明确的法律条款把它固定下来。

四、争端解决机制的基本方法和程序

争端解决的基本方法与程序构成谅解的核心内容。这些方法和程序是：协商、斡旋、调解、调停、仲裁、专家小组、上诉机构、争端解决机构的决定及其实施之监督，其中绝大多数方法和程序在关贸总协定中早有明确的规定或是其实践中业已形成的做法。

（一）协商程序

协商解决争端是 WTO 成员解决贸易争端的首要办法。《谅解》第 4 条首先规定，各成员国确认其决心加强和改进各成员国所采取的协商程序（consultation procedures）的效力，为此，每一成员国对于另一成员国就影响有关协定运作的措施而作出的任何陈述均有义务给予同情的考虑和提供充分的协商机会。在一般情况下，如果协商之请求是根据某一有关协定而提出的，被请求成员国应在收到此等请求之日起的 10 天内作出答复（除非双方另有协议），并应在收到请求之日起不超过 30 天内进行善意协商，以求达成双方满意的解决办法。如果被请求成员国未在上述规定的期限内作出答复和进行协商，请求协商之成员国可直接请求建立专家组。在紧急情况下，包括涉及易变质货物的情况，各成员国应在收到请求之日起不超过 10 日内进行协商。如果此等协商未能在收到请求后的 20 天内解决有关争端，投诉方可请求建立专家组。《谅解》还强调：在紧急情况下，有关争端各当事方、专家组和上诉机构应尽最大可能和一切努力加快争端解决程序。

《谅解》还规定，所有的协商请求均应以书面形式通知争端解决机构和相关的理事会或委员会，并应说明请求的理由，包括有关措施的识别和控诉之法律基础的指示。协商应秘密进行，并且不得妨碍任何成员国在任何进一步程序中的各种权利。在协商过程中，各成员国应特别注意到发展中成员国的特殊困难和利益。此外，当某一非协商成员国认为正在进行的协商与它有实质的贸易利益关系，它可以通知各协商成员国和争端解决机构，表达其参与此等协商的意愿。如果被请求成员国同意实质利益的主张有充分的依据，该非协商成员国应参与协商。如果此等请求未予接受，请求成员国可依照其他规定请求协商。如果当事方在协商请求收到后的 60 天内不能通过协商解决争端，投诉方可在 60 天的期间内请求专家组程序，其前提是协商双方均认为协商已不能解决有关争端。

（二）斡旋、调解与调停程序

与协商程序不同，斡旋（good offices）、调解（conciliation）与调停（mediation）是经争端各当事方同意而自愿选择的程序。斡旋、调解与调停所涉及的各种程序，特别是争端各当事方在这些程序期间所持的立场应是秘密的，而且不应影响任何一方诉诸进一步程序的权利。根据《谅解》第 5 条的规定，争端的任何一方任何时候可请求斡旋、调解或调停。这些程序既可以在任何时候开始，也可以在任何时候终止。而且，一旦斡旋、调解或调停被终止，投诉方可请求设立专家组。不过，当斡旋、调解或调停在收到协商请求后的 60 天内进行时，投诉方必须在请求设立专家组之前允许有 60 天的期限。当然，如果在 60 天的期间内争端各当事方均认为斡旋、调解或调停已不能解决争端，投诉方可请求建立专家组。还需指出的是，即使专家组程序正在进行之中，如果各当事方同意，斡旋、调解或调停程序仍可继续。第 5 条最后规定，WTO 的总干事可依其职位提供斡旋、调解或调停，协商各成员国解决争端。

【条文导读 11.3】

DSU 第 5 条第 1 款

DSU 第 5 条第 1 款规定：斡旋、调解和调停是在争端各方同意下自愿采取的程序。

WTO 争端解决机制鼓励争端双方达成双方满意协议。因此，除了援用 DSU 正式的争端解决程序外，其他解决争议的方法也是应当鼓励的。而斡旋、调解和调停就是这样一些其他的方法。

这三种方法的性质差不多，但方式有细微差别。对于斡旋，第三方只是想方设法把当事方拉到一起进行谈判，自己并不去审查争议的是是非非。调停者则想方设法帮助当事方形成一致的立场，但自己并不提出解决办法。而调解者则更进一步，提出自己的解决方案。事实上，在实践中，这三种方式可能会是相互转换的，无法明确界定属于哪一种。

斡旋、调解和调停是双方自愿的行为，但当事方自愿原则也有一个例外，即在当事方一方是发展中国家时，该发展中国家可以要求总干事进行斡旋、调解或调停，而对方发达国家不得拒绝，并且应当提供所有相关信息。

实践中，斡旋、调解或调停程序很少使用。1982 年，在美欧关于柑橘的争议中使用了调解方法，但未获成功。1987 年，应欧共体和日本请求，总干事指定了一位代表对日本铜的定价和贸易做法进行斡旋。后该代表认为日本没有违反 GATT，建议当事方就关税约束的削减进行谈判。在 1988 年，应欧共体和加拿大的请求，总干事就葡萄牙先前向加拿大提供关税约束范围发表了意见。

（三）仲裁程序

根据《谅解》第 25 条的规定，WTO 内的仲裁（arbitration）作为一种选择性的争端解决方式，可解决由当事方明确确定的有关问题之特定争端。这一规定表明，WTO 的仲裁不是争端解决机制中的必经程序，而是一种供当事方选择，解决特定事项的辅助方法。

该条还规定，除《谅解》中另有规定外，诉诸仲裁应以当事方的相互协议为前提。而且，这种协议应在仲裁程序开始之前及时通知所有成员国。其他成员国不得成为仲裁程序的当事方，除非经已达成诉诸仲裁的各当事方同意。仲裁裁决对当事方具有约束力。此等裁决应通知争端解决机构和有关理事会和委员会，以便任何成员可提出相关的问题。

【条文导读 11.4】

DSU 第 25 条

DSU 第 25 条第 1 款规定："WTO 中的迅速仲裁作为争端解决的一个替代手段，能够便利解决涉及有关双方已明确界定问题的争端。"

第 4 款规定："本谅解第 21 条和第 22 条在细节上作必要修改后应适用于仲裁裁决。"

对于双方都已明确的事项产生的争议，仲裁可以作为争端解决的一种方式迅速解决争议，作为援用专家组或上诉机构的一种替代手段。但仲裁是在 WTO 体制内的，即 WTO 的规定应当遵守，比如，仲裁结果应当符合有关协定的规定，并且不得增加或减少各成员的权利和义务。

仲裁是双方同意的。因此，这与本谅解第 21 条第 3 款第（c）项关于裁决合理期限的仲裁，以及第 22 条第 6 款关于裁决报复水平的仲裁不同；那些仲裁都是强制性的，只要一方提起，另一方就必须参加。

双方关于仲裁的协议，应当包括仲裁程序。本谅解第 21 条和第 22 条关于仲裁的规定，原则上适用于这种仲裁。当事方应当遵守仲裁裁决。其他成员参与仲裁程序，需要得到当事方的同意。

（四）专家组程序

专家组程序（panel procedures）曾在关贸总协定 40 多年的争端解决实践中占据重要的地位。《谅解》对这一程序更是备加重视，大篇幅地就专家组的设立、组成、职能和报告及其他方面作出了颇为详细、具体的规定。

1. 专家组的设立与构成

根据《谅解》第 6 条的规定，如果投诉方请求，专家组最迟应在此等请求被首次列为争端解决机构议程后的会议上予以设立，除非在此次会议上争端解决机构以协商一致方式决定不设立专家组。如果投诉方请求，争端解决机构应在该请求后的 15 日内为设立专家组举行会议，不过这种会议至少应提前 10 天发出通知。

根据《谅解》第 8 条的规定，专家组应由三位专家组成，除非争端各方自专家组设立起的 10 日内同意由五位专家构成。专家组的成员应是完全合格的政府或非政府人士；包括曾任过专家组成员或向专家组陈述过案件的人士；

曾担任过关贸总协定某一成员国或缔约方的代表，曾担任过任何有关协定或其前身的理事会或委员会的代表；曾在秘书处任过职；曾讲授过国际贸易法或政策或在这方面发表过论著的专家；曾任过一成员国的高级贸易政策官员。

在挑选专家组成员时，应特别注意到专家组成员的独立性、不同的背景和广泛的经验。在一般情况下，争端当事方的公民或在争端中有实质利益的第三方的公民不得作为有关争端的专家组成员。当一项争端为一发展中成员国和一发达成员国之间时，经该发展中国家请求，专家组中至少应有一位来自发展中成员国的专家。尽管专家组成员可以是政府和国际组织的代表，专家组成员应以其个人的能力而不是作为政府或任何组织的代表进行工作；各成员国亦不应给专家任何指示或施加任何影响。

秘书处应向争端各当事方建议专家组的提名，争端当事方除非有充分有力的理由，否则不得反对秘书处的提名，如果专家组设立后的 20 天内未能就专家人选达成一致，经任何一当事方的请求，总干事与争端解决机构和有关理事会或委员会的主席磋商并与争端当事方协商后，应通过指派其认为最合适的专家来组成专家组。

作为一般规则，各成员国应允许其官员充当专家。不过，专家的费用，包括旅费和生活费应从世贸组织的预算中支出。

2. 专家组的职能

根据《谅解》第 11 条的规定，专家组的职能是协助争端解决机构履行其依该谅解和各有关协定的各项职责。为此，专家组对于其受理的事项应作出客观的评估，包括客观评估案件的事实和有关协定的适用与遵守，并应进行有助于争端解决机构依有关协定作出建议或裁定的其他调查。在受理案件过程中，专家组还应经常与争端各方协商，并给他们提供开发相互满意之解决办法的充分机会。

【条文导读 11.5】

DSU 第 11 条

DSU 第 11 条规定：专家组的职能是协助 DSB 履行本谅解和各有关协定下的各项职责。为此，专家组应对其受理的事项作出客观评估，包括客观评估案件的事实和有关协定的适用与遵守，并应进行有助于 DSB 依有关协定作出建议或裁定的其他调查。专家组还应经常与争端各方磋商，并给予它们充分的机会以形成双方满意的解决办法。

专家组的职能是协助 DSB 履行本谅解和各有关协定下的各项职责。DSB
的主要职责是，设立专家组，通过专家组和上诉机构报告，监督裁决和建议的
执行，以及授权报复。DSB 在履行这些职责时，很多方面都需要专家组的协
助。例如，DSB 通过的报告，有些就是专家组作出的报告。事实上，如果当事
方不上诉，专家组报告是自动通过的。因此，在这种情况下，专家组就是在履
行 DSB 的职责。此外，在 DSB 监督裁决和建议的执行以及授权报复阶段，有
时也需要专家组的协助。

专家组应对有关事项进行客观评估，包括客观评估案件事实，以及相关协
议的适用及一致性。专家组报告的内容，常常就是对事实认定，确定某个协议
是否适用，以及被诉方的措施是否符合该协议。这一规定被称为专家组对案件
的审查标准（standard of review）。

上诉机构多次对专家组审查标准的问题作出过解释。在"欧共体荷尔蒙
案"中，上诉机构认为，就专家组查明事实而言，其采用的标准既不是"重
新审查"，也不是"完全采纳"，而是对事实的客观评估。客观评估事实的义
务，是指考虑提交专家组的证据并且进行认定；故意不考虑或拒绝考虑这些证
据，是不符合客观评估义务的。但专家组有权决定最后选用什么证据作出裁
决。

【司法应用 11.1】

司 法 节 制

在实践中，专家组常常使用"司法节制"（judicial economy）的方法，即
并不审查起诉方的所有主张，而是在认定一些主要主张足以支持起诉方主张
后，就作出有利于起诉方的裁决。

这种司法节制的原则在 WTO 中已经得到确认。上诉机构认为，争端解决
机制的目的是确保争端的积极解决，或者说有关事项的满意解决，而不是进行
"造法"；专家组只需审查那些足以解决争端的主张。上诉机构还审查了本
《谅解》第 11 条规定的专家组的职能，认为第 11 条也没有要求专家组审查所
有的主张。

上诉机构依据争端解决机制的目的是解决争议而确认了司法节制的原则。
同样，上诉机构从这个目的出发，认为专家组审查的主张应足以让争端解决机
构作出足够精确的建议和裁决，使得成员可以迅速遵守，以确保有效解决争
端。因此，专家组只部分解决争端是错误地使用了司法节制。

例如，在"美国钢铁案"中，起诉方根据《保障措施协定》的若干规定，从多个方面指控美国的措施违反 WTO 规定。但专家组只对未预见发展、进口增加、因果关系和对等性等 4 个方面作出裁决，认定美国措施不符合 WTO 规定，并且认为这已经证明美国不具备采取保障措施的条件，因而没有必要对是否存在国内产业严重损害等问题作出裁决。

3. 专家组的工作程序

《谅解》第 12 条和附件三为专家组规定了详细的工作程序。其中心思想是：专家组程序既要保证高质量的专家报告所需的灵活性，又要避免不适当地延误专家组的审理过程。

一旦专家组的组成和职责确定后，各位专家经与争端各当事方协商后，应尽快和尽可能于一周内确定专家组工作的时间表，在确立时间表的过程中，专家组应为争端各方准备其陈述提供充裕的时间。专家组应为争端各方的书面陈述规定确切的截止日期，各当事方应遵守此等截止期。

如果争端各方未能开发出一种相互满意的解决办法，专家组应将其调查结果以书面的形式向争端解决机构报告。在这种情况下，专家组报告应说明事实的调查结论、有关规定的适用性和专家组作出调查结论与建议的基本理由。如果争端各方之间已就争端事项达成了解决办法，专家组的报告应只对案件作扼要说明和报告已达成解决办法。

第 12 条规定，为使专家组程序效率更高，专家组程序一般说来，不应超过 6 个月（从专家组组成之日到专家组最后报告发布之日）；在紧急情况下，包括涉及易腐货物的情况，专家组应尽力在 3 个月内向争端当事方作出报告。当专家组认为它不能按上述期限完成报告时，专家组应书面通知争端解决机构，说明延期的理由并估计将送交报告的期限。无论如何，此等期限从专家组建立至报告发送到各成员国不得超过 9 个月。

第 12 条对于涉及发展中成员国的争端的期限方面作出了优惠规定。如果协商牵涉一发展中成员国采取的措施，争端当事方可达成延长期限的协议。如果有关期限已过，协商各方不能认为协商已经结束，争端解决机构的主席与当事方协商后应决定是否延长有关的期限以及延长多长时间。此外，专家在调查一项针对一个发展中国家的投诉时，应给该发展中成员国准备和提交其辩护的充足时间。如果一个或多个争端当事方为发展中成员国，专家组的报告应明确表明：根据该发展中成员国在争端解决程序中所提出的有关协定，专家组已考虑到对发展中成员国的差别和更为优惠待遇的有关规定。

【条文导读 11.6】

DSU 第 12 条第 10 款

DSU 第 12 条第 10 款规定：在审查针对发展中国家成员的起诉时，专家组应给予该发展中国家成员充分的时间以准备和提交论据。第 20 条第 1 款和第 21 条第 4 款的规定不受按照本款所采取任何行动的影响。

在发展中国家作为被诉方时，专家组应给予该发展中国家充分的时间以准备和提交论据。但第 20 条和第 21 条第 4 款规定的时限不受影响。在"印度农产品案"中，印度提出，本案在有关制度方面非常重要，并且涉及广泛的问题；另外，新政府刚刚组成，负责这个案件的司法部长尚未任职，因此在原来规定的时间内提交第一次书面陈述有困难。专家组认为，虽然印度本可以在确定专家组工作程序的组织会议上提出这些问题，但考虑到本谅解第 12 条第 10 款的规定，以及印度的特殊困难，决定给印度增加 10 天的时间准备第一次书面陈述。

此外，根据投诉方的请求，专家组可以随时中止其工作，但不得超过 12 个月。在此等中止的情况下，《谅解》中对专家组的程序、争端解决机构的决定、建议和裁定的实施所规定的时限应按中止的时间予以延长。如果专家组工作的中止超过了 12 个月，建立专家组的授权应予以取消。

4. 复合投诉者程序和第三方介入

所谓"复合投诉者程序"（procedures for multiple complainants），是指一个以上的成员国提交涉及同一事项的控诉，并请求就此设立专家组程序。根据《谅解》第 9 条的规定，在这种情况下，可设立一个专家组审查这些投诉，来考虑各有关成员国的权利，而且只要可能，应只设立单一专家组。单一专家组应以如下方式来组织其审查和向争端解决机构呈递其调查结论：如果当时由分立的专家组审查这些控诉，争端各当事方本应享有的权利现在也绝没有受到损害。专家组应就有关争端提交分立的报告，如果争端当事方之一如此请求。如果不只设立一个专家组来审查涉及同一事项的控诉，各分立的专家组也应尽可能由相同的专家组成，而且此等争端的专家程序时间表应协调一致。

根据第 10 条的规定，在专家程序中，争端各当事方的利益和其他成员国依照有关协定在争端中的利益，均应予以充分考虑。任何成员国，即使不是争端的当事方，如果在专家组受理的事项中享有重大利益，可将其利益通知争端解决机构，并应有机会让专家组听取其意见和向专家组提交书面陈述。这些陈述还应送达争端各当事方，并应在专家组报告中得到反映。第三方应收到争端各当事方向专家组第一次会议提交的陈词。如果第三方认为已成为专家组程序的某一措施剥夺或损害其依照有关协定所享有的利益，该成员国可以根据谅解诉诸正式的争端解决程序。这种争端应尽可能由原来的专家组受理。

5. 专家组的资料获取权利

《谅解》第13条规定，专家组享有从任何个人或机构寻求其认为必要的资料和技术咨询的权利。当然，专家组从某一成员国管辖的任何个人或机构寻求资料之前，应通知该成员国的有关机关。成员国应对专家组的此等通知及时和充分地给予答复。不过未经提供资料之成员国的个人、机构或权力机关正式授权，所提供的秘密资料不得泄露。此外，专家组可以通过任何有关的途径寻求资料，也可以与专家们协商获取他们就有关事项的某些方面所发表的意见。至于争端某一方提出的涉及科学或其他技术事项的事实问题，专家组可以请求专家审查组（expert review group）① 发表书面咨询报告。

6. 专家组的中期审查阶段

根据《谅解》第15条的规定，专家组就争端当事方的可辩驳的陈词和口头辩论进行考虑之后，应向争端各方发布其报告草案中涉及事实和辩论的叙述部分。在专家组确立的时限内，争端各当事方应就此提交其书面评论。当收取争端当事方评论的截止时间过后，专家组应向当事方发布中期报告（interim report），其中既有事实叙述部分，又含专家组的调查与结论。当事方可在专家组确定的期限内，书面请求专家组在向各成员国发送最后报告（final report）之前审查中期报告的特定部分。为此，专家组应就书面意见中指出的问题再举行会议。如果当事各方在规定的期间内未发表意见，中期报告应被视为最终报告，并立即向各成员国发送。

专家组的工作在如下几个方面具有秘密性：（1）专家组的评议；（2）专家组报告的起草；（3）各位专家在专家组报告中发表的个人意见。此外，向专家组（或上诉机构）呈递的书面陈述，除争端当事各方可获取外，也应是秘密的。不过，争端当事方可向公众公开其自身的立场（第18条）。

7. 专家组报告的通过

---

① 专家审查组隶属于专家组。关于专家审查组的组成、职权、活动规则与程序在《谅解》的附件四中有系统的规定。

根据《谅解》第 16 条的规定，为了使各成员国对专家组报告有充分的时间进行考虑，争端解决机构在报告发送到各成员国的 20 天内不得考虑通过专家组报告。各成员国如果对专家组报告有反对意见，应至少在争端解决机构开会讨论通过报告的 10 天前做成解释其反对意见的书面理由。争端当事方应有权充分参与争端解决机构对专家组报告的考虑，其意见应予以充分记载。专家组报告向各成员国发送后的 60 天内，该报告应在争端解决机构会议上予以通过，除非争端一方正式通知争端解决机构其上诉的决定或争端解决机构协商一致决定不通过此等报告。如果争端一方已通知其上诉的决定，专家组报告只有在上诉程序终结后才应由争端解决机构考虑通过。

（五）上诉审查程序

上诉审查（appellate review）是世贸组织争端解决机制中一种新的程序。《谅解》第 17 条分别就上诉机构的组成、程序和报告作出了明文规定。

第 17 条第 1 款规定，为受理专家组案件的上诉，争端解决机构应设立一个常设上诉机构（standing appellate body）。该常设机构由七人组成，其中三人应审查任何一个案件。上诉机构的成员应轮流审理案件，轮流的方式由该机构的工作程序予以确定。上诉机构的成员任期为 4 年，可连任一次。为确保上诉机构不因成员的交替而中断其工作，世贸组织协定生效后立即任命的七位成员中应有三人的任期为两年，由抽签决定，空缺随即填补。如果被任命的成员是接替一位任期未满的成员，他应任职至其前任成员未满的任期。

上诉机构成员应具备下列条件：

（1）公认的权威性，精通法律、国际贸易和有关协定的主要内容；

（2）身份的国际性，不隶属于任何政府；

（3）广泛的代表性，与世贸组织的成员资格的广泛性相吻合；

（4）工作的独立性，不参与可能导致直接或间接利益冲突的任何争端的审议；

（5）服务的便捷性，应在任何时候能参加上诉机构的工作，招之即来。

只有争端当事方可就专家组报告提出上诉，第三方如已通知争端解决机构其在有关事项上具有重大利益，可向上诉机构提交书面陈述，并可有机会让上诉机构听取其口头陈述。在一般情况下，从争端当事方正式通知其上诉决定之日始到上诉机构发送其报告之日止，整个程序不得超过 60 天。在这一期限内，上诉机构应确定具体的时间表，并在确定时间表时，适当考虑到属于紧急情况的案件。如果上诉机构认为它不能在 60 天内提供报告，则应书面通知争端解决机构，解释延迟的理由，并估计将提交其报告的期限。在任何情况下，上诉审查程序不得超过 90 天。

与专家组的职能相比，上诉机构的职能范围要专一得多。它只审理专家组报告中涉及的法律问题和专家组作出的法律解释。上诉机构可以维持、修改或推翻专家小组的法律裁定和结论。

上诉机构应与争端解决机构的主席和世贸组织总干事协商后，制定出自己的工作程序，并通知各成员国。上诉机构的审理过程应是秘密的，其报告应于争端当事方不在场的情况下依照已获得的材料和意见予以起草。上诉机构的成员在报告中所表达的个人意见应是匿名的。

上诉机构报告应由争端解决机构通过，并应由争端当事各方无条件地予以接受，除非争端解决机构在上诉机构报告发送到各成员国后的 30 天内经协商一致决定不予通过此等报告。如果上诉机构（或专家组）报告的结论为某项措施不符合某一有关的协定，该机构应建议有关成员国将此等措施调整到符合有关协定。此外，上诉机构或专家组可以就有关成员国能实施此等建议的方式提出方案。但是，无论是上诉机构，还是专家组，其结论与建议不能增添或减抑有关协定中所规定的权利和义务。

【条文导读 11.7】

DSU 第 19 条

DSU 第 19 条第 1 款规定："如专家组或上诉机构认定一措施与一适用协定不一致，则应建议有关成员使该措施符合该协定。除其建议外，专家组或上诉机构还可就有关成员如何执行建议提出办法。"

第 2 款规定："依照第 3 条第 2 款，专家组和上诉机构在其调查结果和建议中，不能增加或减少适用协定所规定的权利和义务。"

在专家组或上诉机构认定争议中的有关措施违反协定时，应建议采取措施的成员使其措施与有关协定相一致，但不能增加或减少协定中的权利和义务。此处只涉及违反协定的案件。对于"非违反之诉"案件，该谅解另有规定。

在专家组或上诉机构提出具体实施方式的案件中，常见的是提议撤销与协定不一致的措施。事实上，这与本谅解第 3 条第 7 款规定的精神是一致的，即在双方不能达成协议解决争议的情况下，争端解决机制的首要目标就是保证撤销与协定不一致的措施。但在"危地马拉水泥案"中，专家组认为，"建议"

和"实施建议的方式"是不同的：专家组有权建议使措施与协定一致，但对于实施的方式只能提议，没有约束力。

（六）争端解决机构的建议与裁定及其实施的监督

专家组或上诉机构的结论报告或建议，经争端解决机构通过后即成为后者的正式建议或裁定。根据《谅解》第20条的规定，除非争端当事方另有协议，从专家组建立之日起到争端解决机构考虑通过专家组或上诉机构报告之日止，这一阶段一般不得超过9个月；如果专家组报告被上诉，则不得超过12个月。

同时应该认识到，争端解决机构的建议与裁定能否得到实施，是世贸组织争端解决机制的关键所在。正如谅解第21条开头所强调的，"为保证争端的有效解决，及时遵守争端解决机构的建议或裁定是所有成员国利益所必不可少的"。该条还特别指出，应特别注意争端解决所涉的措施影响到发展中成员国的利益的各种事项。基于上述认识，第20条对争端解决机构建议与裁定之实施的监督，制定了如下具体规则：

在专家组或上诉机构报告通过后的30天内举行的争端解决机构会议上，有关成员国应将其实施争端解决机构的建议与裁定的打算通知争端解决机构。如果该成员国不可能及时遵守此等建议与裁定，它应有一个合理的期限来遵守。这种合理期限应为：（1）由有关成员国提议并经争端解决机构批准的期限；（2）或未经批准，在建议与裁定通过之日起的45天内，由争端当事各方相互达成协议的期限；（3）或在无此等协议的情况下，建议与裁定通过后的90天内经有约束力的仲裁所确定的期限。

争端解决机构应对已通过的建议或裁决的实施保持监督。任何成员国在有关建议或裁定通过后的任何时候，可以在争端解决机构中提出此等建议或裁定的实施问题。除非该机构另作决定，这种问题应于上述合理期限确定之日起的6个月后列入该机构会议的议事日程，并持续为该机构的议事日程直到这种问题的解决为止。有关成员国应至少于每次这类争端解决机构会议举行前的10天，向该机构就实施有关建议或裁决的进展提供书面报告。

如果特定事项是由一发展中成员国提出的，争端解决机构应考虑采取适合此等情况的进一步的行动。如果某一案件是由一发展中成员国提交的，争端解决机构在考虑可采取的适当行动时，不仅应考虑到被指控的措施的贸易覆盖面，而且应考虑到此等措施对该发展中成员国经济的冲击。

【条文导读 11.8】

DSU 第 21 条第 8 款

DSU 第 21 条第 8 款规定：如案件是由发展中国家成员提出的，则在考虑可能采取何种适当行动时，争端解决机构不但要考虑被起诉措施所涉及的贸易范围，还要考虑其对有关发展中国家成员经济的影响。

对于影响发展中国家成员利益的事项，应给予特别考虑。

在"印尼汽车产业案"中，仲裁员认为，虽然这个规定很原则，没有提供具体的指导，但在确定实施裁决的合理期限时，应当考虑这个规定。为此，仲裁员除了允许印尼用 6 个月时间完成其国内法律制定程序外，另外又增加了 6 个月。在"阿根廷皮革案"中，仲裁员称，在确定实施时间时，也考虑了阿根廷是遇到严重经济和财政困难的发展中国家这一情况。在"智利酒税案"中，仲裁员也认为，在确定合理期限时，应当考虑发展中国家在实施裁决中可能遇到的巨大困难。

（七）补偿与减让的中止

如果争端解决机构的建议和裁定未在合理的期限内得到实施，控诉方可申请授权采取补偿和中止减让或其他义务的措施。

根据《谅解》第 22 条的规定，不论是补偿，还是中止减让或其他义务，都是不提倡的。而且补偿是一种临时的、自愿的措施；一旦被授权，这种措施必须与有关协定相一致。为此，该条对于补偿和中止减让这种"迫不得已"的措施，制定了较为严格的规则。其主要内容有：

第一，如果有关成员国未能在合理期限内实施争端解决机构的裁决或建议，该成员国，如经请求，应不迟于合理期限结束时与投诉方进行谈判，力求达成双方均能接受的补偿措施。如果合理期限结束后的 20 天内未达成满意的补偿协议，投诉方可请求争端解决机构授权终止有关协定中对该成员国适用的减让或其他义务。

第二，投诉方在考察将终止何种减让或其他义务时，应遵循下述各项原则和程序：

（1）首先应寻求中止相同部门的减让或其他义务；

（2）如果投诉方认为不可能或不能有效地终止相同部门的减让或其他义务，它可寻求中止相同协定中其他部门的减让或其他义务；

（3）如果不可能或不能有效地中止相同协定中其他部门的减让或其他义

务，且情况十分严重，它可寻求中止另一有关协定下的减让或其他义务。

在请求授权中止上述后两项的减让或其他义务时，投诉方应在请求报告中陈述理由，而且这种请求不仅向争端解决机构作出，还应呈送到相关的理事会或部门机构。

在适用上述各项原则的过程中，投诉方还应考虑两个因素：

（1）专家组或上诉机构已发现某项违反义务或其他利益的损害或丧失所在的部门或协定中的贸易，以及此等贸易对该投诉方的重要性；

（2）与利益的损害或丧失相关的更广泛的经济因素和中止减让或其他义务的更广泛的经济后果。

第三，争端解决机构所授权的中止减让或其他义务的水平，应与利益的丧失或损害的水平相当。此外，如果某项协定禁止中止，争端解决机构就不得授权中止减让或其他义务。如果有关成员国反对所建议的中止水平，或认为上述各项原则和程序未得到遵守，此类事项应诉诸仲裁。仲裁应由原来的专家组来进行，或由总干事指定的仲裁员来裁定。仲裁期间，不得中止减让或其他义务。仲裁员的职权不得审查将被中止的减让或其他义务的性质，而是确定这种中止的水平是否与利益的丧失或损害的水平相等。仲裁员也可决定所建议的中止措施是否为有关协定所允许，也可裁决有关中止减让或其他义务的各项原则和程序是否得到遵守。争端各当事方应将仲裁员裁定视为最终的裁定予以接受，不得寻求第二次仲裁。

【司法应用 11.1】

《谅解》第 23 条 "加强多边体制"

如果一个成员认为另一个成员采取的措施违反了协定的义务，或者造成了自己利益的损失，或者影响了协定目标的实现，该成员不应当单方面采取行动以维护自己的利益，而应当援用本谅解的规则和程序解决争端。

具体地说，在司法实践中，WTO 成员不得自己认定另一个成员采取的措施违反了协定的义务，或者造成了自己利益的损失，或者影响了协定目标的实现，而应由本谅解规定的专家组、上诉机构和仲裁确定，并且应当与这些报告和裁决保持一致。在确定对方实施裁决的合理期限时，应当遵守第 21 条的程序，即先由对方提议并经争端解决机构批准，或者双方达成协议，或者由仲裁确定。报复应当获得争端解决机构授权，而在对报复水平有争议时，应提交仲裁解决。但第 23 条所禁止的，并非只有这几种单方面的行为；这些只是最突出的例子而已。

在"美国 301 条款案"中,专家组认为,第 23 条的主要目标,是防止 WTO 成员就 WTO 权利和义务单方面解决争端,而要求成员遵守本谅解的多边 规则和程序。第 23 条要求援用本谅解规则和程序确定是否存在与协定不一致 的行为,确定实施裁决的合理期限,确定报复的水平。违反第 23 条的措施, 可以是具体行为,也可以是普遍适用的措施,例如法律和法规。

第二节　对 WTO 争端解决机制的评价

一、WTO 争端解决机制的性质

关于 WTO 争端解决机制的性质,学术界众说纷纭。归纳起来,主要有以 下几种观点:

(1) 机制不是司法性体制。因为机制是一种集各种政治方法、法律方法 和准法律方法的综合性争端解决机制;机制的专家组、上诉机构并不称作 "法院"或"法庭";专家组和上诉机构的报告也不称为"判决",而且并非 一经作出就具有法律效力。

(2) 机制是一种调解体制。其理由是:《谅解》规定,争端解决机构的建 议或裁定不得增加或减损有关协议所规定的权利和义务,这是在限制专家组和 上诉机构通过其司法解释"能动地或建设性地"发展有关协议的规则;《谅 解》规定,"成员国认为迅速解决其依据有关协议所享有的利益遭到剥夺或损 害的争端情势是世界贸易组织发挥其有效作用以及维持成员国间权利和义务的 适当平衡所必不可少的","一个符合有关协议为双方当事国所互相接受的解 决办法明显是要优先接受的","争端解决机构的建议或裁决应致力于达成符 合本谅解和有关协议下的权利和义务的满意的解决方法这一目标",这表明, 机制的本质是调解性的,与司法体制相悖。因为法官的职责是进行价值判断和 决定谁是谁非,法官不能"平衡当事方的利益",不能致力于达成"为争端双 方所接受的解决方法"。

(3) 将 WTO 专家组的审议程序称为仲裁。这种观点目前在我国新闻界很 流行,例如,各大报纸在报道 WTO 争端解决实践时,每每使用"争端双方将 争端提交 WTO 仲裁"的表达。

(4) WTO 争端解决机制把协商作为必经程序,只有协商未果,才进入正式的司法性程序，这使得机制司法性的纯粹性受到质疑。

（5）WTO争端解决机制是一种准司法体制。例如，彼特斯曼认为，WTO的争端解决方法既包括政治性的，也包括法律性的。前者如协商、调解、调停、专家组、上诉机构和争端解决机构的建议、对建议和裁决执行情况的监督等；后者包括专家组程序、专家组和上诉机构的裁定、仲裁等。因此，WTO争端解决机制是一个准司法体制。

（6）WTO争端解决机制是一个富有特色的司法性体制。因为：

第一，机制的机构名称不像国际法院和国际海洋法庭称为法庭，而是称作专家组、上诉机构；争端双方不称为原告、被告，而是称作申诉方、被诉方。双方所提交的书面文件称为意见书而不是起诉状、答辩状。机制机构的决定也不称作判决，而是称为报告。

第二，机构所适用的法律渊源形式单一，仅限于乌拉圭回合多边贸易协议所确定的成文规则，这反映了国际经济领域习惯国际法规则的缺乏。

第三，以协商为必经程序。

第四，容纳调解，以和解为优先目标。

第五，机制具有上诉评审程序。

第六，机制机构的决定须经通过才具有法律效力。

第七，机制机构须在严格的时限内作出决定。

第八，机制包含详尽的执行程序。①

二、WTO争端解决机制的特点

一般认为，争端解决机制是WTO最突出的特点，甚至有的学者认为它是国际法及国际关系中独一无二的一种机制。② 虽然WTO成立不到15年，但是争端解决机构受理争端的总数已达240多件，③ 超过了GATT争端解决机制50年受理各种纠纷的总和（238件）。案件数量的增加和速度的加快，从一个侧面反映了WTO成员对争端解决机制的信任。尤其值得注意的是，有相当一部分的案源来自发展中国家成员。更值得称道的是，从总体上看，争端解决机构

---

① 左海聪：《论GATT/WTO争端解决机制的性质》，载《法学家》2004年第5期，第157~160页。

② 曾令良：《WTO争端解决中的法律服务与我国的对策》，载《21世纪初的国际法与中国》，武汉大学出版社2005年版，第405页。

③ 参见WTO官方网站，数据截止于2008年11月。

裁决的执行情况较好，这说明争端解决机制的权威性得到了适当的尊重。总之，尽管 WTO 争端解决机制尚存在有待进一步改善的问题，但普遍认可其成功的事实。WTO 的首任秘书长鲁杰罗曾经指出，"如果不提及争端解决机制，任何对 WTO 成就的评论都是不完整的。从许多方面讲，争端解决机制是多边贸易体制的主要支柱，是 WTO 对全球经济稳定作出的最独特的贡献"。① 那么，是何种因素或是哪些特点促使 WTO 在国际争端解决实践中能获得如此褒奖呢？

（1）WTO 争端解决机制是一种融政治（或外交）方法与法律（或司法或准司法）方法于一体的综合机制。虽然该机制中的各种具体方法，无论是政治的，还是法律的，作为单个的方法或程序在国际法和国际关系实践中早已存在，但是将各种解决争端的方法通过协定的形式结合为一种综合机制的确是国际争端解决法律及其实践的独特贡献。在 WTO 争端解决机制中，各种政治方法和法律方法之间形成了一种链条式的程序。各种程序都有固定的期限，彼此既相对独立，又紧密相连。

（2）WTO 争端解决机制，在承袭过去 GATT 争端解决机制的政策取向（policy-oriented approach）或务实取向（pragmatic approach）的基础上，更多地加强了规则取向（rule-oriented approach）的方法和程序。其中，作为法律方法或准司法方法的专家组程序是整个争端解决机制的核心；作为法律方法组成部分的仲裁程序和上诉机构程序则是一种任择性的特定方法。就其任择性而言，仲裁和上诉机构程序不是必经的程序，有关争端的当事方可以酌情选择。就其特定性而言，争端当事方同意交付仲裁只限于有关争端的法律问题或补偿问题，上诉机构程序则仅限于有关争端的法律问题，而不是整个争端。但是，在强化法律方法和程序的同时，自始至终突出政治方法优先的地位。

（3）WTO 争端解决机制具有明显的排他性或专属性。凡是 WTO 成员之间涉及 WTO 各个协定事项的争端只能在 WTO 争端解决机制下寻求解决，不得诉诸其他方法或程序。

（4）WTO 争端解决机制具有高度的统一性。在 WTO 多边贸易体制中，不仅有关《建立 WTO 协定》和 1994 年 GATT 的各种争端必须提交该争端解决机制，而且各种多边贸易协定，甚至一些诸边贸易协定下的争端也必须在该争端解决机制中进行解决。这种争端解决程序的统一性从根本上克服了过去 GATT 时期在这一方面的严重缺陷——"巴尔干化"或"碎片化"现象。

---

① 转引自世界贸易组织秘书处：《贸易走向未来》，法律出版社 1999 年版，第 68 页。

（5）WTO 争端解决机制具有明确的时限性。为确保争端解决机制的有效运作，从而较为及时地解决 WTO 成员之间的纠纷，维护 WTO 多边贸易原则、规则和规章制度的尊严，WTO 争端解决机制的各种程序和方法及其各个具体环节都有明确的时间限制，从启动协商开始到争端解决机构作出裁决（通过专家组报告），累计时间为 1 年；如经过上诉机构程序，累计为 1 年 3 个月。

（6）反向协商一致的裁决方式大大提高了争端解决的效率。从国际组织法乃至整个国际法的发展角度来看，反向协商一致（或倒协商一致或消极协商一致）是国际组织或体制议事规则或决策方式的一项重大创举。从 GATT/WTO 多边贸易体制自身的发展着眼，反向协商一致决策方式"是对过去 GATT 争端解决活动中因协商一致决策常常出现败诉方阻挠而无决而终的制度性痼疾的一种治疗"。① 根据这种方式，在 WTO 争端解决机构中，对于专家组或上诉机构报告，如果有的成员提出反对意见（通常为有关争端败诉成员方的代表），除非其他成员能就该反对意见协商一致，否则有关专家组或上诉机构报告被视为通过并成为有关争端的最终裁决。

（7）交叉报复增强了 WTO 争端解决机制的强制性。WTO 争端解决机构不仅可以作出裁决，宣告有关争端的当事方成员违反有关的 WTO 义务或承诺，从而授权受损的当事方成员中止有关减让的义务或责成侵害方成员给予适当补偿，而且还可以授权受损方成员实施交叉报复。所谓的交叉报复，是指当争端解决机构授权在同一领域或部门的报复措施不足以补偿受损方所遭受的损害时，可以在同一协定下的其他部门（跨部门）或另一协定的部门（跨协定）中授权报复。

总之，WTO 争端解决机制自建立以来，受理和解决的争端数量和速度大大超过了其前身 GATT，其效率和声誉不断提高。所有这些，在很大程度上取决于 WTO 争端解决机制的独特性。

三、WTO 争端解决机制面临的主要挑战

尽管 WTO 争端解决机制在这十几年的风雨历程中创造了一个辉煌的奇迹，但目前争端解决实践中仍反映出一些问题。

首先，一个案件完成整个程序需要的时间较长，很多时限不能够完全遵守，法律与实践不能够完全吻合。专家组基本上都不能够在谅解规定的时间内

---

① 余敏友等：《WTO 争端解决规则机制概论》，上海人民出版社 2001 年版，第 82 页。

完成工作，上诉机构基本上都能够在要求的时间内完成工作。要想提高工作效率，可以想到的办法不少，例如增加秘书处的人员，使专家组成为常设和专职的，但是这些修改涉及敏感的经费缴纳和选任问题，难度很大。例如"巴西飞机补贴案"，加拿大于1996年6月18日提出磋商请求，到2000年12月12日获得争端解决机构授权报复，经过了4年6个月的时间，不可谓不漫长！目前从磋商到获得报复权最快的是"欧共体荷尔蒙牛肉案"，从1996年6月28日提出磋商请求到1999年7月26日获得报复权，经历了3年零1个月的时间。

其次，WTO成员利用争端解决机制的情况不等。WTO争端解决机制是WTO这个多边贸易体制的一部分，从理论上说，任何成员都可以利用这个体制，且各成员的权利是平等的。但是，由于贸易实力的大小不同，各国在争端解决方面的重视程度以及人力物力财力的巨大差异，WTO成员利用争端解决机制的情况千差万别。美欧仍旧是WTO争端解决最大的利用者，美国更是在被诉次数方面领先欧共体很多。除了欧美之外，加拿大、印度、日本、澳大利亚、巴西、韩国、智利、阿根廷等成员国也是名列前茅的大户。相比较之下，作为世界第三大贸易国的中国，在利用争端解决方面仍然非常有限，起诉只有一次，被诉也只有一次。

再次，WTO争端解决的执行机制有待完善。DSU规定的执行机制规则主要是为了消除原来低效的GATT程序所引起的广泛指责。原来的GATT程序使败诉方得以永久逃避遵守GATT裁决，而不必担心遭受不利影响。DSU规则通过三个不同的程序着重解决这些问题。第一，DSU建立了"最后遵守时限"程序及指导方针，或称为"遵守的合理期间"。第二，DSU建立了一个"遵守审查"程序，用以解决双方因败诉方是否遵守了DSU裁决而产生的争议。第三，DSU建立了中止减让程序，用以解决败诉方未能遵守WTO裁决或没有在执行的最后时限内满足胜诉方的要求的问题。然而，所有这三项程序在执行过程中都遇到了重大的解释问题。"合理期间"程序产生的争议主要在于该期间的长度以及在此期间内败诉方的义务。"遵守审查"程序的争议几乎涉及了该程序中的所有方面，从该程序的开始时间到该程序的具体内容。而中止减让程序引起了一个相关的争议，即当双方对遵守情况产生争议的情况下，胜诉方可以要求报复授权的时间。在这三个程序之中，遵守审查程序和中止减让程序是至今争议最大的，也是对WTO体系产生分裂性打击的程序，甚至差点导致终止DSB的工作。尽管"合理期间"问题至少借助仲裁裁决日益司法化而在有限的程度上得到了解决，但在遵守审查程序和报复规则中所包含的文字缺陷和前后不一致至今只是通过当事方笨拙的特别安排得到了部分解决。对这些程序的普遍不满最终导致了大量对这一领域文本进行改进的意见。

最后，协商程序中的第三方介入等具体问题、专家组程序中专家组的组成方式的改进和第三方介入等问题、上诉审查阶段中关于上诉机构职权的扩大问题、整个争端解决机制的透明度问题、发展中国家成员参与争端解决程序中的特殊问题（如高昂的费用和法律技术专家贫乏问题）等都是有待进一步改善的问题。①

当然，从总体上说，不管是 WTO 成员普遍的舆论也好，还是国际贸易领域和法律领域也罢，对于 WTO 争端解决的体系架构和十几年的运作情况基本上都是持肯定态度的。不过，这些赞誉也并不否认目前争端解决程序中存在的问题和不足之处。对此，许多学者提出了很多的修改建议，而这些恰恰正是目前进行的关于谅解修改的谈判所关注的主要内容。如果谈判能够切中要害地解决问题，那么无疑将进一步提高争端解决的效力，为国际领域的争端解决和执行问题树立更佳的模范，从而促进国际经济秩序的稳定和发展。

复 习 题

1. WTO 争端解决机制的法律渊源有哪些？
2. 简要阐述 WTO 争端解决机制的基本程序和方法。
3. WTO 争端解决机制采取了"反向协商一致"原则，试述其对过去的原则的创新和重要意义。

思 考 题

1. 谈谈你对 WTO 争端解决机制性质的认识。
2. 结合 WTO 争端解决机制所面临的挑战，提出几点完善该机制的意见或建议。

---

① 曾令良：《WTO 争端解决中的法律服务与我国的对策》，载《21 世纪初的国际法与中国》，武汉大学出版社 2005 年版，第 405 页。